Knaus

K

Anne Delbée

DER KUSS

Kunst und Leben der Camille Claudel

*Deutsch
von Helmut Kossodo*

Albrecht Knaus

Titel der Originalausgabe: «Une Femme»,

Photos der Skulpturen: Richard Nourry

Gesetzt aus Korpus Janson und Korpus Cheltenham
Schutzumschlag: Klaus Detjen unter Verwendung eines Photos
von Camille Claudel, 1884; Photo auf der Rückseite:
Bruno Jarret, Musée Rodin, Paris
Satz: Utesch Satztechnik GmbH, Hamburg
Druck und Bindung: Mohndruck Graphische
Betriebe GmbH, Gütersloh
ISBN 3-8135-0583-9
Printed in Germany

Für Pierre B.

Von allen, die zum Zustandekommen dieses Buches beigetragen haben, ist die Autorin Frau Renée Nantet-Claudel zu besonderem Dank verpflichtet.

Das Fleisch und der Geist

Eines Tages hatte ich *L'œil écoute* von Paul Claudel aufgeschlagen. Es war eine schöne Ausgabe, illustriert und mit den herrlichen Texten: «April in Holland», «Jan Steen», «Nicolas Maes». Kommentare, wie ich sie bisher noch nie gelesen hatte, über Rembrandt und drei Bilder von ihm. Paul Claudel hatte einen Aspekt der spanischen Malerei ganz neu beschrieben. Er nannte es: «Das vergeistigte Fleisch». Ich war fasziniert. Die Verschmelzung allgegenwärtiger Sinnlichkeit mit dem glühendsten Mystizismus. Und dann, ganz am Schluß, unauffällig, ein Text: «Camille Claudel». Jeder hätte das Buch an dieser Stelle aufschlagen können.

Wer war sie? Wer war diese geliebte, zu sehr geliebte Schwester?

Es schlug mir aus jeder Zeile entgegen, griff mir ans Herz. Noch höre ich den ersten Schrei dieser Zeilen, höre sie rufen:

«Mein kleiner Paul!»

Seitdem hat es nicht aufgehört, in mir zu klingen.

Wer war sie? Wer war dieses «herrliche junge Mädchen im sieghaften Glanz der Schönheit und des Genies mit jener oft grausamen Überlegenheit», die sie Paul in seinen jungen Jahren oft spüren ließ?

Wer war sie?

«Eine herrliche Stirn, wunderschöne dunkelblaue Augen, und dieser große, mehr stolze als sinnliche Mund, die prächtige, rötlich-kastanienbraune Haarmähne, die ihr bis zu den Hüften herabhing.»

Wer war dieses junge Mädchen, das mich plötzlich durch den Bruder zu sich rief?

Sie hatte Auguste Rodin bis zum Wahnsinn geliebt. Juli 1913! «Draußen vor der Tür stand der Krankenwagen. Und dann war es aus – dreißig Jahre!»

Ich las und las immer wieder. Es konnte einfach nicht sein. Sie starb 1943. Dreißig Jahre Anstalt. Die lange Nacht der Hölle. Nein.

Claudels Text endet damit. Neun Seiten! Neun Seiten! Da, unter meiner Hand. In meinem Herzen.

«Der Rest ist Schweigen.»

Brangues, Juni 1951.

Nein! Ich werde nicht schweigen. Ich werde das Buch nicht zuschlagen. Ich blieb sitzen, wiederholte die Worte, den schönen Satz, der den Tod Hamlets beschließt.

Aber sie, sie wird nicht seit vierhundert Jahren auf der Bühne gespielt. Bei ihr kann der Rest nicht Schweigen sein. Das Bemerkenswerteste an ihr ist nicht, daß sie die Schwester Paul Claudels, die Geliebte Auguste Rodins war, daß sie als schön galt und als «verrückt». Nein, was mich fesselte und mich davon abhielt, das Buch zu schließen, war etwas anderes: Sie war BILDHAUERIN. Ein bildhauerisches Genie des 19. Jahrhunderts. Paul Claudel hat ihre eigenwilligen Figuren beschrieben – auch Perseus, der die Medusa tötete, ohne sie anzusehen. Einer, der tötete, ohne zu sehen . . .

Das schöne, große Mädchen mit den herrlichen dunkelblauen Augen.

«Eine durch Mut, Offenheit, Überlegenheit und Heiterkeit beeindruckende Persönlichkeit. Jemand, der reich beschenkt worden ist.»

Und hier nimmt die Suche ihren Anfang, eine Suche, auf der dieses Buch nur eine Etappe darstellt. So viele Jahre sind seither vergangen. Doch wer kann heute behaupten, daß schon alles über Camille Claudel gesagt worden ist?

Dieses Buch ist ein weiterer Schritt zu ihr, der Eingekerkerten, die uns ruft; ein weiteres Schloß, das sich öffnet. Und da ist sie, lächelt, gibt uns ein Zeichen mit ihren schönen, erdigen Händen. Da ist sie, sie, die einzigartige Formen gebar, eine wahre Bildhauerin. Ich begebe mich in das Labyrinth, das zu ihr führt, ungeachtet der Gefahr, mich von Zeit zu Zeit auf Irrwegen zu verlieren. Sie ist da, sie wartet; es gilt, keinen Augenblick zu versäumen; da ist dieses Gesicht, das halb erstarrt in die Nacht hinausschreit.

Eine Frau . . .

Angers, 1982, in der Nacht

Die Stunde kommt

Drei melancholische Glockenschläge.
PAUL CLAUDEL, *Tagebuch*

Allein.
Ganz klein, ganz winzig hat sie soeben den Fuß auf die große weiße Marmorplatte gesetzt, und die ganze Seite ist erzittert.

Das Kopfkissen. Sie fühlt den Zipfel des Leinens, hat Mühe, den Stoff zu erkennen. Nur dieser kleine Ausschnitt vor ihrem Auge. Der Bezug ist rauh unter ihrem Gesicht. Sie spürt das Kratzen des Stoffes. Ihr Körper ist wie begraben. Dieser winzige Augenblick, den man ihr läßt. Noch ein paar Sekunden. Vielleicht. Sie hat den Kopf bewegt. Ganz vorsichtig. Eine zu große Anstrengung. Sie hat geglaubt, den Kopf zu bewegen. Es war nur ein leichter Hauch. Im Kissen des Krankenhausbetts birgt eine Frau ihre Wange. Langsam zieht sie sich vor ihnen zurück. Vor der Welt. Vor den Schlägen. Sie entflieht. Niemand bemerkt es. Sie befreit ihre schönen Hände aus dem Griff der groben Pranken, bewegt sie noch einmal auf dem schmutzigen Laken.

Niemand ist anwesend zu dieser Stunde, da die Frau stirbt.

– Das Krankenhaus.

Allein.

Sie steigt auf das Schiff. So lange hat sie auf die Reise gewartet. Die Bootsbrücke erzittert. Paul sollte sie nach China mitnehmen! Zweimal hatte sie gehofft, so sehr gehofft. Jetzt faßt sie den Entschluß. Ganz allein. Warum immer warten, bis es ihnen gefällt? Die Menschen, die gutwillig sind!

Noch zeichnet sich ein schwaches Lächeln auf den schönen stolzen Lippen ab, den aufgesprungenen, blassen Lippen.

Dort, auf dem hellen Kopfkissen.

Die Wasserfläche kräuselt sich. Sie stößt die Einstiegsplanken fort. Camille beeilt sich. Das Boot schwankt leicht. Sie ergreift die Ruder. Das große Schiff breitet sein Astwerk aus, die großen weißen Flügel peitschen jetzt Sonnenfetzen übers warme Meer.

Dieses Laken. Sie spürt das rauhe Tuch unter den Händen. Sie kratzt, und Stunden vergehen ...

Viele Stunden Arbeit, um den Marmor zu polieren. Still! Sie arbeitet! Die vier kleinen, alten Weiber dort hinten schwatzen und schwatzen. Dort, unter dem Meer. Ganz grün. Camille hört ihr Gezwitscher. Still, ihr irren Schwätzerinnen!

Die Lippen. Speichel im Mundwinkel, etwas Schaum. Unter ihr rauscht das grüne Meer. Licht durchdringt den Dunst über dem Meer. Sie steht am Bug des Schiffes. Weit nach vorn geneigt, zurückgestrahlt. Eine ergreifende Musik ruft sie, lockt sie. Niemand steuert das Schiff.

Diese Musik, auf geheimnisvolle Weise erkennt sie sie wieder. Die kleine Seejungfrau auf dem grünen Onyxfelsen. Sie bläst die Flöte aus glänzendem Metall. Verloren mitten im Ozean. Dort. Ganz in der Ferne, und sie macht ihr Mut.

Auf dem Kissen. Das Gesicht wird elfenbeinfarben, und die Lippen pfeifen.

Camille nähert sich der Melodie. Näher, noch näher. Die Musikantin ist nicht mehr da. Das Licht wird gleißend. Camille sieht die kleine Metallflöte verlassen auf dem Felsen liegen. Sie will sie ergreifen. Geblendet läßt sie das grell aufleuchtende Instrument liegen.

Eine Nonne beugt sich über das bleifarbene Gesicht. Sie hält einen kleinen Spiegel in der Hand, blickt auf den schwachen Hauch, der die Fläche beschlägt. Sie wird später wiederkommen.

Sie schreitet auf dem stolzen Marmor voran, hat jetzt beide Füße darauf gesetzt. Sie gleitet über die spiegelglatte Fläche. Ihre Füße reiben die eiskalte Platte, erwärmen sie. Der Saal erstrahlt im Lichterglanz – Kristalleuchter –, sie tanzt, von Licht umsprüht, sie wirbelt, streckt ihre herrlichen Arme aus. Ein Tüllkleid umhüllt sie, ihr Hals ruht in einem kostbaren Spitzenkragen.

Sie lädt den Musiker ein, sie in seine Arme zu nehmen, flüstert ihm ins Ohr: «Kein Kommentar, Monsieur Debussy.» Er lächelt, neigt sich ihr zu, den hellen Hut ein wenig zur Seite gerückt. Sie drückt ihn an sich, spürt aber seinen Körper nicht. Im Dahinschwinden spürt sie in ihren Händen nur noch eine mondfarbene Jacke.

Monsieur Rodin ist da, in Grau gekleidet. Sie klammert sich an ihn. Er scheint taub zu sein. Sie zieht an seinem Bart, zerrt und reißt an ihm. Auch er verschwindet. Sie fühlt nur noch seine schwere Hand, die sich über ihrem Herzen schließt. Sie versucht sich zu befreien, die festgekrallten Finger zu lösen. Sie erstickt. Die Tanzenden drehen sich um sie herum. Sie schreit ihnen Worte zu, doch niemand hört sie. Sie ringt nach Luft.

Im Bett. Der leichte Körper braucht wenig Platz. Das alabasterfarbene Gesicht hat sich in einem leichten Krampf verzerrt. Die Hände schnellen empor.

All diese schwarzen Kleider. Diese dunklen Zylinderhüte, die beim Zusammenklappen wie Schüsse knallen. Sie nähern sich. Camille tritt ihnen entgegen. Sie krallt sich fest, will sie packen. Die Körper zerbröckeln, lassen nur noch die Rinde in ihren wunden Fingern. Jetzt beginnt sie zu laufen. Die Steine weichen vor ihr zurück. Sie kann entkommen. Mit der ganzen Kraft ihrer dreizehn Jahre schwingt sie sich auf, bezwingt den unter ihr davongleitenden Boden, klammert sich an die Erde. Sie kommt voran, ungestüm, rachsüchtig, eigenmächtig.

Unermüdlich klettert sie den schwindelerregend steilen

Hang empor. Vor Tagesanbruch hat sie die Felswand ihrer Kindheit bezwungen.

Der weißsandige Strand fliegt unter ihren jungen Füßen dahin. Das Morgengrauen wartet, bis der Kampf sich entschieden hat. Die Reiter stellen sich im Kreis auf, verbergen ihre Gesichter unter den hohen Perlenhelmen. Ihre Rüstungen sind aus Opal, ihre Schilde leuchten in makellosem Perlmuttglanz. Sie verharren in Schweigen, in erschreckender Regungslosigkeit. Die fleckenlosen Fahnen zucken in der leeren Luft. Lautlos.

Da richtet er sich auf, riesenhaft, gewaltig, gewappnet. Das große Tier dampft unter seinem harten Kettenpanzer.

Der Geyn, der steinerne Moloch, erwacht in seiner Ungeheuerlichkeit. Zu seinen Füßen hockt ein winzig kleines Mädchen und beobachtet ihn mit weit geöffneten Augen. Sie hat geduldig gewartet, bis zum Ende seines schweren Schlafs.

Jetzt kann sie ihn angreifen.

Mit bloßen Händen.

Allein.

Niemand ist in dem eiskalten Krankenhauszimmer. 19. Oktober 1943. Es gibt an diesem Tage andere Kranke im Spital von Montdevergues.

Sie. Sie ist neunundsiebzig Jahre alt.

Die Mondkinder

Ganz nah von hier schläft eine Frau,
Und diesen Augenblick gerade, den Kopf auf ihren Arm gestützt,
Bietet den Leib, ihr schönes Antlitz, darauf ein grimmer Schmerz geschrieben steht,
Dem weißen Licht des Monds sie dar.
Ihr Name lautet: Galaxaura.

PAUL CLAUDEL, *Die Schlummernde*

Plötzlich horcht sie auf.

«Cami-i-i-ille.»

Die Stimme des Kindes in der Ferne! Sie lacht. Ein heftiges Lachen für eine Dreizehnjährige. Sie ist nicht böse, aber sie will allein sein, will als erste in den Wald von Tardenois gelangen, als einzige den über die Ebene der Champagne brausenden Wind einatmen, allein den Steinen begegnen, den Prinzen.

«Cami-i-i-ille.»

Die Stimme ihres Bruders ist hinter ihr. Sie zögert einen Augenblick, lächelt zärtlich, voller Bedauern für das jüngere Kind. «Mein kleiner Paul.» Er ruft mit dieser schrillen, fast mädchenhaften Stimme, die in den Ohren schmerzt und das Herz ergreift. Immer dieses verzärtelte, zerbrechliche Kind. Er versucht bestimmt, sie über die Felder des alten Dambrune einzuholen. Sie ist bereits am Waldrand, holt mit großen Schritten aus – wie ein Junge, würde ihre Mutter sagen. Ihre Mutter! Wütend stößt sie den Fuß in die nasse weiche Erde, die in tausend kleinen schwarzen Spritzern auseinanderstiebt. Dann eilt sie ungestüm voran. Die Holzschuhe sinken schwer in den klebrig-feuchten Boden ein, in diese dicke Erde, die ihre jugendlichen Schritte knetet – jung, vermessen und zügellos –, und die rotbraune Mähne fällt nach und nach über die noch zarten Schultern herab. Plötzlich die Lust, mit vollen Händen in den Schlamm zu greifen! Die Erde hat einen scharfen, beißenden Geruch, ist schmiegsam, klebt an ihren Fingern. Sie schmiert sie sich übers Gesicht. Der Wind hat sich erhoben, über Reims ballt sich ein Gewitter zusammen, die Erde ist bitter und dampft wie der frische Pferdemist, den die dicken Zugtiere des alten Jacquin fallen lassen.

Sie beginnt zu schreien, verspürt ein unermeßliches Verlangen nach Freiheit, verspürt den Wunsch, rückhaltlos und anstößig zu sein. Jetzt erstürmt sie die Höhe von Chinchy. Im Laufschritt.

Sie will als erste dort oben sein, auf dem Gipfel des Geyn, den Riesen bezwingen, den Horizont überblicken, der sich angeblich bis nach Paris erstreckt – so jedenfalls erzählt man es im Dorf: «Denken Sie nur, Paris ist kaum drei Stunden von Villeneuve entfernt.» Aber selbst mit weit aufgerissenen Augen hat sie die Stadt noch nie sehen können, und ihre Augen sind groß.

Allein beherrscht sie dieses sturmdurchtobte Land, allein mitten im 19. Jahrhundert.

«Cami-i-ii-iii-ille.»

Das Kind hinter ihr, halb verloren in der Dämmerung. Seine Stimme ist jetzt schwächer. Sie zögert ein wenig, und noch ein wenig, die Stunde ist so schön, so geheimnisvoll und voller Gefahren; es ist die Dämmerstunde «zwischen Hund und Wolf», wie die Leute sagen, und sie will heute abend dem Wolf begegnen, ohne gestört oder zur Flucht gezwungen zu werden.

Eine Art von Stelldichein mit einem Etwas, das hatte sie sich insgeheim geschworen, als sie am Vorabend in ihrem engen, kalten Bett lag. Sie schliefen alle. Die Stille und sie, die nicht schlafen wollte – sie verlachte den Schlaf, liebte es, ihn nach Lust und Laune zurückzuhalten oder zu beschleunigen. Er war zwar ihr bester Bettgefährte, aber sie bestimmte den Augenblick, da sie sich in seine Arme gleiten ließ. Und gerade gestern abend wollte sie ihn nicht.

Hier hört sie nur den Wind und ihre Schritte, das Knistern der ersten Fichtennadeln unter ihren Füßen. Ihr Bruder Paul ist jetzt zu weit weg. Für die anderen steht vielleicht schon die zu lang gekochte Suppe auf dem Tisch. «Diese Claudels», sagen sie im Dorf mit einem kleinen Unterton in der Stimme

– Hochachtung? Haß? Camille hat sie oft bei ihren Reden belauscht ...

«Sie leben zu zurückgezogen. Das ist ungesund für die Kinder.»

«Und dann diese ständigen Streitereien ...»

«Ihr Onkel war Dorfpfarrer. Der war nicht so stolz.»

Im Dorf mit seinen dreihundert Herdfeuern entfacht sich der örtliche Haß.

Zum Glück gibt es den Wald, die große leuchtende Erde, die sie stets in allen Ferienzeiten wiederfindet. Und dann die Steine. Mit ihnen sprach Camille gestern abend in ihrem Bett, und der Schlaf ließ den Kopf hängen wie ein abgewiesener Liebhaber.

Die erhabenen, unantastbaren Steine. Sie kennen die Zukunft, haben Jahrhunderte überlebt und antworten ihr, die sie jeden Abend befragt. Camille beeilt sich. Jetzt rennt sie, nicht auf die Bäume achtend, die ihre Äste wie Krallen nach ihr ausstrecken, und ihre kühnen Füße wirbeln den Sandboden auf, der unter ihr nachgibt.

Paul wird sie einholen. Er weiß, wo sie zu finden ist. Er war sieben Jahre alt und sie kaum elf, als sie zum ersten Mal von zu Hause wegliefen. Ruhig und zugleich voller Herausforderung hatten sie die drei Kilometer zwischen dem Pfarrhaus und der Anhöhe zurückgelegt, Hand in Hand und nicht recht wissend, wer den anderen in den dunklen Wald führte.

Das war vor zwei Jahren, und sie ist jetzt nicht mehr diese kleine Wilde. Auch heute abend haben sie sich weit vom Haus entfernt, aber sie fühlt sich ruhig und erleichtert. Manchmal möchte sie für immer davonlaufen. Von dort oben wird sie alles ganz winzig klein sehen, den winzig kleinen Platz neben dem kleinen an die kleine Kirche geklebten Haus am winzig kleinen Friedhof mit den winzig kleinen Gräbern. Der Tod.

Da ist sie. Sie hockt im Schatten. Die erste, der all die anderen folgen werden, die gebeugten, uralten Weiber, die jungen, hochmütigen Göttinnen, die Gebrochenen, die Sterbenden, die vergessenen Mütter, die stolzen, aufrechten Jünglinge, die Männer.

Sie, das ist die Alte, gebückt, als wenn sie die Sturmglocke läutete, die Wangen aufgeblasen, der Körper zur letzten Anstrengung gespannt. Camille betrachtet sie und erinnert sich an die Jagd, auf die ihr Vater sie mitgenommen hatte. Der in die Enge getriebene Hirsch erhob seinen schönen Kopf, zum letzten Mal erzitterte das Geweih über seinen braunen Augen. Ihm gegenüber blies der Fettwanst mit seinem Horn das Halali. Der Vater hatte es ihr erklärt – das Halali, das Töten. Sie hatte abwechselnd auf den dicken roten Bauch gestarrt, auf den der Bläser sein Horn stützte, und auf die edle Brust des Tiers. Und dann war sie losgestürzt und hatte mit beiden Armen den dampfenden und von Schweiß verklebten Hals des Hirschs umschlungen. Ihr Vater hatte «Camille!» gebrüllt, die Hunde knurrten und bellten, bereit, sie anzugreifen. Die Jäger schwiegen. Einen Augenblick ließ der Hirsch den Kopf auf ihrer Schulter ruhen. Sein Herz, sie spürte es noch, zitterte und pochte wild. Dann hatte sie jemand weggetragen. Sie wußte nichts mehr. Das Töten, das Halali... Noch oft sollte sie diese Worte wiederholen, wie einen Ruf in die Ferne.

Die Alte schaut sie an. Camille ist eine Sekunde lang stehengeblieben, um sich zu verschnaufen. Trotz ihrer runden Wangen sieht die Alte so schmächtig aus, so verloren. Camille liebt es, ihre runzlige Stirn zu streicheln. Wie lange schon hockt sie hier am Waldrand?

Ewige Hüterin, Melusine, Gespinst aus Kinderträumen. Manchmal verweilt Camille und plaudert lange mit ihr. Aber heute abend bleibt ihr kaum Zeit, ihr einen Kuß zuzuwerfen. Paul ist ihr sicher schon auf den Fersen. Der Weg verzweigt sich nach rechts und nach links.

Hier stehen sie sich gegenüber, die eine kauert, zusammengekrümmt, wie in sich selbst verkrochen, die anderen dagegen erheben sich, wie von einem Wirbel emporgeschnellt. Die eine scheint ein schreckliches Geheimnis zu verbergen. Sie erinnert sich an das Kind, das sie verlassen hat, und jetzt altert sie vor sich hin, für immer zu Stein geworden. Zuweilen erhellt sie ein Sonnenstrahl, und dann lächelt sie, als streckten die rosigen Ärmchen sich noch einmal nach ihr aus. Vielleicht hat sie es in einem Wahnsinnsanfall getötet. Camille entsinnt sich der grausigen Geschichte, die die alte Magd Victoire an den Winterabenden am Kamin erzählt. Nein! Nur nicht daran denken!

Ihr gegenüber die Liebenden, glücklich, umschlungen. Der geteilte Felsblock wie in sich verwunden. Oft fragt sie sich, ob sie sich trennen oder wiederfinden – doch wer vermag an der für einen Augenblick aufgehaltenen Bewegung zu erkennen, ob der Kuß beginnt oder sich löst? Sie scheinen zu tanzen, unterzugehen, beinahe schon getrennt.

Die Steine. Wirklichkeit dieses wiedergefundenen Waldes. Die Steine blicken sie an. Sie läuft schneller. Zum Geyn. Immer schneller.

Dort sind sie, auf halbem Wege, Camille hat sie die Schwätzerinnen genannt, und sie setzt sich gerne zu ihnen. Sie sind drei, scheinen stets die neuesten Geschichten aus dem Dorf zu kennen, aber manchmal überrascht Camille sie, wenn sie sich jahrtausendalte Legenden erzählen. Krumm, schief, voller Höcker, und sie reden und reden ohne Ende und ohne Echo. Doch heute abend schlafen sie, und Camille hat nicht viel Zeit.

Sie steigt immer höher. Es beginnt zu regnen, doch sie spürt es nicht. Sie geht weiter, läßt ihre Gefährtinnen zurück. Der Weg wird rutschiger, Camille achtet nicht darauf. Sie folgt einem Ruf, dem Ruf des Geyn. Der Wind braust heftiger, der violette Himmel ist wie aufgerissen. Der Fuß findet kaum Halt auf dem Boden, aber Camille kennt das Gewicht der Erde, die zurückweicht. Die Bäume helfen ihr, die rissigen, dürren, dunkelrindigen Bäume.

Hier macht sie eine Drehung, dort schlüpft sie unter dem alten Baum durch, der mit leisem Knacken nach und nach sein Nadelwerk abwirft, dort wieder überklettert sie einen Hügel aus ineinanderverschlungenen Wurzeln, wie graue Zwerge – Gnome nennt sie sie –, und sie scheinen sie mit ihren schneidenden, mißgestalteten Ärmchen festhalten zu wollen. Ihre rauhen Knie fügen Camille oft kleine Verletzungen zu oder bringen sie aus dem Gleichgewicht. Doch heute abend überspringt sie sie stolz und mühelos, denn ER ist da.

Kolossal, weiß, ein wenig geneigt, als wolle er sich anschikken, das Tal zu zerdrücken, alles überragend, auch dieses Volk der Schatten und vertrauten Gestalten; er hat sich in seinen weißen Mantel gehüllt und blickt sie an. Hier der Riese, Camille ihm gegenüber. Beide in Licht gebadet, denn plötzlich erleuchtet der Mond die unsägliche Begegnung. Man fragt sich, wem es in diesem Zweikampf gelingen wird, den anderen zu versteinern: dem kleinen Mädchen oder dem riesigen Fels. Camilles Augen glänzen dunkelblau, fast schwarz, wie schwarzer Bernstein. Sie möchte sein Schöpfer sein, möchte dieses Werk mit ihren eigenen Händen erschaffen haben. In den Augen dieses Kindes offenbart sich eine wilde, fast grausame Entschlossenheit. Jählings nähert sie sich ihm. Der aufragende Fels läßt sie nicht aus den Augen, wie der alte Bulle, der den Tod auf sich zukommen sieht. Sie drückt sich an ihn, ihre Nase berührt die Nüstern des Tiers, sie schmiegt sich an ihn, streichelt ihn zärtlich, langsam, geduldig, immer wieder.

Wie ein Wanderer, der unter seinem schweren Mantel ein wenig den Kopf neigt, einen Augenblick auf seinem Wege innegehalten hat und sich erinnert – so steht er da, verweilt hier seit undenklichen Zeiten zwischen Vergangenheit und Zukunft. Das kleine Mädchen blickt auf den ewigen Stein, das kleine Mädchen starrt auf den Geyn. Sie, aufrecht und geschmeidig; gerade dreizehn Jahre im Dämmerlicht; er, dumpf, geheimnisvoll, unerforschlich. Sie trotzt dem Gott. Sie will verstehen. Woher diese Schönheit, diese Macht und die Freude, die sie ergreift, sie, die so winzig klein ist vor dem anderen, der sogar den Himmel herausfordert?

Sie beneidet ihn um seine ebenmäßige Gestalt, selbst seinen Tod im ohrenbetäubenden Krachen neidet sie ihm bis in ihre Sterbestunde. Manchmal hatte sie mit Vermessenheit auf ihn eingeschlagen. Da wurde er zu einer Vielzahl blendend weißer Sonnen, verhöhnte sie grausam, sie, die Sterbliche. Sie begreift. Sie wählt. Jetzt weiß sie, was sie hier gesucht hat.

Die Antwort ist da. Camille wartet nicht lange.

Der Regen wird heftiger, böser, aber das Mädchen spürt ihn nicht. Sie bewegt sich vorwärts auf dem sandigen Boden, der den Hügel überzieht wie Puderzucker einen Kuchen. Der Wind wirbelt den Sand auf. Er bläst tückisch. Sie kommt sich zart und zerbrechlich vor, wie eine Seejungfrau, die an diesem seltsamen Gestade gestrandet ist. Man erzählt, daß das Meer vor langer, sehr langer Zeit bis hierher kam – vergessener weißer Sandstrand, Mondlandschaft. Camille geht bis an den äußersten Rand der Felswand, von wo aus sie die Ebene überblicken kann. Camille überschaut das ganze Land, sieht in der Ferne die Zukunft. Ihre Zukunft.

Plötzlich löst der Wind die Schleife, und die Locken ringeln sich um ihr Gesicht wie goldene Schlangen. Das schwarze, mit Schlamm beschmierte Gesicht ist unter dem dunklen Himmel kaum noch sichtbar. Das Gewitter trommelt. Der Himmel steht in Weißglut. Ihr ist heiß, heiß von diesem wilden Lauf, heiß, wie einer Liebenden in Erwartung.

Wenn das Meer noch da wäre, würde sie ihre Kleider fortwerfen und ins Wasser springen. Sie reißt sich die Jacke auf, die sie ihrem Vetter weggenommen hat, öffnet die Hemdknöpfe, schlüpft aus den Schuhen, als wollte sie wirklich ins Wasser springen, bohrt beide Füße in den noch regennassen Sand; die viel zu große Hose, auch ihrem Vetter entwendet, klebt an den Beinen wie ein Paar Gamaschen. Wenn ihre Mutter sie so hätte hinausgehen sehen! Zum Glück hatte die Pelerine alles bedeckt. Mein Gott, die Pelerine! Die muß sie irgendwo verloren haben. Camille beunruhigt sich ein paar Sekunden, dann bricht sie in Gelächter aus. Der Gedanke, ihre Unterröcke, Röcke, Stiefel und Bluse auf dem Dachboden ihres Vetters gelassen zu haben, läßt sie hell auflachen. Dort ist also die Pelerine. Camille ist glücklich – langsam steigt aus ihrer Kehle eine seltsame, rauhe Melodie auf, ein alter Abzählreim:

Willst du essen frische Kresse,
Auf der Pilgerfahrt nach Liesse . . .

Allmählich wird es eine Art von Singsang, eine Art von Gebet... Plötzlich rollt sie sich im Sand wie ein Kätzchen, das sich die Feuchtigkeit aus dem Fell reiben will. Sie steht wieder auf, die Haare voller Sand, das Gesicht verschmiert, wie ein Krieger der Antike.

«Camille!»

Paul schreit, als er sie erblickt. Camille bricht in ihr lautes, kehliges Lachen aus und streckt ihm die Arme entgegen.

«Mein kleiner Paul!»

«Wenn dich Mama sähe! Wie ein Basilisk schaust du aus!»

«Ein was?»

«Ein Basilisk. Das ist eine Fabelschlange. Ihr Blick ist tödlich.»

«Danke, Paul! Was du nicht alles weißt!»

Camille schlägt mit der Faust auf ihn ein. Dann rollen sie miteinander, einer über dem anderen – Spiele der Kindheit leben wieder auf. Der Sand fliegt; Camille hält ihn fest mit ihren kräftigen Armen. Sie ist um einen Kopf größer als er. Der Kleine wehrt sich zäh und wild, versetzt ihr heftige Fußtritte. Camille packt seine Hände, drückt sie zu Boden, legt sich auf ihn, bezwingt ihr Opfer rittlings. Er kann nichts mehr tun. Aber was ist das für ein seltsames, warmes Gefühl? Das Hemd des jungen Mädchens ist aufgeknöpft, Camille lastet der Länge lang über ihm, hat die Nase im Sand vergraben. Das Kind fühlt die warme Brust an seiner Wange, und alle Kampflust ist ihm vergangen. Warum fühlt er sich so besiegt? Welches Mittel hat die große Schwester nur angewandt? Er will sich nicht mehr balgen, er fröstelt.

«Dir ist kalt.» Camille schlägt ihn ein, reibt ihn fest, um ihn zu erwärmen. Sie drückt ihn an sich, hebt seine Jacke auf, umhüllt ihn und sich damit.

Am Himmel über ihnen leuchtet der Mond. Zwei Kindergesichter im Mondlicht. Zwei Paar blaue Augen, das eine dunkel, das andere hell, schrecklich hell.

«Erzähle mir eine Geschichte.»

Camille hätte lieber geschwiegen, dem Wind gelauscht und den tanzenden Bäumen.

«Eines Abends in der Dämmerstunde wanderte ein Esel seines Weges; auf beiden Seiten üppiges Gras und spröde Zweige, aber es gab auch viele Hindernisse. Zerstreut trottete er daher, rupfte hie und da ein paar Blätter und träumte tief bewegt von der schönen Mohrrübe, die er daheim knabbern würde. Daheim, daheim... Aber wohin ging er denn? Und welche Mohrrübe erwartete ihn? Niemand wußte es, und er am allerwenigsten.

An einer Wegbiegung lag ein weißer, leuchtender, sonnenwarmer Stein und sah ihn kommen. Ganz glatt und weiß und an nichts gebunden. Der Esel war gerade dabei, seine Nase lang zu machen, um nach einer hübschen Libelle zu schnuppern, als sein zierlicher Huf einige Schritte vor dem Stein aufsetzte. Doch dieser packte ihn bei der Zehe, gerade im Augenblick, da die schelmische Libelle sich stolz auf sein rechtes Nasenloch setzte. Überrascht blieb der Esel stehen und fragte sich, wie eine so liebreizende Libelle ihn derart hypnotisieren konnte. Seine langen Wimpern zuckten dreimal, und die Libelle flog davon. Aber der Zauber wirkte immer noch. Sein Fuß war gefangen. Er machte ein paar Sprünge, stieß ein bißchen, hüpfte ein bißchen, schlug aus, zog und scharrte. Es half alles nichts, und zum Schluß verlor er sogar das Gleichgewicht und setzte sich auf sein Hinterteil. Dann dachte er nach. Was war nur mit seinem Vorderfuß geschehen? Er schlug dreimal mit den Wimpern und blickte auf seinen ausgestreckten Fuß. Nichts. Auch ein neues Klimpern mit den Wimpern führte zu keinem Resultat. Er zog an seinem Fuß, ohne sich etwas anmerken zu lassen. Der Fuß blieb stecken. Da neigte er seinen hübschen Kopf, ließ die langen Ohren hängen und versuchte noch einmal nachzudenken.

‹Nun komm schon, Fuß, sei so lieb, bewege dich.›

Nichts geschah, und es schien ihm sogar, als ob er ein wohliges Gefühl verspürte, wie wenn jemand ihm den Huf streichelte.

Jawohl, es war wirklich sehr angenehm, äußerst angenehm. Der Esel streckte den anderen Fuß aus, legte sich behutsam mit dem Bauch auf den Boden und seine Schnauze zwischen die Vorderbeine. Aber was war das? Eine weiße Mohrrübe? Unter seinen Nüstern entdeckte der Esel den Stein, der genau der Form seines Fußes angepaßt war.

‹Wie du strahlst, du schöner Stein!› sagte der Esel, die meergrünen Augen halb geschlossen. ‹Bist du es, der meine Pfote hält? Nein, laß mich nicht los. Hier, ich gebe dir auch noch meinen anderen Huf, wenn du willst.›

‹Guten Tag, du schöner Esel. Ich habe dich auf deinem Wege angehalten, als ich dich hier herumschlendern sah, weil ich dich um einen Kuß bitten wollte.›

‹Hier ist mein Kuß, du schöne Sonne. Darf ich bei dir bleiben? Denn du leuchtest so schön, und deine Haut ist so glatt.›

‹Deine Lippen sind weich, geh nicht fort, aber sei auf der Hut. Ich bin unveränderlich, unnachgiebig, verhängnisvoll. Man sagt von mir, ich sei hart wie Stein, und wenn mein Leib auch kalt ist, so schlägt mein Herz wie eine Sonne. Aber ich bringe jeden nach Belieben zu Fall.›

‹O Stein, sei auch du auf der Hut. Dort, wo ich meinen Huf aufsetze, wird niemand anderer je seinen Fuß setzen können, denn ich weiche nie mehr. Von mir sagt man, ich sei störrisch wie ein Esel.›

Und die beiden, eng umschlungen, verließen einander nicht mehr. Die Sonne versank, als würde sie ihren Körper zur Ruhe betten.

Es wurde Nacht. Der Stein fror, aber der Esel wärmte ihn. Der Esel fürchtete sich, aber der Stein hielt ihn schützend umschlungen.

Und dann graute der Morgen. Als die Menschen in der Frühe diesen Weg nahmen, um in die Stadt zu gehen, und an die Wegbiegung mit dem dichten Gras gelangten, da schrien sie überrascht auf. Und dann waren sie so ergriffen, daß sie die Augen schlossen und sich die Köpfe mit ihren Schürzen umhüllten.

An Stelle des Steins lag da ein schönes Mädchen aus weißem Gold und schwarzem Bernstein. An Stelle des Esels ein Jüngling mit großen Saphiraugen.

Sie waren nackt und hielten sich für immer umschlungen. So fest wie der Stein und so beharrlich wie der Esel war ihre Liebe.

Aber du, du bist nur ein Esel. Nein, ein Hahn ohne Kamm!»

Camille schubst ihn. Jetzt stürmen sie los, rollen den Hang hinunter. Der Junge richtet sich wütend auf, als das Gestrüpp sie aufhält, wütend und bereit, ihr das Gesicht zu zerkratzen. Camille blickt Paul an. Die große Schwester blickt ihren kleinen Bruder an. Sie lächelt, lächelt diesem Kind zu, das die gleichen Augen wie sie hat, nur ein bißchen heller. Ihr Mund ist zärtlich.

«Mein kleiner Paul, sei mir nicht bös.» Sie nimmt ihn bei der Hand. Es ist finster ringsum. Nur über ihnen nicht. Das Mondlicht bestrahlt sie. Zwei Kinder.

«Hör zu, ich will dir mein Geheimnis verraten. Ich möchte... ich möchte Bildhauerin werden! Ich habe ein Buch gesehen. Mit Statuen, weißt du, wie ich sie aus der Erde knete... jetzt weiß ich es. Ich werde einmal eine große Bildhauerin sein!»

Der Junge blickt sie bewundernd an. Wie ihre Augen im Mondlicht strahlen! So wild! Noch nie hat er so schöne Augen gesehen. Jeder sagt es im Dorf – die Nachbarn, die Vettern, der Pächter. Bald dunkelblau, bald violett oder grün, sie wechseln die Farbe wie das Wasser und der Himmel, und immer diese Tiefe, die zu Herzen geht. Seine Schwester ist wirklich schön. Die anderen Leute haben tote Augen, aber sie, sie hat einen Blick, und ihre Augen strahlen, als gäben sie jedem Menschen, jedem Gegenstand einen besonderen Glanz.

«Was hast du, Paul? Paul!»

Er hat sich plötzlich vor ihrem Blick erschreckt, und er läuft davon, rennt.

«Paul, Paul, so warte doch auf mich!» Jetzt ist sie es, die ihn ruft. Nicht lange. Camille zuckt die Schultern. Ach was! Schließlich gehört ihr dieser Abend. Sie kann heimkehren, wann es ihr gefällt; die Mutter wird kein Wort sagen. Doch, manchmal schimpft sie. Aber was hat sie schon zu befürchten? Sie geht immer allein aus.

Bei Einbruch der Dunkelheit ist sie stärker als alle gleichaltrigen Jungen im Dorf. Beim Spiel mit ihren Vettern ist sie oft die Anführerin. Und dann hat sie ihr kleines Messer. Sie trägt es stets bei sich. Es macht ihr Spaß, eine Frucht aufzuschneiden, an Dingen zu kratzen, den Ton aufspringen, Rinde sich spalten zu sehen. Sie liebt es, bis zum Kern vorzudringen, und dann versucht sie, von innen her alles wieder zusammenzufügen.

In aller Ruhe beginnt sie den Abstieg, nimmt sich Zeit. Zu Hause fühlt sie sich eingeengt. Nur ihr Vater könnte verstehen, was sie heute abend empfindet. Aber gerade ihn traut sie sich nicht, in ihr Geheimnis einzuweihen. Denn wenn er es nicht verstünde, bliebe ihr gar keine Hoffnung mehr.

Ihr Vater. Das Lächeln ihres Vaters. Wenn er sie anschaut, ist sie verwirrt, aber sie hat das Gefühl, daß sie einander verstehen. Sie ist erst dreizehn, und er wird bald seinen einundfünfzigsten Geburtstag feiern. Schlank, mit schönen Falten um die Augenränder, die seinen Blick noch ungewöhnlicher machen, fast achtzehn Jahre älter als ihre Mutter. Sie liebt dieses etwas eingefallene Gesicht und den Stoppelbart, der wie aus dem Schatten zu kommen scheint, wie aus einem Gemälde von Rembrandt, und dann die goldenen Augen ... sie ist sicher, daß er goldene Augen hat. Camille bleibt auf dem Wege stehen. Wie können ihre Eltern miteinander leben? Die Ehe! Sie denkt an das große Bett, verspürt ein Gefühl des Ekels, begreift es nicht. Und dennoch: von diesen Leuten stammt sie ab – von dieser schwerfälligen, bornierten, verschlossenen Mutter.

Ihr Vater ... noch vor kurzem hatte sein Mund sie geküßt, ganz zart hatten seine etwas rauhen Lippen ihre Stirn berührt ...

Camille hat vergessen, wie spät es ist. Die Augen öffnen sich der Nacht, sehen das große schwarze Loch, das sich um sie dehnt und streckt, nehmen Formen und Umrisse genau wahr. Begabung? Sie kennt sich in der Sprache der Linien, Kurven und Punkte aus, denn sie allein vermitteln ihr das Leben des Fleisches, die Seele, die sich hinter den Dingen und Wesen verbirgt. Sie irrt sich nie.

«Du bist meine kleine Hexe», flüstert ihr der Vater ins Ohr. Sie hat ihm gerade den Charakter des Katers Crapitoche, des Bergführers Uhry, des Tagelöhners Paillette beschrieben. «Du brauchst sie dir nur anzuschauen!» Die Wesenszüge formt sie voraus, Licht und Schatten, alles ist da.

Die kleine Hexe und ihr irrlichtiger Vater. Zu ihm kehrt sie gerne zurück. Nur er wird beunruhigt sein – denn Paul hat bestimmt nichts gesagt. Wenn er heimkommt, hockt er sich still in eine Ecke oder bekommt einen Wutanfall, falls jemand seine Sachen angerührt hat, aber auf Fragen antwortet er nicht. Ganz im Gegenteil. Je mehr man ihn fragt: «Hast du Camille gesehen?», desto tiefer hüllt er sich in Schweigen.

Sie hängt sich ihre Pelerinc um. «Mein Haarband!» Zu spät. Wahrscheinlich liegt es noch dort oben am «Strand». Den Weg durch die Nacht fürchtet sie nicht. Weder die Anhöhe von Chinchy noch die Teufelskiepe.

Im Dorf sagt man, es sei gefährlich, bei Nacht dorthin zu gehen, aber hat sie etwa Angst vor dem Teufel? Vor dem Teufel schon gar nicht! Im Dorf erzählt man, er stecke alle, die zu spät in den Bergen bleiben, in seinen Sack. Jetzt dreht sie sich um, will ihn sehen. Zu gern möchte sie ihn sehen. Sie weiß, daß er menschliche Züge trägt; sie stellt ihn sich schrecklich menschlich vor, ganz gewöhnlich sogar, was ihn noch gefährlicher macht, weil die Leute immer ein mißgestaltetes und häßliches Wesen erwarten. Nein, er muß ganz herkömmlich und unauffällig aussehen. So ruft sie ihn, und da er schweigt, macht sie ihm eine lange Nase.

«Spiel nur Versteck, solange du willst. Auch ich kann das spielen. Wer den anderen zuerst kriegt, hat gewonnen!»

Ihre Mutter hat eine entsetzliche Angst vor dem Ungeheuer

und spricht Gebete, um nicht von ihm bemerkt zu werden. Und doch geht sie nie zur Messe. Sie gehen nie zur Messe. Ihr Vater lacht sich tot, wenn die alten Weiber sich am Sonntagmorgen zur Kirche drängen, aber aus Höflichkeit scherzt niemand, wenn der Onkel Pfarrer zum Essen kommt. Camille schreitet rasch voran, die Hände in den Hosentaschen. Es ist ihr jetzt nicht mehr so warm. Eins ist sicher: sie werden bereits gegessen haben. Macht nichts, ein Stück Käse und etwas Brot wird sie schon finden. Vielleicht wird der Vater ihr ein wenig Apfelschnaps geben, damit es ihr wieder warm wird. Denn jetzt friert sie wirklich. Die durchnäßten Kleider kleben an ihr. Angst steigt in ihr auf. In dieser Familie will sie nicht bleiben, sie ist nicht wie ihre Schwester Louise, die, obgleich zwei Jahre jünger als sie, schon ans Heiraten denkt. Sie möchte fort von hier, eine Künstlerin sein, aber wie soll sie es ihnen sagen, wie soll sie es anstellen? Plötzlich tut sich vor der Zukunft ein tiefer Abgrund auf – schwindelerregende, gähnende Leere. Das Mädchen läuft, flieht dem Haus entgegen, rennt, ihr Herz pocht – es ist zu hart, jetzt schon von Paris zu träumen!

Die Dorfstraße hallt unter ihren Holzschuhen. Jetzt kommt noch der schreckliche Friedhof, wo sie das Fürchte-dich-Spiel spielt, und die unheimliche Kirche, das Gespensterschiff. Doch da flimmert das schwache Licht. Gleich wird es warm sein. In der Küche. Sie beruhigt sich, hält den Kopf hoch. Sie liebt den Kampf, den Gegner, und nur die Leere hat sie vorhin erschreckt. Wenn sie den Teufel gesehen hätte, wäre ihr nicht bange gewesen. Aber natürlich ist er feige wie die Jungen im Dorf. Wenn sie zu mehreren sind, prahlen sie, stolzieren herum. Die Hähne! Die Aufschneider! Camille ruft ihnen zu: «Hallo, ihr Jäger!», und dann greifen sie an... Aber jetzt denkt sie an den kleinen Fambrune. Ganz allein auf dem schmalen Weg. Sie hatte ihn gestreift... ein armseliges Hähnchen! Mit schlaffem Kamm! Von denen könnte sie es mit zehn aufnehmen, braucht sie nur einmal scharf anzublikken, auf die schwache Stirn, zwischen die zusammengekniffenen Augen. Ist sie nicht der Basilisk?

Camille stößt die Tür auf. Die Mutter hebt den Kopf und fängt zu schreien an. Alle blicken auf, Victoire, Paul, Louise, der Onkel ... Und Camille brüllt: «Ich habe den Teufel gesehen!»

Sie bricht in schallendes Gelächter aus, steht an die Tür gelehnt, das Gesicht mit schwarzem Schlamm verschmiert, das Haar zu Hörnern geflochten. Halb Hirsch, halb Einhorn, verhöhnt sie sie. Sie, die da im Kreis vor ihrer zerkochten Suppe sitzen, behäbig und selbstzufrieden. Sie stampft mit dem Fuß auf, sie hat sich entschlossen, dieses Haus zu verlassen. Die Löffel klappern. «So mach doch die Tür zu!»

«Aber ich ...»

Sie hat vergessen, daß sie hinkt. Sie hinkt, tick-tick-tack, tick-tick-tack. Ihr Vater ist nicht da.

Brief aus der Anstalt

«... Mein Traum wäre, sofort wieder nach Villeneuve zurückzukehren und dort zu bleiben. Lieber eine Scheune in Villeneuve, als einen Platz hier als Patientin erster Klasse ...

Ich kann es nur bedauern, daß ich Dich Dein Geld an eine Irrenanstalt verschwenden sehe. Das Geld, das mir so nutzen könnte, um schöne Werke zu erschaffen und ein angenehmes Leben zu führen! Was für ein Unglück! Es ist zum Weinen. Welch ein Glück, wenn ich wieder in Villeneuve sein könnte. Dieses hübsche Villeneuve, das auf der Welt nicht seinesgleichen hat ...»

*

Reise nach Villeneuve ... Abfahrt am 26. In Villeneuve am 27., 28., 29. Juni. Die beiden Alten allein in dem zerfallenen Haus mit der alten Magd und dem Heimchen in der Asche des Küchenherds. In V. bin ich immer *overwhelmed by pathetic* ...

PAUL CLAUDEL, *Tagebuch*

Eingesperrt. Eingesperrt. Wie lange schon? Sie mag jetzt siebenundsiebzig Jahre alt sein. Sie weiß es nicht mehr. Eine Ewigkeit von Morgen, Abenden, Nächten ...

Sie hat versucht, genau jedes Jahr, jeden Tag, jede Sekunde zu zählen. Um ihnen nichts zu schenken. Manchmal, wenn der Mond über der Anstalt steht, atmet sie den Duft der Erde. Ein Duft, der sie berauscht. Die Erde von Villeneuve. Und nun beginnt für sie eine lange Folterqual. Sie fährt jäh auf, springt aus dem Eisenbett. Sie wird in den Unterrock schlüpfen, den Rock, die Bluse, die Wollstrümpfe, mit den Holzschuhen in der Hand die Treppe hinuntereilen, um zu atmen. Die gute Erde zu atmen, die sich unter ihren Füßen ausbreiten wird – die Erde von Villeneuve, die in den frühen Morgenstunden zu ihr kommt. Sie beeilt sich. Ach ja, die Pelerine. Sie muß die liebe Pelerine vom Haken nehmen und sich aus dem elterlichen Haus schleichen. Aber sie steht in der engen Zelle, geht auf und ab, auf und ab. Die üblen Gerüche ersticken sie, der Gestank der anderen dringt auf sie ein. Die schmutzigen Leiber. Sie schlafen noch. Schnell, den Unterrock, den Rock – und so beginnt es immer wieder, wieder und wieder, endlos. Schnell fliehen.

Sie legt sich wieder hin. Unruhig. Das sagt man ihr oft. Sie sei unruhig. Wie alt ist sie jetzt?

Wie alt ist er? Vierundsiebzig? «Mein kleiner Paul.» Und jetzt kann er Villeneuve nicht mehr finden. Das Haus ist völlig verändert.

«Nichts bindet mich mehr daran. Mutlosigkeit und die Versuchung, zu verzweifeln.»

Ach, wie schwer sind wir zufriedenzustellen.

Er hört die rostige Wetterfahne im Wind, und sie, sie ist nicht mehr da. Der kleine Poet, der Galaxaura in den Wäldern nachstellte. Seine weiße Galaxaura, «die wohl schönste aller Waldfeen». Er sitzt da – sie hat ihn verlassen. Das war ... er weiß es nicht mehr genau, vielleicht vor sechzig Jahren.

Schritt für Schritt nehme ich mir das gesamte Werk des Dichters vor – lese die Seiten ohne Erklärung, ohne zu wissen, warum. Nur weil *sie* mich immer wieder unter dem grellen Schein der Lampe aus finsterer Nacht ruft.

Siehe, wie sie da kniet, die in Licht gehüllte Schmerzensfrau.

Weil der kleine Dichter der Schlummernden

mit abgezählten Schritten feierlich einherschreitet, die Beine hebt.
Als wollte er sich die Füße am Mond abstreifen.

Das Heimchen in der Asche
Zwei Greise unter dem Mond
Und sie kratzt an der Tür mit ihren schönen Händen
Fortgerissen von der Erde
Der Erde von Villeneuve.

Der Teufel im Haus

... Zwei Augen hat er, die glänzen
wie bei einer Katze.
PAUL CLAUDEL, *Der seidene Schuh*

Sie liebte die weißen Morgenstunden von Villeneuve. Die Familie schlief noch. Manchmal schlich sie sich ganz leise nach unten.

Camille schaut aus dem Fenster, das Laken über sich gezogen. Wie gewöhnlich hat sie das Fenster offengelassen, trotz der Kälte und der beginnenden Herbstnebel. Bald geht es wieder heim. Warum sind die Eltern aus Villeneuve fortgegangen? Sie liebt dieses Dorf mit seinem Platz und den Linden, die jeden Vorübergehenden beobachten, der Kirche mit ihrem Geläut und dem schiefen Glockenturm, diesem Schrägstrich, der den Eindruck erweckt, als sei die Zeit einen Augenblick stillgestanden – einen Augenblick vor dem Einsturz oder einen Augenblick bevor er sich wieder aufrichtet. Eindruck einer ringsum in Schweigen versunkenen Welt – bald werden die Steine erwachen, sich in der aufsteigenden Sonne wärmen. Leise steht sie auf, zieht sich die Strümpfe an, hält die Schuhe in der Hand. Sie ist bereit. Die Küche liegt noch im Schlaf. Brot, Käse, Kaffee, alles ist in Griffweite.

Dort sitzt sie und genießt die Einsamkeit, die Stunden außerhalb der Familie, die wohltuende Stille, das Ticken der Uhr, die Dinge, die zu ihr zu sprechen scheinen. Morgendämmerung der Nebel, Morgendämmerung der Gesichter. Plötzlich ist er da.

«Camille.» Diese etwas rauhe Stimme. Angeblich hat sie sie von ihm. Groß und hager, mit leuchtenden Augen.

«Komm, wir machen einen kleinen Spaziergang.» Sie hat ihm eine volle Schale mit Kaffee gereicht. «Nein, warte.» Er greift sie beim Arm. «Setz dich doch einen Augenblick.» Sie möchte fliehen. Lange Erklärungen sind ihr zuwider. Er muß verstehen. «Du hörst nicht auf zu zeichnen und in unserer guten alten Erde zu kneten. Glaubst du wirklich an das, was Alfred Boucher gesagt hat?»

Mit einem Ruck blickt sie auf. Die Augen begegnen sich.

«Ich will Bildhauerin werden!» Sie ist aufgestanden. Er umfaßt ihre Taille. Wie groß sie ist mit ihren dreizehn Jahren. Ergriffen von Zärtlichkeit steht auch er auf und drückt sie an sich. «Meine Tochter, meine Tochter.» Er spürt diesen Körper, in dem sich bereits die Frau andeutet, nimmt ihren Kopf in seine Hände. «Wie schön diese Frau einmal sein wird!» Er schaut auf ihren breiten, herablassenden Mund. Ihre Wangen glühen.

Das Schweigen in der Küche ist erschreckend gegenwärtig. Sie blicken einander an. Bis in Brusthöhe reicht sie ihm. Lust steigt in ihm auf, sie zu zerdrücken, diese kleine Frau, die ihm zu ähnlich sieht, mit ihrem ewig ungekämmten Haarschopf. Doch dann fährt er ihr mit der noch zitternden Hand über das Haar und küßt sie auf die Stirn, ganz sacht, als wünsche er ihr eine gute Reise.

«Ich helfe dir. Du wirst Bildhauerin.»

Sie hat sich in seine Arme geworfen. «Nun komm, machen wir einen Sprung bis zum Feld, bevor deine Mutter aufwacht.»

«Wo ist denn Camille schon wieder? Dieses Kind treibt mich noch zum Wahnsinn!»

«Mama, da sind sie ja alle beide, Papa-a . . .»

«Sei still.» Louise verstummt, setzt sich schmollend in die Ecke, tunkt ihre Schnitte ein. Paul wippt auf seinem Stuhl. Er geht ihr auf die Nerven, dieser verschlossene Junge, der sie mit seinen blöden blauen Augen ständig beobachtet.

Die Mutter sagt nichts. Sie räumt auf, putzt. Was Louis-Prosper tut, ist ihr gleichgültig. Sie haben sich ohnehin nicht mehr viel zu sagen. Und doch hätte sie ihn lieben können, wenn er nicht so jähzornig wäre und seine Bücher herumliegen ließe. Außerdem fühlt sie, daß er sie verachtet. Sie ist nicht groß, sie ist nicht schlank. Kein Vergleich mit Camille!

Oder auch Louise ... Mit Zärtlichkeit wendet sie sich diesem trübseligen kleinen Mädchen zu, das so schön sein kann, wenn es lächelt. Die ganze Traurigkeit der Welt. Auch sie wäre gern frühmorgens mit ihrem Vater weggegangen, aber sie erkältet sich immer. Jedesmal, wenn sie ausreißen wollte, hat sie sich weh getan oder ist krank geworden.

«Los, Kinder, raus mit euch!» Die Krumen, die Löffel, die Kaffee- oder Milchflecken, der Besen. All die Arbeit, aber warum sitzt Louis-Prosper noch da? Er stört sie.

«Hör mal, ich glaube, Camille ist eine Künstlerin.»

«Was?»

«Ich glaube, daß Camille einmal eine geniale Bildhauerin wird.»

Sie ist außer sich. «Aber das ist ja entsetzlich, was du da sagst! Und du findest das auch noch gut? Sie macht uns schon das Leben schwer genug mit ihrer Erde und ihrem Lehm. Selbst Victoire war neulich ganz voller roter Schmutzflecken. Ständig muß man Camilles Schürze waschen, und jetzt billigst du es, daß sie daraus einen Beruf macht? Falls man das einen Beruf nennen kann ... Eine Hure willst du aus ihr machen!»

«Camille wird Bildhauerin. Das sage ich dir.»

Sie streiten sich heftig. Oben sitzen die Kinder, still und unglücklich. Camille springt plötzlich ungestüm auf. Sie wirft sich einen Mantel über die Schulter und stürmt die Treppe hinunter.

Fliehen, so weit wie möglich fliehen vor diesem Gekreisch. Ihr Bruder Paul rennt ihr nach, Louise will ihn zurückhalten. «Bleib bei mir, Paul.» Paul zerrt, Louise zerrt, Camille dreht sich um und macht ihnen eine lange Nase. Paul wird wütend, gibt Louise einen Fußtritt, sie läßt ihn vor Schreck los, und Paul stürzt der Länge nach die Treppe hinab. Schreie, Gebrüll. Die Mutter erscheint, sieht Camille am Fuß der Treppe. «Dieses Kind ist der Teufel!»

Paul steht auf, stößt die Mutter zur Seite, rennt Camille nach, die bereits entwischt ist. Die letzten Ferientage, die letzten grünen Blätter. Morgen sind sie alle wieder in Nogent.

Er mag Nogent nicht. «Camille, Camille!» Sie wartet auf ihn. «Hast du dir weh getan?» Der Kleine schüttelt den Kopf, aber sein Knie blutet. «Komm.» Sie führt ihn zum Brunnen. Der Junge schaut sie an, und plötzlich lacht er hell auf. «Cacha-Diablo. Ich werde dich Cacha-Diablo nennen.» Camille zuckt die Schultern, das Blut rinnt nicht mehr. «Los, zum Steinbruch. Wer zuerst am Steinbruch ist!»

Madame Berthier blickt ihnen kopfschüttelnd nach. «Wann werden die beiden endlich aufhören, in der Gegend herumzurennen? Immer diese Streunerei. Da lobe ich mir die kleine Louise, das ruhige und liebe Kind mit den hübschen Locken. Die ist immer sauber! Aber diese ungekämmte Göre wird noch einmal böse enden!»

Camille und Paul sind bereits weit weg. Die Straße dort drüben, der aufgeweichte Weg, das Wäldchen ... Und plötzlich ist die Sonne aufgegangen, es ist schön, die Erde ist warm. «Wohin mit dem Lehm?» In der Eile haben die Kinder nichts mitgenommen. Camille wickelt die Erde in die Pelerine. Wenn man die Ärmel zuknotet, gibt es ein Bündel. Aber schwer. Mindestens zwanzig Kilo. Die Kinder schwanken unter der schweren Last. Der kleine Paul ist erschöpft. Plötzlich lassen sie alles fallen und lachen. Ein Ärmel ist aufgerissen, die Erde fällt heraus. «Es sieht wie ein menschlicher Körper aus.»

«Sei still!»

«Die rote Erde unter dem Mantel – ein gebrochener Arm.»

«Sei still!»

«Aber so schau doch, Paul, es ist schön, die Erde ist wie ein Körper. Schau!»

Sie knotet den anderen Ärmel auf und beginnt zu kneten. Die noch von der Gewitternacht feuchte Erde nimmt Gestalt an. Allmählich wird eine Büste sichtbar, wild und massig. Paul hat sich hingesetzt und sieht ihr schweigend zu. Ihre Haare sind voller roter Erde. Mehrmals hat sie sie sich mit den Händen aus der Stirn gewischt. «Du siehst wie ein Inka aus», sagt Paul. Einige rote Spuren auf dem Gesicht sind wie Wundmale eines Kriegers der Antike. Sie gibt dem begonnenen Werk einen heftigen Fußtritt und zerstampft es. «Das ist es nicht, das ist es nicht!»

«Camille, hör auf!»

«Halt den Mund und hilf mir!»

«Bist du böse?» Torkelnd und schwankend schleppen sie ihre schwere Last nach Hause.

«Mam'zelle Camille! O nein, heute nicht! Sie fahren morgen ab!» Victoire ist verzweifelt. Arme, alte Victoire, die noch eben alles frisch gebohnert und auf Hochglanz gebracht und die Teppiche eingerollt hat. Die Ordnung! Die Ordnung! Camille haßt diese Möbel, die unter ihren weißen Staubhüllen wie riesige Leichen aussehen. Sie liebt das Leben zu sehr. Schmollend und betrübt blickt sie Victoire an. «Ach, Victoire!»

«Gut, nicht hier . . . ins Atelier.»

«Die Hütte.»

«Das Atelier. Ich sagte, das Atelier. So nennt man das.»

«Oh, schaut euch das an.»

«Das sind die Spuren des Teufels.» Camilles Schuhe haben überall große rote Flecken hinterlassen. Paul muß lachen, hält sich ein wenig abseits. «Nun komm schon, steh nicht herum wie ein Tölpel. Hilf mir.» Und sie machen sich alle drei davon. Plötzlich bleibt Victoire stehen. Klavierspiel ertönt.

«Wie hübsch.» Auch Camille würde gern ihre Finger über die Tasten gleiten lassen, aber die Mutter hat es ihr ein für allemal verboten. «Das ist etwas für artige kleine Mädchen. Du machst alles schmutzig und hast überhaupt kein Feingefühl.» Also singt sie aus voller Kehle für sich allein, wenn sie draußen ist. Im übrigen ist sie zu sehr mit ihren Skulpturen beschäftigt, die sie ganz in Anspruch nehmen. Louise spielt jedenfalls gut. Die Schwester lauscht ihr einen Augenblick. Victoire blickt Camille an. Was soll aus diesem Kind einmal werden? Sie ist groß und schlank. Aber ihre Augen machen ihr angst, ein eiserner Wille, der durch nichts zu brechen ist. Sie würde nicht nachgeben, auch wenn man sie umbrächte.

«Los, Victoire, beeile dich!» Die drei durchqueren den Garten bis zum Atelier. «So, jetzt setz dich hierher.» Sie schaut das junge Mädchen an. «Los, Paul, reich mir den Wassereimer, mach schon. Was träumst du wieder vor dich hin?»

«Ich habe es satt, dir zu helfen.»

«Halt den Mund, du Schlingel!» Paul hat seiner Schwester rote Erde an den Kopf geworfen. Das Mädchen arbeitet unbeirrt weiter. «Beweg dich nicht, Victoire.»

«Aber die Sonne scheint mir in die Augen.» Camille antwortet nicht. Gerade diese Sonne auf Victoires Profil ist wie ein Messer, das in die Materie dringt, die Konturen meißelt. Das junge Mädchen scharrt den Lehm vom Boden auf. «Du wirst doch nicht jetzt etwas anfangen? Was hat das für einen Sinn?»

«Ich werde die Erde mitnehmen.»

«Was?» Victoire ist aufgeschreckt. Sie stellt sich Madame Louise vor, wenn sie das sieht. Aber Camille wird nicht nachgeben. Das weiß sie.

Die alte Magd hat alle Mühe, still zu sitzen. Dem jungen Mädchen ist es gleichgültig; wenn sie arbeitet, wird sie egoistisch, fast bösartig. Dann ist alles andere vergessen. Nur noch der Wunsch, das Modell zu erfassen – den Blick, vor allem den Blick.

Victoire versucht heimlich, die Nüsse aus ihrer Schürze zu holen, die frischen Nüsse, das kleine Messer in die andere Hand zu nehmen, aber schon schreit Camille sie an: «Victoire, wie soll ich da arbeiten? Du zappelst ständig herum!» Und auf einmal lacht sie, lacht schallend und offenherzig. «Gut, einverstanden, ein paar Minuten Pause. Ich liebe deine Nüsse.»

Camille hockt sich zu Victoires Füßen. «Erzähle mir, Victoire. Was geschah mit meinem Onkel Paul? Du weißt doch, der junge Mann, den man ertrunken bei der kleinen Brücke gefunden hat.»

«Nein, nicht jetzt.»

«Dann sage mir, warum mein Vater und meine Mutter fast

überhaupt nicht mehr miteinander reden. Du hast doch meine Mutter von früher gekannt?»

«Ach, weißt du, das darfst du ihr nicht übelnehmen. Als junges Mädchen war sie sehr fröhlich und lachte viel. Dann kam dein Vater, ein schöner Mann aus einer anderen Gegend, und intelligent. Ich glaube, sie hat ihn auf ihre Art geliebt, aber konnte sie wissen, wie es einmal werden würde? Sie hatte im Schatten ihres Vaters gelebt, der Arzt war. Ihre Mutter starb jung. Und vor allem gab es dann die Tragödie mit Charles-Henri...»

Camille schaut in die Ferne, Victoire zögert: soll sie weiterreden? Oft hat man diesem armen Kind vorgeworfen, zu Unrecht den Platz des Ältesten, den Platz Charles-Henris eingenommen zu haben. *Usurpatorin*, sagt ihre Mutter, wenn sie sehr wütend ist.

«Arme Camille, du kannst wirklich nichts dafür. Er war nicht lebensfähig. Kaum vierzehn Tage. Deine Mutter glaubte wahnsinnig zu werden. Und jeden Abend ging dein Vater allein aus dem Haus und lief stundenlang herum, um zu vergessen, wie jemand, der den Tod in sich trägt. Deine Mutter hat es ihm übelgenommen. Aber weißt du, das ist bei uns nichts Ungewöhnliches. Der Erstgeborene schafft es nicht immer...

Und dann haben sie angefangen, sich zu streiten... Dein Vater wurde gewalttätig. Doch dann kamst du auf die Welt... prächtig, wild, kraftstrotzend! Dein Vater war verrückt vor Freude und zeigte dich überall herum. Am 6. Dezember 1864 bist du geboren, Camille Rosalie Claudel. Ich sehe dich noch. Aus Angst, du könntest dich erkälten, hatte ich dich in meinen Schal gewickelt. Im Zimmer waren die Fensterläden verschlossen.

Aber deine Mutter hatte sich einen Jungen gewünscht, und nun weigerte sie sich, dich als ihr Kind anzuerkennen. Dein Onkel Pfarrer ließ die Glocken läuten, ding-dong, Camille Rosalie – eine Rose ist geboren –, und ich konnte mich nicht satt an dir sehen...

Deine Mutter hat sich abgewandt und stundenlang kein

Wort geredet. Sie weinte nur, das war alles. Sie hat nicht einmal dem lieben Gott gedankt. Man hätte meinen können, sie weihte dich dem Teufel.»

Camille lacht, aber ihr Lachen ist brüchig und ein wenig traurig.

«Weißt du, daß Paul mich heute früh Cacha-Diablo genannt hat?»

Victoire streichelt die Haare des jungen Mädchens. «Mein kleiner Cacha-Diablo.»

Morgen geht es nach Nogent zurück. Sie mag Nogent nicht.

Brief aus der Anstalt

«... sie kamen mich besuchen, und ich empfing sie humpelnd, in einem zerschlissenen Mantel und mit einem alten Hut aus der Samaritaine, der mir bis auf die Nase rutschte. Aber wenigstens haben sie mich gesehen. So werden sie sich an ihre alte, geistesgestörte Tante erinnern, so werde ich ihnen in Erinnerung bleiben – im nächsten Jahrhundert...

Wie gern möchte ich in Villeneuve am Kamin sitzen, aber so, wie die Dinge stehen, glaube ich leider nicht, je aus Montdevergues herauszukommen. Es sieht böse aus...»

Sonntag, 4. April 1932

*

Gemeinde Fère-en-Tardenois. Auszug aus dem Standesamtsregister 1861–1966

Geburt: Claudel, Charles-Henri, geboren am 1. August 1863 in Fère. Bezeugt durch Alphonse de Massary, Notar, neununddreißig Jahre alt, wohnhaft in Fère.

Tod: Claudel, Charles-Henri, gestorben am 16. August 1863, sechzehn Tage alt.

Geburt: Claudel, Camille, geboren in Fère am 8. Dezember 1864. Gestorben in Avignon (Stadtteil Montfavet) am 19. Oktober 1943 um vierzehn Uhr.

So lautet die offizielle Eintragung. Armes, schiefes Bild. Ich halte das Blatt zwischen Daumen und Zeigefinger, betrachte es, und es tanzt nach rechts und links, nach links und rechts. Ein dünnes Blatt, das der leiseste Hauch bewegt, das beim geringsten Wind zerreißen kann.

Und so wird sich das Jahrhundert an dich erinnern? Ja, nur so.

Du hast zu lange Zeit gebraucht, um zu sterben. Armseliges Leben, das zwischen zwei Daten hängt: 1864 und 1943, 1943 und 1864. Und dann diese Handvoll Erde, die man auf den Sarg wirft – zerbröckelnde Erde ... Das ist alles.

Und ich, ich habe überhaupt nichts zu erbitten.
Soll er nur Gott bleiben und uns in unserem Nichts lassen ...
Er an seinem Platz und wir auf dem unseren, in alle Ewigkeit!

Doch nein! Ich blicke sie an, sehe diese Hände. Sie will etwas sagen. Näher. Noch näher, immer näher. Sie ist achtundsechzig. Die Hände zittern jetzt ein wenig. Unter dem großen Hut murmelt sie etwas. Die Besucher entfernen sich und haben nichts verstanden. Sie sieht es. Wer wird es ihnen beibringen? Wer wird es ihnen erzählen? Sie ist nicht nur die alte, geistesgestörte Tante! Nein, nicht nur das! Viel mehr als das!

Ein Klumpen Erde, den man von der Schuhsohle kratzt! Fußspuren heißer Asche auf dem Boden der Küche. Dort in Villeneuve.

Schafft die Skulpturen herbei. Irgendwo auf der Welt müssen ihre Skulpturen sein.

Karge Erde, die niemals lügt.

Das ist es, was sie uns für immer gelassen hat.

Sie geht wieder auf ihre Zelle zu. Ich sehe sie im endlosen Flur verschwinden. Kleine zerlumpte, schwankende Gestalt, immer winziger. Sie dreht sich um.

Schwenken des Hutes, Augenzwinkern des Clowns. Blau. Vermaledeiter Cacha-Diablo. Hat er an dich gedacht, der alte Poet? Camille, der Maure, der Renegat, das unfaßbar «einschmeichelnde Lächeln» Cacha-Diablos? Was soll's!

CAMILLE CLAUDEL. BILDHAUERIN.
In alle Ewigkeit. Amen.

David und Goliath

Du kannst nicht hingehen wider diesen Philister, mit ihm zu streiten; denn du bist ein Knabe, dieser aber ist ein Kriegsmann von Jugend auf... *Das erste Buch Samuel 17, 33*

Erschöpft, sie ist erschöpft. Ganz allein hat sie ihre zwanzig Kilo Erde geschleppt. Beinahe ihr eigenes Gewicht. Aber wenn sie etwas gesagt hätte, wäre ihr Vorhaben der Mutter aufgefallen. Pakete, Koffer, Angelruten. Die Mutter hat nichts gesagt. Der Vater hilft so gut er kann, und das ist wenig. Der Herr Hypothekenverwalter denkt an andere Dinge. Jetzt wird alles in dem alten Wagen von Monsieur Favet verstaut. Aber was ist denn das schon wieder? Die Mutter hat gewartet, bis sie vor dem Haus angekommen sind, um loszukreischen. Sie öffnet einen Jutesack. «Mein Gott! Rote Erde, du bist verrückt, mein Kind!» Der Vater ist leider noch in ein Gespräch mit Monsieur Favet vertieft.

«Daß du mir das sofort wegwirfst!» Camille verschließt sich, Paul hat Angst. Er weiß, was es bedeutet, wenn sie anfängt, mit ihrem bösen Fuß zu stampfen und einen Buckel zu machen. Jetzt klammert sie sich brüllend an ihre Säcke, die die Mutter anzufassen gewagt hat. Die Mutter hat mit Absicht bis zum letzten Augenblick gewartet. Die Leute drehen sich nach ihnen um. Man beobachtet sie. Louise drückt sich an Paul; sie ist verängstigt und geniert sich. Paul schweigt, wartet auf die Entscheidung der Erwachsenen. Er weiß, daß Camille nicht nachgeben wird. Sie ist rot geworden und schreit. «Niemals lasse ich meine Säcke hier! Ich setze mich hierher und rühre mich nicht von der Stelle. Ich werde hier schlafen!»

Ihre Mutter versetzt ihr ein paar Ohrfeigen. Camille hat sich nicht gerührt. Sie weint nicht. Bockig verbirgt sie das Gesicht unter den Haaren. Zum Glück kommt Louis-Prosper. Mit einem Blick hat er verstanden. «Kommt, steigen wir in den Wagen. Diese Säcke sind zu schwer. Wir werden einen mitnehmen, und den anderen holen wir morgen.»

«Wenn Sie wollen, nehme ich ihn mit.» Monsieur Colin ist erschienen. Camille lächelt ihm zu, fällt ihm um den Hals.

«Ich habe euch beobachtet», sagt er. «Camille sah aus wie Malquiant beim Ansturm gegen die feindlichen Truppen! ‹Er ist ganz in Gold gestickt, und in der Sonne glänzt er . . .›»

Sie ist glücklich. Die Mutter wirft ihr einen bösen Blick zu. Wieder einmal hat Camille einen Verbündeten gefunden. Aber wie macht sie das? Sie opfert sich nie, tut nur, was ihr gefällt. Und diese Energie, die sie um sich verbreitet, verschafft ihr Sympathien. Die Leute reißen sich in Stücke, um ihr behilflich zu sein.

Jetzt wendet sich Camille Monsieur Colin zu. «Darf ich bei Ihnen aufsteigen?» «Camille, du bleibst hier!» Aber Camille zieht es vor, an der Seite dieses Mannes zu sitzen, und nicht eingeengt im Wagen der Familie. Das Wetter ist schön. Ein warmer und milder Herbstnachmittag, wie ein Kleid aus schwerem, rotem Samt.

«Lassen Sie nur, ich bitte Sie, dieses Kind stört mich überhaupt nicht.» Camille triumphiert. Sie lädt ihren zweiten Sack Erde auf. Wenn bloß Paul nicht auch noch kommt!

«Kann ich bei Ihnen mitfahren?» «Nein, Paul, bleibe bitte hier, du wirst uns helfen.» Paul schmollt.

Monsieur Colin ist Journalist und gelegentlich Lehrer. Man hat ihn angestellt, um die Kinder zu unterrichten, und Camille und er verstehen sich ausgezeichnet. Ein intelligenter, etwas bohèmehafter Mann, dessen Art, sich zu kleiden, Camille besonders liebt. In Villeneuve führte das sofort zu allerlei Klatsch. Und dazu ist er noch Republikaner!

Der Wagen setzt sich in Bewegung. Der Mann ist fünfundvierzig Jahre alt. Jetzt beginnt er, alte Romanzen zu trällern, und Camille singt mit.

Graf Roland sieht den toten Samson; man stelle sich vor, wie ihn das schmerzt. Mit aller Kraft gibt er seinem Pferd die Sporen, eilt den Heiden entgegen, sein unschätzbares

Schwert Durendart in der Hand. Aber da kommt ein Schwarzer aus Afrika herbeigestürmt. Es ist Malquiant, Sohn des Königs Maloud. Er reitet das Pferd Springefest.

Camille hat sich im Wagen aufgestellt. «Es gibt kein Tier, das schneller läuft!» Colin amüsiert sich, knallt die Peitsche. Jetzt fahren sie im schnellen Trab. In der Kurve sagt Camille lachend: «Los, Monsieur Colin! Schlagen wir die Christen, mir sind die Heiden lieber. Dieser Roland ist ein dummer Junge. Er hätte sich in acht nehmen sollen.»

Colin betrachtet das kleine Mädchen – das junge Mädchen vielmehr. Ist es richtig, ihr von all diesen Helden zu erzählen? Er hat ihr das *Rolandslied* vorgelesen, *Quatre-vingt-treize*, den *Reineke Fuchs*. Auch ihr kleiner Bruder hört zu, sagt aber nichts, scheint sich sein eigenes Urteil zu bilden, und es für sich zu behalten. Sie dagegen reagiert spontan, wie jetzt. Wenn er sie gewähren ließe, würde sie ihm die Zügel aus der Hand nehmen und sich einbilden, sie sei auf Graf Rolands Schlachtfeld.

Colin lächelt, stellt sich die Gesichter der Leute in Nogent vor, wenn sie sie im wilden Galopp vorbeirasen sähen. Sie liest alles, was ihr in die Hände fällt, aber ist nicht fähig, es zu analysieren. Sie ergreift sofort Partei, ist Malquiant gegen Roland, ist Reineke auf seinem Besuch bei Isegrim. Warum hat ihr diese Episode so besonders gut gefallen? Er erinnert sich an die vielen Zeichnungen, die ihre Kinderhand schuf. So hatte sie die Szene Reinekes bei dem Ehepaar Isegrim illustriert. Wie Reineke «Frau Isegrim umarmt, dieweil er brunzend und kotend Isegrims Kinder beschmutzt». Seltsames Kind!

Aber warum lacht sie? Colin schreckt plötzlich aus seinen Träumereien auf und sieht, daß sie bereits am Haus in der Rue Saint-Epoingt vorbeigefahren sind.

«Sie haben mich entführt, Monsieur Colin!» Er muß den Wagen wenden und zurückfahren. Das Pferd ist müde. Sie kommen lange nach den Claudels an. «Ich habe eine neue Idee, Monsieur Colin. Ich werde David und Goliath illustrieren. Wissen Sie noch, wie Sie es mir erzählt haben.»

Das junge Mädchen hat offensichtlich eine mimische Begabung. Man langweilt sich nie mit ihr. Jetzt sind sie da. Die große Treppe... Die Pakete stehen schon in der Diele. Alle sind vollauf beschäftigt. Louis-Prosper ist verschwunden.

«Kommen Sie», flüstert Camille ihm zu. Sie überqueren den Flur, gelangen in den hinteren Garten. Colin trägt die Säcke. Camille ignoriert stolz ihren Diener. Sie öffnet die Schuppentür. Endlich sind sie da. Der in Lumpen gehüllte Bismarck blickt den eingewickelten Napoleon an. Sie sind etwas rissig, haben aber die Sommerferien überstanden. Das junge Mädchen wird sofort tätig, befeuchtet den Lehm und macht sich an die Arbeit.

«Warten Sie, Monsieur Colin. Dort wird David entstehen, und Goliath klammert sich an ihn, ohne Kopf. Es macht mir Spaß, Köpfe abzuhauen!»

«Gut. Ich gehe lieber, sonst verliere ich auch noch den meinen, wenn ich Ihnen länger zuschaue.» Camille winkt ihm zerstreut zu. Sie ist bereits ganz mit ihrer Arbeit beschäftigt. Inmitten ihrer Helden hat sie beschlossen, Gruppierungen auszuwählen, in denen sie zeigt, wie die Kleinen über die Großen triumphieren. Vor kurzem ist sie eines Morgens auf diese Idee gekommen. Einer der Steine des Geyn, ein winziger Clown...

«Komm, erzähl mir eine Geschichte...!» Was tut sie da, so ganz verloren im großen Wald? Das kleine Mädchen ist wieder einmal davongelaufen.

Es war einmal ein kleiner Clown, der heimlich in die großen Schuhe des Lebens geschlüpft war. Aber er hatte sie verkehrt angezogen. Der linke Fuß steckte im rechten und der rechte im linken Schuh.

Er ging mit gesenktem Kopf los und flog auf die Nase. Aber noch größer als die Schuhe war sein Herz. Man konnte beide Füße hineinstecken. Und die Leute nutzten das weidlich aus. Sie traten in sein Herz und trampelten darin herum.

Da der kleine Clown nicht weiter als bis zu seiner Nasenspitze sehen konnte, steckte er seine Hände in die großen

Schuhe, um besser nach dem Leben zu tasten, und die Füße in sein Herz. Dann fing er an zu laufen, aber da, wo er seine Füße hinsetzte, zertrat er sein Herz, und wenn er die Arme hob, verlor er die Schuhe.

Er überlegte, hielt aber die Augen weit offen und verlor seine Nase.

Da stand sie nun, die «Schwätzerinnen» hinter sich, vergessen und verloren, drollig wie ein Clown in einem zu großen Zirkus. Der Mantel fiel ihr auf die Füße, und Camille war von einer riesigen Zärtlichkeit für sich selbst ergriffen... Der Geyn hat sich hoch aufgerichtet, aber sie, die ganz Kleine, hat einen Platz in seinem Herzen. Die Großen, die Wichtigen... sie muß kämpfen, beweisen, daß Macht und Gewalt nicht so leicht über die Zärtlichkeit, daß die großen Füße nicht so leicht über die Phantasie siegen.

Camille denkt an die großen Schuhe der Clowns. Ihr Kopf ist voller Schreie, ihre Hände fliegen. «Es war einmal ein Clown, der...» Sie möchte ihm dieses zugleich drollige und mutige Aussehen geben. «Camille, beeile dich.» Mein Gott, das Mittagessen! Sie hat nicht gemerkt, wie spät es ist. Jetzt tritt sie zurück. Schon klettert der kleine David auf den dicken Leib des Riesen, der sich mit einer Geste zu schützen sucht. Er hat keinen Kopf. David hat ihn ihm eben abgeschlagen. Den Kopf wird sie später machen. Den Kopf allein ohne Körper. Köpfe ohne Körper.

«Camille.» Ihr Vater ist da, steht in der Tür im Halbdunkel. «Camille, komm schnell.» Er nimmt ihre Hand, zieht sie aus diesem feuchten und dunklen Atelier. «Arbeite nicht so viel. Ich werde Alfred Boucher um Rat fragen. Er kommt in einer Woche zurück.»

«Louis, schau dir dieses Kind an.» Schon wieder hat sie ihr Kleid beschmutzt. Camille senkt den Blick, um das Ausmaß der Katastrophe abzuschätzen. Tatsächlich, fast überall auf ihrem Kleid sind Flecken wie große rote Blumen. In gewisser Weise ist es sogar schön. Alle Augen sind auf sie gerichtet. «Geh dir wenigstens vor dem Essen die Hände waschen, und zieh dich um.» Camille beeilt sich – die Mutter hat nichts gesagt –, läuft nach oben in ihr Zimmer, findet im Halbdunkel die Waschschüssel, spült sich die Finger ab. Plötzlich ist sie von Zärtlichkeit für ihre Mutter ergriffen, für diese strenge, verschlossene Frau, die sie bestimmt auf ihre Art liebt. Sie ist erst vierunddreißig Jahre alt und schon so schwerfällig, und ihre großen Augen blicken oft so verloren in die Leere. Wie viele zerstörte Träume müssen sie gesehen haben!

Mit achtzehn Jahren verheiratet. Wie hat sie den Tod ihres ersten Kindes überstanden? Wer ist sie im Grunde, und warum dieser unversöhnliche Haß zwischen ihnen, als wenn es geschrieben stünde, daß die eine die andere eines Tages umbringen würde? Die Mutter, der Bruder, die Familie, die Ehe ... Camille ist dreizehn Jahre alt, aber das alles erstickt sie. Sie versteht nicht, wie man so jemandem nachschlagen kann.

Rasch ist sie wieder unten. Alle sitzen bei Tisch. Die Mutter wirft ihr einen traurigen Blick zu. Camille ist des allen plötzlich furchtbar müde. Sie möchte um Hilfe schreien, ein Zeichen geben, um Rettung aus der Not rufen. Aber wer würde glauben, daß ein dreizehnjähriges Kind um Hilfe ruft? Man würde ihr sagen: «Sei still, und versuche nicht, dich interessant zu machen.» Und doch ist sie plötzlich von einem Schwindel ergriffen, als ob eine geheime Krankheit an ihr zehrte, als ob sie hier an diesem Tisch sterben müßte. Sie kann keinen Bissen schlucken, verspürt einen Brechreiz. «Iß, Camille.» Sie möchte ihnen den Gefallen tun, aber je mehr sie sich bemüht, desto stärker das Gefühl der Lähmung. Wie ein aufsteigender Entsetzensschrei, wie ein Baum, der, vom Blitz getroffen, Feuer fängt. Camille blickt sie alle regungslos an. Sie sind so fern, und Camille hört sie, als habe sie Watte in den Ohren. Hilfe, helft mir! Die Eltern, die Schwester und der Bruder bewegen sich unbeirrt weiter. Jetzt denkt sie nur noch an ihr zu kurzes Bein. Leerlauf. Sie möchte, daß man sich um sie bekümmert, und gleichzeitig will sie allein sein, allein mit sich selbst. «Hampelmänner, Hampelmänner», brüllt sie. «Camille!» Sie ist am Boden, schlaff, bewußtlos ... «Das Kind hat den ganzen Tag nichts gegessen. Kein Wunder, daß es sich mit diesen verdammten Säcken überanstrengt hat.»

Camille in ihren vier weißen Wänden. Bitteres und hartes Leiden. Ein Leiden, das einem das Herz zerreißt. Camille hämmert mit beiden Händen an die Wand, schreit den Namen in die Spiegel, als könnten sie ihr das geliebte Wesen zurückgeben, und das Licht, das sie erwartet, den Kampf, den sie wiederaufnehmen will. Erschöpfung und Auflehnung, Weigerung, da sie sich geschlagen geben muß, und doch weiß sie schon jetzt, daß sie in den Augen der Welt auf ewig das traurige Echo des geliebten Wesens sein wird ...

Sie

Der Tag ist gekommen, da die Waffen der Frau
auf eure Prahlereien antworten werden ...
Camille, Königin der Volsker, *Aeneis,* Buch XI

Die Sonne ist an diesem Morgen früh aufgegangen. Camille hat die Gewohnheiten von Villeneuve bewahrt. Aber hier ist kein Spaziergang möglich. Eben stellt der Milchmann die Kannen vor der Tür ab. Sie klingen wie große, gesprungene Glocken. Camille erinnert sich einen Augenblick lang an die fetten Kühe in der Bresse. Die schwere Bettdecke über ihr liegt auf ihrem Körper wie ein dicker Bauch. Sie streckt sich, stößt mit den Füßen. Mit einer Hand streicht sie an ihrem Bein entlang. Sie liebt es, die Formen ihres Körpers abzutasten, läßt ihre Hand über das Bein etwas unterhalb des Knies gleiten. Wenn sie sich bückt, wie um eine Blume zu pflücken, kann sie sogar ihren Fuß berühren, den sie kitzelt. Jetzt geht sie mit einer leichten Bewegung des Fingers an ihrem Bein hoch, dann zeichnet sie Kreise auf der Oberfläche ihrer Schenkel. Sie zieht das Hemd ein wenig hoch, schiebt es zur Seite. Da ist die Gesäßbacke, sie fühlt sich fest an. Nun packt sie sie, versucht, sie ganz zu umfassen, kehrt zum Knie zurück, gleitet langsam mit der Hand über die Höhlung der Leistengegend. Eines Morgens hat sie voller Neugierde die unermeßliche Freude entdeckt, die eine solche Zärtlichkeit vermittelt.

Sie zieht das Hemd höher, ohne hinzuschauen. Ihre Augen sind auf die Decke gerichtet, und sie spürt den Ansatz der sich formenden Brüste. Doch dort verweilt sie nicht lange, denn eine seltsame Scheu hat sie ergriffen. Eines Tages möchte sie nach dem nackten Körper modellieren. Aber wer würde ihr Modell stehen? Sie selbst würde sich nicht trauen, sich nackt anzuschauen, wenn sie es auch liebt, die Knochen unter ihren Fingern zu spüren, das Fleisch, die Glieder, alle jene Teile ihres Körpers, die sie aus dem Gedächtnis wiederformen wird. Sie reckt sich im Bett, streckt eine Hand heraus, greift nach ihrem Baumwollhemd und dann nach der Wolle darunter. Es ist kalt heute früh. Der Winter kommt. Bald werden die Tage zu kurz sein, und dann muß sie im Licht der Lampe zeichnen. Im Schuppen hinten im Garten ist es nur noch ein paar Stunden hell, es wird immer kälter, allmählich wird die gefrorene Erde widerspenstig und die Finger steif. Camille liebt ihn nicht, diesen langen Winterschlaf, diesen Tod der Formen und des Lichts. Sie steht rasch auf, zieht sich die wollenen Strümpfe an, den Unterrock, das Wollkleid, den kurzen Mantel, den Schal. Mit den Schuhen in der Hand geht sie leise die Treppe hinunter. Die Tür des elterlichen Schlafzimmers ist geschlossen. Ekel ergreift sie bei dem Gedanken, daß sie eines Tages nicht mehr das Vergnügen haben wird, allein in ihrem Bett zu erwachen. Wie kann man alle Tage seines Lebens neben jemandem aufwachen? Für sie ist es lebenswichtig, allein zu sein, wenn sie die Augen öffnet...

Camille geht in die Küche, holt ganz leise die Milchflaschen herein und gießt sich eine große Schale voll. Dann geht sie hinaus. Der Schal umschließt ihren Hals, die Milch hat sie erfrischt, sie friert, aber allmählich entspannt sich ihr Körper. Camille atmet behutsam die Gartenluft ein. Die Natur beginnt sich zu erwärmen, wie sie. Nie wird sie den kraftvollen Pulsschlag der schlichten Erde vergessen. Langsam durchquert sie den Garten, öffnet ganz leise die Tür des Schuppens. Die Sonnenstrahlen fallen seitlich auf *David und Goliath*, die kurz vor der Vollendung sind. Sie bleibt stehen, als wollte sie den zu Ende gehenden Kampf nicht stören. David scheint gerade die Bewegung ausgeführt zu haben, mit der er Goliath enthauptet. Wie soll sie den Schweiß wiedergeben? Vielleicht durch das Material, einen Glanz, irgend etwas, ein Elfenbeinweiß – einen Hauch des Lebens, mehr als das Leben! Eine feste Materie ohne das Innere, aus dem sie besteht... Sie ist glücklich, daß es ihr gelungen ist, eine Gruppe darzustellen.

Jetzt weiß sie, daß sie die Mittel dazu hat, und sie ist

entschlossen, nicht mehr aufzuhören. Die Sonne vergoldet ihr Werk immer mehr. Noch hat Camille nichts gelernt – sie dürstet nach Wissen. Alfred Boucher – sie sieht ihn, wie er gestern am frühen Nachmittag war, als er nach dem Mittagessen kam. Kaffee, Likör, und sie hielt es nicht mehr aus vor Ungeduld. Sie haßte diesen Mann, der sich so viel Zeit nahm, höflich zu sein. Am liebsten hätte sie ihn gleich in den Gartenschuppen geschleppt. Aber schließlich war er ja nur gekommen, weil ihr Vater ihn eingeladen hatte; ihr Vater, der redete und entschied; ihr Vater in seinem hohen Voltairesessel im Salon mit Ausblick auf den Garten. Die Mutter, zurückhaltend, ganz in Schwarz, niemals stillsitzend, wenn sie Gäste zu empfangen hatte ... und natürlich mußte Louise ihm zuerst ihr Stückchen auf dem Klavier vorklimpern. Paul war für einen Augenblick verschwunden. Er wußte, wie leicht Camille sich durch ihre Aggressivität schaden konnte, und befürchtete die katastrophalen Folgen, falls das fachmännische Urteil Monsieur Alfred Bouchers negativ sein sollte. Und dann hatte er einfach Angst. Camille war zu allem fähig.

Monsieur Alfred Boucher, Bildhauer aus Nogent, mißfiel ihm. Wäre er ein Künstler wie seine Schwester, so hätte er verstanden, wie wichtig für sie sein Urteil war. Camille stand an die Anrichte gelehnt und wartete. Obwohl schon recht groß, benahm sie sich immer noch wie ein Kind, das sich an einen Gegenstand klammert, den es nicht loslassen will. Ihr Vater erkundigte sich nach Neuigkeiten aus der Hauptstadt. Mein Gott, wann werden sie sich endlich bequemen, zum Atelier zu gehen? In ihren Schuppen! «So steh doch schon auf», murmelt Camille, ohne daß man sie hört. «Ich bitte dich! Selbst Paris interessiert mich in diesem Augenblick nicht. Komm, und schau dir meine Arbeit an ...» Aber nun horcht sie doch auf.

Ein gewisser Auguste Rodin, ein Unbekannter, macht Skandal. Er ist aus Belgien zurückgekehrt. Vor zwei Jahren hat er *Das eherne Zeitalter* im Salon von 1877 ausgestellt. Das erste große Werk. Er ist siebenunddreißig Jahre alt. Seine Arbeit wirkt so vollkommen, daß ihn die Jury des Abgusses beschuldigt hat. Der Vater fragt, was das ist, und Alfred Boucher erklärt: «Ach, das ist jetzt üblich. Die Bildhauer machen Abgüsse der Teile des Körpers direkt auf dem lebenden Modell. So geht es schneller!» «Aber das ist Betrug!» schreit Camille oder vielmehr glaubt sie, geschrien zu haben, denn ihre Lippen haben sich nicht bewegt. Wie kann man sich Bildhauer nennen und derartige Methoden anwenden? Das wäre ja so einfach wie Kuchenbacken. Man gießt den Teig in eine fertige Kuchenform. Dann wartet man, und hopp, ist alles fix und fertig auf dem Teller serviert. Und was ist mit dem direkten Meißeln, mit dem Entwurf aus Ton? Solch ein Kuchenbacken ist nichts für sie, das wird sie nie tun. Und außerdem ist er ein alter Kerl! Siebenunddreißig Jahre alt! Da hat er wirklich keine Zeit mehr zu verlieren. Während sie wartet, es mit der ganzen Kraft ihrer vierzehn Jahre kaum erwarten kann. «Jedenfalls», fährt Boucher fort, «macht das immer noch viel Wirbel in dieser kleinen Welt. Eine sehr beschränkte Welt übrigens. Die Bildhauerei interessiert so wenige Menschen...» Und jetzt wird schon wieder die Hauptstadt in Angriff genommen. «Madame Edmond Adam hat gerade die *Nouvelle Revue* gegründet... Alles träumt davon, in ihrem Salon zu verkehren. Léon Gambetta verpaßt kein einziges Diner...» Und sie reden und reden. «Die Kommune...? Ach, wissen Sie, das ist nun schon acht Jahre her... das hängt ganz davon ab, aus welchem Milieu man ist...»

Camille starrt auf die Likörgläser auf dem Tisch – eins, zwei, drei, vier –, am liebsten würde sie sie ihnen an den Kopf werfen. Mein Gott! Laß mich dieser Versuchung widerstehen! Mein Gott! Sie hat die Hände hinter dem Rücken verschränkt, drückt sie an die Anrichte. Ruhig, ihr Hände! Heute müßt ihr artig sein.

Endlich erhebt er sich und blickt das junge Mädchen zärtlich an. «Und jetzt wollen wir einmal mit den Künstlern über die Kunst sprechen.» Camille errötet heftig. Jetzt sind sie auf dem Weg, Camille, Monsieur Alfred Boucher, ihr Vater... Sie haben den Garten durchquert.

Noch nie zuvor hatte Camille die Einzelheiten des kleinen Weges mit so viel Eindringlichkeit wahrgenommen – die Blumen, den verrosteten Türgriff. Sie hat aufgeschlossen und ist zurückgetreten. Er ist hineingegangen, ist sich mit der Hand durch das Haar gefahren, als zöge er den Hut zum Zeichen der Hochachtung, hat lange *David und Goliath* betrachtet, lange und ohne ein Wort. Camille war so durchnäßt, als hätte man ihr einen Kübel Wasser über den Kopf geschüttet. Dann hat er sich langsam genähert, ist um die Gruppe geschritten und stehengeblieben. Camille sah überhaupt nichts mehr. Louis-Prosper beobachtete Camille. Ihre herrlichen dunkelblauen Augen schienen ungewöhnlich geweitet. Wie eine Seherin, die im Begriff steht, eine schreckliche Zukunft vorauszusagen.

Plötzlich überkam ihn Angst um seine Tochter. Trotz ihres zu einer Art von Knoten aufgesteckten Haars wirkte sie immer noch wie ein kleines Mädchen. Auch ein Band trug sie um den Kopf. Und sie hielt sich aufrecht, steif und aufrecht, der stolze Mund fest verschlossen. Aber vor allem erschreckten ihn ihre Augen. «Sehr überraschend. Diese kontrastierten Schatten, diese Kraft. Sie besitzt die Gabe des Lebens. Das ist das Wichtigste für einen Bildhauer. Man könnte meinen, sie habe bei Rodin gelernt ... Sie muß unbedingt nach Paris. Und zwar sehr bald. Aber das müssen Sie selbst entscheiden ... Ein sehr schwerer Beruf, wenn man allein ist. Außerdem muß man in den Salons ausstellen können, eingeführt werden. Ich könnte ihr helfen, aber nur sehr wenig. Ich habe selbst viele Mühe ... Was Rodin betrifft, so reden wir nicht davon. Dazu ist es viel zu früh! Ich weiß, sie hat Mut, aber für eine Frau würde ich von vorneherein nein sagen, und das trotz der genialen Begabung dieses Kindes. Vielleicht sogar gerade deswegen. Colin erzählte mir, wie leicht erregbar sie ist, und ich habe sie vorhin im Salon beobachtet. Sie zappelte vor Ungeduld. Aber gerade dieser Beruf erfordert besonders viel Geduld. Und dann», fügte er hinzu, während er dem jungen Mädchen die Wange streichelte, «wird sie eines Tages heiraten.»

Louis-Prosper und Alfred Boucher gehen. Camille folgt ihnen.

Kaum hat sie sie bis zur Tür begleitet, da kehrt sie zurück. Heiraten. Frau. Das hört sie zum ersten Mal. Frau! Und die Bildhauerei? In beidem würde sie die Erde bewegen, als Frau und als Bildhauerin, und es ihnen zeigen, diesen Männern, die auch nicht immer heiraten. Oder doch?

Brief aus der Anstalt

«... Das ist ja wirklich schön, wie sich all diese Millionäre auf eine wehrlose Künstlerin stürzen! Denn die Herren, die an dieser schönen Aktion mitgewirkt haben, sind alle vierzigmal und mehr Millionäre ...»

*

«Die Philister sammelten ihre Heere zum Kampf ... Da trat aus den Reihen der Philister ein Riese heraus mit Namen Goliath aus Gath, sechs Ellen und eine Handbreit groß. Der hatte einen ehernen Helm auf seinem Haupt und einen Schuppenpanzer an ... und hatte eherne Schienen an seinen Beinen und einen ehernen Wurfspieß auf seiner Schulter. Und der Schaft seines Spießes war wie ein Weberbaum, und die eiserne Spitze seines Spießes wog sechshundert Lot, und sein Schildträger ging vor ihm her ...

David nahm seinen Stab in die Hand und wählte fünf glatte Steine aus dem Bach und tat sie in die Hirtentasche ...

Als nun der Philister aufsah und David anschaute, verachtete er ihn; denn er war noch jung ...»

Sie hat lange durchgehalten. Ohne Waffen, ohne Listen, ohne falschen Schein. Mit nackten Händen. Und jetzt hat sie nichts mehr, keinen Meißel, keinen Hammer, nichts, womit sie bildhauern kann. Alles haben sie ihr genommen. Bis auf die alte, abgegriffene Bibel. Sie wollte bildhauern; die Kleinen gegen die Großen, die Starken. Und so vieles andere – so viele andere Heldengedichte, die sie gern mit ihren staubigen Fingern wiedergelesen hätte.

Da ist sie, ohne Bücher, ohne Erde, ohne Arme. In der Zwangsjacke.

Der brennende Dornbusch

Warum bist du fortgegangen, Unglücklicher?
Der Brei war es müde, nach und nach verzehrt zu werden . . .
PAUL CLAUDEL, *Goldhaupt*

Das Haus ist verlassen. Camille geht von Zimmer zu Zimmer, tatenlos, irrt allein herum. Die Eltern und Louise sind bei Monsieur und Madame Chapoulis. Louise nimmt immer noch Klavierstunden, und sie spielt schon sehr beachtlich. Madame Chapoulis kommt zweimal in der Woche, aber Louise ermüdet schnell. Sie ist erst dreizehn und zieht es vor, mit der Mutter in der Küche zu plaudern. Camille staunt über all das, was ihre Schwester zu erzählen weiß. Manchmal hört sie dem leichten Singsang des Kindes zu, schaut sie an und findet, daß das schmale Gesicht sie an das eines Wiesels erinnert. Sie hat etwas von den lachenden Augen des Vaters, eine Stupsnase, die «Seht einmal, da bin ich» zu sagen scheint, und hübsche Locken um die Stirn. Camille fühlt Zärtlichkeit für die zerbrechliche kleine Schwester. Sie möchte auch gern so feine Züge haben. Louise hat ihre begonnene Stickerei auf dem Bett liegengelassen. Wie kann sie nur stundenlang an diesen nichtssagenden Blumen sticheln?

Camille geht von Zimmer zu Zimmer. Sie hat kein Licht gemacht, irrt durch die Gänge, blickt in leere Stuben. So müde und lustlos; sie ist so müde. Jetzt ist es zwei Jahre her, seit sie Nogent verlassen haben. Betrübt denkt sie an Colin zurück, und an Alfred Boucher. Hier ist alles feindselig. Paul und Louise lernen nicht mehr mit ihr, Paul ist auf dem Gymnasium. Ein schönes Haus mit einem Balkon in der ersten Etage, eine große Eingangstür mit einem Vorplatz oberhalb der doppelten Freitreppe. Sie ist fünfzehn und erstickt in dieser kleinen Stadt Wassy.

Camille betritt das große Elternschlafzimmer. Sie setzt sich in den Sessel, betrachtet das Bett, stellt sich Fragen. Wenn ihre Mutter sie sähe, würde sie sagen: «Starr nicht so herum! Das schickt sich nicht.» Aber Camille starrt. Große Betten faszinieren sie. Das Ehebett. Was hat das zu bedeuten?

Das Bett ist reizlos – ordentlich, wie aus dem Ei gepellt. Die rosa Kissen schlafen in ihren Spitzenhüllen. Über dem Nachttisch der Mutter hängt ein Kruzifix mit Buchsbaumzweig. Küßt der Vater die Mutter noch, oder liegen sie stumm nebeneinander wie im Grab und warten auf die Auferstehung? Immerhin wirkt ihr Vater sehr lebendig, voller geheimer und wilder Abenteuerlust. Aber die Mutter – woran denkt sie wohl? Wie sie sich in der Küche zu schaffen macht!

Camille irrt durch die Zimmer. Wände, überall Wände. Die Treppe. Sie steigt hinauf, setzt sich auf ihr Bett, blickt verloren vor sich hin. Sie mag diese Einsamkeit, und doch möchte sie aus diesem Hause fliehen, aus diesem Zimmer. Stille. Gestern hatte sie einen dramatischen Auftritt heraufbeschworen – sie sieht die Szene noch vor sich; der Vater außer sich vor Wut, die Mutter den Tränen nahe, Paul zu Tode erschrocken.

«Camille wird ihre Bildhauerei weitermachen, Louise ist eine Virtuosin auf dem Klavier, und Paul wird das Lehrerseminar besuchen. Ich werde euch zu Schulbeginn nach Paris umsiedeln und versuchen, mich in die Nähe der Hauptstadt versetzen zu lassen. Ich werde irgendwo allein unterkommen, im Hotel essen und euch jeden Sonntag besuchen.»

Ihre Mutter hatte den Kopf gehoben. Ist er wahnsinnig geworden? Ihre Schwester Louise lächelte. Sie hatte Lust, nach Paris zu ziehen, haßte diese kleine Stadt, den Nieselregen, die Spaziergänge, das Fehlen anständiger Geschäfte. Paul sagte kein Wort. Merkwürdigerweise schien er gar nicht, absolut nicht glücklich zu sein. Sie dagegen konnte kaum stillsitzen. Der Vater hatte stolz aufgeblickt. Sein Entschluß war gefaßt, und es würde keinen Widerspruch geben.

«Aber Louis . . .»

«Ja?»

«Wie soll ich allein mit den drei Kindern in dieser großen Stadt zurechtkommen, wo ich niemanden kenne?»

«Das wirst du schon schaffen. Du bist schließlich kein Kind mehr ... Und dann wird Camille dir helfen.» Die Mutter war noch etwas mehr in sich zusammengesunken, aber es war nun einmal beschlossen. Für den 26. April 1881 war Pauls Einschulung in das Lycée Louis-le-Grand festgesetzt.

Camille weiß, daß es ihr Sieg ist. Ihr Vater ist damit einverstanden, daß sie Künstlerin wird, Bildhauerin. Plötzlich hat sie Angst. Wer wird sie aufnehmen? Welches Atelier? Gibt es noch andere Bildhauerinnen? Zum Glück wird Alfred Boucher in Paris sein. Er kann ihr helfen. Camille steht auf. Sie hat auf der Straße wildes Gerenne und Schreie gehört. Als sie sich aus dem Fenster lehnt, sieht sie ihren Bruder Paul, den eine Schar von Buben verfolgt. Am liebsten hätte sie losgelacht. Was ist ihm denn nun schon wieder passiert? Jetzt krabbelt er in panischer Angst auf allen vieren die Stufen empor. Die Tür knallt zu. Paul stürmt die Treppe hoch.

«Paul, Paul, was ist denn los?» Er schaut sie an, bleibt stehen. Riesengroß ragt sie im Halbdunkel vor ihm auf. Er funkelt sie wild an.

«Warum haben dich die Buben verfolgt?»

«Sie haben mich nicht verfolgt. Wir haben gespielt. Misch dich nicht ein.» Er geht, aber plötzlich dreht er sich um, außer sich. «Ich will nicht nach Paris! Ich will nicht nach Paris!» und geht wieder hinunter.

Camille sitzt traurig auf der Treppe. Er ist in seinem Zimmer, todunglücklich. Das Haus ist leer. Paul hat Angst, hat Angst vor der großen Stadt. Vorhin haben ihn die Buben ausgelacht. Was wird es erst geben, wenn sie zu Dutzenden sind? Er haßt es, mit ihnen zu reden. Sie sind schmutzig und laut ...

«Mein kleiner Paul.» Das Kind liegt zusammengekauert auf seinem Bett. Der schöne Matrosenanzug ist arg zugerichtet. Warum dieser feine Sonntagsstaat? Ach ja, er sollte sich mit den Eltern bei den Chapoulis treffen. Kein Wunder, daß die Straßenbuben über ihn gelacht haben, über diesen Jungen, wie aus dem Ei gepellt – wie die Bettdecke vorhin.

Camille geht leise zu ihm, setzt sich auf das Bett. Es ist

dunkel im Zimmer. «Hör, ich erzähle dir eine Geschichte...» Sie streicht ihm zart über die Stirn. Allmählich schläft das Kind ein. Sie zieht ihm behutsam die Schuhe aus, dann die schwere Joppe, bettet ihn zwischen die Laken und unter die Decke.

Nach unten zurückgekehrt, zündet sie die Petroleumlampe an und reguliert die Flamme. Ein Hund kommt über die Straße gelaufen und schnuppert an der Tür. Er könnte ihr Gesellschaft leisten. Sie macht ihm auf. Er sieht elend aus, wie Paul vorhin. Sie gibt ihm den Rest des Bratens, den Knochen, den sie sich aufbewahrt hatte. Dann nimmt sie einen Bleistift und beginnt zu zeichnen. Der Hund ist mit dem Knochen beschäftigt und schenkt ihr keine Aufmerksamkeit. Nach und nach vergißt Camille ihre Niedergeschlagenheit. Den Kopf geneigt, die Beine unter sich verschränkt, zeichnet sie ununterbrochen. Zeit und Stunde sind vergessen. Plötzlich steht ihr Bruder vor ihr, noch ganz verschlafen, aber er hat Hunger. Der Hund bellt.

«Ich habe Hunger.»

Widerwillig unterbricht Camille ihre Arbeit. Aber der Kleine sieht so verloren aus. Er ist in eine feindliche, finstere Welt erwacht, und er friert.

«Schau, Cam, die Zeichnung hinter dir an der Wand. Papa hat sie kürzlich von einer Auktion mitgebracht. Weißt du, was es ist? Die große Chinesische Mauer. Warum bekommen wir nicht mehr die Zeitschrift *Tour du Monde*? Ich lese so gerne die Berichte und Reisebeschreibungen.»

Zerbrechliche kleine Gestalt im Halbdunkel; er träumt, und seine blaßblauen Augen spähen in die große Welt, die sich hinter der hohen Mauer verbirgt.

«Du solltest Länder malen, Cam. Ich werde eines Tages nach China reisen. Auf einem Schiff.»

Paul hat seinen Hunger vergessen. Der Hund springt bellend um sie herum. Camille geht in die Küche, um die Suppe aufzuwärmen. Dazu gibt es Rüben, Kartoffeln und Karotten.

«Du plapperst und plapperst... Sprich langsamer. Man sollte meinen, die Schweine rennen aus dem Stall.»

«Und du, du kannst nicht einmal Suppe kochen. Du zeichnest, aber das kann jeder . . . du solltest lieber modellieren, das gefällt mir besser. Ich . . . ich will nicht nach Paris.»

«Hör auf. Wir werden Alfred Boucher wiedersehen. Und vielleicht kommt auch Monsieur Colin uns besuchen.»

«Ja, aber Papa will mich für April auf dem Lycée Louis-le-Grand anmelden. Ich habe Angst vor diesen engen Klassenzimmern. Und außerdem sehne ich mich nach Villeneuve zurück.»

«Ach was. Einerseits möchtest du ein großer Abenteurer sein und nach China reisen, und andererseits hast du Heimweh nach deinem alten Haus, wo du von Papa und Mama verhätschelt wirst. Los, jetzt zeig mal, daß du ein richtiger Hahn bist und kein Karnickel, das beim ersten Schreck davonläuft!»

Nun sitzen sie beide am Tisch vor dem dampfenden Topf. Das Brot fällt hinein, und sie torpedieren es mit lautem Geschrei. «Peng, peng, peng!»

«Weißt du noch, wie du in den Teich gefallen bist?» Camille lacht ihr schönes, sonores Lachen. «Du ranntest mir nach, und plumps! Ich höre es platschen.»

Paul fängt auch an zu lachen. «Platsch, mit dem Kopf zuerst.»

«Ach, Cam, wollen wir morgen früh wieder hin? Nur wir beide?»

Camille hebt den Löffel. «Wetten, wer als erster beim roten Busch ist?» Und dann angelt sie sich triumphierend das Stück Brot aus der Suppe. Der Hund bellt. «Aber du sagst es niemandem, nicht wahr, Paul? Das bleibt unser Geheimnis.»

Der Kleine nickt feierlich. Zu gern begleitet er seine Schwester dorthin. Zum Hügel mit dem rötlichen Ton, hinter Wassy. Die Brücke über den Wildbach – die unter seinen Füßen tosende Gefahr – sie hält ihn an der Hand, und dann bringen sie beide die verbotene Purpurerde zurück.

«Gut, dann erzähle ich dir die Geschichte vom brennenden Dornbusch. Eines Tages hütete Mose die Schafe des Jethro. Da erschien ihm ein Engel in einer Flamme, mitten in einem

Dornbusch. Mose sah, daß der Busch im Feuer brannte, doch nicht verzehrt wurde. Er wollte sich nähern, aber da hörte er: ‹Tritt nicht herzu, zieh deine Schuhe von deinen Füßen, denn der Ort, darauf du stehst, ist heiliges Land.› Und Mose verhüllte sein Gesicht, denn er fürchtete sich, Gott anzuschauen. Gott sprach: ‹So gehe nun hin, ich will dich zum Pharao senden, damit du mein Volk, die Kinder Israels, aus Ägypten führst.› Mose sprach zu Gott: ‹Siehe, wenn ich zu den Kindern Israel komme und spreche zu ihnen: Der Gott eurer Väter hat mich zu euch gesandt, und sie mir sagen werden: Wie ist sein Name?, was soll ich ihnen sagen?› Gott sprach zu Mose: ‹Ich werde sein, der ich sein werde. Also sollst du zu ihnen sagen: *Ich werde sein*, der hat mich zu euch gesandt.›»

«Cam, glaubst du, daß es einen lieben Gott gibt?»

Camille bricht in Gelächter aus.

«Lache nicht so.»

«Der liebe Gott, der liebe Gott! Hör zu, du hast deine Erste Kommunion gehabt, weil es sich gehört. Du hast es getan, weil alle anderen es auch tun, aber das ist alles. Im Grunde ist das Ganze nur Theater und Heuchelei! Hut ab, und Schluß damit! Man muß leben, nur darauf kommt es an. Nach China reisen, nicht heiraten, mein kleiner Paul! Sich kleiden, wie es einem beliebt, bildhauern, reiten und sterben. Paß auf, ich greife an ... Erinnerst du dich an das Rolandslied? Aufgepaßt, und los auf die Christen!»

Der Hund bellt wie verrückt. Plötzlich wippt die Petroleumlampe, fällt um, und die Tischdecke brennt. «Cam!» Camille springt auf, schlägt auf die Tischdecke, rollt sie zusammen, um die Flammen zu ersticken. Verwirrt schauen sie einander an. «Du hättest uns beinahe verbrannt ... beinahe verbrannt», brüllt Paul. «Ich hasse deinen Dornbusch.»

Camille weicht die Tischdecke ein. Suppenschüssel und Topf sind umgestürzt. Welch eine Bescherung. Camille räumt auf, aber es ist ihr zuwider. Paul hilft ihr.

«Schau, das sieht jetzt genau wie eine Landkarte aus.»

«Dort möchte ich gerne hin.»

«Und ich hier.»

Plötzlich geht die Haustür auf. Madame Louise, die kleine Louise, Louis-Prosper sind zurück.

«Es riecht verbrannt.» Schon ist die Mutter da. «Was macht ihr hier? O nein – die Tischdecke! Diese Kinder sind zum Verrücktwerden! Los, geht auf euer Zimmer!»

«Aber Mama . . .»

«Auf euer Zimmer, habe ich gesagt!»

«Warte, Louise, wir wissen ja noch nicht, was passiert ist.»

«Ach! Du verteidigst sie auch noch? Du – ihr Vater?»

Und jetzt bricht der Streit los. Die Kleine sieht müde aus und geht gleich nach oben. Camille folgt ihr, aber Paul bleibt unten. Von weitem hört sie ihre Mutter schreien. «Paul, Paul! Was habt ihr beide schon wieder angestellt? Wenn du nur nicht immer auf deine verrückte Schwester hören wolltest! Ach, diese Unglückskinder!»

Louis-Prosper sagt nichts mehr.

«Jedenfalls wird dieses Mädchen noch einmal böse enden», fährt die müde Mutter fort. «Hast du bemerkt, wie jähzornig sie ist, und was für Augen sie hat? Manchmal frage ich mich, ob sie nicht wahnsinnig ist. Genau wie der Herr Marquis, erinnerst du dich noch? Der wollte auch immer weg. Er lief herum, und die Augen traten ihm aus dem Kopf. Ob wir den wohl in diesem Sommer in Villeneuve wiedersehen werden? Hoffentlich nicht.»

Camille hat sich auf die Treppe gekauert. Sie ist wie versteinert. Warum haßt ihre Mutter sie?

«Nun hör schon auf, Louise. Dieses Kind ist ein Genie.»

«Ein Genie, ein Genie! Du weißt sehr gut, wohin das führt – ein Genie. Außerdem ist es ein abscheulicher Beruf. Andere Menschen zu modellieren! Angeblich gibt es sogar welche, die mit nackten Modellen arbeiten! Aber dich stört das natürlich nicht. Kein Wunder, mit all deiner schmutzigen Lektüre. Neulich habe ich Paul ertappt, wie er sich ein Buch von Zola nahm. Was sagt man dazu? Ist das nicht die Höhe?»

«Aber Louise, darüber solltest du doch inzwischen hinaussein.»

Camille will nichts mehr hören.

«Und wenn man bedenkt, daß sie vielleicht einmal einen nackten Mann modellieren wird.»

Langsam zieht Camille sich aus, sie löst ihr Haar, das Band. Die schweren Locken fallen herab, sie schüttelt sie, wie um sich damit zu bedecken. Dann das Kleid, das sie langsam zu Boden sinken läßt, die dicken Halbstiefel, die Wollstrümpfe, das weite Hemd. Bevor sie zwischen die Laken schlüpft, wäscht sie sich das Gesicht, wie um den Schmutz der geifernden Worte von sich zu spülen.

Sie reitet ein herrliches Pferd, trabt in die steinernen Höhen, bis zum Riesen hinauf. Aber allmählich züngeln überall Flammen um sie herum. Er lacht. Es ist ihr, als würde sie zu brennender Erde in seinen Händen. Der Riese hält sie spöttisch grinsend in seinen Armen. Sie wehrt sich, und er drückt sie bis zum Ersticken, während das Feuer ihren Körper verzehrt. Dann hört sie: «Der rote Dornbusch, der rote Dornbusch, wetten, wer als erster am roten Dornbusch ist...», und wacht auf, in Schweiß gebadet.

Welch eine Hitze! Sie öffnet das Fenster. Alles ist still, unheimlich still. Diesen Sommer werden sie in Villeneuve sein. Und bald in Paris.

Brief aus der Anstalt

«... Ich lebe auf, wenn Dein Paket kommt; ich lebe übrigens nur von seinem Inhalt, denn was es hier zu essen gibt, macht mich furchtbar krank, und ich kann überhaupt nichts mehr vertragen...»

Ankunft in Paris

Und da wir einen steilen Pfad hinanstiegen
und uns umdrehten,
Erblickten wir Paris in schwachem Lichter-
schein.
Und die Nacht ging zu Ende,
Und die Sonne zog durch den Himmel und
verschwand in einer großen Röte . . .
Und wieder breitete sich die Nacht über die
Weiten der Lüfte.
PAUL CLAUDEL, *Die Stadt*

An einem schönen Vormittag sind sie müde und verstaubt angekommen, die Möbel zum vierten Mal bunt durcheinander auf einem Wagenkarren aufgeladen, den ein Nachbar ihnen geliehen hatte. Schmutzig, verstört, noch ganz durchgerüttelt, sind sie auf unsicheren Beinen abgestiegen.

Jetzt sehen sie sich um. Keine kleinen Wege mehr, keine kleinen Häuser, keine Dörfer. Paris! Riesig, kompakt, ein rauschender Strom, eine Flut von Menschen, in der sie bereits versinken. Madame Louis-Prosper verhutzelt und plötzlich gealtert, Louise winzig klein, Paul wie niedergeschmettert. Nur Eugénie und Camille bieten kampflustig dem Feind die Stirn. Der Vater ist schon wieder verschwunden, wie verschluckt von der großen Tür des Gebäudes, in dem er vor einer Woche eine Wohnung gemietet hat. Die holpernden Räder, das Kopfsteinpflaster, das Geschrei in den Straßen, das alles läßt Camille vor Freude erbeben. Hier ist etwas los. Hier wird sie zeigen, daß sie jemand ist. Es hat sich gelohnt, garstig zu sein, alles verlassen zu haben, die Stille, den Wald und selbst die Anhöhe des Geyn. Hier wird ein anderer Riese erstehen. Sie selbst wird ihn erschaffen, diesen Menschen zum Trotz, die gesenkten Kopfes vorübereilen, hier wird sie dem lärmenden Ungeheuer ihr drohendes und schweigendes Werk gegenüberstellen.

Madame Louise, ganz in schwarz, mit ihrem alten Hut, ihrem fest geknoteten Dutt! Louise mit ihren brav frisierten

Locken – wie bringt sie es fertig, inmitten dieses Durcheinanders von Gerüchen, Staub und Lärm ein einigermaßen korrektes Aussehen zu bewahren? Blumenkohlköpfe rollen, Zeitungspapier fliegt auf, Omnibusse rattern über das Pflaster, Kinder verlieren ihre Murmeln unter dreckstarrenden Schuhsohlen . . .

Louise in ihrem gestreiften Kleidchen drückt sich an Camille. Eugénie weiß nicht, wo ihr der Kopf steht: Pakete, Koffer, Möbel, die Kinder . . . «Paßt nur auf, daß ihr mir nicht verlorengeht, und bleibt ruhig», ruft sie ihnen zu. Eugénie ist glücklich. Dank dieser etwas turbulenten Familie konnte sie Wassy verlassen und endlich Paris kennenlernen. Sie steht der nur um ein paar Jahre jüngeren Camille sehr nahe, und doch fühlt sie sich von diesem Mädchen eingeschüchtert, das so hart und selbstsicher vor ihr steht und mit diesen schrecklich großen Augen das wogende Getriebe der Stadt betrachtet. Camille denkt verträumt an das Meer, an die Hochseestürme, die sich am Strand in eine Liebkosung verwandeln und sanft ihre Füße umspülen. Paris umweht liebevoll die Beine des jungen Mädchens. Sie nimmt es erhaben hin, fühlt sich als Herrscherin dieser Stadt, die sie bereits bezähmt. Wortlos schaut sie, lernt, behält, speichert Eindrücke in sich auf. Zwischendurch ergreift sie eine unerklärliche Traurigkeit. Sie muß sich beeilen, muß wissen und begreifen, bevor man sie bestraft oder vom Anblick der Dinge wegreißt. Dann konzentriert sie sich: Einzelheiten, eine Art zu gehen, jenes Lächeln dort und diese leichte Handbewegung, die um Entschuldigung bittet für eine Erklärung, die ausbleibt. Mit ihrem im Nacken aufgesteckten Haar wirkt sie an diesem späten Vormittag sehr ernsthaft, fast vornehm. Die in die Stirne hängende Haarlocke unterstreicht den Blick, der jeden, der das Unglück hat, ihm zu begegnen, wie ein Schlag in die Magengrube trifft. Als könnte er töten . . . Mit ihrer dunklen Kleidung wirkt sie fast wie eine jener jungen strengen Witwen aus den entlegenen Dörfern, in die die Zivilisation noch nicht vorgedrungen ist. Nur die weiße Bluse mit dem hohen Kragen verleiht ihr auch ein wenig das Aussehen eines Musketiers.

«Ach, endlich! Da ist euer Vater ...» Louis tritt ein wenig gebeugt aus der Tür. «Was ist das für eine Art, uns hier einfach stehenzulassen, den Blicken aller Welt ausgesetzt wie eine billige Schaubudenattraktion?» Louis antwortet nicht. Er nimmt seine Frau sanft beim Arm. «Du wirst sehen, dort oben fühlst du dich wieder wohl.» Madame Louise ist stehengeblieben. «Mama, ich bin müde.» Louises Stimme hält die Mutter von einem neuen Wutanfall zurück. «Schon gut, gehen wir hinauf!»

Sie steigen die Treppe empor. Der Vater, die Mutter, Louise, Paul, Eugénie und Camille. Langer Aufstieg, ausgetretene, müde Stufen, die jedoch jeden Tag gescheuert werden. In Camille steigt Unwillen auf: bis wohin soll es denn noch gehen auf dieser endlosen Treppe? Madame Louise, die die Jüngste hinter sich herschleppt, kommt nur noch mit Mühe voran. Pauls Blick ist unerforschlich. Plötzlich bleibt er stehen, läßt Eugénie mit verächtlichem Blick vorbei und dreht sich zu Camille um. Camille schaut ihn an. «Na und?»

«Der Geyn.»

«Was?»

«Der Geyn.»

«Was? Ach so. Na und?»

«Es ist das gleiche.»

«Was für ein Junge!» Während alles so verzweifelt eintönig scheint, findet er die Worte, die das Umfeld verwandeln. Camille lächelt ihm zu, und sie steigen nebeneinander die steile Treppe empor. Sie sind es nicht gewohnt. Bums! Paul hat nicht aufgepaßt, stößt gegen Eugénie, die wiederum Louise und die Mutter anstößt. «Oh, Verzeihung, Madame.»

«Aber Eugénie, man muß nach vorn schauen! Wir begeben uns zwar nicht ins Paradies, aber selbst dort hat man wahrscheinlich eine Decke über dem Kopf.»

Camille wartet brav. Zwischen den Beinen und Köpfen hindurch sieht sie die Wohnung und fühlt sich leicht beunruhigt. Ein Flur. Links das Eßzimmer, dann der Salon. Und da ist er – der Balkon, ein großer Balkon. Der Vater hat die Fenster geöffnet. «Schau, Camille. Paris gehört dir.»

Camille starrt ihren Vater an. Bild im Gegenlicht, schmaler, schattenhafter Umriß, wie an die Helle gelehnt. Wie von Schwindel erfaßt, geht sie auf die Gestalt zu, die zwischen ihr und der Leere steht.

Sie beugt sich über die Balustrade. Ihr Vater ist wieder nach unten gegangen, um seiner überforderten Frau zu helfen. Einen Augenblick lang genießt Camille den Wind, der sie leicht umspielt. Sie ist in Paris. Hier wird sie bildhauern und sich keinen Deut um die Nachbarn scheren.

«Camille, hilf uns, träume nicht vor dich hin wie ein Schwachkopf.» Das Zimmer ist klein. Ihre Schwester muß bei ihr schlafen. Nur Paul hat sein eigenes Zimmer. Camille ist wütend, sie kann jetzt nicht mehr bis in die späte Nacht hinein lesen, denn Louise wird sich beklagen, daß sie nicht schlafen kann. Ach was! Und wenn schon – sie ist in Paris! Eugénie wird ganz oben in einem Mädchenzimmer schlafen. Camille beneidet sie, aber gleich darauf bereut sie ihre Leichtfertigkeit. «Idiotin, du hast das Glück, niemandem dienen zu müssen. Worüber beklagst du dich?»

«Kinder, wir setzen uns gleich zu Tisch.» Madame Louise hat für Brot und Käse gesorgt. Der Kaffee wird aufgewärmt. «Und heute abend essen wir vielleicht eine wirkliche Mahlzeit. Obgleich ich bezweifle, daß wir das schaffen. Haben Sie die Küche gesehen, Eugénie? Man glaubt sich in einem Schrank. Aber was macht man nicht alles für seine Kinder! Und wie wirst du essen, Prosper?»

«Keine Sorge, ich werde mir schon helfen. In Wassy haben wir Freunde. Und dann werde ich ja bald nach Rambouillet versetzt, und warum nicht später sogar nach Paris?»

«Bis dahin sind wir alle tot.»

«Das reicht jetzt aber! Fang nicht schon wieder an!»

«Mama, darf ich nach dem Essen ausgehen?»

«O nein, kommt mir bloß nicht wieder damit. Wer weiß, was euch da passieren könnte.»

«Aber doch, Louise, es ist besser, sie gewöhnen sich so schnell wie möglich. Und dann ist Camille jetzt groß genug. Ich werde sie begleiten, dann hast du alle Ruhe, die Wohnung einzurichten.» Louise zuckt die Schultern. «Ich lasse dir Eugénie.»

«Nur Eugénie? Camille hätte mir auch helfen können.»

Louis-Prosper antwortet nicht. Er will seiner ältesten Tochter Paris zeigen. Er hat sie hierhergebracht, und er ist entschlossen, sie bei der ersten Begegnung mit dieser gewaltigen Stadt zu begleiten.

Jetzt sind sie zu viert losgezogen. Louis hat sich bei Camille untergehakt und hält Louise an der anderen Hand. Paul geht bald vor, bald hinter ihnen. Sie schlendern den Boulevard hinauf und dann durch kleine Straßen in die Richtung des Luxembourg. Louise zerrt an der Hand des Vaters. «Papa, ich kann nicht mehr.» Sie ist blaß, am Rande einer Ohnmacht. «Warte, wir werden irgendwo einkehren.» Sie setzen sich in ein Café.

«Papa, darf ich bis zum Ende der Straße gehen? Bis zu dem Haus dort an der Ecke?»

«Ja, aber nicht weiter.»

«Komm, Paul! Schauen wir es uns an.»

«Was?»

«Paris, du kleiner Bengel!»

Die beiden Kinder entfernen sich. Louis blickt dem großen jungen Mädchen nach und dem kleinen Kerl, wie sie unter den Bäumen verschwinden. Sie holt mit weiten Schritten aus und bewegt die Schultern wie ein Mann. Seine Camille! Paul zottelt neben ihr her. Louis ist stolz. Er wäre so gern erfolgreich gewesen, aber zum Glück hat er diese beiden Kinder dort und das andere kleine, das artig neben ihm sitzt. Endlich ist es ihm gelungen, sie nach Paris zu bringen.

Plötzlich ertönt ein etwas rauher Gesang nicht weit von der Stelle entfernt, wo die Kinder entlanggehen. Camille ist schon fast an eine steinerne Balustrade gelangt, die zwei Treppen miteinander verbindet, und lehnt sich dagegen. Sie hört die Worte, aber versteht sie nicht.

«Camille, was ist das für ein Lied?»

«Psst.»

«Sie hat eine böse Stimme.»

Camille geht ein paar Stufen tiefer und sieht eine schrecklich aussehende Frau, ganz zerlumpt, mit tiefen Rändern um die Augen, eine Flasche in der Hand. Paul ist zu ihr getreten, kann es kaum glauben. «Wie die alte Bault in Villeneuve. Also auch hier ...»

Aber was macht sie da? Sie hält die Männer an. Die zucken verächtlich die Schultern und stoßen sie weg. Einer zeigt ihr sogar seinen Hosenschlitz und brüllt vor Lachen. Paul ist entsetzt. Die Frau ist dick, fett und häßlich. «Los, Cam, gehen wir.» Ein Mann ist die Treppe heruntergekommen, er faßt Camille ans Kinn. «Na, Kleine, juckt es dich auch schon ...? Dir mache ich's umsonst.» Camille versteht überhaupt nichts mehr. Paul schreit. Sie laufen davon.

Paul erinnert sich. Auch Camille sieht wieder die Szene vor sich. Sie waren beide bei Abendanbruch auf der Straße. Die dicke Bault hockte im Mondlicht. Ein paar ebenfalls betrunkene Männer standen um sie herum, und ganz langsam hob sie ihre Röcke hoch. Die Männer gaben ihr zu trinken. Camille sieht die beiden zitternden weißen Beine, die mit Schmutz beschmierten Schenkel, und dann das scheußliche grauschwarze Haargestrüpp. Camille hatte Paul gepackt und war geflohen, weit weg, aber sie wußte, daß das Kind neben ihr einen schweren Schock erlitten hatte – wie sie. Nie würde sie seine Augen von vorhin vergessen, die Augen eines Ertrinkenden, die ihr zu sagen schienen: «Schnell weg von hier. Weit fort von solchen schmutzigen Dingen.»

Aber nein, sie wird hierbleiben. Camille ist wendig, Camille weiß, was zu suchen sie gekommen ist. Sie wird es niemals aufgeben, weder hier noch anderswo, selbst wenn sich ihr andere kichernde alte Weiber in den Weg stellen, andere Weiber mit scheelen Augen und Männer, die bereit sind, sie an der Kehle zu packen ...

Atemlos bleiben Camille und Paul einen Augenblick auf der Höhe der Treppe stehen, um sich zu verschnaufen. Sie haben die unter ihren Füßen vorüberfliegenden Stufen nicht gesehen. «Nur nicht so rennen, kleines Fräulein. Wie hübsch diese Göre ist!» Camille bekommt Angst, denn der Kerl hat es auf sie abgesehen. Schon als sie neben ihrem Vater ging, sind ihr die Blicke der Passanten aufgefallen. Vielleicht schaut sie die Leute zu aufdringlich an? Ach, diese schlechte Angewohnheit, die sie hat. Aber sie liebt es so sehr, jede Einzelheit zu beobachten, hier eine Falte, dort eine Körperhaltung...

Jetzt beeilen sie sich. Schnell. Da ist ihr Vater. Camille rennt auf ihn zu, setzt sich. Rot vor Scham. Sichtlich verstört. Louis schaut sie an. «Was ist denn los?»

«Da war ein Mann...»

«Paul, halt den Mund!» Camille hat eine schneidende Stimme. Sie blickt ihrem Vater direkt in die Augen. Jetzt muß er sich abwenden. Wie schön ist dieses Kind mit seinem hochmütigen Blick und diesen zu vollen Lippen. Plötzlich hat er Angst. Angst vor diesem Willen, vor diesem Verlangen, das er in ihren Augen liest. Alles, sofort. In dieser Sekunde. Alles! Ohne Rückhalt, ohne Kompromiß.

«O Papa, schau, was dort ist.»

Dort zappeln winzige Silhouetten hinter einem kleinen Haus. Kasperletheater!

«Komm, Papa!» Sie sind aufgestanden. Louise hat eine gute Schokolade getrunken und ist glücklich. Dies eine Mal nimmt auch sie am Abenteuer teil.

Louis-Prosper ist traurig. Sehnsucht lastet auf seinen Schultern, wie ein schwarzer Mantel, den man ihm überwirft. Er fühlt sich beengt und alt. Seine Kinder! Er wird sie nur noch am Wochenende sehen, und selbst dann... Wenn nur Louise einigermaßen zurechtkommt! Wird sie Camilles Ansprüchen gewachsen sein? Zwischen Mutter und Tochter hat sich eine Schranke aufgerichtet. Camille! Plötzlich beugt er sich zu ihr. «Camille, schreib mir. Falls dir irgend etwas nicht paßt, falls du irgendeinen Wunsch hast, belästige deine Mutter nicht damit.»

Camille hat den Kopf nicht gewendet. Und doch! Könnte der Vater nur sehen, wie ihr im Grunde ihres Herzens zumute ist. Diese Aufmerksamkeit hat sie erschüttert. Sie möchte es ihm sagen. Sie versteht seine Einsamkeit, sein Zartgefühl, versteht diesen Mann, der seine Familie ohne ein Wort der Liebe, ohne ein Lächeln zurücklassen wird. Sie weiß, daß er ihr helfen will. Sie weiß, daß er stolz auf sie ist. Ohne sich zu bewegen, immer noch in die Ferne blickend, streckt sie die Hand aus, berührt ganz leicht die schmalen Finger ihres Vaters und legt dann schnell wieder beide Hände auf ihre Knie.

Die Marionetten fuchteln mit den Armen. Peng! Peng! Die Kinder lachen. Nur Paul bleibt eiskalt. Camille bemüht sich, der Handlung zu folgen. Paul blickt verschlossen und angewidert drein. Seltsames Kind! Vielleicht hat er sich noch nicht von dem Zwischenfall vorhin erholt.

Der Vorhang hat sich über den kleinen hölzernen Schauspielern gesenkt. Der Nachmittag geht zu Ende.

«So, jetzt noch eine kleine Anstrengung! Ich werde euch Notre-Dame zeigen.»

Brief aus der Anstalt

«Ich möchte so schnell es geht von hier fort... Ich weiß nicht, ob Du die Absicht hast, mich hierzulassen, aber das wäre sehr grausam für mich!... Wenn ich bedenke, wie gut sich's in Paris leben läßt, und ich soll darauf verzichten, weil Ihr Eure Flausen im Kopf habt... laß mich hier nicht ganz allein...»

Die alte Hélène

Wenn der Tag getan und der Schuh ausgezogen ist,
Kommt der Schatten, kommt der Stern und die Abendstunde,
Und das Herz der alten Menschen ist müde geworden . . .
PAUL CLAUDEL, *Tränen auf der alten Wange*

Das Ende des Nachmittags. Wie rasch die Zeit vergeht. Sie sind alle schon fortgegangen. Camille sitzt vor dem Schemel. Unbeweglich, den Blick auf die Büste gerichtet, die vor ihr steht. Das junge Mädchen betrachtet die alte Frau. Beide erschreckend starr. Camille scheint in sich zusammengesunken, wie beim Gebet. Ihre Augen, schwarze Schlitze, Löcher im Weiß des Gesichts. Verschwunden die bernsteinfarbenen Wangen, der sonnengebräunte Teint. Blasser, die Wangen etwas hohl, das Haar und der Kittel mit feinem weißen Staub bedeckt, ähnelt sie fast der Alten ihr gegenüber. Die lächelt ihr zu, und ihre Augen haben den lachenden Glanz der Großzügigkeit.

Der Nachmittag schlummert zu Füßen der Bildhauerin. Neben ihr, über den Raum verteilt, die mit feuchten Tüchern bedeckten Skulpturen. Sie sind alle fortgegangen . . . Mit ihrem hellen Lachen, ihren Haarschleifen, ihren flinken Händen hatten sie sie verlassen. Ihre Freundinnen, zum größten Teil Engländerinnen, bereiten sich auf den großen Abendempfang bei Madame Adam vor. Trotz des Drängens ihrer Freundinnen wollte Camille bei ihrer Büste bleiben, um die alte Hélène nicht warten zu lassen, die sich, wie sie meinte, auf ihrem Schemel in Ungeduld verzehrte. Camille findet, daß sie noch nicht ganz fertig ist. Und dabei wird dieser Empfang zu Ehren des im Mai 1882 stattfindenden Salons gegeben, und es werden bestimmt viele Maler, Bildhauer und wichtige Persönlichkeiten anwesend sein. Nelly, Jane und Virginia haben ihr geraten, sich zu zeigen. Jane war noch einmal ins Atelier zurückgekommen, bevor sie in der für sie so typischen Kaskade rosaroten Lachens verschwand, und hatte versucht, sie doch noch zu überreden. «Camille, nimm dich in acht, du darfst nicht nur an die Arbeit denken. Wenn niemand von dir reden hört und dich nicht sieht, wirst du nie bekannt werden. Und außerdem, weißt du, ist den meisten Leuten deine Büste völlig egal. Sie interessieren sich vor allem für die Schönheit der Künstlerin. Ich bin sicher, daß dir das viel mehr einbrächte. Du bist nämlich wirklich sehr schön, *really fascinating.*»

Camille hatte die Achseln gezuckt. Sie stellte sich den Empfang vor, das leere Geschwätz, die blöden Jünglinge, die Blicke der Männer. Und im übrigen hatte sie nichts anzuziehen. Einmal war sie mit ihnen gegangen, ihre Freundinnen in blauen, rosa und grünen Kleidern, geschminkt und gepudert, kichernd und gurrend. Ein wahres Feuerwerk! Und sie daneben, fast zu mager, ganz in Schwarz mit einem weißen Kragen, wie eine alte Gouvernante, die zur Begleitung mitgekommen war. Sie hatte sich geschämt. Nur ihre wilde Mähne war aufgefallen. Die Männer hatten diesen Backfisch angestarrt, der wie eine Anstandsdame oder eine Witwe aussah, dieses zu junge Gesicht, das unter einem Wust wirrer dunkler Locken verschwand. Camille hatte begonnen, sich mit ein oder zwei Personen über Bildhauerei zu unterhalten, aber die Künstler zogen es an diesem Abend offenbar vor zu tanzen. Und dann war sie in die Nacht geflohen. Dunkles Gespenst, durch nächtliche Straßen irrend, in der Einsamkeit ihres Herzens die gemeißelten Träume ihrer Kunst bewahrend, die Gesellschaft verachtend.

Das Licht ist noch schön. Draußen ist es Frühling. Siebzehn Jahre alt, bald achtzehn. Und schon wirkt das Atelier verödet. Camille schaut sich um. Die in feuchte Tücher gehüllten Skulpturen ... Sie denkt an die Larven in dem herrlichen Buch, das ihr Onkel ihr zum zehnten Geburtstag geschenkt hat. Farbenprächtige Schmetterlinge, die bis zur Geburt ihre bunten Träume verbergen ... Diese dicken, weißen, formlosen Massen, die nichts voneinander unterscheidet.

Camille vergleicht sie mit eingewickelten Puppen, träumt einen Augenblick lang von der Vielfalt der Menschenschicksale.

Überall an der Wand lächelt die alte Hélène ihr zu oder schilt sie sanft. Seit einigen Wochen bemüht sich Camille, den Blick der alten elsässischen Magd zu treffen, die ihrer Mutter seit Monaten im Haushalt hilft. Sie hat Dutzende und Aberdutzende von Skizzen gemacht. Manchmal war die fast ständig lachende Alte bereit, für ein paar Minuten stillzusitzen. «Was soll denn das jetzt schon wieder? Ich habe zu tun, ich muß arbeiten!»

Der Sonnenstrahl fällt auf den Spiegel. Bald achtzehn Jahre alt. In einigen Wochen findet die Eröffnung des *Salon de Mai* statt. Camille wird daran teilnehmen.

Wie soll sie diesen außergewöhnlichen Blick der starrköpfigen Alten festhalten? Plötzlich sieht sie sie, den Besen in der Hand, wie sie neulich im gleichen Sonnenlicht vor ihr stand. Die gerunzelte Stirn und das etwas spitze Kinn. Camille hat sich manchmal zärtlich über sie lustig gemacht. «Du gleichst meiner Melusine.»

«Wer war das?»

«Eine alte Freundin von mir, die in Villeneuve den Eingang des Waldes bewachte. Aber sie wenigstens bewegte sich überhaupt nicht. Sie muß so unausstehlich gewesen sein, daß ein böser Gott sie versteinert hat.» Die gute Hélène zuckt die Schultern, fegt weiter, murmelt alte Sprüche vor sich hin, gereimte Weisheiten oder Zitate aus Kirchenliedern.

Auf einmal hatten sie beide das Weinen gehört. Die Mutter und die Schwester waren ausgegangen. Paul sollte seine Schularbeiten machen. Paul hatte ein verstörtes Gesicht. Er litt wieder unter Alpträumen und Ängsten. Warum hatte die Mutter ihn mitgenommen, um diesem gräßlichen Todeskampf beizuwohnen? Seitdem war er wie verändert. Er lachte fast nie mehr. Camille war ihrer Mutter böse. Gewiß, sie hatte sich von vornherein in ihr Schicksal gefügt, tat ihre tägliche Pflicht wie ein Esel, der an seinen Brunnen angebunden ist – aber es gibt Tod und Tod. Dieser war eine langsame, entsetzliche, ekelerregende Agonie gewesen. Am 5. September 1881 starb ihr Großvater, der Arzt Athanase Théodore Cerveaux, nach langwierigem Leiden. Magenkrebs. Die Mutter hatte nicht begriffen, wie schrecklich das auf ein zu junges Kind wirken konnte. Seitdem lebte Paul in einer panischen Angst, die er nicht zu überwinden vermochte. Monat für Monat sah ihn Camille, wie er sich immer besessener in die Erinnerung an diesen Todeskampf vergrub. Die schwindelnde Leere. Das Niemals. Das Nichts. Das Ende. Der Tod.

Aber Camille kannte es. Sie hatte es gesehen – die alte Bault, quer über dem Weg liegend, der zahnlose Mund weit offen, als wollte sie zum letzten Mal den Mond ausschlürfen – zum letzten Mal war die Alte kraftlos und torkelnd in ihren zu weiten Kleidern zu Boden gesunken. Camille hatte keine Angst gehabt. Nur Lust, sie zu modellieren, das Schweigen ihrer Augen, die Regungslosigkeit ihrer gekrümmten Glieder wiederzugeben – wie eine alte Zeichenskizze, die in Auflösung begriffen ist. Es hatte fast etwas Feenhaftes im weißen Licht der anbrechenden Nacht.

Paul jedoch erlebte dic Dinge anders. Ein schrecklicher Tod, der kein Ende nehmen wollte. Tag für Tag, Nacht für Nacht Herzstöße, Röcheln, Stöhnen, Kot. Ein krepierender Greis, der sich wie eine Kloake entleert. Paul sah ihn stundenlang mit aufgeblähtem Bauch, wie ein Ertrunkener, der seit Tagen vergessen herumliegt. Unter dem schmutzigen Laken die ungeheure Masse, wie eine schwangere Frau, die Haut wächsern und gelblich, die Augen fiebernd.

Athanase Théodore, Doktor der Medizin, hatte dem Kind den Verlauf der Krankheit genau beschrieben, gleichsam zur Beruhigung. Plötzlich fuhren seine Hände auf, und Paul mußte an die Spinnweben denken, die an ihm hängenblieben, wenn er sich in verlassene Räume schlich. Gab es also auch dort Bodenkammern und Scheunen? Und wohin ging jetzt dieser Großvater, den er liebte? Dieser Großvater, der ihn die Sprachen der Winde und des Himmels gelehrt hatte, und die uralte Sprache der Erde. Paul wäre ihm gern gefolgt. Ja, der alte Mann faßte sich an die Stirn, als ob er etwas

Wichtiges vergessen hätte. «Großvater! Großvater! Suchst du etwas?»

Die Hand glitt nieder, und Paul sah zwei leere Augen, weiß, im Entsetzen verdreht.

Das alles hatte Paul eines Tages seiner Schwester erzählt, stammelnd, schluchzend, in abgehackten Sätzen, sich wiederholenden und vergessenen Bildern. Und dann plötzlich das letzte große Aufbäumen des Lebens, das das Kind aufgewühlt hat. Die Mutter, an den Vater geklammert, dahinter das Kind, an das niemand mehr denkt, das Kind, das zu gut beobachtet, das Kind, das niemals vergessen wird. Niemals. «Was hat er gesehen? Cam, sag, was hat er gesehen?»

Camille erinnert sich, wie die alte Hélène dazugekommen war und sich aufmerksam über den Knaben geneigt hatte. Sie hatte genau den Blick, den sie seit Wochen versuchte, in ihrer Plastik wiederzugeben. Diesen Blick, der den alten Wangenrundungen einen besonderen Glanz verlieh . . .

«Monsieur Paul, Sie müssen keine Angst haben. Ihr Großvater berechnet nur die Länge des Sprungs, den er zu machen hat, um ins andere Leben zu gelangen. Dort drüben hat er nämlich eine so schöne Landschaft gesehen, eine solche Gastfreundschaft, Freunde, die ihn erwarten . . . und da will er natürlich seinen großen Sprung nicht verfehlen.»

Paul hatte ein klein wenig gelächelt.

«Gehen Sie jetzt schlafen. Sie arbeiten zuviel. Kein Wunder, wenn man bedenkt, daß Ihr Vater Sie eine ganze Klasse überspringen lassen will. Das ist sehr unvernünftig. Hier, essen Sie ein Stück von meiner Kirschtorte.»

Sie hatten mit ihren Fingern den noch warmen Teig gebrochen. Und dann war Paul eingeschlummert.

«Ein jegliches hat seine Zeit, und alles Vorhaben unter dem Himmel hat seine Stunde: geboren werden hat seine Zeit und sterben . . .»

Camille sah, wie die alte Magd dem Schuljungen sanft das Haar streichelte. «Sag mir, meine gute Hélène, wo hast du das nur her?»

«Aus meiner alten Bibel . . . Ich werde sie Ihnen leihen.»

Camille schaut die Büste an. Im Atelier ist es dunkel geworden. Camille kann nicht mehr arbeiten. Im schummrigen Zwielicht vermischen sich alle Konturen. Da ist es zu gefährlich, weiterzumachen. Das könnte groteske Veränderungen ergeben. Und jetzt kommt noch der Dunst dazu. Camille denkt nach, allein, sieht sich im Spiegel, seltsam verdoppelt...

«Das Atelier, die Modelle, die Werkzeuge, all diese Materialien, und du wirst es doch nie schaffen!» Sie hört die nörgelnde Stimme ihrer Mutter. «All die unnötigen Ausgaben! Dein Vater hilft uns, aber wenn du mit diesem Quatsch endlich aufhören würdest, könnten wir viel besser leben. Nicht einmal ein Frühjahrskleid für Louise habe ich kaufen können.»

Camille möchte in einem anerkannten Atelier aufgenommen werden. Hier kommt sie einfach nicht weiter. Alfred Boucher besucht sie zwar regelmäßig und gibt ihr Ratschläge, aber, mein Gott, wie brennend gern wäre sie in einem richtigen Bildhaueratelier. Ganz allein kann sie das nicht. Man würde sie für ein Modell oder für eine «Frau von schlechtem Lebenswandel» halten, wie die alte Hélène zu sagen pflegt. «Passen Sie auf, Mademoiselle Camille, knöpfen Sie Ihre Bluse gut zu. Man wird leicht für etwas gehalten, das man nicht ist. Ein gutes Gewissen allein reicht auf dieser bösen Welt nicht aus.»

Als ob sie Zeit zu verlieren hätte! Erst heute wieder ist ihnen ein Modell davongelaufen, und Camille hatte wochenlang an dem Torso gearbeitet. Jetzt muß sie alles wieder von vorn anfangen. Jane hatte ihr geraten, mit einem anderen weiterzumachen, aber das war ein Vorschlag, an den Camille nur mit Zorn zurückdenkt. Für sie gibt es keinen Kompromiß. Wenn die Modelle immer mehr verlangen oder griesgrämig abziehen, können sie das Atelier nie halten. Ihre Freundinnen haben zwar mehr Geld als sie, aber nur ein elender Stümper, ein kläglicher Kopist, ein Gauner und ein Schuft beendet eine einmal begonnene Arbeit mit einem anderen Modell!

«So hör doch auf, Camille! Wozu die Aufregung? Es war ja

nur in deinem Interesse. Meinetwegen kannst du alles noch einmal von vorn anfangen . . . nur wirst du es so nie schaffen. Schau, jede von uns hat bereits drei Skulpturen für den kommenden Salon gemacht, und du, du mühst dich immer noch mit der Büste deiner alten Hélène ab. Das einzige Modell, das dir treu geblieben ist!» Allgemeines Gelächter. Sie meinen es nicht böse, aber Camille kann einfach nicht den Arm eines neuen Modells an den Torso des vorhergegangenen fügen.

Wie müde sie sich fühlt! Man könnte meinen, sie verzehre sich bei lebendigem Leibe. Hätte sie nicht die Büste der alten Hélène, so bliebe ihr nichts anderes übrig, als sich selbst mit Lehm zu bedecken und im Salon auszustellen. Camille lächelt, schmiert sich die graue Erde übers Gesicht, hüllt sich in ein feuchtes Tuch: «Porträt einer Künstlerin ohne Modell.»

Zur gleichen Stunde steigen Jane, Nelly und Virginia in einen Wagen, um sich zu Madame Adam zu begeben. Dort werden sie vielleicht sogar Carrier-Belleuse kennenlernen – und falls Alfred Boucher anwesend ist, wird er sie ihm vorstellen. Alfred Boucher! Camille stößt einen Schrei aus. Sie hatte es ganz vergessen! Alfred Boucher wollte sie Monsieur Paul Dubois vorstellen, dem Direktor der *Ecole Nationale des Beaux Arts*, der sich bereit erklärt hatte, sie zu empfangen.

Schnell findet Camille ihre gute Laune wieder. Sie küßt die noch feuchte Stirn ihrer alten Hélène. Morgen wird sie von Tagesanbruch an arbeiten. Sie deckt sie mit dem nassen Tuch zu. Ihre alte Freundin soll im Salon triumphieren. Zufrieden schüttelt sie ihre Mähne. Was macht es schon aus, daß dieser Abend verpatzt ist? Sie hat ganz recht. Ihre Büste wird die lebendigste sein.

«Meine alte Hélène! Bis morgen dann! Steh früh auf. Ich werde vor der Sonne dasein!»

Brief aus der Anstalt

«Zu dieser Festzeit denke ich ständig an unsere liebe Mama. Seit dem Tag Eures unheilvollen Entschlusses, mich in die Irrenanstalt zu stekken, habe ich sie nie mehr gesehen! Ich denke an das schöne Porträt, das ich im Schatten unseres schönen Gartens von ihr gemacht habe. Die großen Augen, in denen sich ein geheimer Schmerz ausdrückte, das von Entsagung geprägte Gesicht, die in völligem Verzicht auf dem Schoß gefalteten Hände . . . alles deutet auf Bescheidenheit hin, auf ein bis zum Äußersten getriebenes Pflichtgefühl, und so war unsere arme Mutter wirklich. Das Porträt habe ich nie wieder gesehen (und sie auch nicht!). Solltest Du je etwas darüber erfahren, so sage es mir.

Ich glaube nicht, daß die abscheuliche Person, von der ich Dir oft erzähle, die Frechheit besitzt, es sich wie meine anderen Werke anzueignen, denn das ginge wirklich zu weit . . . das Porträt meiner eigenen Mutter!»

*

Wir sind morgen verwelkt, wir Geringe . . .
Doch heute geladen unter die ewigen Dinge . . .
Wie viele Frauen von uns sangen von hier aus
das gleiche!
PAUL CLAUDEL, *Singspiel für drei Stimmen*

Victoire, die alte Magd. Die alte Hélène. Camilles Mutter, und jetzt sie selbst. Vier alte Frauen. Mögen sie in Frieden ruhen!

Ist sie tot? Sie hat es nie richtig verstanden. Die Mutter war nie zu ihr gekommen. Nur hier und da ein Paket oder ein Brief.

Camille erkannte die Schrift, fahrig wie ihre Hand, wenn sie die Krumen auflas, die die Kinder verstreut hatten. Für sie war nichts verloren. Außer ihrer ältesten Tochter. Camille, die Schlechte . . .

Wenn sie nur miteinander hätten reden können! Alle vier am Kamin. Sich aussprechen, ohne die Männer.

Zusammengekauert, in sich zusammengesunken, ineinanderfließend, sich überlagernd.

Ihre Mutter, die alte Bäuerin! Camille sieht sie der Katze Fleischbrocken zuwerfen, das Feuer schüren. Camille an den Kamin gelehnt. Wie sie: die gleichen Gesten, die gleiche Sprache der müden Hände, das einzige vielleicht, das ihre Gefährten ihnen gelassen haben.

Die einfache Frau, über das Papier gebeugt. Ihre Mutter schrieb gut. Wer hatte ihr Zeit zum Träumen gelassen? Die strenge Feder glitt über die Seiten der alten Hefte: Haushaltsabrechnungen, Briefe an die Familie, Todesanzeigen, Beileidsschreiben.

Alle vier beisammen. Camille stellt sich ihre Worte vor. Worte, die sie nie mehr hören werden. Einmal hatte sie ihre Mutter lachend und glücklich gesehen, und schön. Sie faltete Laken, und Victoire half ihr dabei.

Und dann war alles über ihr eingestürzt, wie damals das Wasser über Onkel Paul.

Ein einziges Mal hatte Camille nach ihr geschrien: «Mama!»

Camille und ihr Kind im einsamen Zimmer. «Mama!»

Der Schrei war verhallt. Louise-Athenaïse Cerveaux hatte ihn nie gehört.

Wenn sie sich alle vier nur einmal hätten aussprechen können! Welches Geheimnis hätten ihre Herzen preisgegeben?

Wem entrichteten sie alle einen so schweren Tribut?

«Hélène, warum weinst du so still vor dich hin, wenn der Abend kommt? . . . Meine gute Victoire, manchmal schiebst du dir die Faust in den Mund, als wolltest du einen Schrei zurückhalten – und dann knackst du Nüsse. Aber ich sehe, wie dir die Hände noch zittern . . .»

Die traurigen Augen der Mutter, wenn die große Akazie in Blüten stand.

«Mama, komm, leg mir den Kopf in den Schoß und erzähle . . .»

Wir haben Zeit.

Jacopo Quercia

Verkörpert in ihm seh' ich die Idee
Der Bildhauerei und der Architektur.
FRANCESCO BERNI an MICHELANGELO

Haben Sie bei Monsieur Rodin Unterricht genommen?» Camille blickt Monsieur Alfred Boucher mit ihren großen Augen fragend an. Wer ist dieser Monsieur Rodin, von dem Monsieur Paul Dubois spricht?

Im Büro des Herrn Direktors der *Ecole Nationale des Beaux Arts* herrscht heute früh erstickende Hitze. Camille ist in Schweiß gebadet. Ihr Unterhemd, die Bluse mit den Manschetten und dem hohen Kragen kleben ihr auf der Haut, das Kleid bedrückt sie. Sie hat sich nicht getraut, ihre Mutter um ein neues Kostüm zu bitten und trägt das einzige einigermaßen anständige Ensemble, das sie besitzt. Dieses gestreifte Gewand aus grobem Tuch, in dem sie etwas männlich wirkt, mit der Jacke und dem Rock, ist wie ein Herrenanzug zugeschnitten. Und der Haarknoten lockert sich schon wieder. Sie bringt es einfach nicht fertig, daß er länger als eine halbe Stunde hält, obwohl die Mutter ihr hundertmal gepredigt hat, sie solle sich den Scheitel in der Mitte ziehen, das Haar straffen und gut anfeuchten. Nichts zu machen! Camille haßt die glattgekämmte Strenge ihrer Mutter. Und außerdem wird ihr Haar nur wirrer und widerspenstiger, je mehr sie es anfeuchtet.

«Monsieur Rodin?» Camille möchte vor Scham vergehen. Monsieur Alfred Boucher lächelt. Auch ihm war der Gedanke gekommen, schon damals, als er *David und Goliath* in Wassy gesehen hatte.

«Sie sollten ihn kennenlernen. Er wird selbst überrascht sein. Was halten Sie davon, lieber Freund? Ich treffe mich übrigens bald mit Mathias Morhardt und werde es dann eines Tages arrangieren. Eine gewisse Begabung haben Sie ganz ohne Zweifel. Aber Ideen haben viele am Anfang ihrer Laufbahn. Worauf es ankommt, ist die Ausdauer, das Durchhalten. Was allerdings Ihre Aufnahme hier betrifft, so sehe ich nicht recht, was da zu machen wäre. Ich bin nicht darauf erpicht, in meinen Ateliers die Revolution zu fördern. Nein, machen Sie nur in Ihrem Jungmädchenatelier weiter.»

Camille hätte ihn am liebsten geohrfeigt. Alfred Boucher spürt sofort die Gefahr eines Wutausbruchs und beschwichtigt sie.

«Beunruhigen sie sich nicht, Camille. Monsieur Rodin hat nie die *Ecole des Beaux Arts* besucht. Es ist nicht der einzige Weg, nicht wahr, mein lieber Herr Direktor? Kommen Sie, wir gehen jetzt. Morgen treffen wir uns doch bei Dalou mit Carrier-Belleuse?»

Camille geht auf ihre Skulptur von *David und Goliath* zu, um sie mitzunehmen.

«Nein. Lassen Sie sie mir bitte, mein Kind. Ich möchte sie noch ein bißchen hierbehalten. Die Arbeit gefällt mir sehr, und ich würde sie gern auch anderen zeigen.»

Camille hat Angst. Es gefällt ihr gar nicht, ihre beiden Gefährten zurückzulassen. Und außerdem ist ihr dieser Herr durchaus nicht sympathisch. Aber was tun?

Jetzt sind sie auf dem langen Flur. Camille hört die Geräusche dieses großen Hauses, das Lachen, das ungeschickte Hämmern auf dem Stein. Sie erkennt von weitem die zögernde Hand, den festen Griff, den berstenden Stein, den fliegenden Stein, den widerspenstigen und bockigen Stein.

«Nicht wahr? Sie wissen nicht, wer Auguste Rodin ist?» Die Stimme Alfred Bouchers hat sie plötzlich aus ihren Träumereien geweckt. Camille schüttelt den Kopf.

Sie haßt ihn bereits, will gar nicht wissen, wer er ist. Was erlaubt er sich, in der gleichen Weise zu bildhauern wie sie? Sie hat bestimmt lange vor ihm angefangen. Schon mit sechs Jahren modellierte sie.

«Wie soll ich ihn beschreiben? Er ist zweiundvierzig Jahre alt. Sein Leben war sehr hart.»

Camille möchte am liebsten lachen. Ein Greis! Natürlich,

selbst wenn er erst mit achtzehn begonnen hat, bildhauert er länger als sie. Achtzehn! So alt ist sie noch nicht. Ende des Jahres wird sie achtzehn sein.

«In Kennerkreisen ist er jetzt sehr im Gespräch. Bei Madame Edmond Adam ... Warum gehen Sie übrigens nie zu ihr? Ich habe dort Jane, Virginia und meine anderen Schüler angetroffen. Sie sollten es tun. Auch die namhaften Schriftsteller verkehren bei ihr. Vor drei Jahren gründete sie die *Nouvelle Revue*. Diese Madame Adam hat Rodin eines Abends Gambetta vorgestellt. Und wissen Sie, daß Monsieur Antonin Proust, der Minister, Rodin für die große Skulptur am monumentalen Tor des *Musée des Arts décoratifs* vorgeschlagen hat?»

Camille hört sich brav die Erläuterungen ihres alten Lehrers an.

«Viele verteidigen den armen Rodin. Er ist sehr heftig angegriffen worden. Sein erstes großes Werk, das *Eherne Zeitalter*, war sehr umstritten. Unter den Mitgliedern der Jury hatten ihn viele bezichtigt, einen Abguß gemacht zu haben. Der Arme! Über anderthalb Jahre hat er daran gearbeitet, und all seine kümmerlichen Ersparnisse sind draufgegangen. Und dann diese schreckliche Verdächtigung! Geweint hat er darüber!»

Camille denkt nun mit Zärtlichkeit an diesen alten Bildhauer, der auf so niederträchtige Weise angegriffen wurde. Die übelste Beschimpfung! Ein Bildhauer, der von seinem Modell einen direkten Abguß macht!

«Die Arbeit muß sehr vollkommen gewesen sein, um beim Publikum und in der Jury den Verdacht zu erregen, er könnte sie direkt vom Modell abgegossen haben.

Es ist ein herrliches Werk. Ich muß es Ihnen einmal zeigen. Ich erinnere mich noch – er war siebenunddreißig Jahre alt und kam oft völlig entmutigt zu mir. ‹Ich bin am Ende›, sagte er. ‹Ich bin müde und habe kein Geld mehr.› Ich bin einer seiner eifrigsten Verteidiger gewesen, denn ich hatte mit eigenen Augen gesehen, wie er ohne Modell arbeitete und Figuren von einer faszinierenden Exaktheit schuf. Mit Paul

Dubois, Carrier-Belleuse und anderen stellten wir eine Gruppe von Freunden zusammen und luden den Unterstaatssekretär für die Schönen Künste ein, sich persönlich von der Wahrheit und von der Ehrlichkeit des kleinen rothaarigen Mannes zu überzeugen, der wie ein Gott bildhauert.»

Jetzt stellt sich Camille einen Gnom vor, einen trübseligen Zwerg, der vielleicht auch hinkt, wie sie. Und schließlich findet sie ihn sogar ganz sympathisch, wenn auch ein bißchen einfältig ...

«Dabei hat dieser Skandal ihn berühmt gemacht. Neulich hat er im Salon seinen wunderbaren predigenden *Johannes der Täufer* ausgestellt, und das *Eherne Zeitalter* ist jetzt in Bronze gegossen. Das war vor genau zwei Jahren. Und nun warten wir auf das riesige Werk am Museumstor.»

Schweigend schlendern sie an der Seine entlang. Camille denkt an diesen Bildhauer, mit dem man sie zu vergleichen wagt. Sie wird nicht warten, bis sie siebenunddreißig ist, um berühmt zu werden. Sie hat Eile voranzukommen.

«Ach, Camille, ich wollte Ihnen übrigens noch sagen, daß ich nach Italien gehe. Jetzt, da ich den *Prix de Rome* bekommen habe, ist es unbedingt notwendig. Und dazu bietet es mir eine einmalige Gelegenheit, in Ruhe zu arbeiten und meinen Stil zu finden. Schließlich ist es das Land Michelangelos. Auch Florenz ist leicht zu erreichen. Dieser Rodin ähnelt übrigens ein bißchen Michelangelo ...»

Camille hört kaum zu. Sie ist völlig niedergeschlagen. In die *Beaux Arts* wird sie nicht aufgenommen, und jetzt läßt sie auch noch ihr greiser Freund im Stich (der Arme ist noch keine zweiunddreißig Jahre alt). Sie ist so entmutigt, daß sie Alfred Bouchers Worte nicht versteht.

«Ich habe ihn gebeten, meinen Unterricht zu übernehmen. Camille, hören Sie mir zu?»

«Verzeihung.»

«Ich sagte, daß ich Rodin gebeten habe, mich bei Ihnen zu vertreten. Meiner Meinung nach ist er der einzige, der wirkliches Genie besitzt, wenn er auch auf den ersten Blick unbedeutend und schüchtern wirkt. Er ist einer der Größten unter uns. Und noch wenig bekannt. Ich habe volles Vertrauen in ihn.»

Camille ist mißgestimmt. Was nützt ihr jemand, der auf die gleiche Weise bildhauert wie sie? Sie verzieht schmollend den Mund. Auch das noch! Der Haarknoten hat sich völlig gelöst.

«Camille! He, Camille! Was ist denn mit Ihnen los? Sie rennen mir ja davon. Wenn Sie dieses Tempo einhalten, sind Sie lange vor mir im Atelier!»

Camille entschuldigt sich, verlangsamt den Schritt.

Die jungen Mädchen schreien freudig auf. «Mister Alfred Boucher, *come in*!» Sie umringen ihn, machen sich über ihn lustig. «*You are too* purpurrot! Sind Sie gerannt? Und Camille, *what a face*! Buh!»

«Monsieur Alfred Boucher verläßt uns.»

Camille hat die Nachricht gehässig und schonungslos verkündet.

«Nein, ich verlasse euch nicht! Aber ich fahre bald für einige Zeit nach Italien und habe Auguste Rodin gebeten, mich bei Ihnen zu vertreten. Er ist einverstanden.»

Die jungen Mädchen klatschen in die Hände. «*It's a pleasure!*» «Er ist *delicious, very charming!* Und er sieht wie Vulkan aus. *Do you know Vulcano?*»

Camille denkt an Michelangelo. Wie konnte man diesen häßlichen Zwerg mit Michelangelo vergleichen? Mit dem genialen Florentiner Michelangelo! Gewiß, er war auch nicht gerade schön. Kränklich, hieß es. Und dann hatte ihn der Faustschlag des jungen Pietro Torrigiano noch ärger verschandelt. Mit seinen siebzehn Jahren und seiner zerquetschten Nase, gedemütigt in den Gärten des Lorenzo Magnifico, mußte er nicht gerade hübsch ausgesehen haben. Verunstaltet sogar. Aber ihn deshalb mit diesem Unbekannten vergleichen! Auguste Rodin und den Gott der Bildhauerei auf eine Stufe setzen? Nein, nein und abermals nein!

«Aber Mademoiselle Claudel, nicht so ungestüm!» Alfred Boucher versucht, sie zu beruhigen. «Camille, ich verspreche Ihnen, ich werde an Sie denken, Ihnen schreiben und Ihnen

Postkarten von Ihrem Michelangelo schicken. Und dann habe ich Vertrauen. Sie besitzen eine besondere Gabe. Verderben Sie sie nicht mit Ihrer Heftigkeit. Benehmen Sie sich nicht wie ein verwöhntes Dämchen, sondern wie eine wahre Künstlerin. Man braucht viel Zeit, Geduld und Aufopferung, um dem, was einem vorschwebt, ein wenig näherzukommen. Die Schönheit, wie auch der Tod, erfordern eine lange Kenntnis. Ich werde mich noch verabschieden, bevor ich fahre, Mesdemoiselles.»

«Monsieur Boucher, Monsieur Boucher, Camille! *Sorry*, wir hatten ganz vergessen ... Camille ist in der Zeitung erwähnt!»

Alles stürzt sich auf die Zeitung, die einen, um den Artikel zu zeigen, die anderen, um ihn zu lesen.

«Nicht so stürmisch! Macht ein bißchen Luft!» Sie sind mit den Köpfen aneinandergestoßen, weil sie alle gleichzeitig lesen wollten. Helles Gelächter.

Salon de Mai, 1882. Büste einer alten Frau. Büste in Gips von Mademoiselle Camille Claudel. Ein ernsthaftes, durchdachtes Werk.

Camille sieht ihren Namen zum ersten Mal in der Zeitung – und sie ist keineswegs siebenunddreißig Jahre alt!

Alfred Boucher blickt sie an. Er hatte ihr nie gesagt, wie sehr ihre Büste der alten Hélène das Genie einer großen Bildhauerin erahnen ließ, weil sie so leicht außer sich geriet. So viele Stunden hatte sie daran gearbeitet, Skizzen gemacht, Abgüsse korrigiert, aber jetzt triumphierte sie.

Er mochte sie alle gern, Jane, Virginia, Nelly. Aber Camille würde einmal zu den ganz großen Künstlern ihrer Zeit gehören. Es sei denn ... Manchmal hatte er Angst. Angst vor diesen dunkelblauen, fast schwarzen Augen, Angst vor ihrer Unfähigkeit, sich in der Gesellschaft zu bewegen, Angst vor dieser sie umgebenden Familie, vor diesen harten Menschen, die sie nicht verstanden, Angst vor diesem zu oft abwesenden Vater, dem jüngeren Bruder, den sie faszinierte, und der sie überallhin begleitete. Was soll einmal aus ihr werden? Und wie würde sein so schüchterner Freund Auguste ein derartig heftiges und eigenwilliges Mädchen ertragen?

«Mister Alfred Boucher, would you like a cup of coffee?»

«Mit Vergnügen.»

Er mochte sie gern, liebte das von weiblicher Fröhlichkeit erfüllte Atelier, doch vor allem mußte er sich jetzt eingestehen, wie sehr er sich immer freute, Camille wiederzusehen. Die herrlichen Entwürfe, die sicheren Skizzen, all das, was sie ihm mit ihrer Art offenbarte, eine Hand oder einen Fuß zu gestalten. Ohne es zu wissen, hatte sie ihn etwas gelehrt. Jetzt, da er fortging, konnte er sich auch ruhig eingestehen, daß er für dieses junge Mädchen fast eine Art von Leidenschaft empfand, daß es ihn rührte, wenn er sah, wie sie mit ihren großen Händen die Erde streichelte, bearbeitete und formte – und vor allem dieses herrliche Gesicht und diese Augen, mit ihrem unbeschreiblichen Blick auf die Welt. Er war froh, ihr zu entfliehen, denn sonst hätte er sich in sie verliebt. Und sie war zu heftig und ungestüm, zu stark für ihn, eine zu machtvolle Persönlichkeit. Da gäbe es nur sie und sonst nichts. Es wäre die Wüste, die Selbstaufgabe... bis in den Tod. Jetzt allerdings, im Licht dieses endenden Frühlings, lächelte sie ihm zu. Ein schüchternes, zärtliches Lächeln, das zu sagen schien: «O bitte, verzeihen Sie mir.» Ein einschmeichelndes, unerträglich bezauberndes Lächeln, und er hatte Lust, sie in seine Arme zu schließen, von diesen hochmütigen, jungfräulichen Lippen zu kosten, wie von einer schönen, saftigen und duftenden Frucht.

«Monsieur Boucher, Sie blicken ja so zerstreut drein.» Und dann, mit ihrer schönen, etwas rauhen Stimme: «Sagen Sie, Jacopo Quelcia war doch neunzehn Jahre alt, als er Michelangelo begegnete, nicht wahr?»

Warum erwähnt sie auf einmal diese Geschichte?

«Ja, in wahnsinniger Ungeduld erwartete er das Urteil des alten Meisters, und dieser hat ihn dann auch beglückwünscht.»

Camille ist nachdenklich geworden. Sie achtet kaum auf das Geschwätz ihrer Freundinnen.

«Camille, Cam! Wenn du öfter ausgehen würdest, hättest du Auguste Rodin längst kennengelernt. Er ist charmant, aber furchtbar schüchtern. So schüchtern, daß er über die eigenen Worte stolpert. *Yes, but he's got blue eyes. He can't see anything. He is*... kurzsichtig. *But what marvellous hands.*»

Camille hat plötzlich ihre Tasse abgestellt. Sie schlüpft in ihren Kittel. «Ruhen Sie sich doch ein wenig aus, Camille.»

«Camille, genannt Jacopo Quercia des armen Mannes. Monsieur Rodin, treten Sie bitte ein.» Sie macht eine einladende Geste.

Alfred Boucher schaut das spöttische, dreiste, eigensinnige Mädchen an. Er muß seinen Freund vorwarnen. Diese Schülerin ist nicht wie die anderen. Ein bißchen schwierig im Zaum zu halten. Wie ein wildes Tier, solange sie kein Vertrauen hat, aber dann, welch ein Schatz an Großmut und Zärtlichkeit... Wenn sie ihn liebgewinnt, wird sie ihm alles geben.

«Liebe Camille...»

Alfred Boucher steht auf, verabschiedet sich von den jungen Mädchen. Plötzlich kehrt er noch einmal zurück, nimmt Camille beiseite. *«Io so... Michelangelo! Sei Jacopo Quercia. Ma sei una bella...»* Er dreht sich tänzelnd vor ihr und verschwindet unter dem Gelächter der jungen Damen. Camille ruft ihm nach: «Auf Wiedersehen, Monsieur Angelo!»

Monsieur Rodin

Wir sind einander zu ähnlich; nichts Neues kann von uns ausgehen.
Wer jedoch soll das Geschlecht fortpflanzen?
Irgendein schöner Jäger mit rotem Bart...
Und er nimmt mir auf immer meine Base Dornröschen in den Wäldern Frankreichs, den Lorbeer von Dormant, die ‹virgo admirabilis›.

PAUL CLAUDEL, *Der Bürge*

Der *Moses* von Michelangelo. Geringelter Lockenbart, machtvolles Haupt, breite, massige Brust. Camille starrt auf den Mann in der Tür. Sie ist gerade dabei, den Knoten des Kopftuchs zu lösen, das Virginia ihr über die Augen gebunden hatte. Die jungen Mädchen haben Blindekuh gespielt. Leuchtender Morgen, das Atelier hell, Camille in guter Stimmung. Fröhliches Spiel, das Erraten der Gesichter und Körper mit den Händen, Lachen und Singen. Sie hatten Camille im Kreis herumgewirbelt und dazu *Quand on est jolie* gesungen.

Mit einem Ruck ist Camille stehengeblieben. Monsieur Rodin ist da. Alfred Boucher führt ihn herein. Monsieur Rodin!

Er hat das junge Mädchen mit den verbundenen Augen erblickt, hat kurz darauf ihre dunklen Augen gesehen, die großen, eindringlichen Augen, die ihn beobachtend betrachten, ihn zu zeichnen scheinen. Während er sie anstarrt, ziehen sich seine kurzsichtigen Augen zusammen. Camille findet, daß er mit seinem roten Bart wie ein alter Gnom aussieht.

«Treten Sie ein, Auguste.» Alfred Boucher geht ihm ein paar Schritte voraus. Monsieur Rodin folgt ihm zögernd ins Atelier. Er fühlt sich bloßgestellt, den spöttischen und neugierigen Blicken ausgesetzt. Camille ist zurückgetreten, und jetzt, da sie im Schatten steht, sieht er die Büste, an der sie gerade arbeitet. Das Porträt eines Kindes, kraftvoll im Ausdruck, der Hals frei, die Schultern mit einer Art von Toga bedeckt. Ein «männliches» Werk. Monsieur Rodin ist wie angewurzelt stehengeblieben. Das Atelier, die jungen Mädchen, sein Freund Alfred sind vergessen. Seine ganze Aufmerksamkeit ist auf die Büste gerichtet. Dieser fast anomal offene Gesichtswinkel – genau das, was auch er sucht. Die Kraft des Blicks. Monsieur Rodin ahnt eine sichere, intelligente Hand, die jede Einzelheit lebendig macht, die Wirklichkeit zum Ausbruch bringt, sie enthüllt, sie erklärt, sie auf grandiose Weise festhält. Monsieur Rodin ist verwirrt. Es ist ihm, als habe er diese Büste gemacht, und doch weiß er wohl, daß er nie daran gearbeitet hat, daß er nicht einmal das Modell kennt. Boucher klopft ihm freundschaftlich auf die Schulter. «Wachen Sie auf, lieber Freund, sonst werden die jungen Damen noch an Ihren Fähigkeiten zweifeln. Sie benehmen sich höchst seltsam. Ich weiß, daß Sie schüchtern sind, aber deshalb müssen Sie nicht gleich zu einer Salzsäule erstarren ... Sind Sie vielleicht verhext?»

«Wer hat Modell gesessen?» Monsieur Rodins Stimme ist sonderbar, fast tonlos.

«Mein Bruder, Paul Claudel. Er ist jetzt vierzehn Jahre alt.» Ihre Stimme ist rauh, aber durchdringend.

«Verzeihung, aber die Qualität Ihrer Arbeit hat mich überrascht. Das Profil ist klar und scharf. Ich sage es immer wieder: nur auf die Profile achten. Das allein zählt. Das menschliche Gesicht ist nicht symmetrisch.»

«Ich wollte Ihnen die Überraschung lassen. Könnte man nicht meinen, daß Mademoiselle Claudel schon einmal mit Ihnen gearbeitet hat?»

Monsieur Rodin starrt Camille an. Sie ist es also! Vor kurzem hatte jemand eines Abends bei Madame Adam diesen Namen erwähnt. Wer war es noch? Ach ja, er erinnert sich, es war eine der jungen Engländerinnen, die Madame Adam eingeladen hatte. Und jetzt erst fällt ihm ein, daß er ja gerade vor diesen jungen Engländerinnen steht. Er hört ihr schallendes Gelächter. «Monsieur Rodin, Sie sind nicht sehr galant.

Wir kennen uns seit ein paar Tagen, und Sie grüßen uns nicht einmal!»

Der arme Auguste stammelt, ist ganz verwirrt. Geselligkeit liegt ihm nicht. Das Sprechen fällt ihm schwer. Der tiefe Ton seiner Stimme schlägt manchmal plötzlich in ein hohes Zischeln über, und dabei bewegt er ruckartig den Kopf wie ein Huhn, was ihm seine Gefährtin Rose oft genug vorwirft. Er weiß, daß er nicht gerade verführerisch wirkt.

«Kommen Sie, Monsieur Rodin, schauen Sie sich einmal das hier an.» Die jungen Damen wetteifern um seinen Rat. Der Bildhauer erteilt ihnen kurze, präzise Anweisungen. Camille hört ihm beobachtend zu. Dieser sonst so linkische und unbeholfen wirkende Mann ist sachlich und um kein Wort verlegen, wenn er über Bildhauerei spricht. Er scheint größer, strahlt Autorität und erstaunliche Energie aus. Seine Hände weisen, berühren zärtlich die feuchte Erde, vervollkommnen die Formen. Dann nimmt er plötzlich einen Bleistift und skizziert eine Einzelheit auf ein Blatt Papier. Camille kann den Blick nicht mehr von seinen Händen wenden. Nichts ist dem Zufall überlassen. Ein gewaltiger Könner, ein Künstler, der wunderbar sein Handwerk beherrscht, der die Materie meistert, sie verfeinert, sie vollkommen macht. Die Anweisungen sind leuchtend klar. Was seine Hände formen, ist pulsierendes Leben. Er sieht es überall und gestaltet es mit Kraft und Leidenschaft.

Jetzt wendet er sich plötzlich ihr zu. «Die Büste Ihres jüngeren Bruders ist fast vollendet. Erstaunlich, wie Sie die Ohren geformt haben, die Ohrmuschel ist besonders fein. Die Augenlider gut geschnitten . . . der Blick . . . Leben überall. Die Schwierigkeit ist, das Leben zu sehen. Aber das Leben ist überall schön. Nur im Profil modellieren, stets versuchen, die Profile in einer bestimmten und nie abweichenden Proportion zu gestalten. Man braucht nur zu sehen, zu begreifen und zu lieben. Dagegen ist Ihr *David und Goliath* viel zu kontrastiert. Es fehlt ihm an Zartheit, an – wie soll ich sagen –, an blonder Leichtigkeit, Helligkeit in der Form. Hier sind die Kontraste zu stark, zu heftig, zu knorrig, zu knotig . . .»

Camille verträgt Kritik schlecht. Ihr Herz pocht wild. Sie hätte Lust, ihm den Gips an den Schädel zu schlagen. Er hat unrecht – wenigstens zum Teil. Sie liebt nun einmal diese Gegensätze, diese Kontraste in der Form. «Schauen Sie sich die Zeichnungen von Leonardo da Vinci und Michelangelo an. Zwischen Schwarz und Weiß gibt es unendlich viele graue Nuancen, dunkelgrau, hellgrau, beige...» Camille weiß, daß Monsieur Rodin recht hat, aber sie mag nun einmal nicht diese tausendfachen Schattierungen, die manchmal die Konturen verwischen und den Gesamteindruck schwächen. Sie träumt von einer klaren Linie, möchte am liebsten ein Werk schaffen, das aus einem einzigen Punkt oder einer Diagonale besteht. Etwas so Reines, daß nur noch die Andeutung einer Bewegung bleibt. Aber es ist schon wahr, was Monsieur Rodin über die Notwendigkeit des Modellierens sagt. Wie viele Bildhauer geben sich mit schlecht verarbeiteten Einzelheiten zufrieden! Ihnen kommt es nur auf den Gesamtaspekt an. Die ungetreue Wiedergabe des Ziseleurs oder des Gehilfen stört sie nicht, selbst wenn er am Marmor kratzt, bis alle Feinheiten verschwunden sind. Voller Wut erinnert sie sich noch an einen gewissen Eugène, der ihr den einzigen Marmorblock, den sie je besaß, verdorben hatte. Er schabte und kratzte, hatte den Kopf anderswo, und schon war die Rundung des Handgelenks weg. Sie hätte ihn umbringen können! Das Ergebnis monatelanger, harter Arbeit verpatzt! Nie wieder wird sie jemanden an ihren Marmor lassen. Dann schon lieber alles selber machen. Nein, lieber noch, als Details zu verwischen und eine Bildhauerei en gros zu betreiben, möchte sie einen Weg finden, die Grundidee des Modells zu gestalten.

«Pardon, Mademoiselle. Gestatten Sie mir eine Frage: Wären Sie einverstanden, in meinem Atelier zu arbeiten?»

Camille überlegt, wie sie das könnte...

«Camille, Camille... Monsieur Rodin spricht schon eine ganze Weile mit Ihnen, und Sie hören gar nicht zu. Es ist wirklich hoffnungslos mit euch beiden. Wenn der eine spricht, ist der andere im Land der Träume!»

Camille wird puterrot, stammelt, weicht zurück, tritt vor ... «Monsieur Rodin, ich ...» Sie weicht wieder zurück, stößt den Wassereimer um, und Monsieur Rodin steht mit den Füßen in einer Pfütze. Camille ist entsetzt, und auch er scheint wirklich bestürzt zu sein. Die jungen Damen eilen herbei. Außer sich rennt Camille davon, knallt die Tür hinter sich zu. Dieser Mann bringt sie in Verlegenheit. Draußen gießt es in Strömen. Das kann wirklich nur ihr passieren! Aber warum hat er sie mit seinen kurzsichtigen Augen so angestarrt? Sie haßt ihn. Und mit welchem Recht krittelt er an ihr herum? Sie macht große Schritte. Ihr gefällt es, mit scharfen Kontrasten zu arbeiten. Warum nicht? Nur weil sie eine Frau ist, verlangt man von ihr, in allem schön artig, lieb und zart zu sein! Da erzählt man ihr von Blondheit, von anmutigen Harmonien und Eleganz, also gut und schön! «Camille, benimm dich.» «Camille, du bist eine Frau.» «Camille, schau dir bloß deine Hände an!» Und wenn es ihr nun gerade beliebt, schroff zu sein, Dinge umzustoßen und ins nackte Fleisch zu schneiden?

«He, kleines Fräulein, passen Sie auf, sonst werden Sie noch überfahren!» Camille hat den Wagen und die schweren Pferde nicht gesehen. Sie springt zurück. Was macht sie eigentlich hier, durchnäßt, blöd, lächerlich? Es fällt ihr wieder ein, aber was hat er gesagt? Ach ja, sie sollte bei ihm arbeiten. Mein Gott, genau das, was sie sich immer erhofft hatte! Ein Bildhaueratelier mit richtigen Künstlern, mit *Männern*, wie man zu sagen pflegt, mit Leuten, die man *ernst* nimmt. Sie kehrt plötzlich um, rempelt eine dicke Dame an, die murrend und kopfschüttelnd weitergeht. Ein Hund flitzt ihr zwischen den Beinen durch. Sie haßt die Hunde, die sich immer an ihr reiben und nach Pipi riechen. Jetzt rennt sie in die entgegengesetzte Richtung. «Blonde Leichtigkeiten, blonde Helligkeiten, ich werde Ihnen schon zeigen, was blonde Weichheiten sind!» Denn sie ist schwarz, die schwarze Camille, wie ihre Mutter sie nannte, die Pechmarie, das Mohrenweib, «Cacha-Diablo». Sie steigt die Stufen empor, die zum Atelier in der Rue Notre-Dame-des-Champs führen.

Monsieur Rodin ist nicht mehr da. Monsieur Rodin ist fortgegangen. Niemand ist mehr da. Ein Zettel, wenige, mit ungeschickter, zitternder Hand geschriebene Zeilen:

Kommen Sie in mein Atelier, wann immer Sie wollen. Atelier J, Rue de l'Université – oder Atelier H im Marmordepot. Auch ich liebe Kontrast.

Kein «e». Nur Kontrast. Sie schaut auf die Schrift.

Jemand hat den Boden aufgewischt. Jetzt ist sie es, von der das Wasser trieft. Klatschnasses Haar, brennende Augen, und sie zittert am ganzen Körper. Sie sieht sich im Spiegel. Die Locken, jetzt unansehnliche Kringel, kleben an Hals und Nacken, das Kleid hängt ihr wie ein schlecht ausgewrungener Waschlappen um den Leib. Sie sieht wie eine Bettlerin aus, wie die Magdalena von Donatello, und nicht wie ein schönes junges Mädchen.

Mit einer Grimasse greift sie ein Tuch und reibt sich kräftig den Kopf trocken. Dann knöpft sie ihr Kleid auf, zieht es aus und schüttelt es, wie sie in Villeneuve den Salat zu schwenken pflegte. Die Sonne kommt wieder hervor. Nur ein bißchen Sonne, und der Schaden ist behoben. Wahrscheinlich sind sie alle zum Mittagessen gegangen. Einstweilen hat Camille sich in einen Schal gehüllt. Sie setzt sich und betrachtet noch einmal ihre Gruppe.

Ganz unrecht hatte Monsieur Rodin nicht. Viel zu kontrastiert. Wirklich häßlich. Dieses Knie mit dem zu spitzen und wie ausgerenkten Bein. Camille steht auf, beginnt den Gips zu zerschlagen. Fehlerhaft, also weg damit! Von unwiderstehlicher Wut gepackt, zerstört sie das Werk. Was sie will, wird sie so nie erreichen. Ein Haufen Staub und Dreck. Sie wird noch einmal von vorn anfangen.

Jetzt fühlt sie sich wieder ganz warm. Das Kleid ist trocken. Sie kämmt sich das Haar, flicht es zu einem Knoten im Nacken. Camille sieht wieder korrekt und makellos aus. Sie muß nach Hause zum Mittagessen. Das hatte sie ganz vergessen. Die Vettern erwarten sie, sie sind extra aus Villeneuve gekommen.

Jedenfalls wird sie keine Minute zögern, denn sie muß Fortschritte machen. Nur die schlechten Künstler haben Angst, ihre Persönlichkeit zu verlieren.

Sie wird also zu Monsieur Rodin gehen, der die blonden Leichtigkeiten so sehr schätzt.

Siegmund und Sieglinde

Sieglinde
Bist du Siegmund, den ich hier sehe,
Sieglinde bin ich, die dich ersehnt:
Die eig'ne Schwester gewannst du zu eins
mit dem Schwert.

Siegmund
Braut und Schwester bist du dem Bruder ...
RICHARD WAGNER, *Die Walküre*

Schau, Camille, Monsieur Rodin hat dir ein Geschenk gebracht.» Camille wirft einen Blick auf den riesigen, in Tücher gehüllten Gegenstand, der mitten im Atelier steht. Auf diesem Schemel, und noch unter der Verpackung verborgen, ist nicht zu erkennen, ob es eine Büste oder sonst ein großes Bündel ist.

Camille ist zwanzig Jahre alt. Fast zwanzig, besser gesagt. Da sie im Dezember Geburtstag hat, hält sie sich immer für älter, als sie wirklich ist. Am ersten Januar beginnt für sie ein neues Lebensjahr, und sie vergißt, daß sie bereits vor einem Monat ein Jahr gewonnen oder verloren hat. Das Wetter ist schön an diesem Herbstnachmittag. Camille steht kerzengerade im Sonnenlicht, noch etwas atemlos in ihrem hellen Kleid mit dem Spitzenkragen. Virginia beobachtet sie. Noch größer ist sie geworden, und irgendwie scheint sie eine neue Ausstrahlung zu besitzen. Sie ist nicht mehr das junge Mädchen vom vorigen Jahr, und selbst wenn sie immer noch in ihr lautstarkes Gelächter ausbricht, so kann sie zuweilen sehr ernsthaft und wie von einem Geheimnis durchdrungen sein. Eine andere Camille, sinnlicher, runder fast, obgleich sie in ihren Kleidern unverändert schmal wirkt, aber der Teint ist glänzender geworden ...

«Nun mach es schon auf, beeile dich.» Camille ist an das weißleuchtende Paket getreten. «Man hätte ihn für einen Freier mit einem Blumentopf halten können.»

«Ach, dein Monsieur Rodin.»

«Er ist nicht *mein* Monsieur Rodin!» Camille hat sich heftig umgewandt.

«Beruhige dich. Wir alle beten ihn an, und ...»

«Wir sind nur eifersüchtig, das ist alles.»

«Weißt du, neulich abends ... Übrigens noch ein Abend, den du verpaßt hast ...»

«Aber was machst du denn nur mit deinen Abenden?»

«Ich lese.»

«What an idea!»

«Ich lese. Ich suche nach Eingebungen, neuen Themen. Und am vorigen Sonntag habe ich mir mit Paul die *Walküre* angehört. Im Konzert, weißt du. Da gehe ich mit Paul hin ...»

Camille verstummt, tritt an den Schemel. Sie ahnt, was Monsieur Rodin ihr gebracht hat. Rasch faltet sie die Tücher auseinander, ernsthaft und feierlich. Allmählich fühlt sie die Härte des Tons – aber nein, wie dumm von ihr! Es ist eine Bronze, aber das kann doch nicht sein! Da ist Camille, in Bronze gegossen, aber wie hatte er die Zeit dazu? Wie hat er das geschafft? In Bronze!

Die jungen Mädchen sind verstummt. Beeindruckt starren sie auf diese Figur, die inmitten des Ateliers strahlend aufleuchtet. Das ist Camille, ganz und gar, wie in einer grünen Alge zu Stein geworden, wie dem Wasser entstiegen, das Haar enganliegend, knabenhaft und doch kräftig, einem Krieger der Antike, einem jungen Römer gleich. Ferne Androgyne, eine Art von unnahbarem Hippolytos. Wie zurückgezogen inmitten ihrer Festungen scheint sie einem uralten Geschlecht anzugehören, die schwere Last eines Geheimnisses zu tragen ...

Ihre Freundinnen schauen sie an. Wie ist es dem Bildhauer gelungen, diesen Ausdruck zu treffen, den sie manchmal hat? Gerade in diesem Augenblick, wie sie abwesend, ganz in sich zurückgezogen dasteht, im Sonnenlicht, das von draußen durch das Laub der Bäume dringt, scheint sie die Replik der sie anblickenden Büste zu sein. Das wie immer schlecht gekämmte, schweißfeuchte Haar mit der an der Stirn klebenden Strähne hebt jenes maskuline Aussehen hervor, das Monsieur Rodin betont hat. Camille ist überwältigt. Seit Monaten erteilt er ihnen Unterricht an Stelle von Monsieur Dubois, und oft genug hat sie seine Augen auf ihre Arbeit gerichtet gesehen, aber er hat sie nie gebeten, ihm Modell zu sitzen. Doch! Einmal. Plötzlich erinnert sie sich.

Die Freundinnen waren bereits fortgegangen. Es war heiß. Im Juli. Und an einem Abend, da in Paris ein Fest stattfand. Er war etwas länger geblieben, um ihr Einzelheiten bezüglich der Büste ihres Bruders zu erklären. Es war ihr nicht gelungen, den trotzigen Ausdruck Pauls, die leicht provozierende Haltung des Sechzehnjährigen zu treffen. Sie hatte aufmerksam zugehört. Und dann plötzlich das Schweigen. Sie weiß noch, er hatte gerade gesagt: «Man muß unbedingt mit dem Profil beginnen.» Er hatte sie beim Arm genommen und zum Sitzen aufgefordert. Und dann hatte er ganz rasch mit ein paar Strichen ihr Profil gezeichnet. Schweißtropfen waren ihr den Rücken heruntergelaufen, als sie in diesem stickig heißen Raum saß, sie, mit ihren neunzehn Jahren, steif auf diesem Schemel aufgepflanzt. Schweigen, das Kratzen des Bleistifts auf dem Papier. Seine Augen waren auf sie gerichtet, und plötzlich trafen sich ihre Blicke. Er hatte ein wenig geblinzelt wie jemand, den die Sonne blendet, und dann den Stift fallen gelassen. Sie schaute ihn erstaunt an, leicht belustigt über seine Unbeholfenheit, spöttisch, wie sie es mit ihrem Bruder war. Aber kein Laut war aus ihrer Kehle gedrungen. Was sie empfand, war wie ein lähmender Schmerz, der aber nicht weh tat, ein dumpfer Schmerz, wie ein Schlag in den Unterleib, als ob der Schemel in sie einzudringen begann, ein fast wollüstiges Gefühl, ein Verlangen, sich in die Länge und Breite ziehen zu lassen. Und dieses Verlangen war seltsam an ihn gebunden, wurde zu einer fixen Idee, zur fixen Idee, ihm zu sagen: «Bitte, Monsieur Rodin, legen Sie mir ihre Hand dort unten hin.» Das wollte sie. Diese Hand, die eben vor ihren Augen den Kopf ihres kleinen Bruders berührt hatte, auf der Büste, an der sie arbeitete, diese Hand wollte sie auf ihrem Körper fühlen. So als ob er in ihr, in ihrem Bauch modellierte. Das Schweigen schien die Zeit anzuhalten. Sie wollte sprechen, und er bewegte die Lippen zu Worten, die sie nicht hörte, denn er sagte nichts, überhaupt nichts mehr. Erst das Geräusch des zu Boden fallenden Bleistifts hatte die Stille unterbrochen – nein, der Bleistift war ihm ja bereits aus den Händen gefallen, und erst jetzt wurde sie sich dessen bewußt. Wieviel Zeit hatte er gebraucht, um zu fallen?

«Camille, schau, dein Sonnenschirm, dort am Boden. Er ist kaputt.» Camille schüttelt sich, und sechs Augenpaare blikken sie leicht belustigt an.

«Den benutze ich ja ohnehin nie. Also ... Und was starrt ihr alle bloß? Man sollte meinen, ihr habt noch nie eine Büste gesehen. Ihr glotzt wie die Kröten! Und außerdem bin ich das überhaupt nicht.»

«Nun höre mal, Camille, jetzt übertreibst du aber.»

«Nein, ich sehe schrecklich aus. Schau, Nancy, wie ein pausbäckiger Junge. Das hat er aus mir gemacht, einen dicken Jungen. Und dann habe ich die Nase voll von diesem Monsieur Rodin! Was fällt ihm ein, uns mit seinen Werken zu belästigen?»

«Camille, das reicht jetzt aber. Du bist abscheulich!»

«Laßt mich in Ruhe!»

«Laß du uns in Ruhe, du gackerndes Huhn!»

«Ich, ein gackerndes Huhn?» Camille hat sich auf Virginia gestürzt. Die beiden Mädchen balgen sich.

«So hört doch auf, ihr Dummköpfe. Seid ihr wahnsinnig geworden?» Ein lauter Schrei. Camille hat von hinten Virginias Kleid aufgerissen. Ein wahrer Tatzenhieb, wie eine Tigerin. Virginias weißer Unterrock wird sichtbar und darunter ihre Schenkel. Das Kleid hängt locker zu beiden Seiten. Camille, erdrückt vom Gewicht ihrer Freundin, hat das schreckliche Geräusch gehört, blickt Virginia bestürzt an. Ihr Mund blutet; der Stein am Ring der jungen Engländerin hat ihr die Lippe aufgeritzt.

«Und die Weintrauben?»

«Die Weintrauben?»

«Wir hatten sie dort hingestellt, um uns zu erfrischen.»

«Was?»

«Verzeihung.» Eine sich räuspernde Männerstimme. Die jungen Mädchen treten beiseite. Monsieur Rodin ist da.

«Verzeihen Sie, daß ich störe. Ich wollte nur hören, ob Mademoiselle Camille mir etwas zu sagen hat. Heute ist es an mir, Unterricht zu nehmen, aber, wenn ich bitten darf, ohne Tätlichkeiten, denn dafür bin ich nicht begabt. Gewalt ist mir zuwider, und ich ziehe es vor, gleich die Flucht zu ergreifen, falls ich mich mit einer von Ihnen im Kampf messen müßte.»

Gelächter. Camille versucht aufzustehen. Ihre Freundinnen helfen ihr. «Ein bißchen Geduld, Monsieur Rodin, wir machen gleich wieder Ordnung.»

Monsieur Rodin strahlt. Dieses Atelier gefällt ihm immer besser. Die Jugend, die Fröhlichkeit der jungen Mädchen lassen ihn seine schweren Sorgen vergessen. Ein wenig Sonne in seinem Leben. Das hat ihm gefehlt. Ein wenig Zärtlichkeit. Ach, wenn er eine Tochter hätte! Er denkt an seinen Sohn Auguste, den jungen Mann von über zwanzig Jahren, der wieder einmal spurlos verschwunden ist. Ach, wenn er eine Camille hätte!

«So, da sind wir, Monsieur Rodin.» Die beiden Mädchen haben sich in Schals gehüllt.

Monsieur Rodin liebt die Frauen. Besonders diese beiden in Kaschmir drapierten jungen Frauen, die eine dunkelhaarig und stolz, die andere blond, kleiner, ein bißchen mollig, wie sie sich bewegen, einander zuneigen. So war auch Rose früher einmal gewesen, als er sie vor nun fast schon dreißig Jahren kennengelernt hatte. Warum war sie so rasch gealtert? Und dann diese ständigen Eifersuchtsszenen. Ein Glück, daß er diesen Hafen des Friedens gefunden hat, dieses Jungmädchenatelier . . .

«A cup of tea?» Monsieur Rodin ist bereits verspätet. Er hätte nicht vorbeikommen sollen, aber er wollte unbedingt wissen, ob sein Geschenk ihr Freude machte. Camille schaut ihn gerade im Augenblick an, da er wieder seinen Hut nimmt.

Sie schaut ihn mit einem etwas verlegenen Lächeln an und rückt sich verschämt den heruntergleitenden Schal zurecht, sie schaut ihn an, und er lächelt strahlend.

«Bleiben Sie doch noch ein bißchen, Monsieur Rodin.» Sie nimmt ihn sanft beim Arm. «Die Büste ist so schön . . . ich wollte Ihnen sagen . . . ich . . .» Jetzt ist sie ganz verwirrt, neigt den Kopf ein wenig zur Seite, lehnt sich eine Sekunde lang an die Schulter ihres Lehrers. «Kein Kommentar, Monsieur Rodin.» Ihr lautes, kehliges Lachen, wie um sich für ihre Unbeholfenheit zu entschuldigen. Und dann fügt sie wie ein Kind hinzu: «Darf ich die Büste behalten?»

«Sie sind es. Und sie gehört Ihnen. Ihnen allein.» Die Hand des Bildhauers zeigt auf die Büste, wie um sie an ihren Platz zu weisen, und dann stammelt er einige Worte.

«Bis morgen, meine Damen.» Schon ist er fort. Er wird anderswo erwartet. Camille bleibt nachdenklich.

«Aber Camille . . . was ist denn mit dir los?» Ihr Bruder Paul. «Hast du vergessen? Ich sollte dich abholen. Eben bin ich Monsieur Rodin begegnet. Was für ein scheußlicher Kerl! Der wäre vollkommen in der Rolle des dicken Falstaff.»

«Ach, halt doch den Mund, du kleiner Hahn ohne Kamm!» Paul fühlt sich vor diesen jungen Mädchen unbehaglich. Am liebsten möchte er sie anschreien oder sie verhauen. Er findet sie zu laut und eingebildet. «Warte, mein Kleid trocknet noch.»

Paul ist wie angewurzelt stehengeblieben, starrt überrascht die Büste an.

«Aber das bin ja ich!»

«Was? Was bist du?»

«Das dort. Das bin ich.»

«O nein, du Dummkopf, das bin ich. Monsieur Rodin hat diese Büste von mir gemacht. Glaubst du vielleicht, ich hätte das Geld, dich in Bronze zu gießen?»

«Dein Bruder hat recht. Schau dir doch mal die Büste an, die du vor den Ferien von ihm gemacht hast.»

Camille zuckt die Achseln und holt die Büste ihres Bruders aus einer Ecke hervor. Es ist wahr. Daß sie ihm so ähnelte, hätte sie nie geglaubt. Die jungen Mädchen betrachten die beiden nebeneinanderstehenden Büsten. «Überraschend! Zwillinge! Ihr seid wie Zwillinge!»

Camille ist verblüfft. Was sie beunruhigt, ist nicht so sehr die Ähnlichkeit mit ihrem Bruder, sondern vielmehr die Übereinstimmung der beiden Büsten. Monsieur Rodin und sie haben in genau der gleichen Weise gearbeitet. Er ist ihr wirklicher Zwilling. Bereits im vorigen Jahr hatte – wie hieß er noch? Ach ja, Léon Lhermitte – nach dem Salon an Rodin geschrieben: *Es war mir ein ungeheures Vergnügen* – Camille erinnert sich genau an den Wortlaut des Briefs, den Rodin ihr gezeigt hatte – *das Kinderporträt von Mademoiselle Claudel zu sehen. Es ist unmöglich, dabei nicht an Ihren Einfluß zu denken.*

Camille betrachtet die beiden Büsten. Vielleicht erkennt man nicht sofort, wer Paul und wer Camille ist, aber man erkennt auch nicht, wer da gearbeitet hat, ob Monsieur Rodin oder Mademoiselle Camille.

«Camille, beeile dich. Wir verspäten uns noch.»

«Warte, komm hier herein, in den Nebenraum.» Camille ruft ihren Bruder in das kleine Zimmer, wo ihr Kleid zum Trocknen hängt. Paul ist erleichtert. Er liebt es nicht, den Blicken der jungen Damen ausgesetzt zu sein.

«Du siehst betrübt aus.»

«Nein.»

«Ist es wegen Collardeau?»

«Fang mir nur nicht wieder mit Collardeau an!»

«Aber dieses Mal hast du doch dein *Baccalauréat* bestanden.»

«Ja, nur ohne einen einzigen Preis – und ohne besondere Erwähnung. Vater ist verzweifelt. Er sah mich schon mit sechzehn auf dem Lehrerseminar, und er liegt mir ständig mit Collardeau in den Ohren, der sich alle ersten Preise holte. Er sagt, ich sei nicht gut genug für die *Rue d'Ulm*.» Paul hat es durch die Zähne gemurmelt.

«Warte, mein kleiner Paul, ich ziehe mich an, und dann reden wir darüber. Du bist blaßgrün wie Lauch.» Camille hat ihren Schal abgeworfen und nach ihrem Kleid gegriffen. Paul schaut sie an. Die schönen Schultern im Sonnenlicht, der weiße Unterrock, das Korsett, der Korsettschoner. Paul ist stolz auf seine Schwester. Aber die Situation ist ihm auch etwas peinlich. Sie hat sich das Kleid übergezogen. «Komm, hilf mir.» Paul stellt sich ungeschickt an, findet sich mit all den Knöpfen nicht zurecht.

«Wie eine Ente, die Schwarzbeeren verschluckt hat. Nun komm schon!» Camille schnürt sich sorgfältig den Busen zu, versetzt dem unbrauchbar gewordenen Sonnenschirm einen wütenden Fußtritt. «Bis morgen. *Good night*, Virginia.» Die Mädchen küssen sich, und Paul, der diese Zärtlichkeitsbezeugungen nicht ausstehen kann, ist bereits draußen.

«Immer die Liebenswürdigkeit in Person, mein lieber Paul. Du bist wie eine Kanonenkugel. Entweder stürmst du gesenkten Kopfes voran, oder du liegst regungslos am Boden, als ob du dich eingraben wolltest.»

«Fang nicht schon wieder an.»

«Was hast du denn?» Die beiden jungen Leute schreiten rasch aus.

«Ich ersticke. Ich will fort von hier.»

«Aber mit deinem Professor Burdeau warst du doch zufrieden?»

«Ja, er ist sehr bemerkenswert. Als Mensch ist er sehr bemerkenswert, aber all seine Theorien – mit denen ist nichts anzufangen. Aus denen kommt keine Erleuchtung. Und sonst? Mama bläst Trübsal, Louise sitzt den ganzen Tag in ihrer Schmollecke, du bist immer seltener zu Haus . . . Weißt du übrigens, wie man mich auf dem Gymnasium nennt? Den Taubstummen. Und dann lachen sie alle über meinen Akzent. Zum Glück gibt es *Le Tour du Monde*. Der einzige angenehme Augenblick, wenn ich *Le Tour du Monde* lese. Über China.»

Camille bleibt stehen, schaut den jüngeren Bruder an. Es stimmt wirklich, daß sie sich ähneln, aber wie kann sie es ihm erklären? Wie kann sie ihm verständlich machen, daß auch sie einmal fortgehen wird? Daß auch sie nach China und vielleicht noch weiter reisen will? Sie sind am Luxembourg angekommen. Der Park ist herrlich, voller Büsche und in goldenem Glanz. Camille summt eine Melodie, die ihr in Erinnerung geblieben ist, und deren pochender Rhythmus sie verfolgt. Paul stimmt ein:

Friedmund darf ich nicht heißen.
Frohwalt möcht' ich wohl sein;
doch Wehwalt muß ich mich nennen.

Camille neckt ihren Bruder mit einem kleinen Zweig, den sie abgebrochen hat.

Siegmund, so nenn' ich dich!

Paul reißt ihr lachend den Zweig aus der Hand, und beide beginnen zu rennen. Der arme Wagner.

Notung! Notung! neidlicher Stahl...
Heraus aus der Scheide zu mir!
Als Brautgabe bringt er dies Schwert!
Braut und Schwester bist du dem Bruder...

Camille hält inne. Paul blickt sie an. Er hat das kleine Mädchen aus den Wäldern von Chinchy wiedergefunden. Ihre Eskapaden.

«Weißt du – du hast doch die beiden Büsten gesehen, die von dir und die von mir, die Monsieur Rodin gemacht hat – und du hast gesehen, wie sie sich gleichen. Man sagt, ich arbeite wie er.»

«Kein Wunder. Er ahmt doch bloß nach, was du gemacht hast. Außerdem ist es gar nicht ähnlich. Jetzt weiß ich auch, an wen mich dieser Kerl erinnert. An den alten Hunding! Du weißt doch, der fettwanstige Bösewicht, der Sieglinde unter Schloß und Riegel hält, und der sich dann mit Siegmund schlägt. Jedenfalls hasse ich ihn.»

Camille hat sich aufgerichtet, rot vor verhaltener Wut. Sie entreißt Paul den Zweig und schlägt ihm damit auf die Brust. «Er ist besser als du, du Waschlappen. Und im übrigen habe ich mich entschieden. Ab nächste Woche werde ich in seinem Atelier arbeiten. Du wirst mich nicht mehr sehen. Ich habe keine Zeit zu verschwenden, um mit dir in deine blöden

Konzerte zu gehen. Suche dir jemand anders, du Mißgeburt, du stinkender Bock!»

Und damit rennt sie davon. Paul ist zu Tode verletzt. In diesem Augenblick haßt er sie. Wie ekelhaft ordinär, sie ist gemein und ordinär...

Camille fühlt sich entsetzlich betrübt. Warum war sie so böse? Ihr seltsamer Zwilling. Und doch hat sie so vieles mit ihm geteilt. «Mein kleiner Paul.» Die Zeit wird sie wieder zusammenbringen. Sie haben Zeit, sie werden nach China reisen und sonntags wie gewöhnlich in sein Konzert gehen. Der heutige Abend ist allerdings verdorben, der Empfang bei Madame Adam wird ohne sie stattfinden. Mallarmé sollte dasein und Debussy, ein junger Musiker, vielleicht sogar auch Rodin, Monsieur Rodin! Morgen wird sie ihm sagen, daß sie sein Angebot akzeptiert. Endlich ein wahres Männeratelier.

Brief aus der Anstalt

«Deine Schwester im Exil. C.»

Das Atelier

> Die schönsten Themen haben Sie vor Augen. Es sind die, die Sie am besten kennen...
> Das Wichtigste ist, Rührung zu empfinden, zu lieben, zu hoffen, zu beben, zu leben. Ein Mensch zu sein, bevor man Künstler ist!
>
> AUGUSTE RODIN, *Vermächtnis*

Es ist kalt heute früh. Eisig kalt. Camille ist zwanzig Jahre alt. Nie wird sie es müde, ins Atelier zu gehen. Sie steht beim ersten Dämmerschein auf, um keinen Lichtstrahl zu versäumen. Seit einigen Monaten arbeitet sie bei Monsieur Rodin. Wohl oder übel muß sie einen kleinen Hut tragen, denn ihre Mutter besteht darauf: Camille ist zwar zwanzig, aber sie muß sich korrekt kleiden. Manchmal reißt sie sich unterwegs das verhaßte Ding vom Kopf, doch heute früh ist es sehr kalt, und Camille hüllt sich eng in ihren weiten Mantel, der ein bißchen zu dünn für diese Jahreszeit ist. Die Mutter hatte nicht genug Geld, um ihr einen wärmeren zu kaufen. «Camille, du mußt dich damit zufriedengeben. Louise ist anfällig, und Paul wächst aus seinen Sachen heraus.» So hatte Camille den alten Mantel behalten, der ihr übrigens gut gefällt.

Wenig Leute auf der Straße. Es schneit ein bißchen, und Camille genießt es, wie die kleinen Flocken ihr zärtlich ins Gesicht beißen, hinter die Ohren, in den Nacken und über ihre Nasenspitze gleiten...

Vielleicht ist er schon da. Oft kommt Monsieur Rodin als erster ins Atelier. Camille ist ein wenig beunruhigt, denn häufig scheint er wie abwesend, behandelt sie fast feindselig, und dann wieder fragt er sie plötzlich nach ihrer Meinung, bittet sie um Rat. Im November ist sie bei ihm eingetreten, und sie erinnert sich noch gut an den ersten Tag, den sie nie vergessen wird.

Sie hatte niemandem etwas gesagt, weder ihrer Mutter noch ihrem Bruder. Der Vater war abwesend, und sie sah ihn nur sonntags, ihre jetzt achtzehnjährige Schwester Louise wandte all ihre Energie auf, den Mann zu suchen, der ihr das, was sie sich erträumte, bieten könnte. Camille hatte es also allen verheimlicht, daß sie an diesem Tage bei Monsieur Rodin zu arbeiten beginnen würde. An diesem Tage . . .

An diesem Tage . . . Schon der Weg, die steif werdenden Beine, die zitternden Hände, das pochende Herz, das hämmernde Herz, von dem ihr das Gesicht schier zerbarst. Und wenn nun Monsieur Rodin sich inzwischen anders besonnen hat? Und wenn keiner sie dort haben will, all die Männer, die mit ihm arbeiten? Jetzt kennt sie sie alle beim Namen: Antoine Bourdelle, Antonin Mercié, Falguière, Jules Desbois . . .

Zehnmal, zwanzigmal, hundertmal hatte sie einen Umweg gemacht, um einen Blick auf das Marmordepot zu werfen. Bis zum Atelier zu gehen oder auch nur in den Hof zu treten, dazu hatte sie nicht den Mut aufgebracht. Dutzende Male war sie ganz in der Nähe gewesen, hatte die alten Kastanienbäume und die dichtbewachsene Rasenfläche im Innenhof gesehen. Tür 5, Tür 5, wie oft hatte er ihr gesagt: «Kommen Sie an einem Samstag, Tür 5», aber nein, sie wollte nicht als Besucherin erscheinen, sie wollte durch die große Tür eintreten – wie die anderen Bildhauer, die der Meister um sich herum aufgenommen hatte.

Sie hatte sich mit ihrer gewohnten Plötzlichkeit entschlossen, als Monsieur Rodin gekommen war, um sich die Büste von ihrem Vater anzusehen, die sie beendet hatte – oder glaubte, beendet zu haben. Er war sich müde mit der Hand über die Stirn gefahren, hatte sich einen Schemel geholt und sich schwer hingesetzt. Die beunruhigte Camille sagte kein Wort mehr. Er schaute auf ihre Büste und gleichzeitig auf irgend etwas in der Ferne, das ihrem Verständnis entging. Die Engländerinnen waren zum Mittagessen gegangen, und er war früher als gewöhnlich gekommen. Camille stand neben ihm und wußte nicht, ob sie sprechen sollte. Sie hatte sofort an ihren Vater gedacht, als sie Rodin dort sitzen sah, und sie hätte ihm gern die Hand auf die Stirn gelegt, ihm gesagt, daß sie da sei – wie zu ihrem Vater, als sie noch ein Kind war und er ihre Hände nahm und sie sich auf die Stirn legte.

«Du tust mir so wohl, meine kleine Camille, ich fühle mich manchmal so elend. Kopfschmerzen ...» Camille betrachtete die Blässe auf Monsieur Rodins Gesicht. «Deine schönen Hände, meine Camille, sie tun mir so wohl ...»

«Monsieur Rodin, fühlen Sie sich nicht wohl?»

Er hatte plötzlich aufgeblickt, verstört und erschrocken. «Mein Vater ist tot. Mein verrückter Vater. Mein Vater im Irrenhaus ...» Er lachte, stammelte dann: «Verzeihung, es ist wirklich nicht komisch ... Aber mein Sohn ist ein Alkoholiker. Das hat alles keine Wichtigkeit ... Die Kunst ist nur Gefühl ...»

Sie erinnert sich noch genau an das Datum. Es war am 26. Oktober 1883. Er hatte sich fast unwirsch erhoben und ihr zugewandt. «Ich möchte Ihren Vater kennenlernen. Die Büste, die Sie von ihm gemacht haben, hat mich überwältigt. Ich bitte um Verzeihung. Wenn Sie wirklich mit mir arbeiten wollen, würde es mich sehr freuen.»

«Ich werde übermorgen kommen.»

Er hatte sie angestarrt, als ob sie sich über ihn lustig machte. «Atelier J, Tür 5. Ganz hinten die Tür 5.» Dann war er verschwunden und hatte in der Eile einen Stuhl umgeworfen.

Jetzt stand sie vor dem Marmordepot. An diesem Tag, daran erinnert sie sich noch, an diesem Tag in der Kälte einer weißen Sonne, in der feindseligen Stille des Innenhofs war sie eingetreten. Camille durchquerte das Marmordepot. Verlorene Silhouette inmitten der Marmorblöcke. Mit ihrem Haar, das ihr bis tief in den Rücken hing, sah sie so jung aus. Zärtlich berührte ihre Hand einen Block, der darauf wartete, gemeißelt zu werden. Eines Tages wird sie direkt den Marmor meißeln. Wie Michelangelo. An diesem Tage, daran erinnert sie sich noch – die Buchstaben über den Türen, die man zweimal anschaut, das L, das J, und man schaut mehrere Male hin, und sie war zurückgetreten, um ganz sicher zu sein. Aus der Ferne das Hämmern der Gehilfen, die den Stein hauen.

Die sich öffnende Tür, der Staub, das Stimmengewirr, der Eindruck einer Menge, sie sah nichts mehr, nur das graue Atelier, aschgrau unter dem Glasdach. Sie hatte sich gesagt: Eine Zelle, die Zelle einer Zwingburg, Hocker, Tische, umgedrehte Kisten, überall Statuen, die sie mit ihren gierigen und riesigen Augen anstarren. Aber was war das? Die Stille an diesem Tage, noch hört sie die Stille. Und doch hatte sie beim Öffnen der Tür viele Menschen gesehen, sogar eine Art von Lärm vernommen. Und dann diese Stille. Und plötzlich eine brutale Stimme, eine einzige: «Eine Frau!» Hie und da Gelächter, wie Blumen, die man nach der Vorstellung auf die Bühne wirft. «Und hübsch noch dazu», hatte jemand hinzugefügt. «Schaut euch mal die Figur an!»

Camille hatte die Tür etwas heftig zugeschlagen und den Kopf erhoben. «Ich bin Bildhauerin.» Ein halbnacktes weibliches Modell hatte sich frech starrend vor ihr aufgepflanzt. Camille sagte sich: «Vielleicht eine Freundin», und wiederholte: «Ich bin Bildhauerin.» Die Rothaarige glotzte sie an, entkleidete sie mit ihrem etwas wäßrigen Blick. Und dann wiederholte sie dümmlich: «Bildhauerin! Du bist Bildhauerin? Eine Frau, die bildhauert?» Jetzt brach sie in breites Gelächter aus. «Habt ihr das gehört? Madame ist Bildhauerin!»

Camille hört noch jetzt das schallende Gelächter. Einige Modelle und ein paar Bildhauer hatten im Chor eingestimmt und lachten aus vollem Halse. Doch plötzlich griff eine Hand die wollüstig schöne Spötterin sanft an den Nacken und schob sie beiseite. Monsieur Rodin war erschienen. Mit seiner etwas schüchternen Stimme hatte er die Ruhe wiederhergestellt. «Ich stelle Ihnen Mademoiselle Camille Claudel vor, die ich gebeten habe, bei mir zu arbeiten. Sie ist Bildhauerin, und sogar eine sehr bedeutende.»

Jules Turcan und Antonin Mercié waren charmant zu ihr gewesen. Im Nu hatte sie ihren Hocker, ihren Arbeitsschemel, alles, was sie brauchte. Diesen Tag wird sie nie vergessen. Kaum hatte sie zu kneten begonnen, da ließen die wachsamen Blicke der anderen anwesenden Künstler nicht mehr von ihr ab. Alle mußten sich bald eingestehen, daß sie in Gegenwart einer großen Bildhauerin waren, und einer sehr schönen noch dazu.

Seltsamerweise jedoch hielten sich die Männer auf Distanz, schienen auf einmal schüchtern und erlaubten sich keine Scherze mehr. Sie war von so besonderer Art, flößte ihnen fast Furcht ein. Weder Jules noch Falguière machten je Anstalten, sie einzuladen. Und seltsamerweise fühlte sich Camille trotz der Bewunderung, die sie erregte, sehr einsam. Es war, als würfe man ihr ihre Begabung oder ihre Schönheit vor, oder gerade, daß beides zusammenkam. Virginia dagegen, die nicht schön war, hatte, wenn sie Camille besuchen kam, sofort einen ganzen Hofstaat um sich. Die Bildhauer zeigten ihr ihre Arbeiten und erkundigten sich, wie es mit den ihren stand. Und auch die hochgewachsene, blonde Jane wurde jede Woche eingeladen. Nur Camille schien weder durch ihre Arbeiten noch durch ihre Schönheit Kameradschaftsgefühle zu erwecken. Sie war da, Monsieur Rodin hatte sie kommen lassen, man beglückwünschte sie, man bewunderte und beneidete sie, aber wenn das Atelier schloß, kümmerte man sich nicht mehr um sie. Sie machte sich nichts daraus, las Bücher, besuchte allein Museen und Ausstellungen oder zeichnete, versuchte besondere Einzelheiten in den Griff zu bekommen.

Noch abweisender war die Haltung der Modelle ihr gegenüber. In diesem Männeratelier schienen sich die weiblichen Modelle in ihrer Gegenwart gedemütigt zu fühlen. Besonders Yvette, die sie auf so kecke Art begrüßt hatte, konnte sie geradezu nicht ausstehen. Sie verfehlte keine Gelegenheit, mit ihrer schleppenden Stimme zu sagen: «Mich vor Madame ausziehen? Kommt überhaupt nicht in Frage!» Oft mußte Monsieur Rodin alle Geduld und all seinen guten Willen aufwenden, um es nicht zu Handgreiflichkeiten kommen zu lassen. «Habt ihr die Bildhauerin gesehen? Jetzt dreht sich nur noch alles um sie! Mam'sell Camille hier, Mam'sell Camille da . . .» Nie wird Camille diesen Tag vergessen. Ihre dunkelblauen Augen waren noch finsterer geworden.

Sie fand ihren Platz nicht – weder unter den Männern noch unter den Frauen. Ihre englischen Freundinnen lachten nicht mehr wie früher mit ihr. So hatte Camille begonnen, doppelt soviel zu arbeiten. Schweigsam saß sie auf ihrem kleinen Schemel. Sie kam mit den ersten an, nahm am Ateliergeschwätz nicht teil, überhörte gelassen die zotigen Bemerkungen, die sie zuerst so zum Erröten gebracht hatten. Die Modelle versuchten zwar noch hie und da, sie aus der Fassung zu bringen, aber Camilles Starrköpfigkeit ließ sie bald verstummen. Allmählich schien die Sensation ihres Erscheinens im Atelier zu verblassen. Nur Yvette streckte nicht die Waffen.

Selbst Camilles Vater konnte ihren Entschluß nicht verstehen. «Du bist eine große Bildhauerin. Warum willst du bei ihm arbeiten? Das kommt doch einem Verzicht gleich.» Camille war ganz anderer Ansicht. Seit einigen Monaten stürzte sie sich jeden Morgen mit Feuereifer ins Atelier J zu Monsieur Rodin, der als einziger dem gleichen Schönheits- und Wahrheitsideal wie sie nachstrebte. Er allein machte Kunst; die anderen waren höchstens gut genug, um Abgüsse nach der Natur zu formen, um sklavisch nachzuahmen. Nur er vermochte es, die Wirklichkeit zu verklären.

Heute früh beeilte sich Camille, wie sie es fast immer tat. «Du opferst deine Originalität», hatte ihr Vater gesagt, als es zum ersten wirklichen Streit zwischen ihnen gekommen war. Er hatte mit der Faust auf den Tisch geschlagen. «Nimm dich in acht, Camille, du wirst alles verlieren. Deine Persönlichkeit ... Er hat übrigens einen sehr schlechten Ruf. Sein erstes Werk, ich weiß nicht mehr welches ...»

«Der schreitende Mann, Papa. Das *Eherne Zeitalter*.»

«Jawohl, und was für einen Skandal hat es da gegeben! Es war eine Kopie.»

«Ein direkter Abguß willst du sagen, nicht wahr? Aber schau, Papa, da hatten sich alle geirrt, weil die Skulptur so herrlich vollkommen war. Sie glaubten, er habe sie direkt von einem Soldaten abgegossen, der ihm Modell stand. Aber du weißt sehr wohl, was dir Boucher damals selbst erzählte.

Boucher ist zu Dubois gegangen, dem Direktor der *Beaux Arts*, und mit seinem Kollegen Henri-Antoine Chapu hat er eindeutig nachgewiesen, daß Rodin sogar aus dem Gedächtnis meißeln kann. Ohne Modell. Es gab eine Bittschrift, und die Bildhauer Carrier-Belleuse, Falguière und Chaplain, sie alle haben es bezeugt. Der Staatssekretär für die Schönen Künste griff dann auch noch ein, und Rodin wurde offiziell rehabilitiert. Also bitte, erzähle mir jetzt nicht den gleichen Quatsch wie diese Dummköpfe.»

«Camille, das genügt. Ich sage dir, daß du begabt genug bist, um allein zu arbeiten.»

«Nur Stümper haben Angst, etwas zu lernen und schließen sich bei sich zu Hause ein. Die Zeit verwischt die Signaturen.»

«Was willst du denn von diesem rotbärtigen Zwerg lernen?»

«Du bist völlig borniert. Kein Wunder, du kommst ja nie nach Paris. In deinem Provinznest...»

Camille hatte außer sich vor Wut die Tür zugeknallt. Der erste große Streit. Sie machte sich Vorwürfe. Warum mußte sie ihm diese blöde Bemerkung über sein Provinznest an den Kopf werfen? Hatte er nicht alles für sie geopfert? Louise enttäuschte ihn, vernachlässigte immer mehr ihr Musikstudium, Paul verzichtete auf das Lehrerseminar. Sie trotzte ihrem Vater, war manchmal recht boshaft zu ihm, aber sie liebte ihn, liebte sein trauriges Gesicht, seine Runzeln und das spöttische Lächeln, das sie von ihm geerbt hatte.

Camille beeilte sich also an diesem Morgen, um rechtzeitig ins Atelier zu kommen. Das Gesicht ihres Vaters verließ sie nicht. Sie würde ihm schreiben, ihn bitten, sie zu besuchen. Sie würden zusammen zu Mittag essen, und sie würde ihm sagen, wie glücklich sie sei, Bildhauerin zu werden, und daß sie das alles nur ihm verdanke, ihm, der ihr... Wie alt ist er jetzt? Achtundfünfzig – schon achtundfünfzig.

Monsieur Rodin ist da. Ganz allein in seinem Atelier. Er hat seinen Kittel an und arbeitet bereits. Seine blauen Augen heften sich auf Camille. Wie können sie sich anmaßen, von seiner Kurzsichtigkeit zu reden? Jedesmal ist Camille von der zwingenden Schärfe dieses Blicks gebannt, der für sie wie ein Zirkel ist, der Menschen und Dinge einschließt – eine gewaltige Maschine, die sich in Bewegung setzt, notiert, vergleicht, festlegt, mißt... zwei Zirkelspitzen, die den Betrachteten umreißen, durchlaufen, durchstechen. Und dann plötzlich verschleiert sich der Blick, schwindet, zieht sich in sich selbst zurück. Zuweilen scheint er wie aus einem Schlaf zu erwachen, ganz langsam aus jenen Fernen zurückzukehren, die niemandem zugänglich sind.

«Camille, ich freue mich, Sie zu sehen. Schauen Sie.» Monsieur Rodin tritt zurück. Camille kommt näher. Oft bittet er sie um Rat. Trotz der neidischen Blicke erwächst ihr daraus kein besonderer Stolz. Eingeschüchtert bemüht sie sich jedesmal, den genauen Sinn, die Richtung seines Gedankens zu erfassen, an seinem Fortschritt teilzunehmen. Heute früh ist sonst noch niemand da. Die beiden Künstler stehen schweigend vor einer Statue. Camille ist erschrocken zurückgewichen: vor ihr sitzt eine alte Frau mit hängenden Brüsten, schwer gebeugtem Kopf, schütterem Haar, in Lumpen gehüllt. Sie sitzt da, als ob sie an diesem eisigen Morgen den Tod erwartet. Eine letzte Pose, eine letzte Station auf dem Leidensweg...

Camille blickt Rodin an, sie hat Tränen in den Augen. Die Statue zeigt einen Menschen wenige Augenblicke bevor er stirbt. Wohl war es Camille seit einiger Zeit aufgefallen, daß Monsieur Rodin sich mit einem Entwurf einer besonderen menschlichen Form beschäftigt hatte, aber da er stets gleichzeitig an mehreren Werken arbeitete, hatte sie nicht besonders darauf geachtet.

Jetzt wendet sie sich wieder der Statue zu. Rodin blickt Camille an. Sie wirkt so schrecklich jung, sehr zerbrechlich im Vergleich zu dieser Greisin. Zwei Frauen stehen sich gegenüber, und in ihnen offenbart sich das ganze Leben, alle Fragen – auf der einen Seite die Lebendigkeit, der blühende, knospende Körper Camilles, der endlose Freude verlangt, und dort jener andere, der sich auflöst, in sich zusammenfällt. Rodin betrachtet das junge Mädchen an seiner Seite, das bereit ist, alles zu geben – der junge straffe Körper, den sie der anderen darbietet, dem Kadaver, der Verwesung, wie sein Freund Baudelaire sie in seinen Bannkreis einbezieht.

Ach, denk' ich an die guten Zeiten,
Was war ich, und was bin ich jetzt,
Schau' ich mich an, so nackt zuletzt,
Und seh' ich mich so sehr verändert,
Mager, vertrocknet, abgewetzt,
Fühl' ich mich schier in Wut versetzt;
Die glatte Stirn, wo ist sie hin,
Das blonde Haar, das runde Kinn . . .

Camille lauscht der leisen Stimme ihres Lehrers, die Villons Verse zitiert. Sie kennt sie. Er hat sie ihr schon einmal aufgesagt, als er an dieser Arbeit zu modellieren begann. *La belle heaulmière.* Da wußte sie noch nicht, was er darstellen wollte.

«Ich finde sie schön, von einer schrecklichen Schönheit. Die Seele ist ihr geblieben. Aber mir scheint, daß sie etwas anderes ausdrückt. Etwas viel Ernsthafteres als den Verlust ihrer Schönheit. Es ist wie ein Ruf, wie eine Bitte, als ob sie sagen wollte: ‹Hört auf, ich spiele nicht mehr mit. Laßt mir einen Augenblick, daß ich mich besinne, schweigt, laßt mich meinen unsterblichen Traum austräumen. Mein Herz leidet Folterqualen, aber ich bin darüber hinweg. Laßt mir einen Augenblick, daß ich dorthin gelange, wo mich höchste Glückseligkeit erwartet.› Sie erinnert mich an die Magdalena von Donatello . . .»

Wieder hat Camille ihm den Blick zugewendet. Er taumelt fast, ist wie vom Licht geblendet, seine Seele brennt hinter den Augäpfeln, sie hat ein glänzendes Urteil abgegeben, sie allein hat es sofort verstanden, über die Form hinauszusehen; sie versteht es, in den Sinn des Werkes einzudringen.

«Sie haben recht. Ich habe zurückgedacht an die Geschichte, die mir mein Freund Octave Mirbeau im Zusammenhang mit dieser Frau erzählt hat. Ich muß Ihnen meinen Freund

Mirbeau einmal vorstellen. Die Geschichte verfolgt mich noch immer. Sie war die Mutter eines Italieners, den ich als Modell beschäftigte. Sie war zu Fuß bis hierher gekommen, um ihn noch einmal zu sehen, bevor sie sterben würde – und er hat zu ihr gesagt: ‹Mama, ich setze dich vor die Tür, wenn du nicht als Modell arbeitest.› Und er hat sie mir angeboten, ohne zu sagen, daß sie seine Mutter war. Vor einigen Tagen hörte ich, daß sie gestorben ist. So habe ich mich wie ein Wahnsinniger an die Arbeit gemacht. Was hat diese Frau sich wohl gedacht, als sie mir Modell saß? Wie gedemütigt und beschämt sie sich gefühlt haben muß! Ich hatte sie gebeten, sich nackt auszuziehen, und sie hat während der ganzen Zeit kein einziges Wort gesagt. Nur den Kopf geneigt. Entschuldigt die Kunst alles? Ich war wütend, als er mir die Wahrheit gestand, und ich habe ihn rausgeschmissen. Trotzdem werde ich nie bereuen, dieses Werk gemacht zu haben. Das ist das seltsame Paradoxon der Künstler. Bis zum Tode, Camille, bis zum Mord – um die Wahrheit zu finden. Bis zum Selbstmord, wenn es sein muß ...»

«M'sieur Rodin, M'sieur Rodin!» Die spöttische Stimme hinter ihnen. Yvettes höhnisches Gelächter. «Immer beim Schäkern, wie? O komm – zurück ...», trällert sie und beginnt sich vor ihm auszuziehen. Er lacht, und sie wirft ihm einzeln ihre Kleidungsstücke zu. Camille ist rot vor Wut. Wie kann er sich so schnell verwandeln? Plötzlich sieht sie, wie er Yvette den Popo streichelt, während sie ihm ihre üppigen Brüste entgegenstreckt. «Machen Sie mich schnell, M'sieur Rodin, bevor ich wie die da werde. Wie Ihre miese Alte dort.»

Die Sonne bringt etwas Wärme in den Raum. «Ich trinke nur noch einen Kaffee, um mir Mut zu machen. Heute wird es bestimmt Stunden dauern!» Yvettes milchige Haut belebt sich. Rodin zwinkert, die Tür geht knarrend auf. Nacheinander treffen die Bildhauer und die Modelle ein. Das ganze Atelier ist von Licht und Lärm und fröhlichen Begrüßungen erfüllt. Camille hat sich auf ihren Hocker zurückgezogen und ist noch ganz verstört von der Geschichte, die Monsieur Rodin ihr erzählt hat.

Er steht dort drüben, arbeitet bereits mit ausladenden, präzisen Gesten an einer Büste, einem Gesicht, das sich aus dem Stein formt. Doch immer wieder blickt er zu ihr hin, als wäre sie sein Modell. Sein Blick ist kühn und starr, die Augen wie ein Meßinstrument...

«Kinder, habt ihr das gesehen? Alles dreht sich nur noch um sie, um die Mam'sell Bildhauerin! Er macht sie jetzt grade. Das hat er mir eben gesagt. Ich würde sie gern mal nackt Modell stehen sehen!»

Camille zwingt sich Beherrschung auf. Dann hebt sie den Kopf und sagt zu Yvette: «Warum nicht?»

Alles schweigt im Atelier. Monsieur Rodin ist in seine Arbeit vertieft. Er hat nichts gehört.

«He! M'sieur Rodin! Sie machen ja Mam'sell Camille! Wie soll denn die Büste heißen? Porträt von Mam'sell Rodin?»

Monsieur Rodin tritt einen Schritt zurück, betrachtet seine Arbeit. Die Sonne steigt, und ihre winterliche Blässe schimmert rötlich durch das Glasdach herein.

«Nein. Sie wird *Aurora* heißen.»

Brief aus der Anstalt

«... Wie es scheint, hat mein karges Atelier – die paar armseligen Möbel und einige von mir selbst verfertigte Werkzeuge –, hat mein armer kleiner Hausrat nun auch noch ihre Habgier entfacht!»

Aurora

> Im blendenden Licht des Herbstes
> Brechen wir morgens auf.
> Die prunkende Glut des Herbstes
> Dröhnt mit der Sonne Lauf.
>
> Der dunkle Anruf des untröstlichen Horns
> Von wegen der Zeit, die nicht mehr besteht,
> Nicht mehr besteht von wegen des unerschöpf-
> lichen Borns
> Dieses einzigen Wundertags, der vergeht...
>
> PAUL CLAUDEL, *Herbstlied*

September 1885. Der Herbst knistert wie die Fichtennadeln auf der Anhöhe von Chinchy. Aber sie ist nicht mehr dort, in dem kleinen Dorf, sie ist nach Paris zurückgekehrt. Das Jahr wird wiederaufgenommen. Seit einigen Wochen arbeitet Camille wieder in Monsieur Rodins Atelier. Die Luft ist schwül. Eben haben die Claudels zu Abend gegessen. Die alte Hélène ist da, treu und brav wie immer. Draußen ballt sich ein Gewitter zusammen – drinnen aber auch. Die alte Hélène fühlt es kommen. Die Gewohnheit des Himmels hat sie gelehrt, in die Seelen zu schauen. Camille zeichnet ihren Bruder. Paul liest. Louise trommelt zerstreut mit den Fingern auf dem Tisch herum. Madame Claudel macht wieder einmal Ordnung im Eßzimmer, und sie tut es gewissenhaft. Camilles Stift kratzt auf dem Papier, sie ist nervös, zerreißt das Blatt, zerknüllt es, wirft es fort, nimmt ein neues.

«Mach nicht so viel Lärm, Cam, und laß mich in Ruhe lesen.»

Camille antwortete nicht. Jetzt bricht ihr die Bleistiftspitze ab. Sie blickt zu ihrer Mutter auf.

«Gib doch endlich einmal Ruhe! Mein Gott, kann sie nicht einen Augenblick aufhören?»

Camille möchte fort von hier, möchte irgendwo in den Straßen von Paris spazierengehen. Sie beugt sich über das neue Blatt und sagt kein Wort. Die alte Hélène fegt die Krumen vom Tisch und beobachtet. Gleich wird etwas passieren. Sie kennt ihre Camille in- und auswendig. Und Paul! Der ist wieder einmal in einem Zustand! Jetzt zerrt er an seinen Fingergelenken, bis sie knacken.

«Laß das sein, Paul!»

Paul ist siebzehn Jahre alt. Er besucht die *Ecole des Sciences Politiques*, wo er Jura studiert. Er wirft seiner Schwester einen haßerfüllten Blick zu. Am liebsten würde er sie rausschmeißen oder sie sich wenigstens vom Leibe halten. Kann sie ihn nicht in Ruhe lassen? Er schweigt und liest weiter. Louise trommelt auf dem Tisch. Die Mutter hat ihr altes Haushaltsbuch hervorgeholt und stellt endlos lange Rechnungen an. Louise haßt diese Art ihrer Mutter, Sou um Sou zusammenzuzählen. Gewiß, das Geld ist knapp, aber die ständige Rechnerei geht ihr auf die Nerven. Sie hätte Lust, alles hinzuschmeißen. Madame Louise denkt an ihr Villeneuve. Wie glücklich war sie da bei ihrem Vater, dem Arzt. Der kleine Platz, der stille Herbst, Monsieur Athanase Cerveaux, Doktor der Medizin, der Herr Bürgermeister, den alle ehrfürchtig grüßten. Dort waren sie geachtet. Sie als achtzehnjähriges Mädchen, stolz am Arm ihres Vaters, und die Bemerkungen der jungen Leute! Ach, warum hatte sie Louis-Prosper geheiratet? Wie sie Paris haßt! Sie denkt an die tollen Wettläufe mit ihrem Bruder zurück, an den alten Wald, an den Sibyllenbrunnen. Madame Louise zählt ihre Pfennige. Die Sonne im Fluß, die Goldmünzen. Ihr Bruder im Fluß. Warum hat er sich mit dreiundzwanzig Jahren in den Fluß gestürzt? Madame Claudel zählt noch einmal ihre letzten Sous zusammen. Madame Claudel sagt kein Wort. Die alte Hélène wartet. Das Gewitter wird immer bedrohlicher.

Paul fängt an, mit lauter Stimme zu lesen. Camille haßt das. Als ob er alle zwingen wollte, ihm zuzuhören. Und dann liest er schlecht. Seine Lippen bewegen sich wie die einer Marionette. Aber was liest er denn da? Camille hört zu, sehr zum Erstaunen Hélènes. Gewöhnlich steht sie auf und geht aus dem Zimmer, oder sie findet irgendein Mittel, ihn zu unterbrechen, oder aber sie macht ein Gesicht wie die Jungfrau, die man auf den Scheiterhaufen führt. Ja, sie kennt ihre Camille. Wenn sie bockig ist, die Scheinheilige spielt, sich in ihr Schneckenhaus zurückzieht, kann sie unausstehlich sein. Paul liest weiter:

Du zerreißt mich, braunes Glück,
Mit deinem Spott und deinem Scherz,
Und dann, dann labst du mir das Herz
Mit deinem mondlichtsanften Blick.

Unter deinen Seidenschuh'n,
Unter deinen Seidenfuß
Leg' ich Freude und Genuß
Und mein Schicksal, und mein Tun.

Meine Seel', von dir geheilt . . .

Louise hat heftig den Stuhl zurückgestoßen. «Wie langweilig ihr alle seid! Gott sei Dank esse ich morgen abend bei den Fleurys.» Louise klappt den Klavierdeckel auf.

«Nein, Louise, es ist spät.» Peng! Bums! Louise klappt den Deckel wieder zu, schließt sogar mit dem Schlüssel ab. Jetzt knallt sie die Tür hinter sich zu. Man hört Paul nicht mehr, aber er liest weiter. Nach diesem Auftritt Louises entspannt sich die Atmosphäre nicht, sondern wird noch geladener. Hélène wartet.

Ich bin schön, o Sterbliche! wie ein Traum aus Stein,
und mein Busen, an dem ihr euch stoßt und verletzt . . .

«Mein Gott, Kinder, was lest ihr da für einen Quatsch!»

Madame Louis-Prosper hat ein Wort zuviel gesagt. Camille ist mit einem Satz aufgesprungen. «Das ist immer noch besser als dein lächerliches Getue vor dem Kreuz. Außerdem glaubst du nicht einmal daran. Du machst es nur, weil du Angst hast.»

Jetzt steht auch Madame Claudel langsam auf. Sie ist kaum zwanzig Jahre älter als ihre Tochter. «Es ist kein lächerliches Getue.»

«Du machst es nur, weil Papa nicht da ist. Um ein bißchen

Gesellschaft zu haben. Deshalb benimmst du dich wie alle anderen, holst dir deinen Buchsbaumzweig am Palmsonntag, biederst dich bei dem Greis mit dem langen Bart an, von dem die Pfaffen erzählen. Es kann ja nicht schaden, sich gut mit ihm zu stehen, nicht wahr? Also nur los, Hut ab, und dann ist er zufrieden.»

«Camille, halt den Mund.» Paul ist aufgesprungen.

«Ach du, reg dich bloß nicht auf. Lies Mama lieber das *Leben Jesu* von deinem alten Professor vor, der dich vor zwei Jahren für deinen Schulpreis geküßt hat, Monsieur Renan hieß er doch?»

«Camille, das genügt. Den mochte ich nie. Erstens einmal stank er, und er hat einen Schweinskopf mit schwartiger Haut und gelben Augenbrauen.»

Madame Claudel hat sich in ihr Schlafzimmer zurückgezogen. Camille fährt fort: «Dummheiten, nichts als Dummheiten.»

Paul wird wütend. «So hör doch endlich auf! Ich glaube ja nicht daran, also mach schon Schluß. Laß mich lesen. Kümmere dich lieber um deinen Alten.»

«Meinen Alten?»

«Ja, Monsieur Rodin!»

«Gute Idee. Der liest nämlich die gleichen Dinge wie du. *Die Blumen des Bösen*. Und von dem Gedicht, das du eben vorgelesen hast, macht er sogar eine herrliche Statue. Sie heißt *Die Entführung* oder *Die Katze*!»

«Soll er dich doch ein für allemal entführen, dein Monsieur Rodin, damit wir endlich Ruhe haben. Er hängt uns wahrhaftig schon zum Halse heraus.»

Camille wirft ihren Stuhl um, ist außer sich vor Wut. Paul hat ihr das Buch an den Kopf geworfen, sie mitten ins Gesicht getroffen. Paul weicht ihr aus. Es klingelt an der Tür. Hélène ist aufmachen gegangen.

«Monsieur Paul, die Herren Chavannes und Schwob sind da, um Sie abzuholen.»

«Lebe wohl, du allerliebste Tigerin!» Paul schneidet seiner Schwester eine Grimasse und verschwindet. Fliehen! Aber wohin? So weit wie möglich davonlaufen. Fort von dieser verhaßten Familie und dem Bruder, der nach dem Abendessen ausgehen und in Paris herumspazieren darf, wann es ihm paßt.

Das Gewitter grollt immer mehr. Camille hebt das Buch auf. Ach ja, jetzt fällt es ihr ein. Sie hatte Monsieur Rodin versprochen, ein Zitat aus der *Göttlichen Komödie* für sein Werk *Die Verdammte* zu finden. Sie holt das dicke, dunkelrote Buch mit Goldschnitt aus dem Regal, geht an den Tisch und beginnt darin zu blättern. Hélène setzt sich zu ihr. Die beiden Köpfe neigen sich über das Buch. Das Gewitter naht, Blitze zucken, Donner rollt, der Himmel wird violett, es knistert und prasselt. Hélène hat Angst. «Was lesen Sie da, Mam'sell Camille?» Sie strengt ihre müden Augen an. «Die Göttliche Komödie von Dante. Was ist das?»

Camille liest mit lauter Stimme:

... zum Ufer jenseits, komm' ich, euch zu führen,
in ew'ge Finsternis, in Frost und Gluten.

Camille folgt mit dem Finger, liest weiter:

Zu ihm mein Führer: ‹Nicht gezürnt, Charon,
man will es so an jenem Orte, wo man
auch das kann, was man will; und frag' nicht weiter!›

Hélène hört zu, die Augen vor Schreck geweitet, wie ein verängstigtes Kind. Camille steht auf. «Das ist für Monsieur Rodin. Die Tore der Hölle.»

«Die Hölle.» Hélène schüttelt den Kopf. Camille klappt das Buch zu, nimmt es unter den Arm, greift nach ihrer Pelerine. «Wo wollen Sie hin, Mam'sell Claudel?»

«Zu Monsieur Rodin.» Schon ist sie an der Tür.

«Um diese Zeit?» Hélène ist fassungslos, wie niedergedonnert. Und dann wird es ihr klar. Sie muß eingreifen, Madame benachrichtigen, ihr folgen. Sie steht auf. Nein, sie wird allein gehen, sie wird allein Camille folgen. Doch als sie den alten Schal nehmen will, läßt sie die gerunzelte und knochige Hand sinken. Es hat keinen Sinn.

«Ein jegliches hat seine Zeit, und alles Vorhaben unter dem Himmel hat seine Stunde: geboren werden hat seine Zeit und sterben ...»

Hélène denkt an ihre Camille. Gott möge sie beschützen. Verhindern kann man ohnehin nichts mehr, und vor allem nicht das Leben hienieden. Zum Glück! Für nichts auf der Welt würde sie Camille hindern, ihr Leben zu leben. Hélène setzt sich wieder, sieht die Obstschale auf der Anrichte, die noch saftigen Pfirsiche ...

«Ach, mein guter alter Jean.» Sie denkt an die Scheune zurück, den herzhaften Biß in den Pfirsich, den spritzenden Saft, Jeans große Hände. Jean ... eine Träne rinnt ihr über die runzlige Wange. Sie fühlt seine Hände, als wenn er noch da wäre. Zweiundsiebzig Jahre ist sie jetzt alt, und sie sehnt sich nach Jean. Nach ihrem Jean, der vor zehn oder zwanzig Jahren gestorben ist. Sie verspürt ein Brennen im Leib, fühlt die schwieligen Hände ihres Jean, die Wärme der sinkenden Sonne, den Duft des Pfirsichs. Und Camille rennt auf der Straße – Camille. Mam'sell Camille, der Pfirsich, nehmen Sie ihn ...

Camille ist in Eile, rempelt Passanten an. Eine Frau in Eile. Nein, laßt sie nur, Madame, Monsieur, sie ist ein junges Mädchen, und nichts wird sie aufhalten. Die Pelerine flattert hinter ihr. Rasch schreitet sie voran, die Ungestüme, im Rhythmus ihres fliegenden Haars.

Immer weiter stürmt sie über das Pflaster voran, durchquert die Stadt. Sie weiß, wohin sie geht.

Sie ist die ganze Zeit gelaufen, und es ist inzwischen dunkel geworden. Aber der Herbst ist wie eine reife, volle Frucht. Sie fühlt sich warm. Hoffentlich ist er da. Sie weiß nicht, warum sie so plötzlich von zu Hause weggelaufen ist. Wie früher, als sie zum Geyn gerannt war, zu ihrem Riesen. Wenn er nur da ist!

Sie hat die Rue de l'Université erreicht, und jetzt tritt sie durch die Tür ins Atelier. Da steht er im letzten Schimmer der Abendsonne und betrachtet seinen Entwurf. Dann blickt er auf und schaut sie an. Kein einziges Wort wird gesprochen. Keine Geste der Begrüßung. Sie starrt auf seine mit Lehm bedeckten Hände, kann den Blick nicht von diesen harten Händen wenden. Langsam, ganz langsam schließt sie die Tür hinter sich, lehnt sich mit ihrem ganzen Körper dagegen. Er rührt sich immer noch nicht, schaut sie nur an. Langsam, ganz langsam nimmt er das feuchte Tuch und legt es über die eben geknetete Erde. Die Sonne ist ganz verschwunden, und dunkles Dämmerlicht erfüllt den Raum. Er steht in einiger Entfernung von ihr, aber sie fühlt ihn. Sie weiß, was sie will. Sie hat es beschlossen, und ihr Leib brennt wie ein aufgerichtetes Glied. Schnell, rasch will sie es haben, sie hat die Tiere im Dorf beobachtet, hat darüber gelesen. Jedenfalls weiß sie genug, denn ihr Körper zieht sie zu ihm hin. Und da kommt er auf sie zu und ruft sie «Camille», so leise, daß es wie das Wimmern eines Kindes klingt. Immer näher. Sie sind fast gleich groß.

«Camille, warum?» Aber er hat sich mit beiden Händen an die Tür gestützt, an sie, und sie sehen wie zwei Verwandte aus, die sich Lebewohl sagen. Seine Wange berührt die ihre, als ob er sich einen Augenblick ausruhen wollte. «Mein Kind, mein Kind . . .» Er richtet sich auf, streichelt ihr die Wange.

Sie ist außer sich, alles zerrt an ihr. Der zu schwere Mantel, die Röcke, die Wollstrümpfe, das sie einengende Mieder. Es ist ihr, als sei sie plötzlich dick geworden. Und jetzt stürzt er sich auf sie, küßt sie wild und heftig auf die Lippen, die Hände wie ein Schraubstock um ihren Hals geklammert. Sie greift an, schlägt ihn fast, reißt ihm die Kleider vom Leib, will wissen, will begreifen, hat die Grenze überschritten, will nicht mehr zurück, ganz gleich, was die anderen denken werden, ganz gleich, was geschehen mag.

Sie steht immer noch an die Tür gelehnt, der Mantel ist zu Boden gefallen, sie dreht sich um, ihre Wange berührt den Türrahmen. Sie fühlt, wie er die Bluse zerreißt, wie er das Korsett aufbricht, sie fühlt ihre frei gewordenen Brüste, sie fühlt seine Finger auf ihrem nackten Rücken, fühlt, wie er die Wäsche zerreißt. Sie weiß nicht mehr, wo sie ist. Er hat sie mit seinen Armen gepackt, fortgeschleppt wie eine Beute. Sie will sehen, hat die Augen weit geöffnet. Die Wollstrümpfe sind auf die Schuhe gerutscht. Er hat sie auf das Sofa der Modelle geworfen, sie fühlt sich modelliert, zu formbarem Stoff geworden, sie will seine Hände in sich fühlen, sie öffnet den Mund, sie öffnet sich, sie kann nicht mehr warten. Er läßt sie eine Sekunde los, und sie formt sich selbst, drückt ihre Brüste ... er greift ihre Hände, nimmt sie fort, und jetzt drückt er die Brustwarzen, reibt sie zwischen zwei Fingern, sie liebt es, spannt sich noch mehr, bäumt sich ... er öffnet ihre Schenkel, und all die Gesten, die sie nicht kennt, prägen sich ihr ein, sie war noch nie bei so klarem Bewußtsein, sieht in Gedanken ihren Körper, erkennt das Schwellen der Vulva, das Glied des Mannes, spürt die Vertiefung, die sich verhärtende Knospe über den Schamlippen, die er gerade streichelt, fühlt sein Glied, das an ihren Körper pocht. Und nun öffnet sie sich noch mehr, erkennt, daß sie damit deutlicher zu ihm spricht, als mit ihren Händen. Ohne es je gelernt zu haben, versteht sie bereits die Sprache, will ihn, will, daß er alles in ihr verwüstet. Viel Schreckliches hat sie gehört, es soll sehr weh tun. Aber das fürchtet sie nicht, denn sie hat so große Sehnsucht, ihn zwischen ihren Schamlippen zu fühlen. Und plötzlich ist er in ihr, steckt in ihr fest. Zuerst hat sie Angst, durch den Stoß zerrissen zu werden, aber nein, ein irrsinniges Lustgefühl ergreift sie, sogar noch tiefer möchte sie ihn in sich hineinziehen. So bäumt sie sich ihm entgegen, dreht und windet sich, und es ist ihr, als gleite alles davon, als würde sie zerfließen ... und jetzt dreht sie sich auf ihn, während er sie fest umschlingt. Sie ist nur noch im Inneren ihrer selbst, reißt sich los, stürzt sich wieder in die Spreizung ihres Körpers. Ach, wenn er ihr das Herz und den Kopf durchbohren könnte – auf immer! Nicht mehr denken. Ihr Körper ist gespannt, und plötzlich berührt er eine empfindliche Stelle irgendwo tief in ihr, so fern, sie hat kein Wort gesagt, ihre Augen sind wie vom Wahnsinn geweitet, es ist ihr, als entleere sich etwas, es ist wie eine Erleichterung, und alle Spannung ist gewichen ...

Der Mond ist aufgegangen, und sie liegt nackt neben ihm. Sie sieht seine aufmerksamen Augen, eine Art von Furcht in seinem Blick, wie Verehrung, wie ein aufsteigendes Gebet. Keinen Augenblick bereut sie, sie weiß, sie hat das getan, wozu sie sich entschlossen hatte. Kein Gedanke an Rückkehr, sondern neue entfesselte Kraft und eine triumphierende Freude, als ob sie allen Göttern Trotz geboten hätte. Und jetzt lächelt er zum ersten Mal, streichelt ihr sanft die Hüfte. «Aurora. Meine Aurora.» Wie in Mondlicht gebadet sieht er aus, wie ein schlafendes Kind. Die Anhöhe von Chinchy. Mein kleiner Paul. Die Mondkinder sind gestorben.

Brief aus der Anstalt

«... Man wirft mir vor (o schreckliches Verbrechen), allein gelebt zu haben ...»

25. Februar 1917

Das Höllentor

Und wenn dies Verlangen aufhören müßte
bei Gott,
Oh, dann beneidete ich die Hölle!
PAUL CLAUDEL, *Singspiel für drei Stimmen*

Die Sonne ist ganz untergegangen. Monsieur Rodin zündet ein paar Kerzen an. Manchmal bleibt er ganz allein und betrachtet die Statuen im Licht der Flammen. Seltsamerweise beginnen sie dann zu leben, aber es ist ein anderes, unbestimmbares Leben. Natürlich würde es ihm nie einfallen, in diesem unsicheren Licht Einzelheiten zu verbessern, aber er liebt es, sie zitternd ihm zugewandt zu sehen, wie brennend im Flackern des verräterischen Schimmers. Aber heute abend betrachtet er einen wirklich lebenden Leib aus festem, weißgoldenem Fleisch. Camille, seine Camille, seine Schülerin.

Auguste steht regungslos vor ihr, auf ewig berauscht von diesem Augenblick, von diesem Flammenherd, der ihm mit seinen fast fünfundvierzig Jahren den Körper bis zum Mark verzehrt hat. Von nun an ist sein Leben untrennbar an diese Stunde gebunden. Er, der an Entbehrung gewohnte Mann, fühlt sich fast in Gefahr vor dieser jungen Frau, die soeben mit triumphierender Kraft alles umgestürzt hat. Und er findet seine Arme zu linkisch, zu schwach und zu langsam, um diese Flut zu meistern, diese allesverschlingende Flut, die ihn mit Herz und Kopf in die Tiefe gerissen hat.

Wie fern sie jetzt ist – Camille, in sich selbst versunken, abwesend lächelnd, Camille, seine Schülerin, die dort lastend in all ihrer Pracht vor ihm liegt. Monsieur Rodin hat Angst – eine dumpfe Angst, die eine immer wieder aufsteigende, dunkelrot glühende und fließende wilde Freude begleitet. Sie hat ihm eine Lehre erteilt, ihm, dem Mann. Zwar wußte er, kannte er die Liebe, das Lieben, die Wollust – nein, es ist nicht wahr, er wußte überhaupt nichts, und das Herz pocht und hämmert, klopft und schlägt in ihm. Was schert ihn der

Skandal, was schert ihn das Gerede der Leute. Rose, seine alte Lebensgefährtin, ist fort. Und Camilles Eltern? Selbst wenn sie ihm Wahnsinn und Tod bringt, auch dann ja, sogar die Hölle, sogar die Hölle auf Erden. Die andere Hölle, die große, von der weiß er nichts, hat keine Ahnung mehr, was sie ist. Und plötzlich packt ihn die Angst, die Angst, sie zu verlieren. Nie mehr ohne sie, und diese herrlichen Beine, die er mit seinen Händen umschließt, und dieser Blick, der nur ihm gilt. Camille schaut ihn an. Sie verspricht sich nichts, sie denkt an den Frieden, für sie ist alles zu dieser Stunde vollbracht. Keine Furcht mehr, denn sie weiß, daß alles gut ist. Sie hat getan, was sie tun mußte. Sie ist völlig gelöst; eine mathematische Aufgabe hat sich in ihre Proportionen gefunden, und die sind ganz und gar so, wie sie sein sollen. Alles befindet sich in wunderbarem Gleichgewicht. Sie ist die goldene Zahl, in der sein Kopf, sein Herz und seine Seele aufgehen. Jetzt hat sie den Glauben gefunden. Und ihre eigene Seele drängt sie, belebt sie und flüstert ihr ins Ohr, daß sie es erreicht hat, daß sie nun endlich weiß. Camille fürchtet nichts mehr.

Möge sie ihn nie verlassen, denn er hat sie erschlossen, er hat sie entdeckt. Er kniet sich vor das Sofa, neigt den Kopf dem glatten Bauch zu, wo sein Samen ruht, glitzernd wie in kleinen weißen Teichen. Sie, der Nabel seiner Kraft, lächelt ihm zu, er beugt sich über ihre Scham, und jetzt lacht sie, fröhlich, lebendig, frei, kniet sich auf das Sofa wie ein artiges kleines Mädchen, das sich erwartungsvoll vor den Weihnachtsbaum hockt. Und er spürt das Bedürfnis, sie noch einmal zu besitzen, denn sie ist wiedergeboren, jünger als zuvor. Er küßt sie, leckt zärtlich ihren Unterleib, öffnet ihre Knie, und sie läßt es geschehen, legt sich zurück, die Brüste reckend, dem bläulichen Glasdach zugewandt. Allmählich vergräbt er das Gesicht zwischen die muskulösen Schenkel, die fast männlich wirken. Und jetzt spreizt sie langsam die Beine, liegt quer über dem Sofa; er faßt ihre Fußgelenke, drückt sie an seinen Oberkörper, breitet ihre Arme aus. Wie ein gevierteiltes Tier. Sie kennt ihn nicht, errät aber seinen

Körper. Sogar auf das Zerreißen ist sie gefaßt, doch nein, der Mann wühlt seine Zunge in sie hinein. Camille verspürt eine innere Leere, ein Schwindelgefühl, es ist ihr, als ob er sie ausschlürfte, sie ganz und gar in sich aufsaugte. Die Pfützen ihrer Kindheit, in die sie immer wieder hineinstapfte, obgleich sie sie haßte. Der Wunsch, zu wissen, sich versinken zu lassen. Also labt sie ihn, den Gierigen, den vom Durst Berauschten – sie, die brennende Glut verzehrt, nimmt es hin, daß er seinen Durst bis zum letzten Tropfen an ihr stillt. Alles gibt sie ihm noch mal. Erschöpft, fiebernd, wie in Flammen aufgehend, gleitet sie zu Boden, liegt neben dem Sofa ausgestreckt und sucht in heißem Begehren diese Begierde zu lindern, die kein Ende nimmt, nie ein Ende nehmen wird. Und jetzt stürzen sie sich aufeinander, immer noch auf dem Boden, er richtet sich auf, sinkt auf sie nieder, richtet sich wieder auf, dringt bis zu ihrem Gesicht vor. Sie fühlt sein Glied auf ihrer Wange, in ihrem Haar, und dann beugt er sich über sie, blickt sie so irre und seltsam an. Camille weiß nicht, was sie tun soll, sieht seine schwarzglühenden, wie vor Schmerz geweiteten Augen. Wenn er es ihr nur sagen würde, damit sie weiß, damit sie ihm willig sein kann! Sie fürchtet nichts mehr, und wenn er ihr den Tod brächte, wäre es ihr gleich. Er nimmt ihren Kopf in seine Hände, führt sein Glied an ihre Lippen. Camille küßt es, Camille nimmt, was er ihr so eindringlich gibt.

«Camille, Camille!»

Sie hört den fernen Ruf im Wald von Tardenois. «Camille, geh nicht fort, verlasse mich nie.» Monsieur Rodin blickt sie zärtlich an. Er hat sie mit einem Laken zugedeckt, damit sie sich nicht erkältet. Sie sitzt am Boden, wie vom Blitz erschlagen. Wann ist er aufgestanden? Er hält ein großes Glas Wasser und gibt ihr zu trinken. Sanft streicht er ihr das Haar zurück. Camilles Pupillen sind geweitet. Sie drückt sich das kühle Glas an die Stirn. Sie bereut nichts. Sie ist über Leben und Tod hinaus.

Wortlos steht sie auf und setzt sich auf das Sofa. Plötzlich erblickt sie das dicke rote Buch am Boden. Wann hat sie es fallen gelassen? Sie weiß es nicht mehr. *Die Göttliche Komö-*

die . . . wie ein Kind vor dem Einschlafen, das um eine Gutenachtgeschichte bittet.

«Es war für Sie . . .» In ihr Laken gehüllt, fast schüchtern sitzt sie da. Monsieur Rodin ist nackt, er betrachtet sie gerührt. «Eben ist es mir aufgegangen: all meine Figuren sind du in vielfacher Gestalt, neu begonnen, gerettet, verurteilt, aber immer wieder rufend, ewig neu geboren, die Auferstehung des Fleisches, du bist der Tod und das Mädchen, die Märtyrerin, die Verdammte, die vom Blitz Erschlagene, aber du bist auch Fugit Amor, die Katze, die hockende Frau, der stürzende Mann, die irdischen Illusionen, der ewige Frühling. Alles sehe ich jetzt. Eine endlose Liebesnacht, eine Nacht endloser Liebe, du, mein ewiges Idol . . .»

Sie hat sich erhoben, lauscht den Worten Monsieur Rodins, der vor ihr kniet und ihr einen Kuß zwischen die Brüste drückt. «Mein unsterbliches Idol . . .»

Camille blickt ihn an. Er ist glücklich, froh. «Bald wird sich *Das Höllentor* öffnen. Meine zweihundert Statuen, eine einzige im Raum explodierende Form, unaufhaltsamer Meteor, du ewig Wiedergeborene – Phönix.»

Jetzt lacht sie. «Aber ich werde mich nie nackt vor allen zur Schau stellen! Ich würde mich schämen!»

«Nein, nur für mich.» Monsieur Rodin hat sein Modell gefunden, die vollkommene Eva, aber die gehört ihm allein. Nicht wie die andere, die Italienerin, die ihre Schwangerschaft vor ihm verborgen hatte. Sie ist sein, sie ist mit ihm, sie ist das Modell, das den Schöpfer ergänzt – seine Kreatur.

«Ich muß nach Hause.» Camille wirft ihr Laken fort, zieht sich rasch an. Monsieur Rodin betrachtet ihre langen Beine. Schnell in den Rock geschlüpft, dann in die Bluse – verkehrt herum. Noch nie hat er eine Frau sich auf diese Weise ankleiden gesehen. Alles greift sie sich, wie es gerade kommt, bunt durcheinander, und einen Augenblick später ist sie schon angezogen. Sogar den Haarknoten hat sie recht und schlecht geflochten, die Pelerine über die Schultern geworfen. Eine Frau von noch strahlenderer Schönheit steht vor ihm. Monsieur Rodin blinzelt sie an. Jetzt, da sie fortgeht, fühlt er sich plötzlich um Jahre älter. Nein, sie kommt auf ihn zu. «Monsieur Rodin, vergessen Sie mich nicht. Sie nehmen es mir doch nicht übel?»

Er kommt sich wie ein Tölpel vor. «Bis morgen, Camille.»

Und auf einmal umhalst sie ihn, bietet ihm ihre Lippen, küßt und küßt ihn. Ihren ganzen Körper fühlt er in diesem Kuß, der ihm schier das Herz aus dem Leibe reißt; sie klammert sich an ihn, drückt ihn fest an sich, schenkt ihm Ewigkeit – und entflieht.

Monsieur Rodin steht reglos im Atelier. Etwas Wärme ist noch zurückgeblieben. Das Flackern der Kerzen, vor ihm die aufragenden Flügel des unvollendeten *Höllentores*, und er fühlt sich klein, verbraucht, verwüstet. Er dreht sich um: der Mensch unter den drohenden Toren, dem *Höllentor*, wuchtig und stolz, und da ist das Tor zur Hölle, der er trotzen wollte. Fast vier Jahre ist es her, er muß es beenden ... Die riesigen, ungeheuren Tore der Hölle warten auf ihn ...

Camille schreitet durch strömenden Regen. Das Gewitter ist ausgebrochen. Seltsamerweise ist sie glücklich, allein zu sein. Sie hätte dort nicht bleiben wollen. Das Leben hat ihr alles gegeben, und jetzt kann sie sterben. Ein gefährliches Machtgefühl ergreift sie, sie liebt, sie kennt die Liebe, und alles andere ist unwichtig. Absichtlich patscht sie durch die Pfützen. Niemand kann sie mehr zurechtweisen, niemand zu Haus hat ihr noch ein Wort zu sagen. Sie kennt den Mann, sie ist Mann und Frau zugleich, sie ist der weibliche Bildhauer! Große Werke wird sie erschaffen, kolossale Werke, wie er. Sie wird lernen, immer wieder lernen, und eines Tages wird sie ein riesiges Werk vollenden, wie Michelangelo. In dieser Nacht hat sie den Geist des Fleisches begriffen, endlich erfaßt, was ihr bisher gefehlt hat. Man sagt, die Jungfrauen seien unbesiegbar, aber sie ist vom Gegenteil überzeugt. Heute abend ist sie nicht mehr das unvollkommene junge Mädchen, sie ist eine Frau, sie ist frei, geht durch die Nacht und weiß, wohin sie will. Heute abend ist sie Diana und Aphrodite, sie herrscht, und die Welt liegt zu ihren Füßen. Heute nacht hat sie einen Mann besessen, den Mann, den sie liebt. Heute abend hat Monsieur Rodin sie zum ersten Mal geliebt. Sie ist so stark wie die Liebe selbst.

Brief aus der Anstalt

«... Die Häuser der Irren sind Häuser wie ... (unleserlich)»

Giganti

Ein vortrefflicher Künstler hat kein and'res Konzept
Als das, was ein Marmorblock ihm umschreibt;
Dazu das, was allein ihn zum Ziele führt,
Ihn, dessen Hand dem Verstande gehorcht . . .
MICHELANGELO

«So sitz doch still.»
Paul hat genug. Genug von diesem erstickenden Atelier. April 1886. Hitze dringt durch das Glasdach. Paul zappelt in seinem zu engen Kragen. Er hat Besseres zu tun. «Hoffentlich findest du sehr bald andere Modelle.»

«Schweig! Du bist entzückt, mein Modell zu sein.» Camille schaut ihren Bruder an. Fast achtzehn ist er jetzt. Sie würde gern mit ihm reden, aber er ist so verschlossen, tut so geheimnisvoll. Manchmal begegnet sie einigen seiner Kameraden, aber sie kommen ihn nur noch selten abholen. Und dabei verschwindet Paul ständig. Ist es eine Frau? Camille möchte ihm, ihm allein, ihr großes Geheimnis anvertrauen, aber irgendwie hat sie Angst vor diesem reizbaren, kräftigen Jungen mit dem zu ungestümen Blick. Ungestüm ist er, sogar brutal.

Von ihrem Platz aus sieht sie das Sofa hinter Paul. Wenn er wüßte! Hatte er es erraten? In jener Gewitternacht war es zu einer furchtbaren Szene gekommen. Seitdem wurde nie mehr darüber gesprochen.

Sie war gegen zehn Uhr heimgekehrt, vielleicht auch kurz vor elf. Das Gewitter tobte, es goß in Strömen, die Straßen waren dunkel, Paris zeigte sich schwarz, arrogant und feindselig. Auf der Treppe hatte sie zwei Stufen auf einmal genommen. Und dann stand plötzlich ihre Mutter vor ihr, finstere Silhouette, ihre einundvierzigjährige Mutter keifte entsetzlich, beschimpfte sie mit allen Namen, den allerschlimmsten, schleuderte ihr Verachtung, Haß und Flüche entgegen. Nachdem sie Hélène zu Bett geschickt hatte, war sie aufgeblieben, um auf Camille zu warten. Auf Camille, die es gewagt hatte, ohne Erlaubnis ganz allein nach dem Nachtessen auszugehen. «Wo warst du?»

Camille hatte geleugnet, sich geweigert einzugestehen, daß sie bei Monsieur Rodin gewesen war. «Ich hatte das Bedürfnis spazierenzugehen.»

«Du Hure, du Schlampe!»

Keine Beschimpfung wurde ausgelassen. Die Mutter war auf sie losgegangen und wollte sie schlagen. Der Himmel zerriß das Zimmer mit seinen stummen Schreien. Plötzlich erschien Paul.

«Was ist denn los?»

Louise hockte verstört in einer Ecke – seit wann schon? Und dann war die Mutter auf einmal zusammengebrochen, hatte ihren Sohn verzweifelt angeblickt. Heulend, schluchzend, zusammengekauert, wie eine verhutzelte Alte. «Dieses Kind bringt mich noch um. Ich hasse sie, ich hasse sie.»

Paul hatte sich Camille zugewandt. Er sah nichts, verstand nichts. Madame Claudel schwieg, aber hinter ihren Tränen funkelte ein mörderischer Glanz. Sie haßte sie alle. «Ich verbiete dir von jetzt an die Bildhauerei, verstanden? Ich verbiete dir, dein Studium fortzusetzen.» Sie hämmerte die Worte mit zuckendem Kopf.

Und da hatte Camille alles kunterbunt hingeschmissen, außer dem einen, das ihr jetzt alles bedeutete. «Ich gehe fort. Du wirst aus mir nicht das machen, was du bist. Außerdem habe ich nichts mit dir gemein. Ich will frei sein. Ich will von hier fortgehen und will niemanden von euch wiedersehen.»

Madame Louise war aufgesprungen. «Nie und nimmer, hörst du, nie und nimmer lasse ich mir diesen Ton bieten! Du wirst nie mehr ausgehen. Eingesperrt. Ich werde dich einsperren.»

«Versuche es ...»

Paul hatte sie angefleht. «So hört doch auf, um Himmels willen, hört doch auf!» Madame Louise war aus dem Zimmer gegangen, hatte Louise mitgenommen. «Komm, du. Alles ist aus, Camille. Es ist aus zwischen uns.» Geschlagen und gebeugt war sie hinausgegangen. Camille hätte sie zurückhalten wollen, ihr sagen wollen, daß sie sie liebte. Aber warum konnte die Mutter sie nicht verstehen? Warum?

«Warum?» hatte Paul sie gefragt und sie beim Arm genommen. «Camille, was ist denn los?»

«Nichts. Nichts ist los. Ich bin nur ausgegangen, das ist alles.»

Pauls Blick hatte geschwankt, dann war er einen Schritt zurückgetreten und an einen Stuhl gestoßen, den er brutal packte und zu Boden schleuderte. Kaputt, zerbrochen, der Stuhl zerbrochen. Camille war allein geblieben, allein vor den Trümmern, allein im Dunkel, verletzt, geächtet – von allen. Und wenn schon! Was machte es ihr aus, von der Gesellschaft ausgestoßen zu sein, von diesen kleinlichen Menschen mit ihren engherzigen Urteilen? Nur Paul, wie schade, daß er ... Ach was!

«Camille, ich zerschmelze hier noch.» O nein, das geht entschieden zu weit! Jetzt kommt auch noch Monsieur Rodin dazu. Nicht genug, daß ihn das Sitzfleisch auf diesem schmalen Schemel schmerzt, aber daß er sich auch noch unter den Blicken dieses bärtigen Fettwanstes, dieses Schweins, zur Schau stellen soll ... Nein, nein und abermals nein!

«Camille, das genügt.» Paul ist aufgestanden. Rodin wollte ein paar Worte formen. Die drei blicken sich im weißen, heißfeuchten Atelier an. Camille weiß nicht, was sie sagen soll. Paul steht steif da. Endlich sagt Monsieur Rodin: «Und diese neue Wohnung? Gefällt sie Ihnen, ist Ihre Mutter jetzt besser eingerichtet?»

Schweigen.

«Camille sagte mir, sie sei etwas geräumiger. Boulevard de Port Royal 31, nicht wahr, Cam?»

Das war ihm entschlüpft. Paul blickt ihn an, rot geworden, peinlich berührt. Also Cam nennt er sie jetzt – seine Camille, seine Schwester! Welch ein Mangel an Erziehung! Jedenfalls haßt er diesen Rodin.

«Nein, sie ist nicht besser. Außerdem verabscheue ich diese

Stadt, diese Großstadt. Ich werde so bald wie möglich fortziehen. Verzeihung, aber jetzt muß ich gehen.»

Paul ist fort. Camille nimmt es ihm übel. Welch ein Mangel an Erziehung, dieser Paul! Ganz einfach, sie wird seine Büste zertrümmern. Das hat er davon! Paul Claudel ist achtzehn. Na schön, es wird dann eben keinen achtzehnjährigen Paul Claudel geben. Paul Claudel hat sich das Recht verwirkt, der Nachwelt erhalten zu bleiben. Paul Claudel wird zu Staub und Schutt gehauen.

«Camille, was fällt Ihnen ein?» Rodin hat sie am Arm gepackt. Sie ist am Ende mit ihren Nerven. Sie sehen sich kaum noch. Seit dem Gewitterabend muß sie Listen anwenden, Vorwände erfinden, um hie und da eine Stunde zu gewinnen, einen Kuß, eine flüchtige Zärtlichkeit. In stillem Einvernehmen betragen sie sich vor den anderen, als sei nichts geschehen. Und doch wissen es alle, haben es alle erraten, sind überzeugt, daß sich zwischen den beiden etwas abgespielt hat, eine schreckliche Geschichte, ein gewaltsamer Vorfall. Nur was, fragen sich alle. Hat sie ihn abgewiesen? Hat er sie mit Gewalt genommen? Nach außen hin hat sich nichts geändert, sie sitzt wie immer aufmerksam, still und mit beharrlichem Fleiß auf ihrem Hocker, er verzehrt sich in der Arbeit und verschlingt Projekte. Und doch ist nichts mehr wie früher. Sie scheint irgendwie sanfter, und das ist merkwürdig. Selbst jener Anflug von Trübsal, der ihr so oft die Stirn verfinsterte und drei kleine Falten zwischen ihren Augen sichtbar werden ließ, ist verschwunden. Er geht ganz in seiner Arbeit auf und sieht überhaupt nicht mehr, was um ihn herum geschieht. Und dann dieses Schweigen. Monsieur Rodin tätschelt seine Modelle nicht mehr, jawohl, das ist allen aufgefallen. Sogar Yvette erlaubt sich keine Späße mehr, scheint zu ahnen, daß sich zwischen den beiden so etwas wie eine ernstere Verbindung angeknüpft hat. Übrigens überrascht sie zuweilen den Blick, den ihr ehemaliger Liebhaber diesem einsamen jungen Mädchen insgeheim zuwirft. Sie ist nicht eifersüchtig, weint den angenehmen, mit Monsieur Rodin verbrachten Stunden nicht nach. Und dabei hatten sie so viel miteinander gelacht. Auch wenn sie sich liebten, war es immer lustig gewesen. Da gab es nichts Verbotenes, denn er sah die Schönheit überall. Sie denkt an die gemeinsamen Späße zurück, an einige recht delikate Einzelheiten . . . Nein, das kann er doch unmöglich mit diesem Fräulein Camille machen. Yvette lächelt. Ach was! Eines Tages wird er ihr schon wieder einen Klaps auf den Popo geben und sagen: «Yvette, wie wär's, wollen wir ein Gläschen trinken gehen?» Sie ist kein schlechter Kerl und hat ihren Bildhauer wirklich gern. Nur ein bißchen Geduld, nur abwarten, bis das Gewitter sich verzogen hat. Schon oft hat Camille Yvettes Blick auf sich gespürt, aber seit jener Gewitternacht ist sie so tief und geheim beglückt, daß sie sich innerlich vermauert, um besser die Freude zu verbergen, die aus ihrem ganzen Körper zu brechen droht.

Seit jenem Abend leben sie nur füreinander, nutzen jeden Augenblick, jede Gelegenheit, um beisammen zu sein, gehen auf Ausstellungen und kehren dann zusammen zurück, wandern lange durch die Straßen von Paris.

Nicht ein einziges Mal war es Camille möglich, eine Nacht mit Monsieur Rodin zu verbringen. Also bleibt es bei kurzen und heimlichen Begegnungen, flüchtigen Stündchen, in Eile ausgetauschten Zärtlichkeiten. Manchmal arbeitet Camille etwas länger, und Monsieur Rodin schließt das Atelier, hängt ein Schild vor die Tür: «Monsieur Rodin ist abwesend». Nein, es ist wirklich zu schwierig geworden.

«Komm, Camille.» Er hatte gerade wieder die Tür verriegelt.

«Nein.» Camille will nicht mehr. Plötzlich fühlt sie sich müde, verbraucht, findet, daß alles verspielt ist. Soll sie sich weiterhin von ihm zwischen Tür und Angel liebkosen lassen? Nein, nein und abermals nein! Außerdem hat sie in letzter Zeit so viele Gerüchte gehört. Rose Beuret . . . wer ist diese Rose Beuret, die man nie zu sehen bekommt?

Camille beginnt zu modellieren. Dann gehört er ihr wenigstens ganz allein. Das Gesicht des Meisters nimmt Form an, verwandelt sich unter ihren Händen. Seit Wochen arbeitet sie daran. «Büste Rodins von Mademoiselle Camille Claudel». Zu Beginn ihres «Verhältnisses» – so nennen sie es wahrscheinlich, wenn sie nicht da ist –, zu Beginn ihres Verhältnisses also hatte sie sich nicht getraut. Ihr Skizzenbuch war zwar voller Zeichnungen von ihm – Rodin zurückgebeugt, sich bückend, aufrecht, beinahe fallend, während er seinem Entwurf einen Klumpen Erde hinzufügt – und dazu Skizzen von Ideen, Gruppenprojekten, phantastischen Darstellungen, Illustrationen großer Dramen. Wird sie Zeit haben, auch nur einen Teil dieses Werks, das ihr manchmal den Schlaf raubt, zu verwirklichen?

Und dann hatte er eines Tages vor dem versammelten Atelier mit lauter Stimme gesagt: «Ich möchte Ihnen Modell sitzen, Mademoiselle Claudel.» Allgemeines Schweigen war dieser Erklärung gefolgt, und er hatte lächelnd hinzugefügt: «Ja, wenn ich einmal sterbe, wird das vielleicht die einzige Büste von mir sein, die es meiner Meinung nach wert ist, der Nachwelt überliefert zu werden. Ich lege mein Schicksal in Ihre Hände, und daraus können Sie sehen, welches Vertrauen ich in Sie setze. Sie werden mich bestimmt nicht verpatzen, denn Sie allein kennen mich.»

Sie war puterrot geworden. Aber die Herausforderung hatte sie angenommen, und seitdem arbeitete sie daran. Heute nützt sie noch das letzte Tageslicht, um voranzukommen.

«Camille, halten Sie ein wenig ein, und hören Sie mir zu.»

Sie blickt auf, spielt die Verärgerte, aber sie würde es nicht ertragen, daß er sie verläßt und sich eine andere sucht.

«Sie haben mir Schultern gemacht, als ob ich der Riese Atlas wäre. Aber leider habe ich nicht die Kraft, die Welt zu tragen.»

Sie liebt sein Lächeln, das ihr das Herz im Leibe umdreht, wie die Fladenkuchen in Villeneuve. Langsam kreist er um den Schemel. «Die Profile sind immer richtig – ohne Zögern. Sie haben auf mich gehört. Man muß unbedingt vom Profil aus modellieren, nur vom Profil aus. Und stets die Profile in einer bestimmten und immer gleichbleibenden Proportion überbetonen.»

Monsieur Rodin lacht. «Sind Sie sicher, daß Sie mich nicht ein bißchen verschönert haben? Ich kann es natürlich nicht so gut beurteilen, denn dieses Mal kenne ich das Modell sehr schlecht.»

Camille lächelt. Diese zarten Lippen, diese Augen, und sie ist so nah. Monsieur Rodin weiß, daß er mit ihr nicht so weitermachen kann, wie er es mit seinen Modellen zu tun pflegte. Sie wird zwar keine Ansprüche erheben, aber sie wird ihn entweder verlassen oder sich ihm verweigern – wie eben.

Sie wendet sich ihm zu. «Es ist keine Koketterie...» Sie fühlt das plötzliche Schweigen zwischen ihnen, doch sie beschließt, ihm jetzt alles zu sagen – oder wenigstens es zu versuchen. «So kann es nicht weitergehen. Ausgeschlossen. Ich will mehr.»

Monsieur Rodin weiß sehr wohl, daß es sich nicht um eine Drohung oder um eine Forderung handelt. Nur um eine Feststellung. Sie ist ehrlich und direkt. Er hatte zuerst geglaubt, daß sie mit ihm spielte. Aber nein, er war ihr erster Liebhaber. Und doch ist sie ihm unbegreiflich, verwirrt ihn immer wieder.

«Beschönigen Sie nie die Häßlichkeit, die Erschlaffung des Alters. Wenn Sie die Natur ummodeln, verschleiern und verkleiden, schaffen Sie nur Häßlichkeit, weil Sie Angst vor der Wahrheit haben.»

Sie unterbricht ihn mit einer Geste, wie um Widerspruch zu erheben. Camille hat Rodin zugehört, sieht den Abend hinter ihm, das Atelier im goldenen Licht.

«Ich habe keine Angst vor der Wahrheit, was immer sie auch sein mag. Ich sehe klar, zu klar. Es ist, als sähe ich die Menschen mit dem Messer gezeichnet, die Seelen aus ihren Futteralen gerissen!» Sie hat es geschrien, oder fast geschrien. «An was denken Sie eigentlich, wenn Sie da so aufgepflanzt vor mir stehen?»

«Sie sind für einen Michelangelo geschaffen, und ich bin kein Michelangelo.»

Camille hält bestürzt inne. Was sagt er da? Was murmelt er in seinen Bart? Sieh einmal an, sagt sie sich, dieser rote Bart hat einige weiße Strähnen. Plötzlich hat sie Lust, ihn zu küssen, sich in seine Arme zu kuscheln. Sie wirft sich an seine Brust.

«Camille, verzeihen Sie mir, ich bin ganz verwirrt . . . Ich habe das Leben so gut wie hinter mir. Und dann denke ich ständig an die Bildhauerei, wenn ich Sie anschaue und sehe, wie verletzt und zornig Sie sind. Anstatt Ihnen zuzuhören, denke ich an Ihren Körper, der so voller Kontraste ist, so uneben und asymmetrisch wie eine Plastik von Michelangelo. Da liegt der ganze Unterschied zwischen ihm und Phidias.»

«Wie das?» Camille hat ihren Ärger vergessen. Sie will wissen.

Er setzt sich auf den Schemel, Camille kuschelt sich an ihn wie ein kleines Mädchen, das sich eine schöne Geschichte erzählen läßt . . . «Nein, warte lieber.» Monsieur Rodin steht auf, stellt zwei Hocker vor das Fenster. «Schau in das Licht, das uns gerade noch bleibt. Ich werde jetzt zwei kleine Figuren modellieren. Hier die erste in der Art von Phidias, also im klassisch griechischen Stil . . .»

Camille bewundert die Hände des Bildhauers, die raschen und nervösen Bewegungen. Breite Handflächen, der sich in die Masse grabende Daumen, die gestaltenden Finger. Mit unglaublicher Schnelligkeit läßt Monsieur Rodin eine Figur aus seinen Händen entstehen. «Da, schau, es ist zwar nicht so schön wie eine Skulptur der Antike, aber es genügt.»

Seine Stimme ist klar und deutlich. Camille hört ihm fasziniert zu und erinnert sich an den Tag ihrer Ankunft in Paris, an den Spaziergang mit ihrem Vater, das Kasperletheater, den Jongleur, der danach auftrat, und vor allem an den Zauberkünstler, der aus seinen leeren Händen eine Taube emporflattern ließ.

«Siehst du, Camille, diese Figur bietet dem Auge von Kopf bis Fuß vier kontrastierende, jedoch miteinander harmonisierende Flächen. Vier Richtungen, die durch den gesamten Körper eine sehr zarte Schwingung sichtbar machen und durch das Ebenmaß der Proportionen einen Eindruck von Anmut vermitteln, der aus der ganzen Haltung hervorgeht.

Die Schwerpunktlinie erstreckt sich von der Mitte des Halses bis zum linken Fußknöchel, auf dem das Gewicht des Körpers ruht. Das andere Bein dagegen ist frei, unbelastet, beeinträchtigt also das Gleichgewicht nicht. Gelassene und anmutige Haltung ... Die doppelte Ausgewogenheit der Schultern und Hüften trägt noch zur Eleganz des Gesamteindrucks bei. Schau es dir jetzt im Profil an, eine leichte Beugung nach hinten, der Rücken gewölbt, die Brust ein wenig himmelwärts gestreckt. Konvex, und voll dem Licht ausgesetzt. Die Kunst der Antike drückt Lebensfreude aus, Anmut, Ausgewogenheit, Vernunft ...» Monsieur Rodin verneigt sich genauso wie der Zauberkünstler. Was wird er jetzt noch aus seinem Ärmel zaubern?

«Und nun zu Michelangelo.» Rodin nimmt die Erde und knetet sie. Eine Figur, fest auf die Beine gestützt, die Brust vorgebeugt, einen Arm an den Körper gepreßt, den anderen hinter den Kopf. Anstrengung, Qual. Camille liebt seine Art zu formen, diese Heftigkeit, diese fast vom Wahnsinn gezeichnete Besessenheit ...

«Hier haben wir nicht vier, sondern zwei Flächen. Die eine für den oberen Teil der Statuette, die andere in entgegengesetzter Richtung für den unteren. Daher ein erschreckender Kontrast. Wir sind weit entfernt von der stillen Anmut der Antike. Beide Beine gebeugt, das Körpergewicht auf beide Füße verteilt. Keine gelassene Ruhe mehr, sondern geballte Anstrengung der unteren Gliedmaßen; die Hüfte steht hervor, hebt sich, der Leib streckt sich in diese Richtung. Und der Oberkörper ... er folgt der Bewegung der Hüfte. Die Konzentration der Anstrengung drückt Arme und Beine an den Körper und den Kopf. Keine Leere mehr, keine Freiheit. Die Statue ist aus einem Block.»

Camille ist aufgestanden.

«Und das Profil, schau, Camille, in Form einer Konsole, der Torso nach vorn gebeugt, daher die Betonung der Schatten in der Brustwölbung und den Beinen. Michelangelo besang das Zeitalter der Schatten. Das mächtigste Genie der Neuzeit drückte damit die Unruhe seiner Geisteshaltung aus, die unausführbaren Bestrebungen, den Tatendrang ohne Hoffnung auf Erfolg ...»

Monsieur Rodin tritt zärtlich auf Camille zu. Mit seinen lehmverkrusteten Händen wischt er ihr die dunkle Haarsträhne von der Stirn, die ihre Augen verdeckte – ihre Augen, zwei endlose Abgründe, in denen Verwüstung herrscht. Sie ist jetzt im Gegenlicht, und er sieht ihre Silhouette.

«Mein schwarzer Stein klingender Liebe, du weißt, was Michelangelo gesagt hat: Nur die Werke sind gut, die man vom Gipfel eines Berges herunterrollen lassen kann, ohne etwas zu zerbrechen. Alles, was in einem solchen Sturz zerbrechen würde, ist überflüssig. Und du, du gehörst dieser Art an! Nichts kann dich zerbrechen, und sei der Berg auch noch so hoch. Du bist aus ewigem Stoff gemeißelt.»

Camille murmelt und zuckt ihre schönen Schultern. «Ich bin nicht klassisch, Monsieur Rodin. Vergessen Sie nicht, daß ich hinke.» Sie lacht ihr gebrochenes Lachen, mit dem sie einem ein Stück ihres Herzens entgegenzuschleudern scheint.

Rodin nimmt ihren Kopf in seine Hände. «Verlasse mich nicht ...» Und dann zeigt er auf eine Büste, die ein letzter Lichtstrahl erhellt. «Schau dir deinen wilden Räuber an, deinen ‹Giganti›. Er sieht dir ähnlich. Du stehst außerhalb des Gesetzes. Bleib so. Der Gedanke der großen Künstler ist so lebendig und tief, daß er über alles Gegenständliche hinaus sichtbar wird. In jedem Fragment erkennst du die Seele dessen, der es erschaffen hat. In jedem Teilchen, auch im geringsten, lebt das Ideal des Künstlers, falls er wirklich groß ist. Meine *Giganti* ...»

Camille ist verwirrt. Hat er ihr nicht seine Seele offenbart? Sie wollte von alltäglichen Dingen sprechen, von Rose, und da schenkt er ihr einen der größten Liebesaugenblicke, die man sich nur erträumen kann. Einfach so, in wenigen Worten, hat er das Gespräch fast feierlich beendet. Was machen sie da schon aus, die verlorenen Liebesstündchen, was macht es aus, daß sie getrennt leben, daß er eine Frau hat, und Modelle und Mätressen und ein Kind!

«O Gott, wie spät! Ich hatte die Zeit ganz vergessen.»

Camille blickt verstört auf, macht sich ihren Haarknoten zurecht, greift nach ihrem Schal ...

«Camille!»

Sie ist verschwunden. Monsieur Rodin ist allein. Er dreht sich um. Das gemeißelte Paar löst sich auf. *Fugit Amor.*

In diesem Augenblick beschließt Rodin, irgendwo eine kleine Wohnung für sich und Camille zu mieten. Nie wieder würde er es ertragen, sie fortgehen zu sehen. Nie wieder. Er wird ihr alles über Rose sagen.

Langsam nimmt er seinen alten Hut. Er fühlt sich alt, müde, verbraucht. Mit kaum sechsundvierzig Jahren.

Es bleibt ihm nur noch, das *Höllentor* zu beenden.

Der Gedanke

Lebwohl! Vatermörder umarmen sich so,
Wenn sie sich trennen, ehe auf das
gewaltige Meer sie fliehen:
So auch hier:
Ich trenne mich von dir, o Schwester,
Gleichen Namens einstmals,
Ruchlose von mir gescholten!
PAUL CLAUDEL, *Ein vorzeitiger Tod*

Camille, Camille, singe mit mir. Weißt du noch?

Willst du essen frische Kresse
Oder lieber Fleischbouillon,
Auf der Pilgerfahrt nach Liesse,
Auf der Reise nach Laon?
Große Feste, ding, dang, dong.»

Paul hängt seiner Schwester Kirschen über die Ohren. Er lacht, ist glücklich. Camille fragt sich nach dem Grund. Seit einigen Wochen ist er wie umgewandelt, voller Lebensfreude. Sie sitzen beide in der Küche an diesem schönen Sonntag im Mai. Camille denkt betrübt an Monsieur Rodin – wo mag er jetzt sein? Er ist für einige Tage aufs Land gefahren. In letzter Zeit hatten sie so viel gearbeitet, denn sie wollte unbedingt ihre vier Büsten beenden, vor allem die von ihm. «Monsieur Rodin». Sie hatte sogar einen Augenblick gefürchtet, sie müsse alles noch einmal von vorn anfangen, denn der Lehm wollte im Ofen nicht hart werden, drohte zu zerspringen und zu zerplatzen. Rodin scherzte darüber vor allen Leuten. «Ich werde noch all meine Würde verlieren und mich in Kügelchen auflösen, mein lieber Roger Marx. Zu gebackenem Staub werde ich zerfallen.»

Sein alter Freund Roger Marx, Kunstkritiker und hoher Beamter im Ministerium der Schönen Künste, kam jetzt immer häufiger ins Atelier, um sich Camilles Arbeit anzuschauen, und er nannte sie nie anders als «die große und so interessante Künstlerin». Camille fand, daß er ein Pferdegesicht hatte.

Willst du essen frische Kresse
Oder lieber Fleischbouillon?

Paul ist außer Rand und Band. Den ganzen Sonntag haben sie für sich. Madame Louise und Louise sind in Begleitung von Hélène auf Besuch zu Monsieur gefahren. Camille hat sich von dem obligaten Familientreffen befreien können, und Paul ebenfalls. Er bereitet sein Examen vor und muß arbeiten. Was Camille betrifft, so hält es ihre Mutter für besser, sie möglichst selten zu sehen, und als Camille gebeten hatte, zu Hause bleiben zu dürfen, war sie sofort einverstanden gewesen. Jedenfalls hat sie ein für allemal das Interesse für ihre älteste Tochter aufgegeben. Soll sie doch machen, was sie will!

Auf der Pilgerfahrt nach Liesse,
Willst du essen frische Kresse?

Heute sind sie frei. Aber Camille freut sich nicht ganz ihrer Freiheit. Sie hätte den Tag lieber mit Monsieur Rodin verbracht. Seit einem Monat hatten sie nur noch gearbeitet. Warum ist er ohne sie aufs Land gefahren? Wahrscheinlich wegen Rose ... Schließlich war ja noch alles gutgegangen. Camille hatte die Büste des Meisters neben den drei anderen aufstellen können; die *Jüngere Schwester*, *Paul* und den *Giganti*. Paul war wütend gewesen, als er sich neben Monsieur Rodin aufgestellt sah. So außer sich vor Wut, grün im Gesicht, schäumend, fluchend und stammelnd, daß Camille lachte, als sie ihn in diesem Zustand sah.

«Du findest das lustig. Wie Köpfe in der Schaubude auf dem Jahrmarkt, nach denen man mit Bällen wirft.» Camille erinnert sich an die Kirchweih von Château-Thierry, die kleinen Stoffbälle, mit denen man auf die Holzköpfe zielte, die bei jedem Treffer zu Boden fielen. Paul war aus dem Atelier gestürzt und hatte die Tür hinter sich zugeknallt.

Um diese Zeit pflegte er stundenlang ganz allein durch die Straßen zu wandern. Camille hatte ihn eines Tages dabei überrascht. Gesenkten Kopfes ging er vor ihr, sie folgte ihm, zuerst belustigt, dann fasziniert. Er lief einfach aufs Geratewohl umher, das war alles, und als sie fast ganz Paris durchquert hatten, bis zur Rue Tolbiac und der Ivry-Brücke, war sie allein umgekehrt. Hélène wußte es auch. Eines Abends hatte ihr der junge Mann von seinen einsamen, ermüdenden, ziellosen Märschen durch Paris erzählt. Seitdem war Camille beunruhigt gewesen. Wenn er nur nicht wahnsinnig wurde! Wie der Onkel, der sich angeblich in selbstmörderischer Absicht in die Marne gestürzt hatte . . . Aber seit einigen Wochen schien er auf einmal wieder glücklich zu sein.

Willst du essen frische Kresse
Oder lieber . . .

Augustes Skulpturen. Wie schön, wenn er hier wäre. Sie hätten im Atelier bleiben oder einen Spaziergang machen können.

Alle waren gekommen, um sich Monsieur Rodins Skulpturen anzuschauen, und jeder hatte seinen Kommentar abgegeben. Camille hört noch die Bemerkung: «Ist sie das?»

«Aber ja, das ist sie!»

Monsieur Rodin stellte nicht aus, aber am Samstagvormittag empfing er die Besucher, die wissen wollten, wie weit er mit dem *Höllentor* war. Sie blieben vor den anderen Werken stehen: *Fugit Amor*, *Der Gedanke*, *Der Kuß*.

«Das ist sie?»

«Ja.»

«Sie sieht sehr jung aus. Wie alt ist sie?»

«Kaum zwanzig.»

«Und sie ist Bildhauerin?»

«Ja. Schauen Sie sich die Büste an, die sie von ihm gemacht hat.»

«Ein bildhauerndes Modell also?»

«Nein, eine Bildhauerin.»

«Aber sie inspiriert ihn . . . Er hat sie gebeten, sein Modell zu sein.»

«Dieser Kuß, wie vulgär!»

Ganz Paris sprach davon.

«Haben Sie den *Kuß* gesehen?»

Willst du essen frische Kresse?

Aber warum hat er den *Gedanken* gemacht? Camille beißt in eine Kirsche.

«Paul, warum *Der Gedanke*?»

«Was?»

«Warum *Der Gedanke*?»

«Iß erst einmal deine Kirsche, und dann rede.»

Camille spuckt ihrem Bruder den Stein ins Gesicht.

«Du Ekel! Kannst du dich nicht benehmen? Was hast du gesagt?»

«Warum *Der Gedanke*?»

«Ach so, diese haubenförmige Büste, die der große Mann von dir gemacht hat. Warum *Der Gedanke*? Nun, weil du einmal Äbtissin eines Klosters sein wirst – das du dann allerdings reformierst!» Paul bricht in Gelächter aus, ist sehr zufrieden.

Frau Äbtissin, nach der Messe
Wollt Ihr essen frische Kresse?

Camille ist anderswo. Einen spöttischen Paul zieht sie jederzeit einem finsteren und verschlossenen Paul vor.

«O meine Wohltat! O meine Schönheit! Abscheuliche Fanfare, die mich nicht zum Zittern bringt! Feenhafte Staffelei! Ein Hurra dem unerhörten Werk und dem herrlichen Körper zuerst! Es begann mit dem Lachen der Kinder, und durch sie wird es enden. Dieses Gift wird in unser aller Adern fließen, selbst dann, wenn die Fanfare sich dreht und wir wieder in die alte Harmonielosigkeit zurückgekehrt sind. Oh! Und wir, die dieser Folterungen würdig sind! Nehmen wir inbrünstig dieses übermenschliche Versprechen hin, das unseren Leibern und unseren belebten Seelen gegeben ist! Dieses Versprechen! Diesen Wahn!»

«Von wem ist das?»

«Von meinem Gefährten.»

«Du hast einen Freund?»

«Einen Sohn, einen Vater, einen Bruder.»

Noch nie hat Camille ihren Bruder in einem solchen Zustand gesehen. Nicht einmal nach dem ersten Wagner-Konzert, das ihn immerhin in maßlose Begeisterung versetzt hatte.

«Da, schau.» Camille nimmt das Exemplar von *La Vogue*. «Lies.»

«Da ...»

«Nein, weiter.»

«Dort?»

«Ja.»

«Die *Illuminationen* von Arthur Rimbaud. Wer ist das?»

«Ein junger Dichter. Er ist kaum zweiunddreißig Jahre alt. Ich habe versucht, mich zu erkundigen. Den würde ich gern kennenlernen. Verlaine hat ihn gut gekannt. Durch Freunde könnte ich vielleicht ... Ein junger Mann, der eines schönen Tages alles stehen- und liegengelassen hat. Er ist ein Vagabund. Man erzählt, Verlaine habe auf ihn geschossen. Jetzt soll er in Harrar sein.» Camille hat aufgeblickt.

«In Abessinien?»

Schon manchmal hat Camille davon geträumt, dort hinzureisen. Sie sieht die Karte im Atlas, die imaginären Reisen mit ihrem Bruder, als sie ihre jungen Köpfe über die roten, grünen und blauen Flächen neigten. Eine Weltreise wollten sie unternehmen. «Harrar!» Camilles Augen leuchten golden, ein wenig fiebrig.

«Arbeitest du nicht ein bißchen zuviel?» Paul hat die Müdigkeit ihres Blickes bemerkt. Überhaupt scheint seine Schwester in letzter Zeit weniger glücklich. «Komm, gehen wir hinaus, das Wetter ist schön. Aber nimm dir vorher deine Ohrgehänge ab, oder iß sie. Du bist schön wie Galaxaura.»

«Wer ist das?»

«Das erkläre ich dir später.»

«Nein, ich habe keine Lust, hinauszugehen. All die Leute am Sonntag, all diese Familien, ich hasse sie. Und das geht spazieren, das verpestet die Luft. Überall dringen sie ein. Es ist, als wenn Paris geschändet würde. Und dann ist es zu heiß! Lieber heute abend ... Mama ist nicht da. Gehen wir heute abend aus, Paul. Wenn nicht mehr so viele Leute auf den

Straßen sind. Das erstickt mich. All die Leiber, die sich aneinanderdrängen.»

«Trink kein Eiswasser nach den Kirschen. Sonst wird dir noch schlecht.»

«Schlecht wird es höchstens dir!»

Camille zwinkert ihrem Bruder zu. Sie macht sich über seine Ratschläge lustig und weiß, wie sie ihn damit ärgern kann. Aber Paul ist guter Laune, und es wird ihr dieses Mal nicht gelingen. Er liebt diese gute schwüle Hitze, fühlt sich wohl. Seit einiger Zeit scheint er wie von einem langen Alptraum befreit. Wenn er doch nur diesen Rimbaud kennenlernen könnte! Welcher Altersunterschied trennt sie? Zwölf, vierzehn Jahre? Das ist nichts. Natürlich gibt es noch Verlaine. Dem ist er schon mehrere Male in der Rue Gay-Lussac begegnet. Zwei Hinkende. Der eine, mit kurzem Bart und Kneifer, der andere struppig, mit zerzaustem Haar, das Bein zur Seite schwingend, den großen Traum im Blick. Oft sieht er sie in die Richtung des Cafés François Premier in der Nähe des Luxembourg gehen. Wenn er recht verstanden hat, heißt der andere Pasteur . . .

«Weißt du was, Cam?» Paul hält erschreckt inne; Camille dreht sich um.

«Was?»

Er wollte ihr von Verlaine erzählen, von diesem verletzten großen Vogel mit dem wunden, hinkenden Schritt, und da ist sie, hinkt in der gleichen Weise, lebt mit ihrem zerstörten Traum, immer einen Takt zu spät, immer angestrengt der Harmonie nachhumpelnd. Paul stammelt. «Ich kenne Verlaine. Das heißt, ich sehe ihn manchmal in der Nähe des Luxembourg.»

«Dann frage ihn doch. Er weiß bestimmt, wo dein Arthur Rimbaud ist.»

«Aber er ist betrunken. Er sieht wie ein menschenscheuer Clochard aus und trinkt ständig.»

Camille faßt Paul beim Arm. «Na und? Er wird dich doch nicht auffressen.»

«Du mußt nicht gleich so grantig sein.»

«Hör zu, Paul. Wenn man etwas will, klebt man nicht mit dem Hintern auf dem Stuhl. Hierher kommt dein Rimbaud bestimmt nicht.»

Camille setzt sich hin, beginnt zu zeichnen. Paul schaut sie an. Sie wäre imstande, Verlaine anzusprechen. Sie hätte keine Angst. Übrigens ähneln sie und Rimbaud sich irgendwie; die gleiche Mischung von drohender Herausforderung und kindlicher Unschuld hinter einer zu klaren Stirn – er hat ein Porträt von Rimbaud gesehen. Und Verlaine? Wie alt mochte er jetzt sein? Er wirkt so verbraucht, so kläglich, wenn er vor seinem Glas Absinth sitzt, mit dem Löffel darin rührt, vor sich hinstarrt, als sähe er nichts, nur eine weiße, nackte Wand. Zweiundvierzig, ach ja, jemand hatte es ihm neulich gesagt. Paul schaut Camille an. Sie hockt bleich und vertieft über ihrer Zeichnung, sie ist magerer geworden, scheint irgendwie jünger, ganz aufgegangen in das, was sie sucht. Vorhin hat Paul sich über sie lustig gemacht, aber wie sie da in der Durchsichtigkeit der Luft im Schatten sitzt, konzentriert, in sich zurückgezogen, erinnert sie ihn an jene junge Nonnen, die im Alter von siebzehn Jahren den Schleier genommen haben...

Camille skizziert eine Hand. Seit Monaten arbeitet sie an Händen, wann immer sie eine freie Minute hat. Schon von Kindheit an studiert sie die Hände all derer, die zu beobachten sie Gelegenheit hat. Die Hand ihrer Mutter, das Trommeln auf dem Tisch, das Auf und Nieder des Zeigefingers, des Mittelfingers, immer auf und ab, Zeigefinger, Mittelfinger, ein Höllentanz, greif ich zu, oder eher nicht; die feinziselierten, durchsichtigen, für einen Mann fast zu zarten, ungewöhnlich kleinen Hände ihres Vaters; Pauls Hände, hinter dem Rücken verschränkt, verborgen, die festen Handflächen, die ziemlich langen Finger, jedoch fast immer ineinandergekrümmt und manchmal zwischen die übergeschlagenen Beine geklemmt.

Und *seine* Hände! In sie hatte sie sich zuerst verliebt. Auch er zeichnete und modellierte oft Hände aller Arten. Wie eine religiöse Handlung war es, eine Art von Ritus... Plötzlich vertiefte sich Monsieur Rodin stundenlang in das Studium der Hände, formte sie bald elegant und zart, bald grob und kräftig. «Es gibt betende und fluchende Hände», pflegte er zu sagen. «Beschmutzende Hände, süß duftende Hände, durststillende, liebende Hände.» Camille blickt auf den Bleistift in ihrer Hand, den eingewinkelten Daumen, die sich an das Holz klammernden Finger. Die Sonne schlägt auf das weiße Papier wie auf eine leuchtende Trommel. Die Hand Gottes, die mit ausgestrecktem Finger Adam erschafft.

«Camille, daraus entsteht die Schöpfung – aus der Hand – und deshalb steht unsere Kunst über allem. Wir schaffen Leben aus der toten Materie. Wie der dort oben ...» Und dann sah er sie kneten. «Weißt du, daß ein Mensch stirbt, wenn er das Tastgefühl verliert? Das ist der einzige unersetzbare Sinn. Das Tastgefühl. Die Hände lügen nie. Beobachte sie stets, dann weißt du, was die Menschen wirklich denken.»

Die Sonne auf dem, was sie geformt hat. Das weiße Papier. Es wird unerträglich, die Erinnerung verkörpert sich in ihrer Hand, sie fühlt Rodins Hand auf der ihren. Nein, es ist Sonntag, und er ist nicht da. Der Monat Mai, und er ist nicht da.

«Camille.»

Hitze steigt in ihren Armen auf, lähmt sie. Er steht an sie gelehnt, seine Hand auf der ihren, die Sonne wärmt sie zärtlich, verbrennt sie, hüllt sie ein. Mit der anderen Hand hat sie sich auf den Schemel gestützt. Und jetzt sinkt ihr ganzer Körper zurück, lehnt sich gegen den seinen. Er ist da, sein anderer Arm umfaßt sie. Ihre Hände ineinander verschränkt. Gefangen, sie ist die Gefangene der Skulptur, des Mannes!

«Höre, Camille.» Seine Stimme in ihrem Ohr, leise, ein wenig heiser, als mache ihm das Sprechen Mühe. Sie sieht seine Hände, seine kräftigen, willensstarken, machtvollen Hände. «Maria, sie heißt Maria.»

Camille will der Beichte des Mannes entfliehen, der sie mit beiden Armen umschlungen hält, aber sie fühlt ein pochendes Herz in ihrem Rücken, und es pocht, als sei er einer Ohnmacht nahe, und sie fragt sich sogar, ob sie nicht hinstürzen wird, trotz der sie umschlingenden Arme, trotz des Schemels, auf den sie sich stützt.

«Maria.» Es klingt wie ein Ruf. Camille erwartet, sie erscheinen zu sehen – diese Maria.

«Zwei riesige, blaue, ernsthafte Augen, ein feingezeichneter Mund, ein Lächeln, ein eigenwilliges Kinn. Ihr ist es gelungen, Vater und Mutter zu überreden, daß ich zeichnen durfte. Für ein Studium war ich nicht begabt, aber ich kopierte alle Zeichnungen, die mir in die Finger kamen. Das Papier, in das die Pflaumen eingewickelt waren, die Mutter kaufte. Maria hat sich bei ihnen für mich eingesetzt. Sie war so schön.» Camille ist regungslos, wie zu Tode erstarrt.

«Zwei Jahre älter als ich, hochgewachsen, mit langem Haar und so großen, klaren Augen.» Monsieur Rodin schweigt. Camille läßt den Kopf sinken. Weiß er überhaupt noch, daß sie da ist, in seinen Armen? Die Hände verkrampfen sich, Camille fühlt die kurzen Fingernägel, die sich in ihr Fleisch bohren.

«1862. Mein Jugendfreund Barnouvin. Er hieß Barnouvin, und er hat sie verlassen. Sie liebte ihn. Er ist fortgegangen. Vergessen. Sie ist ins Kloster eingetreten, und dann hat man sie uns zurückgebracht. Nach ein paar Tagen ist sie dann gestorben. Lächelnd, ohne ein Wort. Man darf ein Menschenwesen nie verlassen ... sie ist gestorben, gestorben! Mit kaum zwanzig Jahren. Meine Schwester Maria. Maria.»

Camille fühlt das Gesicht, das sich an ihre Schulter drückt. Monsieur Rodin ist schwer. Es ist ihr, als trüge sie ihn auf ihrem Rücken, wie ein verletztes Tier, ein ins Herz getroffenes Tier. «Machen Sie mit mir, was Sie wollen», scheint er ihr zu sagen. Camille wendet sich langsam um. Er hebt den Kopf, hat einen irren Blick.

«Sie lag in ihrem Bett mit der Haube, die sie nicht ablegen wollte. Nie werde ich dieses Gesicht vergessen. Genau wie du eben. Durchsichtig, so wundersam jung, ganz von Träumen umgeben, wie eine große Schwalbe, die in die Tiefe stürzen wird. Aber ich sah auch die Venen ihres Halses, das über das weiße Laken vorgestreckte Kinn, wie ein Stein, unter dem sie erstickte. Wie ein Halseisen. Und dann sah ich dich mit deinem steifen weißen Kragen, der Statue zugebeugt, die Stirn leicht gekraust, verklärt, während du dich bemühtest, die Materie zu besiegen – und ich sah sie in dir, sie...»

Camille hat sich auf den Schemel gestützt, weiß nicht mehr, ob es die Hitze ist, die Worte des Bildhauers, die Geschichte seiner Schwester, aber sie taumelt, schwankt, verspürt ein Schwindelgefühl. Monsieur Rodin ist an seinen Schreibtisch gegangen, kramt in einer Schublade.

«Hier, schau, wie wir uns ähnelten...» Er zeigt ihr ein Medaillon, auf dem ein junger Mann und ein junges Mädchen abgebildet sind. Sie gleichen sich wie Zwillinge.

«Und dann bin ich in dieses Kloster gegangen. Die weiße Tracht der Novizinnen. Und dort habe ich Rose kennengelernt. Alle haben dir bestimmt schon von ihr erzählt. Camille, ich werde...»

Camille ist bleich und starr zu Boden geglitten.

«Camille, Cam-i-iiille!» Schnell, die Anhöhe von Chinchy, die erste sein, als erste zum Riesen gelangen. Camille öffnet die Augen. Paul steht vor ihr, ganz verstört. «Camille, was ist dir passiert?» Camille weiß nicht mehr, wo sie ist. Sie liegt am Boden neben dem Tisch. Paul hilft ihr auf.

«Du hast deinen Bleistift hingelegt. Und dann bist du auf einmal ganz bleich geworden. Mit deiner weißen Bluse und dem weißen Rock sahst du wie eine Tote aus. Ich habe dich gerufen. Du warst ganz ausdruckslos, völlig ausdruckslos.»

Camille fühlt sich ein bißchen besser. Paul hat ihr auf einen Stuhl geholfen, sie sitzt und atmet etwas ruhiger. Er ist so um sie besorgt, gar nicht mehr der unwirsche, brutale Junge. Er kann manchmal so aufmerksam und zartfühlend sein. «Ich habe zu viele Kirschen gegessen, Paul! Und dann dein blödes Lied... *Willst du essen frische Kresse, willst du...*», summt sie schwach und mit gebrochener Stimme.

«Weißt du, Camille, du solltest dich ausruhen. Vorhin schienst du so in deine Arbeit vertieft. Wie eine Fremde... Ich beobachtete dich. Alles hatte sich in deine großen, ins

Leere starrenden Augen zurückgezogen. Du siehst wie eine junge Nonne aus, die gerade den Schleier genommen hat... Erinnerst du dich noch an diese schreckliche Zeremonie in Villeneuve? Mademoiselle Bergnier, ganz in Weiß, mit einem Blumenstrauß, die ihr Gelübde ablegte. Brrr! Mir schaudert es noch jetzt. Dann trat der Priester hervor. Man nahm dem jungen Mädchen den Schleier ab, eine Nonne kam mit der Schere, und dann fielen die Haarsträhnen zu Boden. Ich erinnere mich noch. Ich saß auf der Seite und sah ihr starres und bleiches Gesicht – wie das deine vorhin. Eine entwurzelte Seele – die Entmaterialisierung, das Unantastbare, der Gedanke! Da hast du's: genau wie Rodin dich dargestellt hat. Ausnahmsweise gefällt mir diese Skulptur, sie ist die beste, die er von dir gemacht hat. Wirklich gelungen... Und weißt du noch, dann hat man ihr die weiße Haube aufgesetzt, sie hat sich umgedreht und man sah nur noch das blasse, zitternde Gesicht unter den beiden Flügelkrempen. Tu das nie, Cam!»

Der Gedanke... Camille fühlt sich wie ausgelaugt. Auch sie liebt diese Büste am meisten.

«Du bist doch nicht etwa krank?» Paul ist beunruhigt.

«Nein, es ist nichts. Nur die Hitze und die Kirschen. Und der *Salon de Mai*, den ich jetzt endlich hinter mir habe.»

Sie hätte hinzufügen wollen: «Und Rodin, der nicht da ist. Seine Abwesenheit.» Über diese Rose wußte sie immer noch nichts Genaues, denn er hatte sie nicht mehr erwähnt. Keine Zeit. Sie hatten zu nichts mehr Zeit.

«Ich lege mich ein bißchen hin, geh nur aus, wenn du willst.»

«Nein, ich will dich nicht allein lassen. Heute abend, wenn es dir bessergeht, machen wir einen Spaziergang.»

Das weiße Bett, das kleine Zimmer. Sie hat sich hingelegt. Niemand. Alles ist still. Paul liest bestimmt seinen Monsieur Arthur Rimbaud. Verlassen, auch sie. Fast zweiundzwanzig Jahre alt. Ein bißchen Zärtlichkeit, jemand, der sie tröstet. Rodin bei ihr... Sein schöner Kopf, ihr zugeneigt, seine Hände auf ihrem Körper, seine Arme. Es ist zu hart. Sie ist zu einsam. Die Künstler, die Männer, die Frauen, die Ehepaare, ihr Bruder, ihre Mutter, alle gehen ihren Beschäftigungen nach, haben «ihren Platz im Leben» eingenommen. Aus der Bildhauerei wird nie etwas werden. Gewiß, sie ist die Schülerin Rodins, aber sie wird nie ein Michelangelo sein. In aller Augen ist sie nur die junge Schülerin Rodins.

«Monsieur Rodin, denken Sie an mich?»

Sie hat die Augen geschlossen.

Clos Payen

> ... Doch von da an auf öffentlichen Plätzen und unter freiem Himmel verboten, zieht sich die Bildhauerei wie die anderen Künste in das einsame Zimmer zurück, wo der Dichter seine verbotenen Träume verbirgt. Camille Claudel ist die erste Vertreterin dieser verinnerlichten Bildhauerei.
>
> PAUL CLAUDEL, *Camille Claudel, Bildhauerin*

Das Gitter ist verrostet. Ein Schild «Zu vermieten» schaukelt im Frühlingswind. Monsieur Rodin hat Camille für einige Sekunden bei der Hand gefaßt. Nur das. Sie benehmen sich sehr sittsam, wenn sie nicht allein sind. In schweigendem Einvernehmen lassen sie sich nichts anmerken, gehen nebeneinander, arbeiten nebeneinander, vermeiden demonstrative Gesten. Camille hat Monsieur Rodin verboten, weiterhin das Schild «Monsieur Rodin ist abwesend» vor die Tür zu hängen. Ein Schild wie dieses hier, das jetzt vor ihnen im Wind schaukelt. Ein Frühlingstag in der dunstigen Abenddämmerung ...

«Komm.» Monsieur Rodin duzt sie manchmal wie einen Arbeitsgenossen. Sie stoßen die Pforte auf. Zwei Kinder an der Schwelle des Märchenlands. Bevor Monsieur Rodin die Pforte hinter sich schließt, nimmt er das Schild ab. Camille lacht, protestiert ein wenig. Rodin macht «Pst!» mit dem Finger, tut sehr geheimnisvoll, klemmt sich das Schild unter den Arm. Das Gras ist sehr hoch gewachsen, die Büsche verbergen das alte Haus fast zur Hälfte. Niemand kommt. Das einsame und verlassene Haus scheint sie zu erwarten. Dornengestrüpp, Unkraut, wilde Blumen. Camille denkt an das Tal aus dem fünften Gesang der *Hölle.*

Jetzt sind sie an der Eingangstür. Ein schweres Schloß, ein dicker, sich knarrend drehender Schlüssel, und sie treten ein. Zimmer und Zimmer ohne Ende. Hie und da ist der Stuck von der Decke gefallen, die Goldrahmen der Spiegel sind fast schwarz, und sie gehen immer weiter, dringen immer weiter vor, kehren um, wenden sich in eine andere Richtung, schweigen. Ihre Schritte hallen in der Stille. Jetzt stehen Monsieur Rodin und Camille sich im großen Salon gegenüber. Ein hoher Kamin, von Staub und Schmutz beschlagene Fenster, und überall Spiegel, riesige Spiegel in vergoldetem Rahmen, mit einer dicken Staubschicht. Monsieur Rodin tritt auf Camille zu, die sich mit dem Rücken an den Kamin lehnt. Sie sieht sich doppelt und dreifach, nein, vierfach, nein, dort hinten sind noch drei Spiegel, und sie scheinen immer näher zu rücken. Sie rührt sich nicht, fühlt seine Nähe, so nahe ihrem Begehren. Seit Wochen haben sie sich kaum einmal geküßt. Der *Salon de Mai*, die Ausstellungen, die Besuche der Minister, *Der Kuß*... das alles war fast unmittelbar jener Gewitternacht gefolgt. Wie viele Male hatten sie wirklich Gelegenheit gehabt, allein zu sein? Sie sieht seinen Kopf, den schönen Kopf, die fleischigen Lippen, die gerade Nase, die bebenden Nüstern, sie atmet seinen Duft, ihren eigenen Geruch... Er hat sie sanft berührt. Seine Hand streichelt ihren Hals. Dann knöpft er ihr langsam das Kleid auf, löst die Haken des Korsetts, um ihre schweren Brüste zu befreien. Camille will ihm helfen.

«Beweg dich nicht. Laß mich schauen, laß mich machen.» Er wird es nicht müde, sie zu betrachten. Es ist so lange her, seit er sie ganz für sich haben konnte. Die herrlichen Brüste, die geschwungenen, gebieterischen, gewaltsamen Hüften, der so stolz erhobene Kopf, diese Augen, aus denen so viel Intelligenz spricht. Denn sie ist intelligent. Insgeheim hat er manchmal Angst davor. Sie ist intelligenter als er, intuitiver. Und sie hat viel gelesen, viel mehr als er. Er beneidet sie zuweilen um ihre Jugend, ihre Kraft, ihre Rücksichtslosigkeit sogar, und er hat Angst, daß sie ihn kritischer sehen und eines Tages nicht mehr bewundern könnte, ihn nicht mehr mit diesen erstaunten Kinderaugen anblickt, mit diesem absoluten Vertrauen, wie jetzt. Wie gerade in diesem Augenblick, da sie ihm alles schenkt, bis auf ihre Seele. Behutsam streichelt er ihre Brüste, deren Spitzen sich ihm entgegenstrecken. Noch nie hat er einen so rasch reagierenden, so liebesbereiten Körper gesehen . . .

Rodin hat Frauen gehabt, die von heilloser Dummheit waren, sowohl unter den Damen der Gesellschaft als auch unter den Modellen. Bildung und Erziehung hatten nichts damit zu tun. Trotz der Pracht ihres Fleisches hatten ihre Liebesspiele ihm einen faden, traurigen Nachgeschmack hinterlassen. Zärtlichkeiten brauchen den Blick der Intelligenz, fleischliche Liebe muß immer wieder überraschend sein, und er verlangte erfinderische Phantasie, herausfordernden Anspruch und einen Schimmer von Vergeistigung. Camilles Leib sprach zu ihm, antwortete seinen Händen, weil auch sie ihm etwas zu sagen hatte; und weil Camille, seine Camille, ihm etwas zu sagen hatte, lebten auch ihre Schenkel. Er beugt sich über sie, berührt eine ihrer Brüste mit seinen Lippen. Sie stöhnt auf. «Nicht hier.»

«Fürchte nichts. Niemand wird kommen. Was ich an deinem Körper noch mehr liebe als seine herrlichen Formen, ist die innere Flamme, die ihn erhellt. Deshalb habe ich ihm den *Gedanken* gewidmet.»

Er läßt das Kleid zu Boden gleiten, und jetzt ist sie nackt. «Beweg dich nicht.» Vor ihr kniend, streift er ihr die Halbstiefel ab, rollt die Strümpfe herunter. Ganz nackt will er sie sehen, dort vor ihm, an den Kamin gelehnt, ganz sein, ganz seinem Blick ausgesetzt, photographiert in seinem Poetenauge, ihm allein gehörend, in einer für ihn allein bestimmten Pose, ein an den Kaminblock gestützter Engel, wie von einem brutalen Windstoß auf die Erde geschleudert, mit beiden Armen in letzter Anstrengung die gebrochenen Flügel schützend . . . Als ob sie sich aufs neue emporschwingen wollte! Weiblicher Ikarus. Nie würde es ihm gelingen, die Schönheit dieses Körpers auszudrücken.

«Ich verstehe die Künstler der Antike. In Liebe und Respekt für die Natur bezeugen sie inbrünstig ihre Bewunderung des Fleisches. Es ist ein Unsinn, zu glauben, sie verachteten es. Kein Volk hat die Schönheit des menschlichen Körpers zärtlicher und sinnlicher empfunden. Du bist für alle

Skulpturen geschaffen. Wenn ich die Begabung hätte, könnte ich dich in Form einer Statue der Antike darstellen. Die Venus. Ein Rausch der Ekstase scheint von diesen Rundungen auszugehen, die den ihren so ähnlich sind.» Rodin folgt der Modellierung des Körpers, der Kurve der Hüften, der welligen Senkung, die den Bauch mit dem Schenkel verbindet. Er umschlingt die Taille, tastet über die Grübchen, kehrt zum Bauch zurück, der unmerklich erbebt... Camille fleht ihn jetzt an, fordert, ruft. Der Körper zuckt. Und Rodin ist nicht mehr Künstler, nur noch Mann.

Im Atelier rauchte der Ofen. Yvette, nackt, zitternd vor Kälte. Camille hat den Blick abgewendet. Yvette auf den Knien. Monsieur Rodin tritt einen Schritt zurück, geht im Kreis um sie herum. Yvette mit den Ellbogen auf den Tisch gestützt. Monsieur Rodin und Bourdelle in einiger Entfernung. Wieder auf den Knien, und so geht es immer weiter. Camille möchte am liebsten schreien. Monsieur Rodin drückt ihr die Hand in die Leiste.

«Strecke dich bitte etwas mehr, Yvo... so, und jetzt spreize deine hübschen Rundungen.» Yvette, fett und glänzend neben dem Ofen. Er erklärt dem Gehilfen: «Schau. Sie ist eine Urne. Der Rücken verschmälert sich in der Taille und verbreitert sich dann wieder enorm. Eine köstlich gerundete Vase, die Amphore, die in ihren Flanken das Leben der Zukunft enthält.»

«M'sieur Rodin, ich erfriere. Reden Sie nicht soviel.»

«Zieh dich an. Das genügt für heute.»

Rodin hatte eine besondere Vorliebe für diese Pose der Modelle. Camille fand es fast unerträglich. Als einzige Frau des Ateliers sah sie ihre Geschlechtsgenossinnen auf den Knien, die Scham weit geöffnet, gespannt oder gestreckt, je nach dem Wunsch der Künstler, die alle Männer waren. Aber hatte auch sie sich nicht der gleichen Prozedur unterworfen wie Yvette, und ohne sich zu genieren? Yvette steht auf, zwinkert Camille zu, deren Blick sie bemerkt hat. «Na und? Bist du noch nie so gewesen?»

Ja, aber sie hatte sich wenigstens nicht den Blicken aller aussetzen müssen. Plötzlich wird sich Camille ihrer privilegierten Stellung bewußt. Sie versteht Yvettes Haß, die schwierige Existenz der Modelle. Was für sie ein Spiel ist, an dem sie aktiv teilnimmt, ist für die anderen Arbeit und Zwang. Sie fand Spaß daran, am Boden zu hocken, sich wie ein Tier behandeln zu lassen, während die anderen sich Tag für Tag ausziehen, ob es kalt oder warm ist, und ihre Arbeitsstunden als Modelle absitzen müssen. Natürlich gibt es auch schlechte Modelle, denn es genügt noch lange nicht, einfach nackt dazustehen.

Die männlichen Modelle scheinen keine Probleme zu haben. Sie diskutieren nackt mit den Bildhauern und geben sich gelassen. Schon oft ist Camille dieser Unterschied aufgefallen. Yvettes hervorgestreckter Popo? Wird sie je einen Mann auf den Knien vor sich haben und stundenlang die köstlichen Rundungen seines Popos zeichnen können? Ein amüsiertes Lächeln huscht über die Lippen der schönen Träumerin. Einige Verse kommen ihr in Erinnerung.

Frauenfleisch, idealer Ton, o Wunder,
O edelstes Dringen in die Materie . . .

Nein, das ist es nicht.

«Woran denkst du?» Monsieur Rodin ist angezogen, steht über sie gebeugt. «Zieh dich an, du wirst dich noch erkälten.»

«Warte, ich suche ein paar Zeilen aus einem Gedicht von Victor Hugo, das ich mit Paul auswendig gelernt habe. Jetzt fällt es mir ein:

Frauenfleisch, idealer Ton, o Wunder,
O edelstes Drängen in Bewußtsein und Geist,
Lehm, vom unsagbaren Wesen geknetet,
Materie, wo die Seele durch ihr Schweißtuch erstrahlt,
Schlamm, sichtbare Hand des Bildhauergotts,
Kot, der die Küsse und Herzen ruft,
So heilig . . .

Nein, warte . . .

So heilig, daß man, besiegt von der Liebe, nicht weiß –
Im unergründlichen Drang zum hohen Bette –
Ob diese Wollust nicht ein Gedanke ist,
Und ob man, wenn die Sinne in Flammen steh'n,
Die Schönheit umschlingend, nicht anders kann,
Nicht anders kann als Gott küssen zu glauben.»

Rodin hat mit ihr die letzten Verse gesprochen.

«Du kennst es?»

«Ja, ich kenne es. Ich finde diese Verse Hugos überwältigend. Ich bin zwar nicht sehr gebildet, aber du weißt, wie ich dir erzählte, daß ich nach dem Tode Marias im Kloster war. Der Pater Eymard – ein wahrer Heiliger – hat mich dort aus der Verzweiflung gerettet, und da er gleichzeitig von meinem Genie überzeugt war, gab er mir den Rat, mich voll und ganz der Bildhauerei zu widmen. ‹Du mußt deinen Irrtum aufgeben›, sagte er immer wieder, ‹du hast eine Ruhepause gebraucht, und das ist alles! Aber du mußt unbedingt zu deiner Bildhauerei zurückkehren. Das ist deine Berufung.› Er hat mich sehr zum Lesen angehalten. ‹Lies alles, was du kannst. Vor allem die Dichter.› Und als ich aus dem Kloster kam, habe ich in dankbarem Gedenken an ihn viele Stunden in den öffentlichen Bibliotheken verbracht. Mit Hugo, Musset, Lamartine . . . Dort habe ich übrigens auch Dante entdeckt. Der Pater Eymard war ein Heiliger!»

Camille ist inzwischen angezogen. Monsieur Rodin spricht, die Stirn an die Fensterscheibe gedrückt. Es ist noch früh, wenn auch die Bäume und Büsche schon den Garten mit ihren Schatten verdunkeln. Camille macht sich bereit, richtet noch schnell ihr Haar. «Ich muß jetzt nach Hause . . .»

«Warte. Hör mir einen Augenblick zu. Dieses alte Haus gehörte einst Jean-Nicolas Corvisart, dem Chirurgen der Großen Armee, und es heißt ‹Le Clos Payen› oder ‹La Folie Neubourg›, das Lustschlößchen von Neubourg. Er war der Arzt Napoleons. Du hast, als du zwölf warst, Napoleon modelliert, und das ist das Haus seines Arztes. Robespierre hat hier gewohnt, später Musset und George Sand. Und jetzt wir . . .»

«Wir haben es besucht.»

«Nein, Cam. Wir wohnen hier. Ich habe es gemietet.»

Camille lehnt sich gegen den Spiegel. «Was hast du eben gesagt?»

«Ich habe das Haus gemietet. Für uns.»

Sie geht auf ihn zu. Er blickt in den Garten, sie legt den Kopf an seine Schulter. «Ist das wahr, Monsieur Rodin?»

«Ja, es gehört dir. Wir werden hier auch arbeiten. Es ist unser neues Atelier.»

Camille bricht in jubelndes Lachen aus, tanzt und hüpft herum. Sie ist zwölf Jahre alt, spielt Himmel und Hölle auf dem Parkett. Und dann rennt sie durch alle Zimmer, springt im Galopp die Treppe hinauf.

«Camille, Cami. . .ii. . .iiille . . . .wo bist du? Cami. . .ii . . .iiille!»

«Monsieur Rodin.»

Die Stimme klingt so fern, fast erstickt. Wie soll er sie in diesem Zimmerlabyrinth finden?

«Sie sind ein ungezogenes kleines Kind.»

«Wie bitte?»

«Eine freche Göre!»

Camille amüsiert sich. Monsieur Rodin wütet so schön. Alles das gehört ihr, keine Familie mehr, sie kann kommen und gehen, wie es ihr paßt! Monsieur Rodin gehört ihr. Er wird sie nie einholen. Sie eilt von Zimmer zu Zimmer, klettert bis in die Dachkammer.

«Das Lustschlößchen von Neubourg.»

Plötzlich ist sie wieder da. Mit Spinnweben bedeckt, voller Staub und Schmutz. Sie macht eine spöttische Verbeugung. «Die Prinzessin *de la Folie Neubourg*.»

Er reicht ihr die Hand, umarmt sie, hebt sie hoch, drückt sie an seine Brust. «Du kleine Närrin! Du kleine Närrin!»

Sie zappelt wie ein Aal.

«Monsieur Rodin, ich liebe Sie *à la folie*! Ich bin ganz närrisch nach Ihnen.»

Er hat sie wieder hingestellt. Sie ist schwer mit all ihren Muskeln. Seltsam lächelnd blickt sie ihn an. «Ich frage mich, wie sie posiert haben.»

«Wer?»

«Die Modelle für die *Entführung*... Das hätte ich sehen mögen. Die fleischliche Liebe. *Ich bin schön, o Sterbliche, wie ein Traum aus Stein.*»

Rodin erinnert sich. Der Mann hält die Frau mit ausgestrecktem Arm. «Mademoiselle Bildhauerin, Sie sind zu neugierig. Ich werde es Ihnen erklären. Wenn ich Ihnen all meine Geheimnisse preisgebe, bringen Sie mich um, und dann werden Sie an meiner Stelle berühmt. Genie haben Sie bereits, und Genies brauchen keinen Unterricht. Finden Sie es selbst heraus.»

Er lacht. «So, jetzt müssen wir gehen. Bald schaffen wir ein paar Möbel her.» Camille hakt sich bei ihrem Gefährten ein. Sie schließen die Pforte hinter sich zu.

«Bis morgen, mein Lustschlößchen.»

Das Paar entfernt sich. Camille hakt sich wieder aus. Sie gehen sittsam nebeneinander, wie immer.

Brief aus der Anstalt

«... Man muß wirklich verrückt sein, so viel Geld auszugeben. Das Zimmer ist das gleiche, es gibt überhaupt nichts, weder eine Daunendecke noch einen Eimer für die Hygiene, nichts, nur einen häßlichen Nachttopf, der meist angeschlagen und voller Risse ist, ein häßliches Eisenbett, in dem man die ganze Nacht friert (und da ich ohnehin Eisenbetten hasse, solltest Du einmal sehen, ob ich (unleserlich), wenn ich mich darin befinde...»

Wilde Hoffnung

> ... Du Elender, irgendwo in der Menge Beobachteter, nichts hält mehr! und gegen die wilde Überschwemmung der Hoffnung ist nichts zu tun!
> Nichts zu tun gegen diesen Ausbruch, der wie mein Glaube, wie die Welt aus den Tiefen meiner Eingeweide ausbricht.
> Alles, dessen ich sicher war, ist aus! und aus ist alles, was man mich auf dem Gymnasium gelehrt hat.
>
> PAUL CLAUDEL, *25. Dezember 1886*

Aber was treibt dieses Kind? Dieses eine Mal, wo wir alle da sind? Es ist unglaublich!» Madame Louise kann es nicht fassen. Wenigstens an einem 25. Dezember könnte er doch zum Abendessen erscheinen.

Camille ist vor vierzehn Tagen, am 8. Dezember, zweiundzwanzig Jahre alt geworden. Monsieur Rodin hat ihr den *Gedanken* geschenkt. Sie hat das Werk im Lustschlößchen gelassen. Ihre Mutter hätte es zerbrochen – aus Unachtsamkeit, aus Ungeschicklichkeit. Aber wo kann nur ihr Bruder sein?

«Erzähl mir, Camille.» Ihr Vater sieht müde aus. Er erträgt es schlecht, seinen Kindern fern zu sein. «Machst du Fortschritte?»

«Und ob! Sie verbringt ihre ganze Zeit mit Monsieur Rodin.»

Louis-Prosper zuckt die Schultern. «Was ist das wieder für eine Geschichte?»

«Monsieur Rodin bekommt immer mehr Aufträge. Er hat jetzt ein anderes Atelier genommen.»

Camille hütet sich wohl, die Adresse zu erwähnen. Die junge Louise mischt sich ein. «Ganz Paris spricht davon. Sie steht ihm Modell. Schau dir mal den *Kuß* an, Papa. Sie macht uns Schande. Falls ich eines Tages doch noch einen Mann finde, der mich heiratet, kann ich von Glück sagen.»

«Aber nein, ich inspiriere ihn nur, wenn du willst. Er hat genug Modelle. Mich braucht er nicht. Ich arbeite jetzt mit Marmor.»

Louis-Prosper beschließt, sich endlich einmal mit Camille auszusprechen – unter vier Augen. Seine Frau hat ihm Schreckliches erzählt, aber haßt sie nicht ihre älteste Tochter?

«Ja, weißt du, er hat den Auftrag für die *Bürger von Calais* angenommen, und dann für *Das Höllentor*, und all die Porträtbüsten . . . Es ist einfach zuviel. Er braucht immer mehr Gehilfen. Ich meißle auch. Er hat mich endlich an den Marmor gelassen. Und so bin ich jetzt . . .»

«Camille, Moment mal bitte. Erkläre mir das ein bißchen ausführlicher. Ich bin kein Bildhauer. Wie ist das? Rodin meißelt doch selbst, oder?»

«Nein, warte. Eine Skulptur ist nicht wie eine Zeichnung, zu der man nur einen Bleistift und ein Blatt Papier braucht. Ich will damit sagen, daß da noch viele andere Elemente mitspielen.»

«Louis, ich bitte dich, wir wollen jetzt essen. Es ist spät.»

«Eine Minute, Louise, Camille erklärt mir gerade etwas.»

«Also, angenommen, du willst eine Skulptur machen. Dann mußt du . . .»

Paul stürzt herein, völlig außer Atem, rot im Gesicht.

«Paul, was ist mit dir los?»

«Nichts, Mama. Gar nichts.»

«Es ist eine Frau! Bestimmt eine Frau!»

«Hör doch auf, Louise. Kümmere dich lieber um deine Kleider!»

«O nein! Ihr werdet euch nicht am Weihnachtsabend streiten!»

Louis-Prosper nimmt Camille beim Arm. «Gehen wir zu Tisch. Du wirst mir das später erzählen.» Er hat es ihr zugeflüstert, als ob es um ein Geheimnis ginge.

Die Tafelrunde ist vollständig. Madame Louise, ganz in Schwarz, teilt die Suppe aus. Die junge Louise, lächelnd in ihrem neuen Kleid, das Gesicht von hübschen Locken umrahmt – warum schmollt sie nur so oft? Ihr gegenüber Paul –

aber er sieht so verstört aus, so geistesabwesend, als ob der Blitz vor seinen Füßen eingeschlagen hätte. Camille neben ihm, ein bißchen blaß in ihrem gestreiften Kleid – aber trägt sie es nicht schon seit Jahren? Sie wirkt noch magerer darin, und der hohe weiße Kragen läßt sie noch zerbrechlicher erscheinen.

«Kauf dir doch mal ein neues Kleid, Cam.»

«Sie gibt ihr ganzes Geld für ihre Werkzeuge aus, für ihre Materialien und wer weiß was sonst noch. Nicht einmal einen anständigen Hut hat sie.»

«Also schau, Papa ...» Camille versucht, ihre Erklärungen über die Bildhauerei wiederaufzunehmen.

«O nein, ihr werdet doch nicht wieder damit anfangen? Die Bildhauerei, immer diese verdammte Bildhauerei. Sage mir lieber, ob du die Thierrys gesehen hast.»

Und schon reden sie über die Verwandten. Die Kinder schweigen. Camille blickt Paul an. Zwischen zwei Löffeln Suppe sagt sie: «Paul hat sein Damaskus gefunden. Bist du dem Blitz begegnet? Lies die Bibel, die ich dir geschenkt habe.»

Paul schaut sie verblüfft an.

«Nun, Paul, willst du jetzt endlich essen?»

«Ja, Mama, ich bin fast fertig.»

Camille beobachtet verstohlen ihren jungen Bruder. Er sieht wirklich aus, als sei er jemandem begegnet, und das ist seltsam. Niemand beachtet ihn mehr, aber sie denkt an jenen Gewitterabend zurück. Da war sie wie er. Was mag wohl geschehen sein?

Die Pute kommt auf den Tisch, ziemlich fett, und die Kastanien. Camille haßt diese langen Familienmahlzeiten. Ein Glück, daß wenigstens ihr Vater da ist.

«Sag mal, Paul, hast du etwas von diesem Arthur Rimbaud gelesen? Während ich auf euch wartete, blätterte ich in der *Vogue* und fand einige Gedichte von ihm.»

Das ist für Paul ein unerschöpfliches Thema. Louis hört ihm zu. Die Mutter schmollt in ihrer Ecke, Teller klappern lauter als gewöhnlich, und sie fragt zum zehnten Mal, ob jemand noch etwas Pute, Kastanien oder Salat will. Zum zehnten Mal unterbricht sie das Gespräch. Die junge Louise träumt vor sich hin, denkt an den jungen Ferdinand de Massary, den sie neulich kennengelernt hat. Sie findet die Unterhaltung schrecklich langweilig.

«Rimbaud, Rodin, Rodin, Rimbaud!»

Camille lauscht ihrem Bruder. Er hat ihr *Une saison en enfer* zu lesen gegeben. Jetzt versteht sie, warum ihn dieser Dichter so fasziniert. Er muß irgendwo in der Welt herumirren. Paul hat sich bestimmt nicht getraut, Erkundigungen einzuziehen, wie sie es ihm geraten hat.

Endlich steht der weihnachtliche Baumkuchen auf dem Tisch. Das ist der Höhepunkt! Camille haßt diesen grünlichen, klebrigen, mit dicker Schokolade überzogenen Kuchen. Der Weihnachtskuchen!

Aber dafür gibt es keine Geschenke. Der Vater wird wahrscheinlich dem Monatsgeld einen kleinen Betrag zufügen, aber Geschenke werden in dieser Familie nicht gemacht. Oder doch? Louise trägt heute eine antike Brosche an ihrer Bluse. Camille betrachtet ihre Schwester, von der sie gerade ein Porträt modelliert, aber Louise will ihr nie sitzen, findet immer tausend Vorwände.

«Also, Camille, erzähl mir ein bißchen von dieser Bildhauerei.»

Sie sitzen jetzt in aller Ruhe. Paul ist in ein Buch vertieft. Camille wirft einen Blick darauf. Sieh einmal an, es ist die Bibel, die sie ihm vor einigen Monaten geschenkt hat. Es klingelt an der Tür. Madame Louise ist öffnen gegangen. Ferdinand de Massary kommt, um Louise abzuholen. Deshalb also trägt sie die Brosche. Wahrscheinlich ein Geschenk der Mutter. Vorstellungen, Begrüßungen, Verabschiedungen. Camille sieht ihre Schwester fortgehen und denkt an den Abend, als ihre Mutter sie angeschrien hat: «Du wirst nie mehr ausgehen, ich werde dich einsperren lassen!» Innerlich lächelnd sagt sie sich: Wenn du wüßtest, welche Fortschritte ich inzwischen gemacht habe.

«Cam, wie ist es also?»

«Gut, fahren wir fort. Du brauchst ein Modell. Das mußt du zuerst einmal finden. Wenn dir kein Freund oder keine Freundin den Gefallen tut, mußt du das Modell bezahlen, den Ton kaufen und ins Atelier schaffen. Zehn Kilo Erde sind nicht leicht zu schleppen. Sowie du einen Entwurf gemacht hast, mußt du den Ton brennen, weil er sonst brüchig wird und unter der Einwirkung von Kälte oder Wärme zerbröckelt. Natürlich kannst du ihn in feuchte Tücher wickeln, aber die werden schnell trocken. Auf diese Weise hat Monsieur Rodin zu Beginn seiner Karriere viele Entwürfe verdorben, und von einer seiner ersten Büsten ist zum Schluß sogar nur eine Maske geblieben. Das war Bibi, ein alter Mann, der hie und da als Aushilfe arbeitete. Rodin hatte damals kein Geld und wollte diese Büste im Salon ausstellen. Das war im Jahre vierundsechzig, im Jahr meiner Geburt. Und dann peng! Rodin arbeitete in einem ungeheizten Stall, und in der Kälte ist die Büste entzweigebrochen. Es blieb nur die Maske. *Der Mann mit der gebrochenen Nase.* Und so hat er sie dem Komitee gezeigt – und ist abgewiesen worden. Jahre später hat man den *Mann mit der gebrochenen Nase* für eine herrliche Skulptur der Antike gehalten. Also, weißt du, die Kritiker . . .!»

«Ja, aber warum meißelst du?»

«Warte . . . Hat man einmal seinen Entwurf gemacht, so muß er in den meisten Fällen vergrößert werden. Das tust du entweder selbst, und dann mühst du dich etwa fünf Jahre lang mit einer Skulptur ab, oder du hast Gehilfen, die es für dich machen. Ich übertreibe zwar ein wenig, aber immerhin hat Rodin achtzehn Monate gebraucht, um das *Eherne Zeitalter* zu vollenden. Und das war nur Gips. Natürlich kannst du alles in Gips machen, aber das ist sehr zerbrechlich. Danach kannst du es dann in Bronze gießen, aber das kostet eine Menge Geld. Man muß einen Gießer finden, und die guten sind oft schon für Monate mit anderen Aufträgen ausgebucht. Ein schlechter Gießer kann dir eine Statue für immer verderben. Du kannst auch direkt in den Stein oder den Marmor meißeln, aber während du den Ton nach Belieben umkneten kannst, darfst du dir mit dem Marmor nicht den geringsten Fehler erlauben. Da riskierst du ein Vermögen. Außerdem erfordert es stundenlange Arbeit, den Marmor für die Rohform zurechtzuhauen. Deshalb vertraut man das jetzt geschulten Arbeitern an, den sogenannten Gehilfen, und der Bildhauer vollendet dann das Werk. Aber vorher fällt die ganze Arbeit an, den Stein oder den Marmor in die entsprechende Form zu schneiden. Ich finde das faszinierend. Und so habe ich Monsieur Rodin gebeten, mich direkt den Marmor meißeln zu lassen.»

«Nun ja, aber was macht er?»

«Schau, wenn man seinen Entwurf in Ton modelliert hat und muß ganz allein weitermachen, dann schafft man es nie. Du hast die sogenannten Gipsmischer, die Gipsarbeiter, die dir die Materie vorbereiten. Gut, du machst also deinen Entwurf, und das ist fast das Wichtigste, weil da der Bildhauer zeigt, was er kann. Dann läßt du ihn von den Gehilfen vergrößern, von den sogenannten Zurichtern. Monsieur Rodin arbeitet nur auf diese Art. Man macht ihm zehn, fünfzehn oder zwanzig Vergrößerungen, und an Hand dieser trifft er seine Entscheidungen und erteilt seine Anweisungen. Diese ersten Vergrößerungen werden zu einem Drittel oder zur Hälfte der gewünschten Dimension ausgeführt. Dann wählt er seine Vorlagen aus, läßt sie vergrößern, und erst daraufhin nimmt er die Arbeit wieder auf. Natürlich erfordert das eine große Anzahl von Arbeitskräften. Soll die Statue aus Stein oder Marmor sein, so werden die Entwürfe von den besten Gehilfen definitiv ausgeführt. Der Bildhauer markiert mit dem Bleistift die Einzelheiten, die er etwas mehr betont wünscht, oder er macht es wie Rodin, der – du wirst es nicht glauben – seine Taschentücher hervorholt, genau wie du, und sie auf die Stellen legt, die ihm noch nicht gut genug erscheinen. Und seine Taschentücher werden dann ebenso schmutzig wie die deinen, wenn du damit im Hause Sachen reparierst.»

Ihr Vater lächelt. «Aber du meißelst also.»

«Ja, und angeblich entwickle ich mich zu seiner besten Arbeiterin. Weißt du, der Marmor ist nämlich sehr empfindlich, und wenn du einen ‹Wurm› erwischst – ja, so nennt man es, wenn der Meißel zu brutal eindringt und der Marmor brüchig, man könnte fast sagen faulig wird. Dann muß man alles noch einmal von vorne anfangen. Ich will eine große Bildhauerin werden, aber ich habe auch den Ehrgeiz, das Handwerkliche vollkommen zu beherrschen. Ich glaube, ich würde vor Wut den Verstand verlieren, wenn ich mit ansehen müßte, wie jemand mir meinen Marmor beschädigt oder auch nur anfaßt. Meine Skulpturen will ich direkt aus dem Block meißeln.»

«Und Monsieur Rodin?»

«Ach, weißt du, der hat viel zuviel Aufträge. Und dann hat er eigentlich nie direkt gemeißelt. Nicht wirklich jedenfalls... Es interessiert ihn nicht. Außerdem könnte er dann auch nicht von seinem Beruf leben, das schafft er schon so kaum.»

Paul hat von seinem Buch aufgeblickt. «Dein Monsieur Rodin ist gar nicht dumm. Er träumt und überläßt dir die Arbeit.»

«Sei still, Paul, davon verstehst du nichts. Ich bin nicht allein. Er beschäftigt wahnsinnig viele Leute. Übrigens wird er bald drei Ateliers haben. Bei ihm arbeiten Jules Dubois, Danielli, Jean Escouba, die Brüder Schneeg, Lefêvre, Fagel...»

Monsieur Claudel fragt besorgt: «Ist das nicht zu ermüdend für dich?»

«Aber nein, Papa, ich bin sehr glücklich. Er hat mir die Hände und die Füße des *Höllentores* anvertraut. Und weißt du, er wurde ausgewählt, den Auftrag für das Denkmal der *Bürger von Calais* zu übernehmen, und...»

«Sehr schön, Camille, aber du? Was machst du im Augenblick für eigene Arbeiten?»

«Ich habe gerade eine Büste von ihm beendet. Die mußt du dir unbedingt anschauen. Und *Paul als Achtzehnjähriger.*»

«Was mich betrifft...»

«Beklage dich nur, Paul. Alle haben mich gefragt, wer dieser stolze römische Centurion ist. Von Louise mache ich auch eine Büste.»

Louis-Prosper blickt seine große Tochter mit Bewunderung an. Daß sie von ihrer Tätigkeit begeistert ist, steht außer Zweifel. Aber diesen Monsieur Rodin möchte er sich doch einmal gern aus der Nähe anschauen. Camille ist jetzt zweiundzwanzig Jahre alt, und sie redet nie ein Wort über ihr Privatleben, gibt sich in dieser Beziehung sehr verschlossen. Das liegt bestimmt am schlechten Auskommen mit ihrer Mutter. Er betrachtet diese hochgewachsene Amazone, wie sie rittlings auf ihrem Stuhl sitzt, die Hände auf der Rückenlehne. Wird es ihm gelingen, dieses Herz zu erschließen? Morgen wird er sich das Atelier anschauen. «Cam, zeigst du mir dein Atelier?»

«Wenn du willst, aber entrüste dich nicht über die nackten Modelle.»

Louis lacht. «Sehe ich denn wirklich wie ein Pfaffe aus?»

Er ist aufgestanden und schenkt sich ein Gläschen Marc ein. «Paul, willst du auch eins?»

Paul lehnt brummend ab. Er ist immer noch in seine Lektüre vertieft.

«Gib mir ein bißchen, Papa.» Es geht Camille auf die Nerven. Sie hat zwar keine besondere Lust, von diesem Schnaps zu trinken, aber daß ihr Vater sie einfach wie ein Kind übergeht, findet sie unerträglich. Louis schenkt ihr ein.

«Nun hör mal, Louis, du wirst sie doch nicht jetzt auch noch betrunken machen?» schimpft die Mutter.

«Nimm doch auch ein Glas.»

«Nie im Leben.»

«Doch. Es wird uns allen guttun. Komm, Paul!»

Camille hat alle Mühe, nicht laut loszulachen. Ihre Mutter hält das Glas, als ob es eine klebrige Regenschnecke wäre, und sie verzieht den Mund.

«Nun hört, was ich euch zu sagen habe. Ich werde nach Compiègne versetzt. Dann bin ich euch endlich näher. Ich bin dieses eintönigen Lebens müde. Die Mahlzeiten im Hotel, fern von meinen Kindern ... und von dir, meiner Frau.»

Camille blickt sie an. Ihr Vater ist jetzt sechzig Jahre alt, ein wenig gebeugt. Sein weißes Haar, die hervorstehenden Bakkenknochen, die kleine Kappe und sein Spitzbart geben ihm das Aussehen eines alten Gelehrten.

«Na schön. Aber deshalb werden wir dich auch nicht öfter sehen.» Madame Louise ist nicht sonderlich beeindruckt.

«Aber doch, Louise, jedenfalls bin ich euch näher, verstehst du?»

Louise kostet den Schnaps. Camille bemerkt das echte Vergnügen, das ihrer Mutter dieses Gläschen Marc bereitet.

«Siehst du, Louise, wie gut es dir schmeckt?»

«Nicht im geringsten. Aber ich muß dir wohl diesen Gefallen tun.»

Camille haßt diese Frauen, die nie sagen, was ihnen Freude macht und was nicht. Wie ewig Duldende opfern sie sich ständig auf. Mit ihrem gehemmten Lustempfinden sind sie nur noch Leidende. Sie haben eine solche Schranke vor dem Vergnügen aufgerichtet, daß nicht einmal ein Leckerbissen oder eine Blume die geringste Freude in ihnen auslöst. Das ganze Leben ist ein Kreuz. Camille ist Monsieur Rodin aus tiefstem Herzen dankbar, von ihm den Geschmack am Vergnügen gelernt zu haben. Doch das hätte sie schließlich auch selbst gefunden. Schon als kleines Mädchen hatte sie sich geschworen, immer weiter zu suchen. Es gibt einen gewissen Egoismus, der ein Zeichen von Gesundheit ist. Ihr Vater hatte einmal eine Bemerkung gemacht, die ihr von Kindheit an in Erinnerung geblieben ist. «Camille, sag immer, was dir Freude macht. Wer sich zum Verzicht zwingt, macht damit niemanden glücklich. Jeder soll wissen, was du dir wirklich wünschst. Nichts ist schlimmer, als sich für jemanden aufzuopfern. Das ist kein Geschenk, das man einem Mann machen sollte. Es ist eine unerträgliche Form der Erpressung.»

Sie erinnert sich. Ihr Vater war an diesem Tage sehr wütend gewesen. Er hatte Streit mit Louise gehabt. Camille weiß nicht mehr genau, warum. Die Mutter war aus dem Zimmer gegangen und hatte Louis noch zugerufen: «Wo ich mich schon so für diese Kinder aufopfere.»

Sie haben ihre Gläser abgestellt. «Morgen gehen wir alle ins Restaurant.»

«Aber Louis, ich bitte dich, das ist doch viel zu teuer.»

Louis ist zornig von seinem Sessel aufgesprungen. «Na schön, dann bleibe nur zu Hause. Wie du willst. Ich nehme Camille und Paul mit.»

Er hat die Tür hinter sich zugeknallt. Monsieur Louis ist ausgegangen. Draußen schneit es.

Camille denkt an Monsieur Rodin. Wo mag er heute abend sein? Bei ihm zu bleiben oder ihn zum Familienessen einzuladen, war undenkbar. Wo mag er sein? Der Clos Payen – das Lustschlößchen von Neubourg – ist der Ort ihrer Rendezvous geworden. Dort sind sie allein, arbeiten miteinander. Nie ist Camille glücklicher gewesen. Die Portiersfrau hat Befehl, niemanden einzulassen und niemandem Auskünfte zu erteilen. So leben sie dort verborgen hinter den Büschen, den Bäumen, dem hohen wilden Gras. Nur während der Ferien sind sie getrennt. Camille wird es nicht müde, jeden Sommer in Villeneuve zu verbringen. Wenn sie aber mit ihm dort sein könnte ... welches Glück! Er ist oft auf dem Lande. Manchmal hätte Camille nicht übel Lust, ihn nach Rose zu fragen, aber sie schweigt. Er wird ihr bestimmt einmal alles sagen, und sie will sich nicht erniedrigen, ihn mit Fragen zu bedrängen.

Monsieur Rodin hat jetzt drei Ateliers. Camille weiß, daß sein Ruhm ständig wächst. Damen der Gesellschaft, Männer der Politik, Bildhauer, Engländer, Schweden und sogar Amerikaner besuchen ihn am Samstag. Alle wollen *Das Höllentor* sehen. Camille sieht, wie sie um Monsieur Rodin herumscharwenzeln. Wenn sie wüßten!

Es ist wahr; ihr Vater hat recht. Sie ist Rodins Arbeiterin, sein Modell, seine Inspiration und seine Gefährtin. Manchmal kann sie sich kaum noch auf den Beinen halten. Das Haar mit einer Kruste von Staub und Erde bedeckt, spitze Steinsplitter in den Schuhen, schleppt sie sich humpelnd vor Müdigkeit nach Haus. Wenn sie einen ganzen Tag lang Stein oder

Marmor gehauen hat, ist sie physisch erschöpft, und auch sie arbeitet in den drei Ateliers. Manchmal muß sie ihm stundenlang im Clos Payen Modell sitzen. Er will sie zeichnen, er will sie modellieren. Insgeheim ist sie glücklich, sein Modell zu sein, aber zuweilen gibt es ihr einen Stich, wie gerade vorhin, als ihr Vater sie fragte, wie es um ihre eigenen Werke stand. Sie arbeitet nicht genug für sich selbst. Während der langen Posen für ihn geistert eine ganze Welt von imaginären Skulpturen in ihrem Kopf herum. Sie sieht Szenen, Gruppen, Büsten – das ganze monumentale Werk, das sie eines Tages zu erschaffen hofft. Aber wie kann sie Rodin verweigern, dazusein, wie kann sie ihm verweigern, was er von ihr verlangt?

Neulich hat er ihr *Die Meditation* gewidmet – und eins seiner schönsten Stücke, *Die Danaïde.* Es war zu Beginn des Frühjahrs, als er es angefangen hatte. Sie weiß es noch. Es war im Atelier, er hatte sie geküßt, sie hatten sich geliebt, dann hatte sie nackt, mit angezogenen Beinen, auf dem Diwan gelegen und war einfach eingeschlafen. Sehr dumm von ihr übrigens, denn natürlich hatte sie sich erkältet. Ihm war nicht eingefallen, sie zuzudecken, denn er hatte begonnen, seine Erde zu kneten und in aller Ruhe zu modellieren. Und da er arbeitete, fühlte er die Kälte nicht. Als sie aufwachte, hatte sie furchtbare Nackenschmerzen. Zu Hause mußte sie zuerst die Vorwürfe ihrer Mutter über sich ergehen lassen, und am Tag darauf hatte sie Fieber und schreckliches Halsweh. Sie sagte nichts, schleppte sich fast einen ganzen Monat hustend und mit schmerzender Kehle herum. Die Mutter hatte sich nicht ein einziges Mal besorgt gezeigt. Erst bei Victoire erhielt sie gute Pflege, als die Familie wie jedes Jahr Ende Juli nach Villeneuve gekommen war.

«Paul, was ist eigentlich eine Danaïde?»

«Ein Schmetterling.»

«Was?»

«Ein schöner Schmetterling der gemäßigten Zonen.»

Camille überlegt. Ein schöner Schmetterling. Sie ist alles

andere als ein schöner Schmetterling. Vielleicht war sie doch nicht das Modell für diese Danaïde.

«Eine der Töchter des Danaos.»

«Ach so. Und wer waren sie?»

«Sie haben alle, bis auf eine, ihre Männer in der Hochzeitsnacht umgebracht.»

Camille ist verdutzt. «Was?»

«In der Hölle erhielten sie ihre Strafe. Sie mußten auf ewig Wasser in ein Faß ohne Boden schöpfen. Deshalb bezeichnet man mit dem Faß der Danaïden ein Herz, dessen Wünsche sich nie erfüllen.»

Camille kann die ewig Zufriedenen nicht ausstehen. Das hat sie eines Tages zu Monsieur Rodin gesagt. Aber sie darum gleich mit einer Danaïde zu vergleichen ... Plötzlich hat Camille Lust, ihm weh zu tun, ihn in Wut zu versetzen. Übrigens hat sie ihn noch nie in Wut gesehen.

«Camille, hör dir das an.» Paul ist immer noch in die Bibel vertieft.

«Sprich zur Weisheit: Du bist meine Schwester, und nenne die Klugheit deine Freundin, daß sie dich behüte vor der Frau des andern, vor der Fremden, die glatte Worte gibt.»

Camille fühlt sich müde, ein wenig beschwipst. Sie haben zum Essen Wein getrunken, und dann den Marc. Sie hat Lust auf etwas anderes.

«Ruft nicht die Weisheit, und läßt nicht die Klugheit sich hören? Öffentlich am Wege steht sie und an der Kreuzung der Straßen.»

«Was ist das, Paul?» Leicht torkelnd tritt sie auf ihn zu. Dabei hat sie gar nicht viel getrunken. Es ist die Müdigkeit, und dann hat sie während der langen Mahlzeit fast nichts gegessen.

«Das steht in den Sprüchen Salomos. Die Weisheit, die in den Zügen einer Frau symbolisierte Weisheit. Die menschliche Seele, die Inspiratorin.»

Camille blickt Paul an. Alle brauchen sie eine Inspiratorin. Paul, Monsieur Rodin, all die Männer, die mit ihr im Atelier arbeiten. Nichts weiß sie von ihnen, nichts. Die Welt der

Männer, die Welt der Jünglinge. Aber warum ist sie von der Welt der Frauen so ausgeschlossen? Ach ja, mit der alten Hélène, Victoire und Eugénie versteht sie sich gut, aber selbst in ihrer Gesellschaft fühlt sie sich nie ganz wohl, langweilt sich sogar oft, wenn sie ihre Geschichten erzählen. Aber sobald sie mit ihrem Vater ist, oder mit Rodin, oder im Atelier, hat sie den Eindruck, frei zu sein. Allerdings kennt sie sie auch nicht wirklich. Nun ja, sie kennt ihre Wünsche, ihr oft kindliches Gebaren, ihre plötzlich ratlosen Gesichter, und dann auf einmal diese Konzentration, diese Willenskraft, diese Fähigkeit, völlig unnahbar zu sein, ganz in ihrer Arbeit aufzugehen.

«Paul, ich habe Lust, auszugehen und fröhlich zu sein.» Camille kennt diesen plötzlich auftauchenden Wunsch, Dummheiten zu machen, ihre Launen auszutoben. Sie trinkt noch ein Glas Marc. «Das brennt in mir! Dort, ganz tief in meiner Kehle. Schau, ob du keine Flammen siehst!»

Sie hat ihrem Bruder eingeschenkt, und er trinkt geistesabwesend. Und jetzt singt sie einen Gassenhauer und tänzelt ein paar Schritte.

Mademoiselle, ich lade Sie ein
Zu einem Glas Cognac, zu einem Glas Wein.
Mademoiselle, ich lade Sie ein,
Was wollen Sie trinken, was darf es denn sein?
Monsieur, nie und nimmer laden Sie mich ein,
Ich trink' so was nicht, das ist mir zu fein.
Ich trinke nur Wasser, nur Wasser schmeckt mir,
Und jetzt geh' ich nach Hause, zwei Schritte von hier.

Oder in diesem Falle eher zweieinhalb Schritte. Mit einem Schluckauf wirft sie ihr Bein hoch und hüpft auf einem Fuß im Rhythmus des Cancan.

«Hör auf, Cam!»

«Was ist denn los?»

«Ich weiß nicht. Am Weihnachtstag!»

Camille bricht in grölendes Gelächter aus. «Ach ja! Weihnachten! Der süße Kuchen! Die Religion, die Familie, das

Vaterland. Trara, trara, trara!» Plötzlich bleibt sie stehen. «Ich liebe das Leben! Die Liebe! Die Hoffnung! Ohne Belohnung. Von einem Tag auf den anderen. Die Wildheit. Ich bin eine Wilde.»

Mademoiselle, ich lade Sie ein . . .

Wenn sie einmal außer Rand und Band gerät – Paul kennt sie – ist nichts mit ihr anzufangen. Louis-Prosper ist gerade zurückgekehrt. Und jetzt tanzen die beiden einen Walzer. Camille brüllt vor Lachen. Madame Louise erscheint im Nachthemd, einen Schal um die Schultern gelegt. Camille schaut sie an und lacht, lacht und lacht. Sie kann gar nicht mehr aufhören.

«Es ist nichts, Mama, sie ist ein bißchen beschwipst.»

Paul blickt sie alle an. Und er, was ist ihm geschehen? Er ist heute in der Kirche gewesen, in der Kathedrale von Notre-Dame, er, der Atheist, der Schüler Renans, er hat sich das Magnifikat in Notre-Dame angehört. Wie soll er ihnen erklären, daß er eine Gegenwart gefühlt hat, daß ihm die Gegenwart eines höheren Wesens mitten ins Herz gedrungen ist? Wie soll er ihnen diese Begegnung gestehen, die alles in ihm weggefegt hat? Alles, was er in der Schule gelernt hat, ist bedeutungslos geworden. Wieder sieht er die Jungfrau vor sich im Halbdunkel, das Kind in den Armen, das unsagbare Lächeln dieses Kindes, das Versprechen der Unschuld, diese tiefe Freude. Camille lacht immer mehr, aber er, er möchte am liebsten schluchzen, Tränen der Freude weinen. Er möchte schreien und all die Schrecken der letzten Jahre aus seinem Herzen schleudern. Zum ersten Mal in seinem Leben ist er wehrlos geworden, überwältigt, in seinem ganzen Inneren aufgewühlt. Etwas in ihm ist zerrissen. Er möchte es ihnen sagen, es ihnen zuschreien, sie teilnehmen lassen an dieser wilden Hoffnung, die ihm die Eingeweide aus dem Leibe reißt. Und er weiß, daß es nicht die Wirkung des Alkohols ist. Seit einigen Stunden brennt es in ihm, seit diesem Spätnachmittag hat er sich in ein schreckliches Abenteuer begeben. Nun, da alle Schiffe verbrannt sind, alles ins Meer versunken ist, hat er sich erhoben. Louis ist, erschöpft von dem wilden Tanz, stehengeblieben, Paul packt seine Schwester am Arm, und jetzt wirbeln sie herum, brüllend und lachend wie früher, als sie Kinder waren. Er kommt aus Notre-Dame, sie arbeitet am *Höllentor.* Keiner von ihnen hat sein Geheimnis preisgegeben. Doch das ist nicht wichtig. Heute abend sind sie alle närrisch vor Freude.

Rose Beuret

> Ah, wenn dieser Säumige nun die Traube nicht
> pflücken mag...
> Ah, wenn er stets nur den Richter spielen mag,
> Sich zäh an sein bißchen Urteil hängt und Vernunft...
> Ah, wenn er die Traube verachtet, er durfte die
> Rebe nicht ziehn...
> PAUL CLAUDEL, *Singspiel für drei Stimmen*

Es herrschte Kälte, eisige Kälte. Der Februar endete in Stürmen und Schauern. Camille fühlte sich müde und erschöpft, wie jene Zugpferde, die Seite an Seite im Schritt gehen und nicht mehr den Mut haben, sich in ihrem Geschirr aufzubäumen. Camille war mit sich selbst unzufrieden. Das Jahr 1887 hatte keinen Reiz für sie. So war es nun einmal. Und das, obwohl sie Monsieur Rodin jetzt häufiger sah. Sie hatte ein herrliches Atelier. Das Lustschlößchen von Neubourg im Schnee war ihr mehr als sonst ein Hafen des Friedens, der Wollust und der Arbeit gewesen. Aber seltsamerweise hatte sie das Gefühl, daß es nicht dabei bleiben würde.

«Dieses Wetter sagt mir nichts», erklärte die alte Hélène.

Louise schien sehr beschäftigt. Die Hochzeit mit Ferdinand de Massary, einem eleganten jungen Mann mit kleinem Schnauz und Spitzbart, stand bevor. Camille hatte vorgeschlagen, ihre Büste fertigzustellen. Zur gleichen Zeit arbeitete sie an Porträts ihres Bruders, des Vaters, des Schwagers und Rodins. Doch so kam sie nicht weiter. Ein wahres Modell ganz für sich allein hätte sie haben wollen, ein Paar, eine nackte Frau, einen nackten Mann – endlich einmal eine Abwechslung von dieser Reihe von Büsten, die sie wie Gespenster bis in den Schlaf verfolgten. Nacktes Fleisch wollte sie formen, Leben, und einmal keine Büsten mehr, diese ewigen Büsten, an denen sie sich übte wie ein Chirurg in Erwartung des Tages, da er endlich eine richtige Operation vornehmen kann.

Monsieur Rodin war vollauf mit dem großen Auftrag der *Bürger von Calais* beschäftigt. Ohne viel Aussichten allerdings, denn die Kritiker hatten immer etwas auszusetzen. Schon oft hatte Camille ihren Lehrmeister trösten müssen. Man fand die *Bürger von Calais* «schlaff und schwerfällig», sie waren «nicht elegant genug». Wenn man glaubte, einen gemeinsamen Standpunkt erreicht zu haben, fand sich immer irgendein Schreiberling, der neuen Unsinn verzapfte und sein Recht auf Einspruch beanspruchte. Manchmal hätte Rodin am liebsten alles kaputtgeschlagen. Sie fühlte, daß er innerlich kochte. Und doch hatte sie die Geschichte dieser Skulptur von Anfang an verfolgt, hatte gesehen, mit welcher Liebe und Sorgfalt er daran arbeitete. Zutiefst bewegt von dieser Szene, in der die sechs Geiseln von Calais dem Feind ihr Leben zu opfern bereit sind, um das ihrer Stadt zu retten, hatte er Camille beauftragt, Nachforschungen für ihn anzustellen. Oft saßen sie Stunden über Einzelheiten gebeugt, die Hände – besonders die des Pierre de Wiessant, eines kühnen, stolzen, fast hochmütigen Mannes, der dem Opfertod mit kecker Gelassenheit entgegenblickte. Und Jean de Fiennes, der Jüngste von ihnen, herrlich in seiner Schönheit, der Körper fast nackt. Das wäre etwas für sie gewesen. Jeder allein seinem Schicksal gegenüber, doch alle von der gleichen politischen Idee getragen . . .

Camille setzt sich wieder vor die Büste, an der sie arbeitet. Was ergab das alles für einen Sinn? Im Grunde hatte sie mehr Mut gezeigt, als sie zwölf Jahre alt war. Damals hatte sie große Themen dargestellt: Antigone, Bismarck, David und Goliath . . . Aber worauf wartet sie eigentlich? Morgen wird sie Monsieur Rodin um zwei seiner Modelle bitten und eine Gruppe in Angriff nehmen. Die Ödipustragödie oder eine Szene aus den Gedichten von Ossian. Ja, Salgar mit fliegendem Haar, im Wind auf dem Heideland, rufend und die Leichen ihres Bruders und ihres Geliebten entdeckend.

Draußen stürmt es. Rodin ist einen Augenblick fortgegangen, um beim Krämer an der Ecke etwas Rum zu kaufen. Sie werden sich einen Grog machen, denn das Atelier ist ein wahrer Eiskasten. Überall klappern die Türen, die leeren Zimmer hallen im Frage- und Antwortspiel, und von Zeit zu Zeit stürzen ein paar Ziegel vom schadhaften Dach. Sie haben nicht genug Geld, um das große Haus instandzusetzen.

«Mein Gott, es gießt in Strömen! Bald wird es wieder hereinregnen, und jetzt kommt auch noch der Hagel dazu!» Camille will weiterarbeiten, aber sie hat alle Mühe. Sie muß aufhören, denn sie kann kaum noch die Linie des Nasenrükkens erkennen, und die Lippen, deren Sinnlichkeit sie wiederzugeben versucht. Schon zweimal ist der Lehm unter ihren Fingern zerbröckelt. Vielleicht geht es mit dem Gips etwas besser. Vielleicht ist der widerstandsfähiger.

Camille erstarrt, klammert sich an die Büste. Jemand ist hinter ihr, und es ist nicht Rodin. Sie spürt eine Gegenwart, eine feindliche Gegenwart, versucht ruhig zu atmen, doch ihr Herz pocht wild. Jetzt gibt es Krieg. Jemand ist da. Sie muß sich stellen. Der Teufel in Villeneuve ... jetzt steht er hier, lauert im Halbdunkel. Sie greift nach einem Meißel, weiß nicht mehr, was sie tut, dreht sich plötzlich um, sprungbereit. Eine dunkle Silhouette, dort an der Wand, schwer zu erkennen, ganz in Schwarz. Jetzt sieht sie, daß es eine Frau ist, pitschnaß, mit wirrem Haar, eine alte Frau, jedoch hochgewachsen, schlank und aufrecht. Der Hut ist ihr vom Kopf gerutscht, hängt auf der Schulter. Camille in ihrem weiten weißen Kittel, den Strümpfen, den Holzpantoffeln, das Haar mit einem Band hochgesteckt, wie ein kleines Mädchen. Und die andere. Zwei Frauen, vielleicht bereit, einander umzubringen. Camille murmelt: «Rose! Rose Beuret!»

«Jawohl, Rose. Seine Rose!» Rose ist hervorgetreten, und jetzt sieht Camille das noch fahlrote, mit weißen Strähnen durchsetzte Haar, das kantige Gesicht, die funkelnden Augen, den stechenden Blick.

«Ich wollte nur mal sehen. Hure! Schlampe! Diebin! Sie sind nicht die einzige. Er hat andere gehabt ... Sie kleine Streberin! Und das will seine Schülerin sein? Ein Dreck sind Sie! Jetzt ist er ja leicht zu haben!»

«Halten Sie den Mund!»

«O nein, Kleine. Hören Sie gut zu. Wir haben gehungert, in einem Stall gelebt. Ich habe mir die Finger wundgenäht, um ein bißchen Geld zu verdienen. Mich hat niemand ausgehalten. Ich habe mich nie aushalten lassen ...» Sie kommt näher, und Camille hält Hammer und Meißel fest in der Hand. «Den Gips habe ich ihm feucht gehalten, ihm die Buchführung gemacht. Vor dir habe ich keine Angst, du Hurenkind, ich habe die Kommune erlebt, und mir machst du nichts vor! Er wird mich nie verlassen, nie, verstanden?»

Rose hat es geschrien und Camille ins Gesicht gespuckt.

«Na also, was fürchten Sie denn? Sie haben Angst, das ist es. Angst, nicht wahr?»

«Ich habe ihn jung gehabt. Er war noch jung, als ich ihn kennenlernte.»

«Worüber jammerst du also, du alte Vogelscheuche?»

Rose ist unter der Beschimpfung zurückgewichen. Ihre Arme spannen sich, sie ist bereit zuzuschlagen. Camille hat es vorausgesehen. Sie läßt das Werkzeug fallen und stoppt mit einem Griff die Fäuste, die ihr entgegenschnellen. Die beiden Frauen ringen miteinander.

«Hure! Schlampe! Bildhauerin der Männer? Das wollen wir mal sehen!»

«Geh deine Suppe kochen!»

«Die anderen habe ich ertragen. Alles habe ich ertragen. Die Modelle, die feinen Damen. Weil es für ihn nur eins gibt – seine Arbeit. Aber mit dir ist es etwas anderes. Dich werde ich umbringen. Du bist die Bildhauerei in Person geworden. Alle haben mir von dir erzählt. Dich mache ich zu Brei! Verhext hast du ihn! Schau dir das Haus an, das er dir bezahlt hat. Schämst du dich nicht, wo ich vor Hunger krepiere? Hure! Flittchen! Und unser Sohn, du Drecknutte, du Halbseidene? Und du bildhauerst? Du wagst es, sein Porträt zu machen? Na, warte!»

Rose hat sich auf die Büste von Rodin gestürzt. Und da wird Camille rasend vor Wut, eine kalte Mordlust hat von ihr Besitz ergriffen. Sie packt Rose, schleudert sie ...

«Camiiiiille!» Monsieur Rodin brüllt. Der Spiegel bricht in Scherben. Rose liegt am Boden, vielleicht verletzt, ein Stückchen weiter Camille, ebenfalls am Boden. Der Schemel mit der Büste liegt eingestürzt über ihr. Sie hat starke Schmerzen.

Rodin steht entsetzt vor den beiden Frauen, weiß nicht, welcher er beistehen soll. Keine von ihnen sagt ein Wort. So geht er langsam auf Rose zu, die leise stöhnt und wimmert. «Rose, du hast dir weh getan. Meine liebe gute Rose ...» Er hilft ihr auf einen Stuhl. «Da, trink! Bist du sicher, daß du nichts hast?»

Rose schluchzt und schluchzt, ihre Schultern zucken. Rodin zieht sein Taschentuch hervor, streicht ihr das Haar aus der Stirn, wischt ihr die Tränen aus dem Gesicht. Jetzt heult Rose erst richtig los. Rodin wiegt sie in seinen Armen. «Rose, dein Herz, wie geht es deinem Herzen? Warte, ich bringe dich nach Haus. Du hättest nicht kommen sollen. Warum hast du das getan, wo du doch sonst immer so gehorsam bist, mein armes Kleines?» Langsam hilft er ihr auf die Beine.

Camille schiebt die Trümmer der Büste fort, unter denen sie begraben liegt, stößt mit beiden Armen den schweren Schemel zurück, der mit seinem ganzen Gewicht auf ihren Bauch gestürzt ist. Sie hat schreckliche Schmerzen, irgend etwas in ihr ist geplatzt. Mühsam richtet sie sich auf den Knien auf und wankt zum Kamin.

«Hast du dich nicht verletzt, Camille?»

«Nein, Monsieur Rodin.» Das junge Mädchen lehnt sich an den Kamin. Rodin sieht ihr Gesicht nicht, Rodin sieht nicht die beiden stummen Tränen auf ihren Wangen, die lautlos rinnenden Bäche, die ihr jetzt über die Mundwinkel fließen.

«Camille, ich habe einen absoluten Horror vor Gewalttätigkeit. Rose ist herzkrank. Ich bringe sie nach Hause und muß mich um sie kümmern.»

Camille nickt. Sie hat solche Schmerzen, so furchtbare Schmerzen, daß sie nicht sprechen kann. Sich an den Kaminsims klammern ist alles, was sie vermag. Sie hört die verhallenden Schritte, das Öffnen und Schließen der Tür, das quietschende Knarren der Pforte, und eine entsetzliche Übelkeit schüttelt ihren ganzen Körper. Sie sinkt zu Boden.

«Auguste!» ruft sie verzweifelt.

Wie spät ist es?

Wie lange liegt sie schon da?

Der Morgen dämmert.

Die Mardisten

Mallarmé hat sich als erster vor das Äußere gestellt; nicht wie vor ein Schauspiel oder das Thema eines französischen Schulaufsatzes, sondern wie vor einen Text, und mit der Frage: Was hat das zu sagen?

PAUL CLAUDEL, *Mallarmé*

Ein Frauentorso, hockend, kraftvoll, gewaltig. Ihre Mutter hätte es «obszön» genannt. Rodin ist davor stehengeblieben. Eine Frau, deren Kopf man nicht sieht, vornübergebeugt, kauernd. Im Licht der Aprilsonne wendet sie ihm provozierend den Rücken zu. Rodin tritt näher. *Sie* hat das mit ihren Händen geschaffen, *sie* hat diesen Gips geformt. So machtvoll wie sein *Denker*, so aggressiv wie der *Kuß*, zeigt sie in diesem Werk ihre ganze Kenntnis des Fleisches, des plastischen Ausdrucks.

Unter dem Vorwand einer Aktstudie ist die junge Frau ohne Zögern aufs Ganze gegangen. Die Büsten rundherum starren auf diese Gewaltige, die sie mit ihrer Nacktheit, mit ihrem bloßen Fleisch herauszufordern scheint. Rodin hatte einen ähnlichen Torso begonnen, den er *Kopf der Wollust* nannte. Und da hat sie rasch und hart zugeschlagen. Die kühne Pose, die bestürzende Wirkung auf das Gefühl. Daß er etwas Derartiges darstellt, geht noch an – aber sie, wie hat sie das gemacht, und mit welchem Modell?

«Ich war mein eigenes Modell. Das erstaunt Sie, Monsieur Rodin?» Sie lacht. «Ich wollte einen Akt in Angriff nehmen. Und da ist er nun . . .»

Trotz seiner Bewunderung ist ihm nicht ganz wohl beim Anblick dieses Werks. Schon seine Skulpturen erregen Skandal; man schimpft ihn einen Satyr, einen lüsternen Faun, einen geilen Bock, aber wenn auch sie jetzt anfängt, erotische und sinnliche Skulpturen zu produzieren, wird die Hölle losbrechen! Das Problem ist nämlich nicht, daß man eine Aktstudie macht; es gibt viele, die man mit Gleichmut betrachten kann, weil sie keine Sinnlichkeit ausstrahlen. Aber sie, sie hat die Begabung des Fleisches. Dieser Akt ist eine untragbare Provokation. Sie hat gewagt, und sie wird noch mehr wagen, ganz ohne Zweifel. Warum begnügt sie sich nicht mit den Büsten? Sie hätte ja auch ihre Aktstudien machen können, während sie an dem *Höllentor* arbeitete. Jeder hätte geglaubt, daß sie von ihm wären. Aber hier stellt sie sich selbst bloß.

«Camille.»

Er bewundert die Geschmeidigkeit des Torsos, berührt den gespannten Rücken, die gespreizten Schenkel. So hat sie sich selbst dargestellt, nackt, am Boden hockend. Und jetzt steht die andere Camille vor ihm, in ihrem weißen Kittel, makellos, entmaterialisiert. Als ob sie seine Gedanken gelesen hätte, blickt sie ihn mit jenem ironischen Lächeln an, das ihren Mund «mit drei Fältchen, die mit dem feinsten Bleistift gezeichnet zu sein scheinen, verzieht». So hat Paul sie eines Tages beschrieben.

Seit jenem Abend, dem Abend der Rauferei, ist Camille gefährlicher geworden, wachsamer, wehrhafter, wie jemand, der die Peitsche gespürt hat. Nie wird Rodin den Kampf der beiden Frauen vergessen. Zum Glück war noch alles gutgegangen; Rose hatte sich schließlich beruhigt.

Rodin fürchtet, daß Camille ihn fragen wird: «Monsieur Rodin, wollen Sie mein Aktmodell sein?» Sie mustert ihn, als wollte sie ihn demütigen, und sie freut sich, ihn vor dieser so anzüglich kauernden Frau zu sehen – vor ihr selbst. Sie hätte Lust, ihm weh zu tun. Die Tage, die Roses Überfall gefolgt waren, wird sie ihm nie verzeihen. Ohne jede Nachricht von ihm! Eine ganze Woche lang hatte er sich im Clos Payen nicht sehen lassen. Sie hätte sterben können, auf immer verschwinden. Nicht ein einziges Mal wäre es ihm eingefallen, sich nach ihr zu erkundigen. Und gleich am nächsten Tage hatte ihre Mutter sie aus dem Haus verjagt.

Als sie in den frühen Morgenstunden heimgekehrt war, glücklich, gerettet zu sein und diese schreckliche Nacht überlebt zu haben, glücklich, die Geborgenheit ihres eigenen

Heims wiederzufinden, saß ihre Mutter in der Küche bei ihrem Milchkaffee. «Ich habe mit dir zu reden.»

«Ich war eingeschlafen und traute mich dann nicht, des Nachts allein auf der Straße zu sein.»

«Folge mir.»

Sie schlossen sich ins Zimmer der Eltern ein. Das große Bett, das Kruzifix. Camille hatte blöde auf das Kruzifix über dem Bett gestarrt, während die Mutter sprach. Leise, zischend, beherrscht: «Du nimmst jetzt deine Sachen und verschwindest. Louise heiratet, und es darf auf keinen Fall zu einem Skandal kommen. Du wirst also kein Wort sagen. Du kannst leben, wie es dir beliebt, ich bin einverstanden. Ich habe deine Sachen gepackt. Ich will nicht wissen, mit wem du lebst und mit wem du dich herumtreibst. Wir wollen keinen Skandal, und deshalb frage ich dich nicht. Ich werde deinem Vater sagen, ich hätte eingewilligt, daß du dir eine eigene Wohnung nimmst. Wo, ist mir egal. Du hast bestimmt genug Männer, die bereit sind, dich bei sich aufzunehmen. Über kurz oder lang, wie es in solchen Fällen üblich ist. Du hast es gewollt. Ich hatte dich gewarnt. Also kein Wort mehr darüber. Du gehst fort. Eugénie wird dir helfen ...»

Camille hatte ihre Tränen hinuntergeschluckt. Sie war verbannt, verletzt – sie hatte nichts getan und war verurteilt und gerichtet. Die Scham haftete ihr an wie ein fressender Brand, wie ein Aussatz. Sie wird schweigen. Da alle sie für schuldig halten, wird sie fortgehen.

Die Mutter hatte das Zimmer verlassen. Camille starrte auf das große Bett, das elterliche Gemach. «Papa! Papa!» Er war nicht da, aber vielleicht hätte auch er sie verjagt. Der Christus hing vor ihr, die Arme ausgestreckt, mit geneigtem Kopf. Sie haßte ihn. Nein, sie wird es sich nicht gefallen lassen. Sie wird es ihnen allen zeigen! Als sie schließlich aus dem Zimmer ging, ließ sie endgültig das kleine, zu zuversichtliche Mädchen zurück, das sie einmal gewesen war, und sie hatte das Gefühl, als läge ein Teil ihrer selbst dort in dem großen Bett zwischen ihrem Vater und ihrer Mutter.

Paul hatte kein Wort gesagt, als ihm die Nachricht am

Abend mitgeteilt wurde. Eugénie hatte es ihr erzählt. Sie saßen bei Tisch, er war bleich geworden, aufgestanden und in sein Zimmer gegangen. Zwischen ihm und seiner Mutter herrschte jetzt Krieg, und sie sprachen überhaupt nicht mehr miteinander. Die junge Louise war so mit sich selbst beschäftigt, daß sie weder sah noch hörte, was um sie herum geschah. Sie wußte nur eins: ihre Schwester war fort, sie hatte das ganze Zimmer für sich allein, konnte ungestört von ihrem Ferdinand träumen.

In den ersten Tagen fand sich Camille ziemlich schwer zurecht: sich selber das Essen machen, das Alleinsein, die Stille, die Abwesenheit Rodins ... Zum Glück kam Eugénie jeden Tag, um ihr ein bißchen Gesellschaft zu leisten und ihr zu helfen. Sie allein wußte, wo Camille wohnte. Aber wie sollte sie die Miete für das Clos Payen bezahlen, falls Monsieur Rodin sie verlassen würde? Sie muß etwas anderes finden. Und dann war er eines Morgens in aller Frühe plötzlich wieder da. Er hatte sie schlafend vorgefunden. Was machte sie da? Er setzte sich auf das Bett, und sie mußte ihm alles erzählen. Der Stoß in den Bauch, die Übelkeit, die Ohnmacht, das versagende Gedächtnis ... Wie hatte er ihr das antun können? Er gelobte, sich von jetzt an um sie zu kümmern. «Mein Kind, mein armes Kind!»

Die Tränen, die Camille so lange zurückgehalten hatte, brachen jetzt aus. Von Schluchzern geschüttelt, hatte sie sich gehenlassen, während er sie tröstete und liebkoste. Anbetungsvoll. Am Abend war er bei ihr geblieben. Zum ersten Mal hatte Monsieur Rodin bei ihr geschlafen, sie in seinen Armen gehalten. Sie phantasierte, wußte nicht mehr, wo sie war. In den frühen Morgenstunden hatte sie sich beruhigt und fühlte sich sogar seltsam erleichtert, als er sie verließ.

Das Leben hatte wieder seinen Lauf genommen. Dank ihres Vaters durfte Camille wieder daheim zu Mittag und zu Abend essen. Paul hatte nie mit ihr darüber gesprochen, aber von jetzt an holte er sie im Clos Payen ab. Seine Schwester war die Geliebte Rodins. Niemand wußte, was er davon hielt. Camille hatte ihre Freiheit, ihre Unabhängigkeit gewonnen. Das war auch ihrem Vater jetzt bewußt geworden. Er sprach nie darüber. Alles schien wieder in Ordnung zu sein. Camille hatte ihr eigenes Atelier.

«Ach, Camille? Sie arbeitet immer noch mit Monsieur Rodin.»

«Mit dem berühmten Bildhauer?»

«Ja.» Ihr Mutter brüstete sich fast. «Sie hat sogar ihr eigenes Atelier!»

Die Ehre war gerettet. O Heuchelei, Quelle der Lüge! Die Sittsamkeit trug wieder ihr hochgeschlossenes Kleid, der Anstand seinen steifen Kragen. Alle waren zufrieden.

Nur Rodin beunruhigte sich. Er konnte nicht alle Nächte im Clos Payen verbringen, und Camille wurde immer freier, immer unabhängiger, immer kühner. Diese Büste vor ihm verkündete einen neuen Stil, sie war eine neue Bildhauerin geworden, zwar seine Schülerin noch, aber für wie lange? Doch sie liebten sich nach wie vor in glühender Leidenschaft.

Dieses einsame Mädchen, seine liebste Schülerin, seine Geliebte, wartete aufmerksam und in Demut auf seine Kritik, verließ sich auf sein Urteil. Aber wer war sie? Bestialisch und vergeistigt, Sklavin und Herrin zugleich . . . Heilige oder Hure? Jedenfalls eine junge Frau, in die er unsterblich verliebt war – mit der Besessenheit des Wahnsinns. Bis wohin wird sie ihn treiben?

Er küßt sie in den Nacken, beißt sie. «Nimm dich in acht, Cam. Laß dich nicht verderben!» Er küßt sie wieder und wieder, jetzt zwischen die Brüste, die er freigemacht hat.

«Paul!»

«Was ist mit Paul?»

«Ich hatte es vergessen. Er kommt uns abholen. Zuerst gehen wir uns das letzte Gemälde von Puvis de Chavannes anschauen, erinnerst du dich? Und heute abend – es ist Dienstag – essen wir alle drei mit deinem Freund Roger Marx.»

Jetzt fiel es ihm wieder ein. Vor einem Monat hatte er sie Mallarmé vorgestellt. Er ist einer der 1883 gegründeten *Gruppe der Zwanzig*, der auch Félicien Rops, Whistler, Catulle

Mendès, Odilon Redon und Villiers de l'Isle-Adam angehören. Seit einigen Jahren treffen sich Dichter, Maler und Schriftsteller bei Stéphane Mallarmé in der Rue de Rome 87. Eines Tages hatte er Camille von Mallarmé erzählt und von seinen Begegnungen mit Puvis de Chavannes, Verlaine, Carrière, Charles Morice... «Ich werde dich einmal mitnehmen.»

«Und Paul?» hatte sie gefragt. «Könnte Paul nicht auch kommen? Was meinst du? Er sagte mir vor kurzem, er habe einige seiner Gedichte an Mallarmé gesandt. Es würde ihm Freude machen.»

«Paul schreibt?»

«Wie es scheint.»

Also waren sie alle drei am Dienstag in die Rue de Rome 87 gegangen.

Camille genoß die Abende bei diesem bezaubernden, geselligen, stets von Künstlern umgebenen Mann sehr. Er pflegte in seinem Salon zu sitzen, mit grauem, fast weißem Bart, dunklen, forschenden Augen, eine alte Wolldecke über die Schultern gehängt, elegant, korrekt. Sie liebte es, all die Leute zu beobachten. Paul war Verlaine begegnet, hatte sich aber nicht getraut, ihn anzusprechen. So ein Dummkopf! Er saß in einer Sofaecke, verhielt sich still, genierte sich wahrscheinlich in Gegenwart seiner Schwester. Wenig Frauen, viele Schriftsteller. Auch Rodin fühlte sich nicht gerade in seinem Element. Camille gefiel sich in dieser auserlesenen Gesellschaft, diskutierte über das symbolistische Manifest, über Huysmans Buch *Gegen den Strich*, das Furore machte. Joris-Karl Huysmans faszinierte sie, obgleich sie sein Buch abscheulich gefunden hatte. Sie behielt ihre Meinung für sich, aber diese ewigen «Parfümzerstäuber, die sich ausbreitenden Wohlgerüche, der Chypreduft, das Champaka und Sarianthos», alles das irritierte ein wenig ihren klaren Wirklichkeitssinn. Sie fand diese Leute dekadent. Und das waren sie auch, brüsteten sich sogar damit. Die Verlockungen der künstlichen Paradiese, der Geschmack am Morbiden, der Reiz des Abartigen, das waren Dinge, die sie eher abstoßend empfand. Nur ein dunkelhaariger junger Mann erweckte ihre Neugier und ihr Interesse. Besonders seine Stirn. Die hätte sie gern modelliert. Zwei große Höcker schienen aus ihr herauszuwachsen. Jemand hatte ihr seinen Namen zugeflüstert: Claude, Claude Debussy. Ein Pianist. Villiers de l'Isle-Adam erschreckte sie mit seiner Ironie und seinen wäßrigen Augen. Sie müßte einmal seine Werke lesen. Aber die Zeit fehlte ihr. Sie las zwar viel, jeden Abend bei Kerzenlicht im Lustschlößchen verschlang sie geradezu die teuren Bücher. Aber sie hatte noch so viel zu lesen, so viel zu lernen, und dazu zeichnete sie oft noch bis spät in die Nacht hinein. Niemand war da, um sie zu Bett zu schicken. Rodin blieb nicht immer, trotz seiner Versprechungen.

«Camille, Rose ist krank. Ich muß nach Hause, das verstehst du doch.» Was sollte sie tun? Er hatte ihr von Rose erzählt, von seiner ersten Begegnung mit ihr, nach seinem Aufenthalt im Kloster bei Pater Eymard. Sie hatte ihm alles geopfert, ihre Jugend, ihre Fröhlichkeit, sie hatte jahrelang die Armut ertragen und seine Abwesenheit zur Zeit der Kommune, während der sie der Kälte, dem Hunger und den Gefahren der ständigen Straßenkämpfe ausgesetzt war. Als er sie verlassen hatte, um in Belgien zu arbeiten, war sie allein mit dem Kind zurückgeblieben. Sie hielt ihm den Gips feucht, hatte seinen Vater bei sich aufgenommen, nachdem die Mutter gestorben war, und das im schrecklichen Jahr 1871. Nein, da konnte er einfach nicht, das wäre zuviel verlangt ...

Camille hörte ihm zu. Jene Rose, die er im Jahr von Camilles Geburt kennengelernt hatte, war immer gegenwärtig. Aber hatte nicht auch sie ihm ihre Jugend geopfert, liebte nicht auch sie ihn? Doch Camille verstand. Er hatte Angst. Angst vor einer Wiederholung von Marias Geschichte. Maria, die innerhalb von wenigen Monaten gestorben war, weil ein Mann sie verlassen hatte. Nie würde er eine Frau verlassen.

«Und dann sagt sie nichts. Sie hat nie etwas verlangt. Sie steht hinter mir. Sie hat nicht verlangt, daß ich sie heirate, nicht einmal, daß ich Auguste als meinen Sohn anerkenne.

Nichts hat sie verlangt, nie. Sie ist einfach da. Sie liebt mich, und das ist alles.»

Ja, aber was soll aus den beiden Frauen werden? Camille bemühte sich, Ruhe zu bewahren, als er auf seine Uhr schaute, seinen Kittel ablegte und seinen Hut nahm. Oft eilte sie hinauf und flüchtete sich unter die Bettdecke. Ihn nur nicht fortgehen sehen, nicht die zuklappende Pforte hören. Dann begannen die langen Stunden der Einsamkeit ...

«Zieh dich an, Cam.» Camille knöpfte sich das Oberteil ihres Kleides zu. Heute abend werden sie alle beisammen sein. Da sie voraussichtlich spät heimkehren, wird er bestimmt bei ihr bleiben. Hurra, das Leben ist wieder schön!

«Ach, da ist Paul.» Camille guckt aus dem Fenster.

«Worüber lachst du denn so?»

«Paul hat sich im Dornengestrüpp verfangen, er steckt tief mit dem Fuß drin. Paul!» Sie sieht ihn fluchen, das Bein heben, sich freizumachen versuchen von der Pflanze, die ihn festhält.

«Ha! Ha! Ha!» Camille hat einen Lachanfall.

«Camille, so hör doch schon auf.»

Wenn sie einen ihrer Lachanfälle hat, ist nichts mit ihr anzufangen. Sie macht das Fenster auf. «Paul, willst du eine Schere?»

Er hat das Gleichgewicht verloren und liegt im Gras.

«Schaut einmal unseren Dichter an, wie er alle viere von sich streckt!»

Zum Glück ist Paul guter Laune. «Warte nur, Cam, ich räche mich noch. Ich mache ein Gedicht auf dich, in dem du eine scheußliche Furie bist.»

Camille kann sich vor Lachen kaum halten, springt über den kleinen Sims, eilt ihrem Bruder zu Hilfe.

Als sie im Haus sind, bleibt Paul plötzlich stehen. Er hat die kauernde Frau erblickt und ist entsetzt.

«Das habe ich gemacht. Schau, Paul.» Camille dreht das Gestell, auf dem ihr Akt steht. Paul sagt kein Wort. «Komm näher. Sie wird dich nicht beißen. Mallarmé würde sagen, man müsse sich lange befragen, bevor man ein Urteil finden kann. Das Ansehen genügt nicht. Ein gewisser Wille ist erforderlich, um zu begreifen, um das Werk nicht voreilig abzulehnen. Das ist das Prinzip der Wissenschaft und auch der Kunst.»

Camille ahmt sie alle nach: Mallarmé, Villiers de l'Isle-Adam, Huysmans. Paul steht da «wie die Kuh vorm neuen Tor», findet Camille.

«Schön, aber du wirst dir doch nicht den ganzen Tag meine Linien und Rundungen anschauen.»

Paul versteht nicht. Camille tänzelt ein paar Schritte. «Mademoiselle Camille Claudel von der großen Bildhauerin Camille Claudel. *Allez – hopp*!» und sie klatscht sich auf den Popo, wie es die Tänzerinnen des French Cancan tun.

«Nun los, ihr Mardisten!» Paul läßt sich mitziehen. «So heißen sie nämlich jetzt, alle die, die sich am Dienstag – dem *mardi* – beim Dichterfürsten treffen.»

Monsieur Rodin folgt ihnen. Die Schwester und der Bruder. Sie ein bißchen größer als er. Sie zweiundzwanzig, er zwanzig. Er fühlt sich wie ein Fremder, ausgeschlossen aus ihrer Komplizität, ihren Kinderspielen, ihren Streitereien sogar. Wohin geht dieses große junge Mädchen vor ihm dort zwischen den Bäumen, dessen helles Lachen und dessen tiefe, spöttische Stimme er hört?

«Paß auf, Paul, wenn du fällst, laß ich dich fallen», und sie singt: «‹Wenn du fällst, laß ich dich fallen.› Folgen Sie uns, Monsieur Rodin?» Das Funkeln ihrer Augen. Ein Blitz.

Sie läuft zurück, nimmt ihn beim Arm, hält Paul bei der anderen Hand.

«Kommt, habt mich lieb!»

Sakuntala

Ich schlief, aber mein Herz war wach. Da ist die Stimme meines Freundes, der anklopft: Tu mir auf, liebe Freundin, meine Schwester, meine Taube, meine Reine! *Das Hohelied Salomos*

Salon des Champs Elysées 1888. Camille wartet. Sie erträgt es nicht länger, auf das Resultat zu warten. So geht sie unruhig auf und ab, geht an der Ausstellungshalle vorbei, entfernt sich, kehrt zurück. Tage und Tage hartnäckiger Arbeit. Sie ist erschöpft. Dutzende Male hat sie an dem Paar gearbeitet, wieder von neuem begonnen – ohne Hilfe, ohne Rat, selbst Rodin durfte nichts dazu sagen – ihr Werk, ihr eigenes Werk! Später, wenn es soweit ist, wird sie ihm erklären, was diese Skulptur ist.

Sie geht weiter, es wird ihr heiß, sie sieht von weitem die Menschenmenge. Das Wetter ist schön, aber sie, die mit aller Spannung auf die Verkündung der Resultate wartet, nimmt nichts wahr, keinen Duft, keinen Laut, kein Wort. Sie geht, kreist um den Salon herum. Noch eine halbe Stunde, vielleicht eine Stunde. In der fast menschenleeren Nebenstraße lehnt sie sich an die Mauer, gönnt sich ein paar Sekunden Ruhe, gerade genug, um wieder Atem zu schöpfen. Dort stehen sie jetzt alle mit der Nase vor dem Paar, mit ihren Zwickern, ihren Orden, ihren besorgten Stirnen, als ob es nur um sie selbst ginge, um ihr jämmerliches Leben. Sie betrachten das Werk von allen Seiten, machen schiefe und blöde Gesichter, ziehen die Münder zusammen. Und die meisten von ihnen sind nicht einmal fähig, eine Lehmkugel zu kneten. Diese alten, faden, blasierten Spießer! Sie möchte ihnen zuschreien: «Es geht um meine Seele, um das Heiligste in mir!» Sie möchte sie verjagen, sie rausschmeißen. Da reden sie und diskutieren, und sie sieht ihr eigenes Leben unter all diesen grotesken Füßen zertrampelt, zermalmt, in Fetzen gerissen.

Sakuntala (1888/1905)

Sakuntala (Ausschnitt, 1888/1905)

Die Schwätzerinnen (um 1895)

Clotho (1893/9

Das reife Alter (1899/1908)

Das reife Alter (Ausschnitt, 1899/1908)

uguste Rodin (1888/92)

Der Walzer (um 1893)

Die Kleine von Islette (Die kleine Schloßherrin 1893/96)

Die kleine Sirene (Meerjungfrau, um 1904)

Hund, einen Knochen nagend (1898)

«Monsieur, es sind Stunden der Arbeit, Stunden banger Fragen, Stunden, in denen meine Seele brannte. Während Sie tafelten, sich amüsierten, während Sie Ihr Leben verpraßten, war ich allein mit meiner Skulptur, und mein Leben versikkerte allmählich in diesem Lehm, mein Blut zerrann, und mit ihm die Zeit meines Daseins.»

Sie sieht die gesenkten Köpfe über der Frau und dem Mann. Der Mann kniet, die Frau neigt sich ihm leicht zu. «Monsieur Rodin.» Es ist kalt. Sie haben Feuer gemacht, um sich zu wärmen – der Geruch von Holz, der Duft des Waldes ...

Sie war aus Villeneuve zurückgekehrt. Der Winter brach an, das Jahr 1887 ging zur Neige. Es war kurz vor ihrem dreiundzwanzigsten Geburtstag. Und da hatte sich etwas Entsetzliches ereignet.

Eines Winterabends gegen sechs begab sie sich ins Atelier J. Monsieur Rodin hatte sie vor ein paar Tagen gebeten, einen ihrer Entwürfe für das *Höllentor* wiederaufzunehmen, und so beabsichtigte sie, sich vor Einbruch der Dunkelheit ihre Skizze zu holen, um sie ins Clos Payen mitzunehmen, wo sie alle Muße hatte, sie anzuschauen. Das Schild hängt an der Tür. Paß auf, Camille! Das Schild! Sie hat es nicht gesehen, sie denkt an die Statue, die er immer wieder verändert, und von der er nicht weiß, ob er sie *Das Gebet*, *Die Anrufung* oder *Das höchste Flehen* nennen soll. Ein Kind, das die Arme ausstreckt, bevor es in den Boden versinkt.

Das fette Weib hockt mit gespreizten Schenkeln auf dem Mann, klebt an ihm wie festgeschraubt, und auch er sitzt in grotesker Stellung. Sie sieht ihm Hörner an der Stirn wachsen. Einer seiner Arme hat sich unter den rechten Schenkel der Frau geschoben. Er hält ihr die linke Hand, die sich auf den Geschlechtsteilen hin und her bewegt. Er ist in sie gerammt, und das Weib streichelt sich und ihn. Camille steht wie versteinert da, so regungslos wie die Marmorgruppen ringsum. Sie muß etwas tun. Aber alles, was ihr durch den Kopf geht, sind die Worte:

Komm, laß uns hier auf Blumenbetten kosen!
Biet, Holder, mir die zarte Wange dar,
Den glatten Kopf besteck' ich dir mit Rosen –
Und küsse dir dein schönes Ohrenpaar.

Shakespeares Verse aus dem *Sommernachtstraum*, die in den Esel verliebte Titania. Monsieur Rodin, Sie sind ein Esel geworden. Ich sehe Ihr Maul. Monsieur Rodin, Sie hören nichts, Sie wiehern ja nur noch. Monsieur Rodin keucht sein Iah! gegen die weiße Schulter.

Yvettes Lachen trifft Camille wie ein Peitschenhieb. Yvette auf den Knien Rodins. «Na und? Schau, Auguste, die Jungfrau ist da. Monsieur Rodin, so tun Sie doch was! Nein, Sie nicht, Sie nicht... Was hast du bloß? Bist du Bildhauerin oder nicht? Sei nicht so zimperlich. Dein Rodin findet halt seine Eingebung nicht bei den Dekadenten. Er braucht Leben. Nun kommen Sie schon, Monsieur Rodin, es ist ja nur halb so schlimm. Sie ist Bildhauerin, ein Handwerker wie du. Sie sollte sich nur entschließen, ob sie ein Mann oder eine Frau sein will. Du würdest bestimmt nicht ein solches Gesicht machen, wenn es Desbois oder Escoula wäre.»

Yvette ist ihr schlagfertig und überlegen zuvorgekommen. Camille tritt ihr kühn und herausfordernd entgegen, aber die Worte stellen sich nicht ein. Dann war sie draußen, sie hat es nicht gekonnt. Er ist es, er! Aber Yvette hat recht. Sie ist so sehr Bildhauerin, daß auch sie sich vergißt. Im übrigen wird im Atelier wieder wie früher gescherzt, ohne daß jemand auf sie Rücksicht nimmt. Wenn sie unter Männern sein will, muß sie auch all ihre Roheit und Taktlosigkeit in Kauf nehmen. Wer sich zu den Männern gesellt, hat sich ihrem Gesetz zu unterwerfen, und man kann nicht an zwei Tischen zugleich spielen. Yvette hat recht.

Eine Woche war vergangen. Sie arbeiteten nebeneinander, die Atmosphäre im Atelier J war gespannt. Camille hatte sich ihre Zeichnungen abgeholt, arbeitete wieder an ihrer Statue, aber jeder fühlte die fast offene Feindseligkeit zwischen dem Meister und seiner Schülerin. Yvette hatte geschwiegen, weil

Camille ihr leid tat. Sie empfand fast Mitleid für dieses so junge Mädchen, das so vielen Widersprüchen ausgesetzt war. Sogar Mut gestand sie ihr zu, und insgeheim hätte sie ihr gern die Hand gedrückt.

Und dann hatte Monsieur Rodin Camille eines Abends zum Essen eingeladen. Nach dem Essen waren sie ins Clos Payen zurückgekehrt. Während sie am Kaminfeuer saßen, hatte Camille mit beißendem Spott erklärt, da sie einen Bildhauer liebe, und nicht den ersten besten, betrachte sie ihr «Verhältnis» als ein Geschenk, das auch ihr Freiheiten biete, und da sie über eine Rose erhaben sei und nicht so tun wolle, als wisse sie nichts von seinen Seitensprüngen, sei sie entschlossen, die Konsequenzen zu ziehen und von nun an auch ihre Seitensprünge zu machen...

Rodin hatte sie heftig bei den Handgelenken gepackt. «Tu das nicht, Cam. Du nicht. Fang nicht damit an. Das wäre das Ende. Du nicht, Cam.»

Camille blickte ihn an, dieses Kind, das sich an sie klammerte. Sie wich zurück, er klammerte sich noch fester, als fürchtete er, sie würde ihn verlassen, flehte sie verzweifelt mit seinen Augen an. Bloßgestellt, ein bloßgestellter Mann, auf den Knien, das Gesicht schmerzverzerrt. Wenn sie so wie die anderen würde, wäre das ganze Leben ein Dreck, dann könne er an nichts mehr glauben. Aber Camille hatte sich gehenlassen. Er lag auf den Knien vor ihr, umfaßte ihre Taille, sie saß mit dem Rücken zum Kamin, fühlte die Hitze in ihrem Rücken. Der Duft und das Knistern des Waldes.

Sie neigt ihm den Kopf zu, küßt ihn zärtlich auf die Schläfen, unsagbar zärtlich. Sie gibt ihm alles, selbst ihr Herz... «Monsieur Rodin.» Sie bebt, gibt sich ihm hin, schrankenlos. Sie ist längst über Yvette hinaus, über den Faun, den Esel, sie ist ausgebrannt vor Liebe. Alles soll er nehmen, bis zum Tod!

Die Scheite lodern. Sie sieht sich, sieht ihn im vielfachen Widerschein der Spiegel, und hinter ihnen die lodernden Flammen. Er ist der Altar, auf dem sie sich opfert, sie beugt sich über ihn, Wange an Wange, noch steht sie, doch sie gleitet, schmiegt sich an ihn, sinkt in die Knie. Er hält sie noch zurück, doch schon sinkt der Kopf, ein Arm hängt kraftlos ... In einer letzten Geste drückt sie sich die Hand an das Herz – ein dumpfer, stechender Schmerz, die zu starke Freude, ihn wiederzufinden, die Sekunde vor dem Kontakt, und sie gibt sich hin, glaubt zu sterben. Er schließt die Hand auf ihrer Brust, er hat sie ganz für sich, das Herz, den Körper, und er trägt sie fort, in weite Ferne ...

Als sie erwachte, war sie allein. Draußen dämmerte es. Er hatte ihr Gesicht gezeichnet und mit seiner zitternden Hand geschrieben: «Das ewige Idol». Plötzliches Verlangen zu arbeiten. Schnell. Endlich das Paar in Angriff nehmen. Nachdem sie rasch eine Tasse Kaffee getrunken hatte, war sie zum Bücherregal geeilt und hatte in den indischen Legenden gesucht. Und da war es: *Sakuntala*, der vor Sehnsucht nach der verlorenen Geliebten trunkene König im Rausch der wiedergewonnenen Erinnerung in einen Augenblick der Ewigkeit gebannt.

Mein Gott, was macht sie denn da? Sie stürzt sich zum Salon. Großes Gedränge der herausströmenden Menschenmenge. Sie kämpft sich durch und hört: «Sakuntala. Gips der Bildhauerin Mademoiselle Camille Claudel. Prämiert mit ehrenvoller Erwähnung.»

Die anderen interessieren sie nicht. Sie ist anerkannt, sie hat endlich ihren Platz unter den Bildhauern. Ihre Augen werden feucht. Man drängt sich um sie, aber er, wo ist er?

«Sie wird immer nur ein zweiter Rodin sein.»

«Er muß ihr geholfen haben.»

Die beiden Bemerkungen treffen Camille wie Peitschenhiebe.

«Sie ist schließlich seine Schülerin. Alles, was sie kann, hat sie von ihm.»

«Auch in anderer Beziehung übrigens. Er ist bestimmt kein Kostverächter ...»

Camille erstickt. Man hat ihr alles verdorben. Diese stinkenden Schweine beschmutzen alles. Sie sehen nur das Schlechte. In ihrer Unfähigkeit, schöpferisch zu sein, können sie nur zerstören, niederreißen.

«Meine Herren, Sie irren sich.» Rodins Stimme ertönt eisig, schneidend. Noch nie hat Camille ihn so gesehen. Eine kalte, metallische Wut. «Es stimmt zwar, daß Mademoiselle meine Schülerin gewesen ist. Aber nur für kurze Zeit. Sehr bald wurde sie meine Mitarbeiterin, und sie hat sich als Gehilfin ganz vortrefflich bewährt. Ich berate mich in allem mit ihr. Sie ist meine beste Arbeitskollegin, und ich treffe keinen Entschluß ohne ihr Einverständnis. Um die Debatte zu schließen, sei nur noch folgendes gesagt: Ich habe ihr vielleicht gezeigt, wo sie Gold finden würde, aber das Gold, das sie findet, ist in ihr.»

Er hat sie gesehen und lächelt ihr zu. Die Menge tritt respektvoll vor dem Paar zurück. Morgen wird ganz Paris darüber sprechen. Er ist stolz auf sie. Der Erfolg muß gefeiert werden, und er führt sie mit sich fort. Die Künstler umringen sie. Monsieur Rodin und Camille Claudel. Strahlend blickt er sie an, bewundert immer wieder diese hohe, geschmeidige Figur, sieht, wie sie schweigend die Glückwünsche entgegennimmt, ein wenig lächelnd, mit jenem etwas schrägen Lächeln, das nur ihr gehört, und in dem sich die unerforschliche Seele der *Virgo admirabilis* offenbart, wie Paul es einmal ausgedrückt hat. Sie hört zu, antwortet, aber wer hat Zugang zu dieser stolzen Seele? Vor den beiden Bildhauern, die nun nebeneinander das Gebäude verlassen, empfindet jeder eine Art von Furcht. Eine Frau und ein Mann, umschlossen von ein und derselben Skulptur.

Rodin, Rodin, Rodin

Es schneit seit Tagen. Dieser Winter 1890 hängt ihr zum Halse heraus. Schmutziger Matsch auf den Straßen, ein Gefühl der Niedergeschlagenheit, das bis in die Knochen geht. Sie ist kaum noch imstande zu arbeiten. Man sieht überhaupt nichts mehr. Höchstens zwei Stunden lang ist es hell, und in diesem Licht ist alles falsch. Sie hat genug. Sechsundzwanzig Jahre ist sie geworden. Sie fühlt sich alt, sie hat versagt. Kaum einmal ein Auftrag, aber dafür Haß, Neid und üble Nachrede, Schweigen und Gleichgültigkeit. Das hat sie sich eingebracht. Selbst Rodin ist schlechter Laune. Seit ihrer Ehrung im Salon sind fast zwei Jahre vergangen, und alles ist wieder in die alltägliche Banalität zurückgekehrt.

Das Lob, die versprochene Zukunft, was ist davon geblieben? Ein neues Jahr beginnt? Und wenn schon! Als ob sich alles ändern wird, weil sich die Jahreszahl geändert hat. Lächerlich!

Zweimal ist sie aufgestanden und hat sich wieder hingelegt. Es ist so dunkel, daß die Mühe sich nicht lohnt. So liegt sie einfach herum, dumm, nutzlos, ohne Pläne, ohne Auftrag. Wer braucht sie schon? Die wenigen Freunde sind schnell gezählt, die Familie. Rodin hat wenigstens Rose, seine Modelle, die Bildhauerei. Man muß jemandem wirklich sehr wichtig sein, um an einem solchen Tag aufzustehen. Arbeit hätte sie eigentlich, oder besser gesagt, Rodin weiß sich vor Aufträgen kaum zu retten. Seine Gehilfen genügen nicht mehr. In den drei Ateliers, die man jetzt «Rodin und Co.» nennt, rumort es den ganzen Tag wie in einem Bergwerk. In der Öffentlichkeit wird er angegriffen, oder man verteidigt ihn, und da muß der Künstler getröstet und ermutigt werden. Die Kritiken hageln auf ihn ein, er wird als ein Opfer bemitleidet, und schließlich sind alle um ihn besorgt.

Da war der Skandal um die *Bürger von Calais.* Das Denkmal ist immer noch nicht aufgestellt, und das ihm feindlich gesinnte städtische Komitee streckt nicht die Waffen. Ein totales Unverständnis. Im letzten Jahr wurde Rodin mit dem Auftrag für ein Denkmal Victor Hugos betreut, das in Paris errichtet werden soll, er arbeitet am noch unvollendeten *Höllentor*, am Denkmal für Claude Lorrain in Nancy, ganz zu schweigen von all den Porträtaufträgen, mit denen ihn die politischen Persönlichkeiten und die reichen Damen bedrängen. Alle wollen ihre Büste von ihm haben. Ah, diese Frauen! Denen möchte Camille am liebsten mit den Daumen die Augenhöhlen eindrücken. Sie rauschen herein, umschmeicheln ihn, flehen ihn an, berufen sich auf Empfehlungen, wackeln mit den Popos. Und doch hat Camille es ihnen zu danken, daß sie, wenn auch nicht gerade eine Freundin, so doch eine Komplizin fand. Denn wenn sie endlich in einer Wolke von Parfüm verschwunden sind mit ihren Juwelen, ihrem Geld, ihren protzigen Visitenkarten, lassen sich Camille und Yvette nach Herzenslust an ihnen aus. Sie finden sie abscheulich, sind sich darüber einig, daß diese hochnäsigen Weiber die wahren Ausgehaltenen sind, die Schmarotzer der Gesellschaft. Nur weil sie einen Trauschein und viel Geld haben, glauben sie, sich alles erlauben zu können. Sogar das Vorrecht, sich dem Faun der menschlichen Formen zu nähern, nehmen sie für sich in Anspruch. «Oh, oh! Monsieur Rodin . . .»

Auguste Rodin geht oft zu Madame Adam. Dort trifft er Gambetta, Waldeck-Rousseau, den Minister der Schönen Künste Eugène Spuller, den allmächtigen Kunstkritiker Castagnary. Camille begleitet ihn nicht. Erstens wird sie nur selten eingeladen, und dann hat sie nichts Anständiges anzuziehen. Sie erinnert sich noch an den letzten großen Abendempfang. Alles bemühte sich um Rodin, man riß sich um ihn, bestürmte ihn, sogar Castagnary wollte seine Büste haben. Vor allem er übrigens, denn es war vielleicht seine einzige Chance, in die Nachwelt einzugehen. Camille kann ihn nicht ausstehen. Da sie sich in der Nähe der Tür des Salons aufhielt, war sie nur mit Charles Gounod ins Gespräch gekommen. Aber da sie nichts von Musik verstand, hatte sie über Faust gesprochen, den Mythos der Jugend und Fausts Pakt mit dem Teufel. War Faust nicht schon immer eines ihres Lieblingsthemen gewesen? Der fast siebzigjährige Gounod lächelte in seinen langen weißen Bart hinein.

Heute versteht sie den Pakt, die fliehende Zeit, die Sorglosigkeit der Jugend, das ist genau das, was auch sie zu verlieren fürchtet. Sie fühlt sich ausgenutzt, verschwendet.

Rodin hat siegreich das Jahr 1889 bezwungen. Er hat sich einen Namen gemacht. Camille liegt zusammengekauert in ihrem Bett.

Sie war seiner Aufforderung gefolgt. «Du kommst doch, nicht wahr, Camille? Ich erwarte dich. Es ist sehr wichtig für mich. Und dann bist du ja in all meinen Skulpturen gegenwärtig. Es ist eine Art von Ehrung.» Sie war schön, ganz in Weiß. Die Vorübergehenden schauten sich nach dieser hohen, leuchtenden Silhouette um, nach dieser Frau, die wahrscheinlich zu irgendeinem Stelldichein eilte. Die Männer blickten verträumt drein, die Frauen beneideten diese freie Gefährtin, die ganz allein ihres Weges ging – und scheinbar erwartet wurde.

Eine laue Brise, Fliederduft. Camille nähert sich der Galerie Georges Petit. So viele Menschen! Plötzlich hat sie Angst, sie sieht kein bekanntes Gesicht. In der Menge, die sich um sie drängt, ist es ihr kaum möglich, sich die Gemälde von Monet oder die Skulpturen des «Meisters» anzuschauen, wie sie ihn halb zärtlich, halb ironisch nennt. Denn bei dem Wort *maître* denkt sie immer an Mätresse, und sie ist seine Mätresse. Der Doppelsinn hat sie schon immer erheitert.

Er sieht sie, er kommt auf sie zu, legt ihr die Hand auf den Nacken. «Ich bin glücklich, ich freue mich so, daß du da bist.» Eine junge Frau nähert sich ihnen. «Du kennst doch Blanche, nicht wahr? Camille Claudel.»

Gerade hat er sich dieser dummen Gans zugewandt, da nimmt ihn jemand beim Arm. Ach ja, es ist Octave Mirbeau, den hat sie gern. Mirbeau führt Rodin fort, um ihn jemandem vorzustellen. Schon ist er weg, entführt. Sie versucht, ein paar Worte mit Blanche zu wechseln, aber Blanche hat ihre Freunde.

«Verzeihung, Mademoiselle – wie war noch der Name?» Camille hat keine Zeit, es ihr zu sagen, und wozu auch? Man hat sie bereits vergessen. Sie sieht von weitem seinen Blick, er läßt sie nicht aus den Augen. Diese Augen kennt sie nur zu gut. Schon mehrere Male hat sie ihn dabei überrascht. Es beunruhigt ihn, wenn sie mit einem seiner Freunde spricht, es ist nicht gerade Eifersucht, aber er ist eben Rodin – beunruhigt über alles, was ihm entgehen könnte, was sich mit einer anderen Person beschäftigt, mit *ihr*. Übrigens hat Rodin sie nicht einmal als Bildhauerin vorgestellt. Sie sieht nichts, weder Bilder noch Skulpturen. Später, wenn es ruhiger ist, wird sie sich noch einmal die Ausstellung ansehen. Überhaupt scheint sich kein Mensch für die Ausstellung zu interessieren. Sie sind nur da, um sich sehen zu lassen, und nicht um zu sehen. Außerdem herrscht ein solches Gedränge, daß man an kein Bild herankommt.

Ein Triumph! Siebzig Gemälde von Monet und sechsunddreißig Skulpturen von Rodin in einer Ausstellung vereinigt. «Ein künstlerisches Ereignis, von dem man noch lange reden wird.»

Eugène Carrière schien ebenfalls verloren. Er war mit Camille hinausgegangen, sie schlenderten die Straße entlang, plauderten. Sie hatte Eugène gern, und er sie auch. Beiden war es aufgefallen, wie Rodin plötzlich umschmeichelt wurde, von einem ganzen Hofstaat, der gestern noch auf ihn gespuckt hatte und es morgen wahrscheinlich wieder tun würde. «Der Erneuerer Nummer eins, der Befreier der plastischen Kunst ... Die soeben eröffnete Ausstellung war ein kolossaler Erfolg für diese beiden wunderbaren Künstler ... Sie sind es, die in diesem Jahrhundert die beiden Künste am glorreichsten und vollendetsten verkörpern.» Und Camille? Welcher Platz bleibt ihr? Die Schülerin Monsieur Rodins zu sein?

Camille hat sich abrupt in ihrem Bett herumgeworfen. Sie ist nicht eifersüchtig, aber sie sieht keinen Ausweg. Erfolg bringt Erfolg. Einige Monate später hatte Antonin Proust, der sonderbefugte Generalkommissar der Schönen Künste, dem Bildhauer weitere Ateliers zur Verfügung gestellt.

Gegenwärtig? Ja, das war sie allerdings! Überall von ihm dargestellt, von ihm verwandelt! Alles träumte von ihrer leidenschaftlichen Liebe. Ganz Paris beneidete sie, die Frauen waren eifersüchtig. Hatte er nicht *Das ewige Idol* geschaffen, in dem jeder sie erkannte? Der Mann küßt ein auf seinen Knien sitzendes Mädchen zärtlich auf die Brust. Camille hatte den Eindruck, ihren *Sakuntala* wiederzusehen. Zwei Personen war die Ähnlichkeit übrigens auch aufgefallen. Aber was machte das schon aus? Der *Sakuntala* war längst in Vergessenheit geraten. Die Kritiker lobten jetzt begeistert dieses Paar von Monsieur Rodin, «dieses Wunder von Zärtlichkeit».

Camille hat sich auf ihrem weißen Kopfkissen umgedreht. Sie sieht es vor sich, hier im Zimmer. Der Mann und die Frau, innig umschlungen, mit so viel Liebe von ihr erschaffen, ihre einzige «Ehrung». Warum hat man sie im Stich gelassen? Kein Käufer hatte sich gefunden. Niemand hat es gewollt. Eine klare Niederlage. Sie hat versagt.

Sie muß aufstehen. Victoire sagte immer: «Hilf dir selbst, dann hilft dir Gott.» Villeneuve! Selbst Villeneuve ekelt sie an. Besonders seit dem letzten Sommer, und keine zehn Pferde bringen sie mehr dorthin. Der Weißwein beim Bürgermeister, die unzähligen Besuche, die Wagenfahrten. «Sie sind unser Kind, das Kind unseres Landes, unsere Künstlerin. Und Monsieur Rodin? Wird er uns vielleicht einmal die Ehre erweisen?» Und dann erhielt sie die unglaubliche Nachricht.

Sie weigerten sich, ihr den Auftrag für das Denkmal zum hundertsten Jahrestag der Revolution zu geben. Auf dem kleinen Platz der Republik, wo sie als Kind gespielt hatte, sollte ein anderer Bildhauer die Aufgabe übernehmen. Man hatte alle möglichen Entschuldigungen hervorgebracht: Sie sei ja jetzt eine große Künstlerin. Und dann, da sie in Villeneuve geboren sei, würden die Leute reden. Der Stadtrat wolle keine Günstlingswirtschaft einführen. Aber man würde noch sehen ... Diese Geschichte hatte ihr den letzten Mut genommen, sie unwiderruflich verletzt. Ja, Rodin war berühmt. Monsieur Rodin. Und sie? Wer wird sie je anerkennen? Dann schon lieber gleich Schluß machen.

Die rostige Pforte, die Sohlen auf dem Kies, der Regenschirm, den er an den Ständer hakt, die schweren Schritte auf der Treppe . . .

«Cam, Cam, bist du krank? Was ist los?»

«Ich schaffe es nie. Es ist aus. Ich bin vergessen.» Sie weint, schüttelt sich vor Schluchzen, schämt sich ihrer Unbeherrschtheit. Und jetzt hat sie auch noch den Schluckauf. Vor ihm!

«Beruhige dich, meine Camille. Du machst dich noch krank.»

«Niemand gibt mir einen Auftrag. Ich existiere nicht mehr.»

«Was erzählst du da? Lhermitte hat dich beauftragt, eine Porträtbüste von seinem Sohn Charlot zu machen.»

«Ja, aber für den Bronzeguß hat er sich bei dir Rat eingeholt. Und Liard tat dann nur, was ich wollte, nachdem du deine Einwilligung gabst. Du weißt doch, die schwarze Patina . . . Und dann ist Lhermitte dein Freund, und nur weil du selbst keine Zeit für die Büste hattest, hat er mit mir vorliebgenommen.»

«Du spinnst. Und das *Gebet*? Habe ich das etwa gemacht? Ich bin ein alter Heide. Dein *Gebet* hätte ich nie zustande gebracht. Und alles, was du für mich tust . . .»

An einem heißen Nachmittag war sie allein in eine Kirche eingekehrt, deren Name sie nicht einmal kannte. Ruhe, Stille, Frieden. Camille auf dem korbgeflochtenen Kirchenstuhl. Und da sah sie die junge Frau, kniend, den Kopf zurückgeworfen, strahlend. Glückseligkeit. Camille hatte einmal ein Gedicht gelesen: *Die Seligpreisungen.* Das fiel ihr ein, als sie diese Frau sah. Was tat sie hier? An was dachte sie? Was war diese einsame Freude, diese Verklärung, die dem Gesicht einen über alles menschliche Denken erhabenen Ausdruck verlieh? Camille konnte die Augen nicht von ihr lassen. In der Ferne zuckte ein roter Schimmer – wie ein Herz. Camille fühlte sich in Frieden, Geborgenheit und Harmonie. Zwei Frömmlerinnen waren eingetreten, schwatzten bald flüsternd, bald laut, zischelten durch die Zähne wie ihre Mutter, wenn sie gehässig war – seiberten vor Boshaftigkeit – und setzten sich dann scheppernd und klirrend wie ein altes Uhrwerk. Camille blickte immer noch wie gebannt auf die Betende. Kein Muskel ihres Gesichts hatte sich bewegt. In welches Universum war sie entrückt? Und diese Freude! ... Dann hatte Camille plötzlich die Flucht ergriffen, als wenn sie diesem Frieden entrinnen wollte, der ihr verweigert war.

«Ich werde fortgehen, weit weg von hier.»

«Aber wohin denn, Camille? Schau, ich bin jetzt fast einundfünfzig Jahre alt. Seit einem Jahr habe ich endlich ein bißchen Erfolg, bekomme Aufträge. Du hast das ganze Leben vor dir. In der Bildhauerei geht es sehr langsam voran. Du wirst es bestimmt schaffen. Du brauchst nur Geduld.»

Aber gerade die hatte Camille nicht. Sie sah nicht ein, warum sie so lange warten sollte. Mit Siebzig bildhauern – dazu hatte sie keine Lust. Alles und jetzt gleich! «Jetzt muß es sein! Während ich noch jung bin ... In zehn Jahren werde ich nicht besser sein.»

«Geduld, Camille. Die Inspiration genügt nicht, die gibt es nicht einmal. Wir sind ehrliche Arbeiter, Handwerker der Zeit. Mit einem neuen Talent hast du nur wenig Verbündete und eine Menge Feinde. Laß dich nicht entmutigen. Die Befürworter werden triumphieren, weil sie wissen, warum sie dich lieben, die anderen werden vergessen, daß du ihnen verhaßt warst, denn sie haben keine eigene Meinung und drehen sich mit dem Winde. Schau, selbst für mich ist es immer noch so. Du hast gesehen, wie sie Zeter und Mordio geschrien haben, weil ich den *Victor Hugo* nackt darstellen will. Ich bin der Meinung, daß man einem Gott keinen Gehrock anziehen kann.» Camille lächelt. «Vergiß nicht, Camille, daß ich erst im Alter von siebenunddreißig Jahren meine erste wahre Skulptur gemacht habe. Bis dahin war ich Arbeiter oder Angestellter.»

Das alles weiß sie längst. Aber bei ihr ist es etwas anderes. Sie hat keine Zeit. Sie kann nicht mehr lange warten.

«Du bist ein Kind. Du wirst sehen. Arbeite nur weiter. Du wolltest Bildhauerin sein, und das braucht seine Zeit. Es ist ein harter Beruf, aber das interessiert niemanden. Wem würden deine Werke fehlen? Es ist den Leuten egal, was du tust oder nicht tust, und falls du aufhören solltest, würde es sie nicht einmal freuen. Für sie käme es aufs gleiche heraus. Es liegt an dir, deinem Wunsch nachzustreben, deinem Bedürfnis – deiner Rechtfertigung, wenn du willst. Und wenn du es so lange aushältst, wenn du das vollbringst, was Michelangelo vollbracht hat, dann gehört dir auf ewig die ganze Menschheit, weil du sie bereicherst und schöner machst...»

Und wie für sich selbst fügte Rodin hinzu: «... Besonders in dieser Zeit, da alles nur auf die Nützlichkeit des modernen Lebens bedacht ist – und nicht auf den Geist, den Gedanken, den Traum...»

Ihr blauer, verlorener Blick streift ihn; er steht leicht gebückt, betrachtet irgend etwas in der Ferne, scheint ebenso verloren. «Die Künstler sind die Feinde. Kommen Sie, trinken Sie Ihren Kaffee, Mademoiselle Bildhauerin. Was fasle ich Ihnen da für Blödheiten vor! Wie ein vertrottelter Alter!»

Sie lacht, stellt sich vor, wie er sein wird, mit seinem alten Mantel und der Pelzdecke auf den Knien. Denn er wird berühmt sein, bewundert und reich, und einen schönen weißen Bart wird er haben, schneeweiß, und einen Schal oder eine Wolldecke über den Schultern, und seine alte Baskenmütze, die er so liebt, auf dem Kopf.

Sie kuschelt sich auf seinen Schoß. «Monsieur Rodin, erzählen Sie mir bitte, wie war diese Camille? Sie sollen sie einmal sehr geliebt haben. War sie wirklich Bildhauerin oder nur ein hübsches junges Mädchen, das Ihnen gefiel?»

«Das werde ich Ihnen gleich erklären.» Rodin packt Camille, rollt sich über sie. Sie zieht ihn am Bart. «Warte nur, ich werde dir zeigen, wer dein alter Bildhauer ist!»

Er hält sie fest im Griff. «Aber Sie frieren ja, Mademoiselle. Warten Sie.» Er hebt ihr Hemd hoch, dreht sie auf seinen Knien um, reibt ihr heftig die Hinterbacken. Camille wehrt sich, aber Rodin umschlingt sie mit aller Kraft. «Zum Bildhauern braucht man Muskeln, Mademoiselle. Da muß man meißeln und mit dem Hammer schlagen.»

Camille drückt die Nase in die Laken, strampelt und schüttelt sich, aber es fehlt ihr an Kraft, und sie kann sich nicht befreien. Er klatscht ihr auf den Popo, wirft sie über das Bett, wirft sich über sie. Lachend läßt sie es geschehen. Doch nein, so leicht gibt sie es nicht auf, so einfach macht sie es ihm nicht. Sie zappelt und windet sich, versetzt ihm Fußtritte, bäumt sich auf, um ihn abzuwerfen. Aber er drückt sie mit seinem ganzen Gewicht, und sie fühlt den rauhen Mantel auf ihrer Haut, den Wollschal. Jetzt begehrt er sie zu sehr. Und sie ihn. Der Kampf ist wie eine zusätzliche Herausforderung. Sie spürt die tastenden Finger, läßt sich ein wenig gehen. Jetzt liegt sie in seinen Armen, als ob sie schliefe. Sie öffnet sich etwas mehr ... denkt an die *Psyche.* Sie will wissen und es am eigenen Leibe spüren. Rodins Skulptur: Er hatte sie *Psyché-Printemps* genannt. Die Heftigkeit der Geste hatte sie fasziniert – und jetzt wünscht auch sie, daß er ihr Gewalt antut. Der Finger dringt langsam von hinten in sie ein, und ohne Scham zu empfinden, öffnet sie das Gesäß noch mehr mit der Hand. Sie sieht den Stock, auf den sie den dicken Klumpen Lehm, die weiche und schwarze Erde einsinken läßt, die Drehstütze, um die herum sie knetet, eine neue Form modelliert. Camille ist alles das, und Rodin greift in sie hinein, hält sie aufrecht. «Nein, noch nicht ...» Der Lehm wird zerspringen, sich lockern, sich lösen. Nein, jetzt ist er wieder über ihrem Leib, knetet sie, gibt ihr neue Form. Er dringt in sie ein, hebt sie auf seinem steifen Glied, bohrt sich in den feuchten Lehm hinein. Während er sie aufwühlt, schlingt sie sich um die Gewölbekuppel, den Schlußstein. Er bäumt sich, stößt vor und zurück. Spitzbogen, Kreis, Rosette, Kleeblattkreuz – die schwarze Rose. Herrliche Arabeske des Lebens und des Todes. Samen und Dünger, Kloake und Mutterleib zugleich. Ende und Beginn, Omega und Alpha; eine ganze Welt in einer Sekunde festgehalten – eine Welt, eine in ihrem Lauf aufgehaltene Sekunde ... Welches Geheimnis brüten die beiden dampfenden Münder aus?

Schimmernd glänzend, geil-lüstern, durchnäßt und duftend schlafen sie jetzt. Ineinander versunken, der Welt entrückt.

Brief aus der Anstalt

«... In Wirklichkeit möchte man mich zwingen, hier zu bildhauern, und da man sieht, daß alle Mühe vergeblich ist, macht man mir alle möglichen Schwierigkeiten. Das wird mich nicht umstimmen, ganz im Gegenteil ...»

*

Sollte man aus der Betrachtung all der Grabmäler auf den Friedhöfen schließen, die Bildhauerei sei eine so tote Kunst geworden, daß sie alles, bis auf ihren Daseinszweck, verloren hat? Beileibe nicht ...

Doch von da an auf öffentlichen Plätzen und unter freiem Himmel verboten, zieht sich die Bildhauerei wie die anderen Künste in das einsame Zimmer zurück, wo der Dichter seine verbotenen Träume verbirgt. Paul Claudel, August 1905

Die Zimmer in der Folie Neubourg.

Sie sagte: «*C'est une folie!* Es ist ein Wahnsinn!» und sie lachte. «Dieses alte Haus ist viel zu teuer!» Er nahm sie in seine Arme und sagte flüsternd zu ihre: «*Ma folie*, mein Wahnsinn bist du.» Sie liefen durch die fünfzehn Zimmer des Clos Payen, verloren sich, um sich noch freudiger wiederzufinden in ihrer «Folie Neubourg».

Sie hat seitdem ihre Lektion gelernt – gebraucht dieses Wort nie mehr. «Wir waren wahnsinnig glücklich.» «Wir haben uns wahnsinnig geliebt ...» Nie mehr. Verstanden?

Von Kindheit an ist die Bildhauerei der Ausdruck ihrer Rebellion gewesen. In der Einsamkeit dieses abgelegenen

Zimmers, in das man sie gesperrt hat, ist ihr die einzige Freiheit geblieben, NEIN zu sagen.

Mit ihren zehn stummen Fingern hat sie heute beschlossen, ihre Abwesenheit in die Welt zu schreien.

Für immer?

Wie Orpheus hat sie es gewagt, der Unterwelt die Stirn zu bieten.

Die Prinzessin

> O Hände! o Arme! Ich erinnere mich!
> An den Händen bin ich hier gefesselt!
> Und gebrochen stürzte ich Unglückliche
> in den Traum!...
> PAUL CLAUDEL, *Goldhaupt*

Er schreibt.

Das ist also sein Geheimnis. Seit einem Monat ist er so zerstreut, so in Gedanken verloren. Paul schreibt. Eben war er hier, um ihr sein Buch zu bringen, *sein* Buch. Camille ist glücklich. Ein Exemplar der ersten Auflage. Sie wird den ganzen Abend lesen. Er hat es einfach dagelassen – ohne ein Wort. Sie war ausgegangen. Da noch immer Kälte herrschte, wollte sie sich am Abend eine warme Suppe machen. In letzter Zeit fröstelt sie oft und wird plötzlich schläfrig. Manchmal döst sie am hellen Nachmittag ein.

Paul hat das Buch einfach auf den Tisch gelegt – ohne Erklärung.

Immer noch kein eigener Auftrag in Sicht; sie ist ausschließlich und bis über den Kopf mit der Arbeit für Rodin beschäftigt. Außerdem hat sie keine Modelle und nicht genug Geld dafür. Und Rodin hat schon mehrere Male «vergessen», ihr auszuhelfen. Sie hatte nichts gesagt, sich geschworen, nie mehr vor ihm zu weinen. Nach ihrer «Orgie», wie sie es nannte, hatten sie Kaffee gemacht. Sein verstörter Blick war ihr aufgefallen, und sie hatte ihn gefragt, ob ihm etwas fehle. Er schien ihr etwas sagen zu wollen, tat es aber nicht und wiederholte nur: «Du bildhauerst wie ein Mann. Mach dir keine Sorgen, du wirst es schon schaffen.» Nichts Konkretes. Nur, daß sie weitermachen sollte, daß sie für die Bildhauerei geschaffen war, daß sie *existierte* – sonst nichts.

Endlich ging der Monat Februar zu Ende. Jetzt konnte man länger arbeiten. Rodin war beunruhigt, fürchtete, mit den vielen Aufträgen nicht fertig zu werden. Solche Sorgen hätte auch sie gern gehabt!

«Wir müssen uns wieder der *Verzweiflung* zuwenden, dieser kleinen Statue. Übrigens ähneltest du ihr neulich abends. Und dann bin ich mit Eustache de Saint-Pierre nicht zufrieden. Diese *Bürger von Calais* sind zum Wahnsinnigwerden. Ich habe zu viel zu tun. Ich schaffe es nie.»

«Mir gefällt Eustache de Saint-Pierre. Er ist der würdigste von allen, er hat begriffen, daß alles gesagt ist, daß es jetzt nur noch gehorchen heißt. Er geht ganz schlicht in den Tod, ohne aufopfernde Pose. Er fügt sich, und das ist alles.»

«Du solltest mir diese Hände vergrößern, die von Pierre de Wiessant. Ich bin mit meinem Entwurf zufrieden. Es ist eine fast lästernde Hand, die andere fleht.»

«Eustache erinnert mich an den *Gott von Amiens.*»

«Findest du? Ach, wenn ich mir eines Tages, und sei es auch nur kurz, die Werke dieser großen Bildhauer etwas näher anschauen könnte. Ich werde es nicht müde, die Kathedralen zu besuchen ... Aber Victor Hugo, da sage ich entschieden nein! Ich weigere mich, ihn bekleidet darzustellen. Was halten Sie übrigens davon, Mademoiselle Claudel?»

Camille wollte antworten, aber da fügte er hinzu: «Was Sie anbetrifft, so ziehen Sie sich gefälligst schnell an, sonst werden Sie sich noch erkälten. Daß ausgerechnet jetzt mein bester Gehilfe krank wird, das kann ich mir nicht leisten.» Sie war etwas heftig aufgestanden. Er hatte sie zweifellos verletzt, aber er wußte nicht in welchem Grade.

Bemüht, seine Rücksichtslosigkeit wiedergutzumachen, sagte er: «Du hast mir doch erzählt, daß dein Bruder sich im Außenministerium bewerben will. Das Bewerbungsexamen ist am 15. Januar, nicht wahr?» Camille nickte. Sie sah keinen Zusammenhang mit ihrem Gespräch.

«Ich werde dem Minister schreiben und ihn empfehlen. Er ist ein Freund von mir. Es nützt zwar nicht viel, aber man kann nie wissen. Bist du jetzt zufrieden?» Natürlich war Camille zufrieden – für ihren Bruder. Aber was hatte das mit ihr zu tun? Außerdem brauchte Paul keine Empfehlung.

Sie war hinaufgegangen, um sich anzuziehen. In diesem Augenblick haßte sie ihn fast. Dieser eingebildete Kerl, der vielleicht noch Dankbarkeit erwartete. Wenn es ihr möglich gewesen wäre, hätte sie am liebsten die Decke über ihm einstürzen lassen. Bums! Und da liegt der zerquetschte Meister! Ein Fladen, ein Sack Erde und Staub. Und sie? Was soll aus ihr werden? Sie hängt in der Luft, hin- und hergeschüttelt zwischen Paul und Rodin. Wenn es so weitergeht, könnte sie ruhig verschwinden, und sie würden es nicht einmal merken. Gespenst zwischen zwei Männern ... Inspiratorin, Modell, Schwester, Dienerin zweier großer Genies! Monsieur Rodin zerrte an einem Arm, Paul am anderen, und sie rissen ihr das Herz entzwei, das mit jedem Tag etwas mehr verblutete.

Goldhaupt. Paul Claudel. Das Buch wartet dort auf sie. Sie friert. Erst nach dem Abendessen wird sie es aufschlagen. Zuerst will sie ein wenig vom Titel träumen. Oft schaut sie sich Bücher nur von außen an und kauft sie nicht. *Goldhaupt!* So könnte eine Skulptur heißen. Eine goldene Skulptur, ein goldenes Haupt. Direkt in das Gold meißeln, das Gold gießen, es formen, es aus dem Tiegel emporsteigen lassen, wie die Alchimisten es tun. Aber Rodin würde sie nicht in Gold meißeln, den bestimmt nicht. Nein, eine Frau muß es sein, eine herrliche Frau, eine Kriegerin, die sich allmählich in eine Heilige verwandelt. Ein Christus? Aber das ist schon wieder so ein Name, für den es keine weibliche Form gibt.

Die Erde. Ja, eine riesenhafte Mutter Erde, die einen Sonnensohn gebiert. Sie sieht die Füße der Göttin, tief in den Lehm gedrückt, sie kauert, berührt fast den Boden, die Knie weit gespreizt. Etwas Phantastisches, Erschreckendes, und ganz oben das leuchtende, strahlende, verklärte Haupt. Und die Hände, flach geöffnet, darbietend, schenkend, ohne Gewaltsamkeit, alles zu empfangen bereit. Nackt, sie wird nackt sein, und der Mann, unter ihr liegend, dringt aus dem Leib und der Erde zugleich.

Platsch! Die Karotte ist zu Boden gefallen. Camille bückt sich. O nein, jetzt auch noch zwei Kartoffeln! Einstweilen meißelt sie Gemüse. Monsieur Rodin schlürft sicher eine köstliche Suppe bei seiner Rose, die, wie er sagt, «so gehorsam» ist.

Camille beißt in eine Karotte – knack! Wenn sie so weiternascht, wird es keine Suppe geben. Das Kochen macht ihr ohnehin keinen Spaß. Aber sie friert heute abend so sehr, daß sie unbedingt etwas Warmes essen muß. Schnell den Lauch geschnitzelt, die Kartoffeln in Scheiben geschnitten, klick! klack! Sie spielt, legt Muster. Es ist so traurig im leeren Haus. Wenn nur rasch der Frühling käme! Im Frühling bleibt Rodin immer länger. Zum Glück kommt Eugénie morgen abend zum Essen und wird auch übernachten. Dank der Fürsprache ihres Vaters hat die Mutter schließlich eingewilligt, daß ihr Eugénie ein- bis zweimal in der Woche Gesellschaft leisten darf. Welch ein Fest jedesmal!

Goldhaupt. Sie hält es nicht mehr aus. Während die Suppe kocht, beginnt sie zu lesen. Im Licht der flackernden Kerze dreht sie die Seiten um und verschlingt die Bilder. Welch eine Kraft schlägt ihr entgegen! Wie der Wind in Villeneuve... Fast vergißt sie, daß es das Werk ihres Bruders ist. Hie und da wird eine Erinnerung wach, erkennt sie eine Einzelheit wieder, aber der Strom reißt sie mit. Der Rhythmus!

Es ist die Geschichte des jungen Bauern Simon Agnel, seiner Heftigkeit, seiner Schreie. Die Begegnung mit seinem ehemaligen Spielgefährten Cébès auf den Feldern bei einbrechender Dunkelheit. Und diese junge Frau, die Simon ins Dorf zurückbringt, um sie zu begraben. Sie ist tot, tot in seinen Armen – und so jung.

Wir haben unsere Münder vereinigt wie eine einzige Frucht,
Der Kern war unsere Seele, und sie umschlang mich mit ihren unschuldigen Armen!

Camille lacht. Sie hat die Nähe des Geyns erkannt. Es ist sie und doch nicht sie. Das Warten, die beiden verirrten Kinder, die aufsteigende Kälte, sie und er fest umschlungen – ja, daran erinnert sie sich.

Mein Gott! Die Suppe kocht über! Sie gießt die dampfende Flüssigkeit in die alte angeschlagene Tasse und liest weiter. Die beiden jungen Männer haben das Mädchen, das sie beide liebten, begraben, und jetzt wandern sie einsam durch die

Nacht. Die Seiten rascheln, die Kerze brennt nieder. Feld im Mondlicht, Liebespakt der beiden jungen Männer. Sinnlich, provozierend. Cébès auf den Knien vor Simon.

Etwas rinnt auf mein Haupt.

Sie liest. Paul meißelt die Worte noch gewaltiger als Rodin die Erde. Woher hat er diese Heftigkeit, diese Üppigkeit der Sprache? Letztendlich kennt sie ihn so wenig. Die Freunde schließen einander in die Arme. Cébès geht fort, verschwindet in die Nacht. Simon allein. Simon schwört, sein Werk zu vollbringen. Simon küßt, umschlingt die Erde, schläft voller Drohungen ein.

Rasch dreht sie die Seite um: zweiter Teil. Der Palast, der König, die Prinzessin. Cébès ringt mit dem Tod. An allen Ecken und Enden des Palastes ist der Tod ausgebrochen – gräßlicher Krebs –, er herrscht überall, schrecklich, keine Hoffnung lassend, und der junge Cébès wird die Nacht nicht überleben. Er wartet auf die Rückkehr Simons, der ausgezogen ist, um das Land zu retten. Er wird sterben.

Camille sitzt im Dunkeln. Sie hat vergessen, die Kerze auszuwechseln, und jetzt hockt sie auf allen vieren unter dem Tisch, tastet und sucht nach der Schachtel mit den Kerzen, die sie dort hingestellt hat. Sie war gerade im Augenblick unterbrochen worden, als die Prinzessin sich auf Befehl ihres Vaters verkleiden sollte. Und da ist sie! Sie erscheint strahlend wie eine Sonne! Das ist es, ist Goldhaupt! Nein, Cébès hat doch Simon genannt. Er ist Goldhaupt! Die Prinzessin bietet den Männern ihre Gunst dar, ihre Anmut...

Ich halte mich auf den Märkten und an den Toren der Bälle auf und sage:
Wer will seine Hände voller Beeren gegen Hände voller Gold eintauschen?
Und sich mit seinem Menschenherzen eine ewige Liebe aufwiegen?

Sie sieht das Abendessen. Ja, das war es. Paul in die Bibel vertieft, die Sprüche Salomos. Vier Jahre ist es her. Vier Jahre schon! Am Weihnachtsabend... Paul ganz verklärt. Das

Gleichnis von der Weisheit. Camille liest weiter. Der Anlaß ist unwichtig, die Anekdote spielt keine Rolle. Faszinierend allein ist, wie Paul die Worte anzuordnen versteht . . .

Die Männer verweigern sich der Prinzessin. Camille friert. Es ist eiskalt in der Küche. Wie lange sitzt sie schon an diesem kleinen Tisch, über das Buch gebeugt, lesend und immer wieder lesend? Sie schneidet sich ein Stück Käse ab, eine Schnitte Brot, nimmt noch einen Riegel Schokolade mit und geht ins Schlafzimmer hinauf. Unter der Daunendecke kann sie lesen ohne zu frieren. Rasch schlüpft sie aus Rock und Unterrock, behält die Wollstrümpfe an und läßt sich unter die Decke gleiten.

Die schöne und edle Dame, die soeben sprach, ist nicht mehr.

An die Kopfkissen und die bröckelnde Wand gelehnt, wendet sie langsam die Seiten um. Cassius spricht. Welcher Sieg! Sie möchte eine Skulptur vom siegreichen Goldhaupt machen, wie ihn sein Leutnant Cassius beschreibt. Welche Kraft! Genau das, was Rodin für die Pferde des Apollo braucht. Ihr Bruder ist ein visionärer Dichter; sie hält das Bild für sich selbst zurück.

O Freude! der wiehernde Sieg, einem Rosse gleich,
Hat sich über das Schlachtfeld gerollt,
Schlagende, funkelnde Hufe, Forellenleib, dem Himmel
zugewandt!

Er hat Genie. Und da ist *er*, da ist Goldhaupt. Sie sieht ihn – gewaltig, blutüberströmt – im Morgengrauen. Camille hat die Zeit vergessen; überwältigt nimmt sie am Tode des Cébès teil, während die Sonne aufgeht und die Lerche zu trällern beginnt.

Der Tod,
Der Tod erwürgt mich mit seinen zarten, nervösen Händen.

Goldhaupt tötet den König, er lacht, und er verjagt die Prinzessin. Alles will er haben. Er ist Mann und Frau zugleich mit seinem langen Haar, seinem jungen Gesicht und dem perfiden Lächeln des Mädchens, aber er tötet ohne Reue. Er lacht über seinen Mord, vertreibt die Weiber, auch die Prinzessin, die nun verbannt ist und ihren Vater hinausschleppt – ihren toten Vater.

Diesen Wahnsinnsrausch, dieses Hämmern der Worte, dieses Pochen des Klangs hatte Camille nicht erwartet.

Dritter Teil. Camille hockt immer noch zusammengekauert in ihrem Bett, allein mit Goldhaupt. Goldhaupt liegt geschlagen und verlassen auf dem Stein, an dem die Welt endet, und ringt mit dem Tode. Camille ist dort oben auf der Anhöhe von Chinchy, die Bäume im flammenden Sonnenlicht, im Licht dieser Sonne, die zur gleichen Zeit wie der verwundete, nackte, im Sterben liegende Goldhaupt verlöschen wird. Und die Prinzessin, an den Händen festgenagelt, wie ein grausam verendender Turmfalke, halb geschändet von einem Deserteur – erhabener Dialog! Gleich wird es drei schlagen, und sie, die Gekreuzigte, wird sterben. In einem letzten Kuß vereinigt sie sich mit dem, der sie vor aller Augen erkannt hat, sie, die Königin.

Doch du, Geliebter!
Unsäglich ist's,
Daß ich durch dich sterben soll!
Zitterst du, mein Herz?
Ich bin für das Leben geboren. Und ich sterbe für . . .

Camille schließt das bittere Buch. Sie ist immer noch dort, im Wind von Villeneuve, und die Sonne wird untergehen. «Mein kleiner Paul.» Die Prinzessin an seiner Seite liegend, und sie sieht sie beide, goldene Ruhende, steinerne Schlafende, gemeißelt in seinen Worten. Noch nie hat sie etwas Derartiges gelesen. Diese schnell dahinfließende, flammende, dann wieder gebrochene, zurückhaltene und aufs neue stürmende Sprache! Ja, auch er hat die Gabe, die Gabe des Lebens, er schreibt.

Aber warum tritt er ins Außenministerium ein? Das ist doch ein Wahnsinn! Er, ein Dichter! Was hat er in diesen muffigen Büros mit all den Beamten zu suchen? Hat er ihr nicht noch vor kurzem erzählt, er wolle fort, die Familie verlassen, sich von seiner ganzen Umgebung befreien? Wie Rimbaud. Jetzt denkt sie an Rimbaud. Das ist es, er will zu ihm, ganz bestimmt. Und wer ist die Prinzessin? Camille wüßte nicht, daß er eine Freundin hätte, eine Frau in seinem Leben. Wo hat er die Prinzessin her?

Camille lächelt. Sollte sie ihn inspiriert haben? Sie ruft sich die Szene in Erinnerung zurück. Ja doch! Sie war zufällig auf ein Manuskript gestoßen: *Die Schlummernde.* Wann war das? Ach ja, vor zwei Jahren. Sie suchte einen Bleistift, und sie stand an Pauls Schreibtisch.

«Was ist denn das? Darf ich es lesen?»

«Wenn du willst.»

Ein kleiner Poet, ein in die schöne Galaxaura verliebter Dichter. Sie hatte sofort den Wald von Chinchy erkannt und den alten *Tanzenacht.* «Galaxaura ist wirklich schön; sie ähnelt Rodins *Danaïde.* Weißt du ...»

«Dieses Mal bist du nicht das Modell. Glaube mir», hatte er sie plötzlich aggressiv unterbrochen. «Lies weiter, dann wirst du dich erkennen.»

Die Strombo, das scheußliche fette Ungeheuer, das in der Grotte schnarcht. Die Säuferin, die beinahe den schmächtigen kleinen Dichter mit Haut und Haar verschlungen hätte, die Menschenfresserin mit ihrem dicken «zum Bersten vollen Walfischbauch», die, auf ihrem Fettwanst liegend, mit den Beinen strampelt. Camille hatte ihm das Buch an den Kopf geworfen, und er lachte, freute sich, sie in Wut versetzt zu haben. Doch eigentlich hatte er nicht ganz unrecht. Niemand ist wirklich das Modell eines Werkes. Verquickten sich in ihr selbst nicht die verschiedenartigsten Elemente, denen sie immer wieder neue Formen gab? Ihre Skulpturen waren zwar getreue Darstellungen, aber sie logen auch ebenso getreu. Die Modelle sind nur Vorwände für die Künstler. Wie oft hatte sie festgestellt, daß das Modell nur der Sockel ihres Traumes war.

Monsieur Rodin konnte darüber sehr zornig werden. «Das Imaginäre gibt es nicht. Stützen Sie sich auf die Natur. Man muß wirklichkeitsbesessen sein. Nur die Realität ist wichtig!»

Camille lächelte. «Es geht hier nicht um Schöpfung. Schöpfung ist ein überflüssiges Wort.»

Aber gleichzeitig schimpfte er über die, die sich sklavisch an äußere Einzelheiten hielten. «Man muß zur Seele sprechen.»

Genau das tat Paul! Ihr Bruder, der Erleuchtete! Sie wollte es ihm sagen. Er darf nicht Beamter, Gesandter oder dergleichen werden. Er muß schreiben, seinen Traum bis zum Ende verfolgen.

Sie hatten einen Pakt geschlossen. Nächtlicher Friedhof, Wolfsgeheul in der Ferne ... Er hatte Siegmunds Schwert aus den Händen Sieglindes genommen, sich und ihr die Adern an den Handgelenken aufgeritzt, sein Blut mit dem ihren vermischt.

«Verlasse mich nie, Paul!»

Paul ist zehn Jahre alt, sie sieht ihn verbluten, sie sitzt auf dem Meilenstein, verloren inmitten des weiten Heidelands.

«Paul, Paul ...»

«Hündin, Hündin, du hast mit ihm geschlafen!» Er neigt sich ihr zu, Kind des Lichts, sie sieht seine goldfarbenen Lippen, den jungen Mund, die glühenden Augen, er neigt sich näher, ihr ist, als brenne sie lichterloh, er neigt sich noch mehr, sie fühlt den Kuß. Das Kind springt zurück, lacht, die langen Locken fliegen, er reicht ihr die Hände, sie ist es, sie ist das Kind – sie ist eine Riesin, ein weißgoldenes Standbild, Paul liegt ihr zu Füßen, stirbt langsam.

«Du solltest es nicht lesen! Du solltest es nicht lesen!» Doch sie hat nicht umhingekonnt, den Titel zu sehen: *Ein vorzeitiger Tod.* Sie nähert sich dem jungen Mann; er ist aus Gold, wie sie, und er flüstert:

Nun denn!
Ich habe getan, was mir beliebte, und ich werde
Durch meine Hand sterben.

«Heuchler! Heuchler!» sie bricht in Gelächter aus. Plötzlich erhebt er sich und rennt davon.

«Komm, spiel mit mir. Du bist der Tod.»

Camille ist erwacht, in Schweiß gebadet. Die Kerze ist verloschen. Fahle Dämmerung ... Was ist geschehen? Hat sie geträumt? Doch sie weiß, daß es dieses Manuskript *Ein vorzeitiger Tod* gibt. Sie hatte es vergessen, aber jetzt erinnert sie sich, wie wütend Paul damals war, als er sie am Tisch darin blättern sah. Ein Vers, der auf sie besonderen Eindruck gemacht hatte, ist ihr im Gedächtnis geblieben:

Gedenke du! Gedenke du des Zeichens!
Alles ist zu Ende. Die Nacht, sie tilgt den Namen.

Und Pauls schrecklicher Wutanfall, wie er die Seiten zerknüllte und zerriß. «Raus! Laß dich nie wieder in meinem Zimmer sehen! Verschwinde!» Warum war er so brutal gewesen?

Der Tag bricht an. Jetzt wird sie nicht mehr schlafen. Plötzlich dreht sich alles in ihrem Kopf. Ihr wird übel. Rasch springt sie aus dem Bett, eilt zur Waschschüssel. Während die Angst sie packt, verspürt sie ein unerklärliches und unsagbares Wohlgefühl. Sie hat die Grenze überschritten.

Ein Kind erwartet sie.

Brief aus der Anstalt

«... Heute, der 3. März, ist der Jahrestag meiner Entführung aus Ville-Evrard. Sieben Jahre ist es her ... und seitdem büße ich in den Irrenhäusern. Nachdem sie mir mein ganzes Lebenswerk geraubt haben, sperren sie mich für Jahre ein, in das Gefängnis, das sie selbst gerechterweise verdient hätten ...»

*

«Einen Turmfalken hat man mit gespreizten Flügeln an den Stamm dieser Tanne genagelt.»

«Eine höchst barbarische Sitte.»

«Du wirst jetzt gleich den Platz dieses Vogels einnehmen.»

«Du gedenkst doch nicht zu tun, was du da sagst?

Du wirst mich nicht an diesen Baum heften, wie einen Vogel, den man an den Flügeln festnagelt...»

Mein kleiner Paul!

Warum hat er das geschrieben... vor etwa fünfzig Jahren?

Einst hat sie die Schreckensgeschichte geliebt.

Hier trägt die Wirklichkeit andere Züge.

Die Prinzessin – «Camille in Montdevergues, schrecklich alt und bejammernswert, mit ihrem klaffenden Mund, mit diesen scheußlichen Zahnstümpfen darin...»

Zweitausend sind es, die ebenso aussehen. Hier in Montdevergues.

Das Schloß Islette

So wisse denn, ich war Graf Ugolino...
Doch jeder zweifelte ob seines Traumes,
als unter uns des grausen Turmes Tor ich
zuschließen hörte, drob ich meinen Söhnen
ins Angesicht sah, ohn' ein Wort zu sprechen.
Ncht weint' ich, so erstarrt war ich im Innern...
DANTE, *Göttliche Komödie*

Monsieur Rodin,
da ich nichts zu tun habe, schreibe ich Ihnen schon wieder. Sie können sich nicht vorstellen, wie wohl ich mich in Islette fühle. Ich habe heute im Mittelsaal gegessen, der auch als Gewächshaus dient, und von wo aus man den Garten von beiden Seiten sieht. Madame Courcelles hat mir vorgeschlagen (ohne daß ich etwas zu sagen brauchte), Sie zu bitten, falls es Ihnen angenehm wäre, von Zeit zu Zeit hier zu essen, oder auch ständig. (Ich glaube, daß sie ganz scharf darauf ist.) Und es ist so hübsch hier!

Camille blickt auf. Vor dem Fenster sieht sie die kleine Holzbrücke und den Fluß, hört das klappernde Rad der Wassermühle. Kein Lüftchen regt sich heute. Obgleich sie wenig gegessen hat, tut ihr die rechte Seite weh. Das Kind drückt, sie fühlt es jetzt jeden Abend, wie es die Ärmchen bewegt und mit den Beinchen strampelt. Sie tastet sich über die Stelle, wo der Kopf ist, und spricht leise zu ihm. Die alte Madame Courcelles bewacht sie ständig, ohne es sich anmerken zu lassen. Camille hätte lieber Victoire oder die alte Hélène bei sich gehabt, aber davon kann keine Rede sein. Es war ihr gelungen, ihre Schwangerschaft zu verbergen. Es wäre sowieso niemand darauf gekommen. Sie sah so wenig Menschen, und im Atelier verdeckte der Kittel alles. Das Atelier! Ja, Rodin war nicht gerade begeistert gewesen. Er hatte Angst vor Rose, vor dem Skandal, vor der zu treffenden Entscheidung, aber er hatte sie wenigstens das Kind haben lassen, und mehr wünschte sie sich nicht.

Camille ringt nach Atem. Eben hat sie einen kräftigen Fußtritt bekommen. Wie schwach sie sich heute fühlt! Das Kind scheint in den letzten Tagen stark gewachsen zu sein.

Sie nimmt den Brief wieder auf, fährt sich mit der Zunge über die Oberlippe. Das Schreiben macht ihr Mühe. Die Feder trocknet ständig, die Querstriche ihrer «t» nehmen fast die halbe Breite der Seite ein. Wie oft hat er sie ermahnt: «Mach nicht so lange Querstriche, du zerkratzt das Papier.»

... und es ist so hübsch hier, und es ist so hübsch überall. Ich bin im Park spazierengegangen, und alles ist gemäht, das Heu, der Weizen, der Hafer, und wo auch immer man hingeht, ist es reizend. Wenn Sie nett sind und Ihr Versprechen halten, können wir im Paradies leben ...

Camille erwartet ihn. Warum ist er nach Paris zurückgekehrt? Zu sagen, daß er sich dieses Kind gewünscht hat, wäre eine Übertreibung. Eines Tages vor zwei Jahren – übrigens um die gleiche Jahreszeit – waren sie miteinander durch die Straßen gewandert; sie hatte ihn ein Stück zurückbegleitet, und sie hatten sich gerade geliebt. Er verbrachte seine Ferien mit Rose und war nur kurz zur Beerdigung eines Freundes nach Paris gekommen. Sie sollte in ein paar Tagen nach Villeneuve zu ihrer Familie fahren. Und da hatte sie leise und zärtlich zu ihm gesagt: «Ich möchte ein Kind von Ihnen haben.»

Er war stumm geblieben, hatte geistesabwesend vor sich hingelächelt, wie jemand, der aus Angst plötzlich sehr prüde geworden ist. Sie hatte sich über ihn lustig gemacht und ihn beim Arm genommen, aber er antwortete noch immer nicht. Sie war aufrichtig gewesen, hatte mit einem leicht hingeworfenen Wort ihre Bereitschaft erklärt, alles aufs Spiel zu setzen – ihr Leben, ihre Seele, ihre Kunst, ihr Herz –, und er schien überhaupt nichts verstanden zu haben.

Camille hat Kopfschmerzen. Klipp-klapp, klipp-klapp rattert das Wassermühlrad. Es ist wirklich sehr heiß, zu heiß. Die Feder ist schon wieder trocken. Wenn er doch nur vor Ende der Woche käme ... Er fühlt sich Rose gegenüber schuldig, und deshalb fährt er so oft aufs Land zu ihr, um sie zu beruhigen. Und dann kehrt er, um Camille besorgt, schnell wieder nach Azay-le-Rideau zurück, um sich aufs neue über Rose zu beunruhigen. Camille erstickt in diesem Zimmer. Sie geht zum Fenster – nichts, kein Lüftchen regt sich, nur das Klipp-klapp, das ihr den Kopf zermartert. Und doch liebt sie dieses alte Touraine-Schlößchen, in das er sie eingemietet hat. Sie nimmt die Feder wieder auf, taucht sie ins Tintenfaß. Wo war sie stehengeblieben?

... können wir im Paradies leben. Sie werden das beste Zimmer für sich zum Arbeiten haben. Die Alte wird wahrscheinlich vor Ihnen auf den Knien liegen ...

Schon wieder der höllische Lärm dieses Mühlrads. Sie steht auf, tunkt ein Taschentuch in das Waschbecken, drückt es sich an die Stirn, setzt sich, schreibt weiter.

... Sie hat mir empfohlen, im Fluß zu baden, wie es ihre Tochter und das Dienstmädchen tun. Es ist ganz ungefährlich. Mit Ihrer Erlaubnis werde ich dem Rat folgen, denn es ist ein großes Vergnügen ...

Das Atmen fällt ihr heute wirklich schwer. Sie fühlt das Kind, hat den Eindruck, daß es ihr auf die Lungen drückt. Ihr Herz setzt von Zeit zu Zeit aus. Aber sie muß diesen Brief beenden, er muß unbedingt kommen.

... ein großes Vergnügen, und dann brauche ich nicht mehr nach Azay zu gehen, um warme Bäder zu nehmen. Bitte seien Sie so lieb und kaufen mir ein dunkelblaues Badekostüm mit weißer Borte, zweiteilig, Hose und Bluse, aus Baumwolle (mittlere Größe). Das finden Sie im Louvre *oder im* Bon Marché *oder auch in Tours.*

Niemand wird sie baden sehen, und sie riskiert bestimmt nichts dabei. Sie ist zwar im sechsten Monat, aber sie ist an kaltes Wasser gewöhnt, hat immer kalt gebadet. Warum ist er nicht hier? Sie hat Schmerzen in den Nieren, der Kopf tut ihr weh. Klipp-klapp, klipp-klapp hämmert und stößt es in ihrem Kopf, ihrem Herzen, ihren Nieren, überall ... Was treibt er nur dort mit Rose? Vergißt er, daß sie *sein* Kind trägt, es in sich formt? Man läßt eine Skulptur nicht einfach so stehen ...

«Monsieur Rodin, bitte, bitte, beeilen Sie sich.»

Ich schlafe ganz nackt, um mir einzubilden, daß Sie da sind.

1 Die Bildhauerin **Camille Claudel** (1864 – 1943)
im Alter von zwanzig Jahren

Verlag Neue Kritik • Kettenhofweg 53 • D-60325 Frankfurt am Main

Und doch ist er glücklich, wenn er sie in ihrem Schloß besucht. Sie neckt ihn, sie nennt ihn ihren «Blaubart», und er sie «meine Prinzessin». Darüber lacht sie. Wenn er wüßte! Und Paul? Wo ist Paul? Wenn er wenigstens hier wäre... Diese alte Madame Courcelles macht ihr angst. Sie sieht wie die böse Fee im Märchen aus.

Das elegante Renaissanceschloß Islette... Selbst wenn sie ihn verdächtigte, sie hier zu verstecken, um niemanden wissen zu lassen, daß sie schwanger ist, wäre es ihr recht. Was macht das schon aus! Seit einem Monat lebte sie wie eine Einsiedlerin, war glücklich, bildhauerte, zeichnete, genoß das schöne Wetter, das in ihr gedeihende Kind – dieses Kind, das ihr und ihm ähneln wird – zur Ewigkeit gewordener, wachsender, sich vervielfachender Augenblick...

Als sie es ihm gesagt hatte, schien er wie niedergeschlagen, wie von einer Strafe betroffen. «Das muß damals gewesen sein, weißt du, als ich wie wahnsinnig war. Ich wußte nicht mehr, was ich tat. Du weintest. Und da war ich sicher.»

Sie hatte nichts hinzugefügt. Wie konnte er so etwas bereuen? Sie wollte nichts mehr hören. Immer muß sie alle Risiken auf sich nehmen. Sie, die nichts zurückhielt, die alles gab, die sich voll und ganz schenkte, weil sie liebte. Bald – das wußte sie wohl – würde die Gesellschaft der Feiglinge mit dem Finger auf sie zeigen: eine uneheliche Mutter... Sie nahm bereits diese «infame» Bezeichnung für sich in Anspruch. Aber mit Stolz!

Klipp-klapp. Schwarze Schmetterlinge vor den Augen. Er fehlt ihr, sie ruft ihn. Schreckliche Hitze. Sie trägt nur ihren Unterrock und ihr Unterhemd, und doch fühlt sie, wie ihr der Schweiß über den Rücken rinnt. Die Blumen, die sie gepflückt hat, verbreiten einen starken Geruch. Sie greift zur Feder:

Ich schlafe ganz nackt, um mir einzubilden, daß Sie da sind... ganz nackt... aber wenn ich aufwache, ist es nicht mehr das gleiche.

Endlich das Gewitter. Es donnert in der Ferne. Bald wird die Luft ein bißchen frischer sein. Ihre Marmeladenschnitte liegt halb gegessen neben dem Briefbogen.

Herzlich küßt Sie Ihre Camille.

Bedrückt fügt sie noch rasch hinzu:

Vor allem betrügen Sie mich bitte nicht.

Sie will den Bogen zusammenfalten. Klipp-klapp, klipp-klapp ...

«Madame Courcelles!» Sie schreit, sie ist gefallen, das Mühlrad hat ihren Körper gepackt. «Madame Courcelles!» Jetzt brüllt sie, ihr ganzer Leib ist aufgerissen. Immer lauter brüllt sie, am Boden liegend, zerfetzt, sich windend, zuckend, zerberstend.

«Nein, nein ...» Sie will sie aufhalten, sie will sie hindern, und sie flieht, rennt, ihr Atem setzt aus, sie stürzt, rollt über die Felsen, über das harte Gestein, und jetzt sind sie über ihr, sie fühlt ihre Hände, sie brüllt, man knebelt sie, fesselt sie, schlägt auf sie ein, zerquetscht ihren Bauch.

«Tötet mich nicht! Ich liebe ihn! Nein, ich will nicht!»

Sie öffnet die Augen, stöhnt. «Madame Courcelles, lassen Sie es nicht tun!»

Die Alte ist über sie gebeugt. «Bleiben Sie ganz still, wir helfen Ihnen, es ist nichts.»

Sie wendet den Kopf, sieht das kleine blonde Mädchen, die kleine Schloßherrin, mit ihren erschrockenen traurigen Augen. «Raus hier, los, verschwinde! Hol den Arzt, beeile dich!»

Und jetzt fühlt Camille, wie ihr Kopf aufschlägt – klipp-klapp, klipp-klapp – jede Radschaufel versetzt ihr einen Stoß. Der Hals bricht entzwei, der Kopf fällt, stürzt ins Wasser. Das messerscharfe Rad zerschneidet den Rest ihres Körpers; es dringt in sie ein, schlitzt den Bauch auf, leert ihn.

Rodin wurde benachrichtigt. Monsieur Rodin ist da, er steht vor dem Bett. Seit drei Tagen regnet es ohne Unterlaß. Das Schloß ist wie im Dunst versunken. Kein Geräusch, nur das rauschende Wasser. Camille liegt in weißen Laken, das Gesicht eingefallen, die Augenhöhlen dunkel, und sie sagt nichts, hält die Augen geschlossen, gibt kein Wort von sich, die langen Hände ruhen auf dem Bett, das Haar aufgelöst, schwach, zerbrechlich, erschöpft. Sie weiß. Sie brauchte nicht zu fragen, sie hat alles begriffen. Man wechselt die Laken, man wäscht sie. Sie liegt da wie in einem Leichentuch. Sie hat nichts mehr zu sagen. Sie hat verloren – das Kind verloren! –, wünscht nur noch eins; daß man sie in Ruhe läßt. Die Blutungen haben nicht aufgehört, und es ist ihr, als verrinne ihr Leben tropfenweise, langsam, fast unmerkbar – wie im Traum. Sie will nur schlafen, empfindet keine Schmerzen mehr, fühlt nichts, läßt sich in die Nacht gleiten, auf dem dunklen Fluß, der ins Vergessen führt. Den Mann, der an ihrem Bett steht, kennt sie nicht. Was kümmern sie die Ursachen? Ob es der Kampf mit Rose gewesen war, der Schemel mit der schweren Büste, der ihr fast den Leib zerdrückt hatte? Oder Müdigkeit und Erschöpfung? Was nützte es ihr, zu «wissen»? Es war einfach ein abgekartetes Spiel. In jedem Kartenspiel gibt es einen Toten. Sie hat Spiele nie gemocht.

Rodin steht am Fußende des Betts. Er hat sich nicht einmal getraut, ihre Hand zu halten, blickt sie nur an, sie, seine Camille, die ihn verläßt, seine Camille – sein *Kuß*. Kein Wort sagt er, denn er trägt den Tod in sich. Maria liegt da vor ihm, und er weigert sich, an das Kind zu denken, vor dessen Vision er immer wieder zurückschreckt. Monatelang hat er mit Besessenheit an einer Skulptur gearbeitet: Ugolin, Mann und Frau zugleich. Heute wird in ihm *Der Schmerz* wach.

Er hat die Augen geschlossen. Warum war er fortgegangen? Rose ging es gut. Er machte eine Büste von ihr, um sie von ihren ständigen Nörgeleien abzulenken. Und inzwischen war Camille allein geblieben, ganz allein, war ohnmächtig zu Boden gesunken, ein eben begonnenes Briefchen in der Hand. Man hatte den zerknüllten Bogen in ihrer verkrampften Hand gefunden – ein Brief für ihn. Monsieur Rodin trägt den Tod in sich. Die Tore der Hölle sind hinter ihm zugeschlagen, versperren ihm auf ewig den Weg zurück. Er ist in der Hölle. Das Spiel ist aus. Pforten der Liebe und des Todes. Das Totengeläut ertönt. Nein, es ist die kleine Glocke des Schlosses.

Seit drei Tagen ist er gerichtet und verurteilt. Er steht vor ihr, vor seiner Muse, der Inspiratorin seines Lebens. Seit drei Tagen quält ihn die Erinnerung: ihr etwas rauhes Lachen, ihre unglaubliche Vitalität, ihr «Ich liebe das Leben!».

«Oh, du lieber Gott, ich habe an dich geglaubt, laß sie leben, verschone sie, mach sie wieder gesund!» Monsieur Rodin liegt auf den Knien. Wenn sie ihn verlassen sollte, würde er wahnsinnig werden vor Kummer und Schmerz, wahnsinnig wie sein Vater.

Ihre Finger haben sich bewegt, sie will etwas sagen. Die Augen öffnen sich, sie hebt langsam die Hand. Und die schwachen Finger berühren die Stirn, gleiten über die Augen des weinenden Mannes.

Die kleine Schloßherrin

Den wenigen Menschen, die mich lieben und die ich liebe – denen, die lieber empfinden als denken –, den Träumern und jenen, die den Träumen vertrauen und in ihnen die einzig wahre Wirklichkeit erkennen ...
EDGAR ALLAN POE, Widmung für *Heureka*

Weißer Rauhreif. Der Tag ist ein unbeschriebenes Blatt. Tagelang hat sie nachgedacht, lange Spaziergänge gemacht, Stunden und Stunden. So geht es seit einigen Wochen. Doch heute hat sie ihren Entschluß gefaßt. Über ein Jahr ist vergangen – ein neues beginnt ihr durch die Finger zu rinnen. Sie hatte nichts getan; es ist höchste Zeit, die Fäden wiederaufzunehmen, Masche an Masche zu fügen, das Leben weiterzuhäkeln. Da der Tod sie nicht wollte, muß sie sich zum Leben zwingen, sich den Herausforderungen stellen. Sie hebt den Kopf. Ihre Kräfte sind allmählich zurückgekehrt. Siebenundzwanzig Jahre ist sie jetzt alt. Der Januar ist fast vorüber, und sie fühlt bereits den Frühling in ihren Beinen, in ihrem Körper. Wenn auch noch das große weiße Schweigen über der Stadt liegt. Sie hatte lange Zeit gebraucht, bis sie wieder aufgestanden war und ein bißchen von den Freuden des Tages genießen konnte.

Rodin kam jetzt oft nach Azay-le-Rideau. Er arbeitete wenig und nur mit Mühe. Das Paar ließ sich weder in den Salons noch auf den Ausstellungen sehen. Camilles Eltern hatten für die lange Abwesenheit kein Verständnis, hielten es für einen Wahnsinn. Mademoiselle zieht sich auf das Land zurück, um besser zu arbeiten. Ncht ein einziges Mal hatte die Mutter ihr geschrieben. Nur mit ihrem Bruder war sie noch in Verbindung. Eines Tages wird sie ihm alles erzählen, das heißt vielleicht, denn sie war sich nicht ganz sicher. Als sie sich kräftiger gefühlt hatte, war sie nach Paris gereist. Ihr Vater hatte gefunden, daß sie miserabel aussah. «Die Landluft bekommt dir nicht. Wenn du sowieso nur im Hause sitzt und bildhauerst, kannst du ebensogut in Paris bleiben ...»

Sie sah wohl, wie betrübt ihr Vater war. In Paris sprach niemand mehr von ihr. Wahrscheinlich hatte er sich – wenigstens für sie – etwas Ruhm erhofft, aber sie schien in Vergessenheit geraten zu sein und kämpfte nicht einmal mehr. Er sah in ihrer Haltung einen Mangel an Mut. «Man muß sich schlagen, Cam. Wehre dich, laß dir nicht auf die Zehen treten!»

Sie hätte ihm sagen wollen, wie wenig sie sich im Augenblick um diese ganze Pariser Gesellschaft scherte. Wichtig war allein, sich wiederaufzubauen, die zerstreuten Trümmer zusammenzufügen, dem Dringlichsten abzuhelfen. Aber heute war die Stunde gekommen. Nein, sie wird keine Rose werden! Sie hat ihren Entschluß gefaßt. Dank der kleinen Schloßherrin.

Als es ihr schlechtgegangen war, hatte das kleine blonde Mädchen sie jeden Tag besucht. Zuerst hatte Madame Courcelles alles getan, um sie von ihr fernzuhalten. Wahrscheinlich aus Angst, daß die Kleine schmerzliche Erinnerungen in ihr auslösen könnte, denn in der ersten Zeit hatte Camille immer geweint, wenn sie sie erblickte. Sie sah das kleine Mädchen wie aus der Ferne, wie in einem Regendunst, wenn es ihr schüchtern zuwinkte. Allmählich hatte sie sich an seine Anwesenheit gewöhnt und an die Blumen, die es für sie pflückte. Eines Tages hatte es ihr Walderdbeeren gebracht, und dann, im Herbst, machten sie lange gemeinsame Spaziergänge, Hand in Hand, die Kleine führte die noch Schwankende.

Zu Beginn sprach Jeanne – so hieß sie – nur wenig. Man mußte sie ermahnt haben, die junge Dame nicht zu ermüden. Aber von Tag zu Tag wurde sie kühner, stellte Camille zahllose Fragen und verlangte Antworten. Und dann stand sie eines Tages vor ihr, schaute sie an, trat ungeduldig von einem Fuß auf den anderen. Camille ruhte sich aus, döste auf einem korbgeflochtenen Liegestuhl, als die Kleine ihr plötzlich einen Bleistift und ein Stück Papier reichte. «Bringe es mir bei, du weißt schon. Ich will es lernen.» Camille hatte zuerst eine Geste der Weigerung angedeutet, aber die ausgestreckte

Hand, Jeannes Blick, die großen, weit geöffneten Augen, die sie anflehten, sie in die Zauberkunst des Zeichnens einzuweihen, ihren Traum zu verwirklichen – das alles hatte ihren Widerstand weggefegt. Camille setzte sich auf und begann zu zeichnen. So war es den ganzen Nachmittag gegangen. Ständig holte die Kleine neues Papier. «Mach mir noch eine, Camille!»

«Aber ich sehe nichts mehr.» Tatsächlich gab die Kleine es nicht auf, bis die Sonne untergegangen war. Camille taten alle Glieder weh, und Jeanne trug die Zeichnungen wie einen kostbaren Schatz ins Haus.

Am folgenden Tag wiederholte sich die Szene, aber dieses Mal legte Camille Pausen ein und bestand darauf, während der Teestunde ihre Ruhe zu haben.

Tag für Tag lernte die Kleine, traute sich schließlich sogar zu, ein Tier oder eine Blume zu zeichnen. Rodin hatte sie eines Nachmittags überrascht, als sie beide über den Tisch gebeugt saßen, das große dunkelhaarige und das kleine blonde Mädchen, die Köpfe über den Zeichnungen und Bleistiften zusammengesteckt.

«Aber was ist denn das?» Er war blaß geworden. Die kleine Jeanne hatte ihm eine herrliche und genaue Zeichnung überreicht: ein Kaninchen mit gesträubtem Fell.

Es war das Kaninchen, das sie gewöhnlich mitbrachte, und das über die Zeichnungen hüpfte oder zu Camilles großem Ärger an dem Papier und den Bleistiften nagte. Es hieß «Prahlhänschen».

«Auguste wäre nie imstande gewesen, auch nur ein Viertel einer solchen Zeichnung fertigzubringen. Und ich hätte es mir so gewünscht, mir so gewünscht, ihn zu lehren – was Schönheit ist.»

Camille hatte aufgeblickt. Er war ganz verwirrt. So ein Idiot! Ausgerechnet von seinem Sohn mußte er ihr erzählen, von Roses Sohn, diesem Taugenichts, der sein ganzes Geld bei Schnaps und Herumtreibereien verpraßte, wo sie gerade ...

«Verzeihung, Camille!» hatte er gestammelt und war eiligst

verschwunden. Camille sah ihn später vom Fenster aus auf der kleinen Brücke stehen und ins Leere starren.

Eine kleine Hand zupfte sie am Rock. «Glaubst du, Monsieur Rodin wird meine Zeichnung mitnehmen?»

«Aber bestimmt, mein Liebling», hatte Camille geantwortet und ihr die Wange gestreichelt.

Dann war die Zeit gekommen, da sie nach Paris fahren durfte. Paris! Ihr Geburtstag, ihre sechsundzwanzig Jahre. Sie hatte sich gezwungen, am Familienmahl teilzunehmen, und sie hätte am liebsten geheult. Zum Glück war Nini da, Eugénie. Sie hatte ihr nichts erzählt, aber Eugénie schien alles erraten zu haben. Camille ging es gar nicht gut. Der Schnee, der weiße Januarfrost. Und dann waren allmählich die Farben zurückgekommen. Wie an jenem Abend vor genau einem Jahr. Die langen Spaziergänge mit dem jungen Mann, der endlich wieder Verlangen in ihr erweckte, und den Wunsch zu arbeiten. Sie war ihm zuerst bei Mallarmé begegnet. Gemeinsame Freunde – Monsieur und Madame Godet – hatten sie einander vorgestellt.

Sie sieht noch das Café; an einem Tag wie heute. Alles war sauber, rein, wie eine erste Seite, ein noch unbeschriebenes Blatt. Fröhliche Menschen, Maler, Journalisten, Bohèmegestalten, und Claude Debussy hatte sie allen vorgestellt. Einige machten sich über ihn lustig: «Deine Freundin? Aber die ist doch bekannt.»

«Sie ist Bildhauerin.»

Sie waren jung, alle fast im gleichen Alter, und kaum hatte man sich kennengelernt, da diskutierte man bereits, entdeckte gemeinsame Leidenschaften, vor allem Hokusai, der gleich zu einem ihrer Lieblingsthemen geworden war. Er, eine Bohèmenatur, sie, noch sehr zerbrechlich, den Kopf ihm zugeneigt. Camille hatte ihr Lachen wiedergefunden. Zum ersten Mal seit Jahren war sie dem Schweigen des Ateliers entkommen, den Ängsten Rodins, den Aufträgen Monsieur Rodins, seiner Rose, seiner patriarchalischen Autorität, fühlte sich jung mit ihren sechsundzwanzig Jahren. Claude war achtundzwanzig. Sie betrachtete die braune Haarlocke, die die beiden Höcker auf der Stirn schlecht verbarg, die Nachtaugen ... und sie bewunderte die geschickten und nervösen Hände.

Wie schön, endlich einmal etwas anderes zu sehen, als das alte Schloß, endlich dem Leben in Zurückgezogenheit entronnen zu sein. Claude war wie ein Halbbruder für sie. Und sie hatte wieder Lust zu leben, mit beiden Füßen Anlauf zu nehmen, sie, die Hinkende, und sich wie im Fluge emporzuschwingen ...

«Was erzählst du da, Claude?» Sie lachte, geriet ein wenig außer Atem. Er steckte bis über den Hals in Schulden, hatte Rom vor Ende seines *Prix de Rome* verlassen, war begeistert, vibrierte, war leidenschaftlich ohne Hintergedanken.

Wieder betrachtet Camille das leicht bräunliche Gesicht, die wirren Haarsträhnen, die dunklen Augen. Er sieht wie ein Jäger auf der Lauer aus, und jetzt beschreibt er ihr eine Melodie – die Celli in der Tiefenlage: mmmmmmm ... dann miaut er mit geschlossenem Mund, schnalzt mit den Lippen, tanzt, lacht sein wildes Lachen ...

Camille fühlt sich leicht und beschwingt, auch sie möchte tanzen. Sie gehen fort. Er begleitet sie.

Ein weißer Tag, eine spiegelglatte Schlittschuhbahn – wieder ein neues Blatt, eine unbeschriebene Seite.

Immer öfter haben sie sich wiedergesehen. Sie sind unzertrennlich geworden. Was? Sie kennt Turner? Wie ist das möglich? Er ist erstaunt über ihre Kultur, über die Vielfalt ihrer Kenntnisse. Dank ihrer englischen Freundinnen hatte sie Abbildungen von Turners Gemälden gesehen. Rodin hatte ihr von ihm erzählt, aber er schätzte ihn nicht sehr. Trotz seiner großen Freundschaft für Claude Monet bewegten sich Rodins Interessen auf anderen Bahnen. Er ging seinen eigenen Weg, und seiner Meinung nach hatte er nichts mit jenen gemein, die man «die Impressionisten» zu nennen begann. Im übrigen sind Malerei und Bildhauerei sehr verschiedene Ausdrucksformen der Kunst. Rodin ließ sich nur selten bei Mallarmé sehen, verkehrte kaum mit anderen Künstlern. Er bildhauerte, er hatte die Fünfzig überschritten und ging ganz in seiner Arbeit auf, weil er sich bereits auf dem Abstieg wähnte. Zuweilen verzweifelte er. Ach, wenn er nicht siebenunddreißig Jahre gewartet hätte, bis er beginnen konnte!

Mit Claude Debussy entdeckte Camille ihre Jugend wieder. Turner war nicht ihre einzige geteilte Leidenschaft; sie liebten auch Edgar Allan Poe. Manchmal, wenn Debussy ein bißchen getrunken hatte, bat er sie aufgeregt um Nachrichten von seinem alten Klingsor. Dann schloß Camille eine Sekunde lang die Augen, schwieg, antwortete nicht, und es war ihm, als sei sie für einen Augenblick gestorben. Er hatte sie ins *Weber* auf der Rue Royale ausgeführt, wo sich die Elite der künstlerischen Welt zu treffen pflegte. Eines Abends hatte sie dort Marcel Proust erblickt. Sie erinnert sich noch, daß Claude sich in seiner Gegenwart nicht wohl zu fühlen schien. Als sie sich darüber erstaunte, hatte Claude ihr gestanden, nur ein ruppiger Bär zu sein. Monsieur Proust und er hatten nicht den gleichen Konversationsstil.

Sie zog zunächst das *Reynold's* vor, eine irisch-amerikanische Bar. Dort verkehrten Toulouse-Lautrec, Rennstallburschen, Jockeys, Pferdetrainer, und es gab Musik. Da war eine Engländerin am Klavier. Es existierten also auch andere Frauen, die ein Leben außerhalb der Normen führten. Andere Frauen, die sich allein durchschlugen. Welche Abenteuer mochte diese hier erlebt haben, die mit müden Augen ihren farbigen Sohn am Klavier begleitete? Camille hätte gern mit ihr gesprochen, aber sie traute sich nicht. Die andere hatte sie ein bißchen hochmütig angeschaut. Für sie, die hier jeden Abend spielte, mußten diese junge Frau und dieser junge Mann die Vertreter einer Welt des Glücks und des Wohlstands sein. Sie war nur zur Unterhaltung da. So ging Camille dann nicht mehr ins *Reynold's*. Übrigens fühlte auch sie sich dort falsch am Platz. Das Geschrei, das laute Gelächter der Boulevardmädchen, der Kokotten, der ausgehaltenen Frauen, die sich dort dickbusig und frech breitmachten, das alles war nichts für sie. Und im Café Weber musterten sie die Halbseidenen und die vornehmen Damen mit Geringschätzung.

Am liebsten ging sie mit Claude spazieren, besuchte Ausstellungen, bewunderte mit ihm ein Bild von Hokusai oder hörte ihm beim Klavierspiel zu. Wenn sie bei Claudes Freunden waren, bei Monsieur und Madame Godet, die sie stets mit Freude empfingen, setzte sie sich diskret in eine Ecke und zeichnete, während er am Flügel eine seiner Kompositionen zum besten gab.

Camille begann von Rodins Technik abzuweichen, entfernte sich vom strikt Erklärerischen, den stets ausgewogenen Proportionen, der Notwendigkeit von Modellen. Mit Debussy entdeckte sie, daß sie nicht die einzige war, die sich um das Mysterium des Unausgesprochenen bemühte, mehr Wert auf Aura als auf Muskulatur legte, das Recht in Anspruch nahm, sich sozusagen über die Grenzen des Herkömmlichen hinwegzusetzen.

Bei Hiroshige, dem Zeitgenossen Hokusais, konnte der Regen zu silbrigem Dunst werden, zu einem weißen Nebelschauer, der verschwand, bevor er die Erde berührte, oder zu einfachen parallelen Strichen...

Stundenlang verweilten sie vor einem Stich von Hokusai. Die riesige Woge, wie sie der Künstler dargestellt hatte, rollte vor ihren Augen in einer erstaunlichen Perspektive. «Tropfen des Sprühregens in Form von Tierklauen...» Der zu schwere Kopf auf dem zu feinen Stiel... Camille wurde von Tag zu Tag schmaler, magerer. Die gleiche sinnliche Blässe wie die der Tuschzeichnungen des großen Japaners. Godet hatte Debussy erzählt, sie sei die einzige, die direkt in den Marmor meißelte. Wie konnte sie das? Welch erschreckende Kraft schlummerte in dieser flüchtigen Erscheinung? «Die Unbekannte»? Sie schien das Leben zu durchstreifen und eine Spur zu hinterlassen, die einen verfolgte und bis in den Wahnsinn treiben könnte. Die Süße des Lebens ohne das Leben, der Traum und das Nichts, unentwirrbar umschlungen, und dieses Lächeln... Ein Lächeln, das die Seele zerreißt.

Eines Abends hatten sie ein wenig getrunken. Zweisame Atmosphäre, Nacht im Mondlicht. Sie lachten. Die Straße war vereist, und sie schlitterten, glitten dahin wie auf einer Eisbahn. Er hatte sie nach Haus begleitet. Während er ihr eine

Melodie vorsang, vergaß sie, daß sie im Gegentakt hinkte. Am liebsten hätte sie Walzer getanzt, noch nie waren ihr solche Launen in den Sinn gekommen. Er nahm sie in seine Arme, umschlang sie auf der weißen Straße, und sie drehten und drehten sich. Ihr hinkender Fuß hatte nachgegeben, und er drückte sie ein wenig fester, um sie zu halten. Sie lehnte den Kopf an seine Schulter, war in seinen Armen, schwerelos, ihr Haarknoten hatte sich gelöst, das lange Haar fiel ihr über die Schultern. Er schaute sie an; der Schnee gab ihr einen blaßgoldenen Glanz, die Augen blickten verloren. Sie glich Ligeia, Morella, den Heroinen Edgar Poes, sie schien den Tod in sich zu tragen, das Nahen des Todes, Vision einer Nacht, und er drückte sie fester – als ob sie verschwinden würde wie eine leichte Dunstwolke, die sich in nichts auflöst. Er hatte in der Bewegung innegehalten, sie hingen in einem Augenblick der Ewigkeit, an den Grenzen des Unfaßbaren, und, über ihre bleichen, zitternden Lippen gebeugt, flüsterte er: «Wie seltsam schön bist du, wenn ich dich so in meinen Armen halte. Du bist so schön, daß man meinen könnte, du würdest sterben.»

Als er sich ihr noch etwas mehr zuneigte, sah er ihre vor Angst geweiteten Augen – die Augen einer Wahnsinnigen, sagte er sich, die Augen einer Wahnsinnigen –, und sie starrte auf irgend etwas weit hinter ihm, schien dieses Etwas oder jemanden zu erkennen . . . «Nie wieder! Nie wieder!»

Und jetzt beschimpfte sie ihn, lief dann hinkend und mit wehendem Haar davon. Im Schnee, mit dem Schnee verschmolzen, entschwand sie wie eine Erscheinung der Nacht. Für ihn: «Traum eines Traums!»

Ein Tag wie heute. Überall Reif und Frost. Sie war dort gewesen wie heute, vor den Spiegeln. Die ganze Nacht hatte sie zähneklappernd und zusammengekrümmt in ihrem Bett gelegen, und am Morgen war sie nach Azay-le-Rideau zurückgekehrt. Vor genau einem Jahr. Sie weiß nicht mehr, ob sie die Szene geträumt oder wirklich erlebt hat. Nur eins ist gewiß: Sie hat ihn an diesem Abend abrupt verlassen.

Keine Musik mehr. Das Schloß ist öde und traurig. Heute verläßt sie Monsieur Rodin. Bleibt ihr ein Leben, zu schreiben ...

Fast achtundzwanzig Jahre. Kein Salon, keine Bildhauerei. Es war höchste Zeit. Die Folie Neubourg mit ihren Spiegeln, das Schloß Islette, das alles gibt sie auf. Sie steht wie damals einsam in der Mitte des Zimmers, aber dieses Mal wird sie nicht in der Frühe nach Azay-le-Rideau reisen. Sie sieht sich hier und dort im Widerschein der Spiegel, mit ihrem Bündel in der Hand und der dunklen Pelerine, die ein wenig schwer auf ihren Schultern lastet. Es ist Zeit zum Aufbruch. Das große Zimmer ... Sie hört die Stimme, die sie zurückhält: «Die Schönheit vergeht rasch. Die wahre Jugend, da der von frischem Lebenssaft strotzende Körper sich schlank und stolz aufrichtet, sich sammelt und die Liebe zugleich zu fürchten und zu rufen scheint, dieser Moment dauert höchstens ein paar Monate an. Ganz zu schweigen von den Erschlaffungen der Hautgefäße und dem Einsacken der Linien, die die Mutterschaft, die Ermüdung der Begierde und das Fieber der Leidenschaft bewirken. Das junge Mädchen wird zur Frau: es ist eine andere Art von Schönheit, immer noch bewundernswert, aber weniger rein ...»

Seine Stimme. Das war damals. Aber sie hörte nicht hin. Er hielt ihr eine Rede, und sie hatte ihm andächtig gelauscht, hatte es wunderbar gefunden. Aber der Sinn des Ganzen – das weiß sie heute erst – war einfach lächerlich! Blödes Geschwätz! Weniger rein! Weniger rein! Was soll das heißen? Und das Leiden? Und die Geduld der Liebe? Und die schöne Heaulmière? Und all die Zärtlichkeit des Menschen?

«O nein, Monsieur Rodin!» Sie richtet sich auf, schneidet eine Fratze vor dem Spiegel, setzt sich den Zylinderhut auf. Ach, den hat er hier vergessen. Und sie ahmt ihn nach, verzieht grotesk das Gesicht, ist endlich wieder boshaft und spöttisch.

Wie die kleine Schloßherrin mit dem drolligen Frätzchen, der Camille beigebracht hatte, den Lehm zu kneten und die Erde zu formen. Eines Tages – ja, da hatte sie ihren Entschluß gefaßt ... Rodin und sie arbeiteten an einem Denkmal für Balzac. Im vorhergehenden Sommer war er damit beauftragt worden. Eine Kolossalstatue von Balzac. Also suchte er Modelle in der Touraine, und sie las ihm ganze Seiten vor, diskutierte mit ihm, wie gewöhnlich in solchen Fällen.

Sie begeisterte sich an dem Projekt, als ob es das ihre wäre, als ob man ihr den Auftrag gegeben hätte. Und dann war sie plötzlich auf die Kleine aufmerksam geworden, die gerade hinter dem Bildhauer stand. Aus Wut, vernachlässigt worden zu sein, und aus Eifersucht auf Monsieur Rodin ahmte sie ihn nach, nahm Posen ein, fuhr sich wie er mit dem Finger über die Stirn, runzelte die Brauen, verzog den Mund.

Camille hatte alle Mühe, nicht laut loszulachen. *Vanitas vanitatum!* Sie sah sich selbst hinter ihm. Aber worauf wartete sie noch? Sie bildhauerte nicht mehr, sie schuf nicht mehr. Worin unterschied sie sich noch von Rose?

«Ich gehe nach Paris zurück.»

Sie hatte ihm einfach das Wort abgeschnitten, ihn in seinem Redeschwall unterbrochen. Dann war sie aufgestanden, hatte die Kleine in ihre Arme genommen. «Du kommst mich dann von Zeit zu Zeit besuchen, wann du willst, nicht wahr, du kleines Dämchen? Denn nur dort kann man bildhauern, ist es nicht so, Monsieur Rodin?»

«Ich habe ihr gezeigt, wo sie Gold finden würde, aber das Gold, das sie findet, ist in ihr.»

Sie hebt den Zylinderhut: «Adieu, Monsieur Rodin!»

Vor kaum einem Jahr, an einem Tag wie heute, hat sie den anderen verlassen, mit gebrochenem Herzen. «Adieu, Monsieur Debussy!»

Ist sie dazu verurteilt, nur immer auf der Flucht zu sein? Sie nimmt ihr Bündel auf. Ihre Sachen wird sie sich später abholen. Ein Atelier hat sie bereits gemietet. Neue Adresse: Camille Claudel, Boulevard d'Italie 113. Monsieur Rodin ist benachrichtigt worden, aber er hat es nicht glauben wollen. Sie nimmt ihren *Sakuntala* mit. Er wiegt schwer.

Drei Jahre Schweigen. Sie hat die Tür hinter sich geschlossen.

Brief aus der Anstalt

«... Ich möchte bei mir zu Hause sein und meine Tür gut schließen. Ich weiß nicht, ob ich diesen Traum, bei mir zu Hause zu sein, je verwirklichen kann!»

Boulevard d'Italie 113

O wahrhaft, Sohn des Lehms! ungeschlachter Tölpel mit plumpen Sohlen
wahrhaft dem Pflug Geborener, Fuß nach Fuß aus der Furche reißend!
O Schicksal einer Unsterblichen, gekettet zu sein an diesen schweren Tropf!
Nicht mit Meißel und Drehbank macht man den lebendigen Menschen, sondern mit einer Frau...

PAUL CLAUDEL, *Diese Muse war die Gnade*

Camille schreitet aufs Geratewohl vor sich hin. Sie entdeckt Paris, entdeckt die Stadt aufs neue. Ihrer Freiheit bewußt, betrachtet sie mit der ganzen Kraft ihrer großen, wachen Augen das Schauspiel der Straße, des täglichen Treibens. Endlich kann sie wieder atmen. Der Juni ist voller Verheißungen, Knospen und Kinderlachen.

Camille geht rasch, bleibt manchmal plötzlich stehen, um schnell eine Skizze zu machen: die Frau dort, die ihr entgegenkommt, diese beiden jungen Leute, jener zögernde Mann. Immer weiter geht sie. Eine Frau. Sie wurde in einem winzigen Dorf geboren, ihre Arbeit ist die Bildhauerei, sie geht durch die Straßen. Eine Frau. Gerade die Straße bietet ihr Inspiration. Ein Passant, eine Familie dort auf einer Bank, Arbeiter bei ihren Beschäftigungen, und schon sieht sie ihr zukünftiges Werk.

Den Kopf voller Bilder und Eindrücke tritt sie in das Haus 113 am Boulevard d'Italie. Seit einigen Monaten hat sie ihr eigenes Atelier. Sie begibt sich in *ihr* Atelier und beginnt zu modellieren. Viel Zeit hat sie versäumt. Sie meißelt, sie macht Entwürfe, sie sucht.

Noch ein verlorenes Jahr, aber sie ist entschlossen, bis zur nächsten Saison neue Werke vorzuweisen. Da sie nicht mehr für Rodin arbeitet, hat sie alle Muße dazu. War es nicht genug Zeitverschwendung, Stunden und Stunden zu warten, immer auf ihn zu warten?

Er hatte ihr nicht geglaubt, war überzeugt, daß sie nur Geschichten erzählte. Und dann hatte er es einsehen müssen. Er war ins Clos Payen zurückgekehrt. Niemand mehr da. Zu Tode betrübt hatte er das alte Haus gekündigt, und jetzt hing wieder das Schild am rostigen Tor. Camille kam jeden Tag daran vorbei, denn ihr Atelier lag ganz in der Nähe.

«Ach, Mam'selle Claudel, Sie sind aber wieder mal genug herumgelaufen. Schauen Sie sich nur Ihre Stiefel an. Sie werden sich noch die Beine zerschinden!» Camille lacht. Die Concierge ist ihre einzige Komplizin. Außer ihr empfängt sie niemanden, denn sie will rasch mit der Arbeit vorankommen. Doch zum Glück hat sie die Concierge, die mit dem Reden gar nicht aufhören kann. Sie weiß über alles Bescheid, was in der Gegend passiert.

Camille kann sich wohl denken, daß sie selbst die Zielscheibe von Klatschgeschichten ist. Aber sie braucht Gesellschaft und wird es nicht riskieren, die gute Frau, und sei es auch nur mit einer kleinen Bemerkung, zu verletzen. Außerdem amüsiert sie das nutzlose Geschwätz. Paul dagegen, der sie übrigens recht selten besucht, verträgt die Aggressivität dieses Cerberus nicht. Denn so nennt er sie – den Cerberus.

«Weißt du, daß dein Cerberus mir den Wassereimer in die Beine geschleudert hat, als ich ins Haus trat?»

«Sie machte sauber.»

«Ich hatte gerade noch Zeit, zur Seite zu springen, sonst wären meine Hosen durchnäßt.»

Die Concierge brummt! «Ist es nicht ein Jammer? Ein so junger Bursche, und immer so zugeknöpft. Den würde ich gern mal auf Trab bringen!» Camille lacht. Ihr Lachen ist noch heiserer geworden.

Stille, Einsamkeit. Camille kämpft. In der nächsten Saison wird sie triumphieren. In diesem Jahr hat sie die Büste des Meisters vollendet und in Bronze gießen lassen. Ja, sie sieht Rodin wieder. Er versteht überhaupt nichts mehr. Sie hat ihn verlassen, und sie erweist ihm eine Art von Ehrung. Er kann es nicht fassen. «Um Rodin zu porträtieren, hat Camille einen ‹Rodin› gemacht», flüstert man sich zu, und Camille antwortet mit einem Gegenangriff. «Richtig! Um diesen Mann darzustellen, muß man sich seinen Stil zu eigen machen.»

Sie bietet der öffentlichen Meinung Trotz, denn jeder glaubte an einen definitiven Bruch. Sie lebt allein, arbeitet nicht mehr in seinen Ateliers, und plötzlich sieht man sie wieder in Begleitung des Meisters, schöner als je. Sie ist gereift. Ihre Augen scheinen zwar noch wilder, aber jeder kann feststellen, daß sie eine Art von Selbstsicherheit gewonnen hat, eine Art von innerem Frieden. Sie tritt entschlossen auf, und er stets schweigend neben ihr, bescheiden, fast im Hintergrund. Neben der Büste liegen ihre Visitenkarten. Jeder kann es lesen:

MADEMOISELLE CAMILLE CLAUDEL, BILDHAUERIN.
BOULEVARD D'ITALIE 113

Nach dem Salon wird sie zum Mitglied der *Société nationale des beaux-arts*, der Staatlichen Gesellschaft der schönen Künste ernannt. Ganz allein hat sie sich die Gunst der Kritiker erworben. Man lobt «die rötlichen oder grünen Farbschattierungen der Bronze, die die Züge des großen Bildhauers noch mehr zur Geltung bringen». Man zitiert Leonardo da Vinci. Raoul Sertat von der *Gazette des beaux-arts* zeigt sich begeistert. Rodin selbst hat nicht ausgestellt. Aber dank ihr spricht alles von ihm.

Sie ist Mitglied der Kunstgesellschaft, aber «man weiß schon, warum . . . er steht hinter ihr». Derartige Bemerkungen versetzen Rodin in Wut. «Alle scheinen zu glauben, daß Mademoiselle Claudel mein Protégé ist. Ich finde das unerhört. Sie ist eine unverstandene Künstlerin.» Man versuchte auch, sie gegeneinander auszuspielen, als ob man hoffte, sie damit noch mehr zu entzweien.

«M'sieur Rodin ist vorbeigekommen. Er schaut gleich noch einmal herein, hat er gesagt.» Die Concierge ist erschienen . . . Camille hält in ihrer Bewegung inne. Sie zog sich gerade die Strümpfe aus. Sie möchte sie nicht abnutzen, und sowie sie nach Hause kommt, schlüpft sie barfuß in ihre Holzpantinen.

Rodin kam. Manchmal schien er zu zögern, wie von Zweifeln geplagt. Und doch half er ihr. Sie hätte sich lieber allein durchgeschlagen, aber es fehlte ihr an dem nötigen Geld, und die Aufträge kamen nicht. Ihre Schwester Louise war inzwischen verheiratet, und die Eltern konnten oder wollten ihr nicht helfen. «Soll sie doch selber sehen, wie sie weiterkommt!» Zu verkaufen hatte sie nichts. Den *Sakuntala* hätte sie zuerst in Bronze gießen müssen, aber das war zu teuer. Um verkaufen zu können, muß man über mehrere Exemplare verfügen, Kopien haben. Schon für die Ausstellung der Büste Rodins im *Salon de Mai* hatte er ihr Hilfe angeboten. Sie wollte es ihm zurückzahlen. «Das ist doch nicht wichtig», hatte er gesagt, aber sie bestand darauf, war nicht davon abzubringen. Und als dann die zweite Monatsmiete für ihr Atelier fällig war, hatte sie überhaupt kein Geld mehr. Trotz aller Entbehrungen schaffte sie es einfach nicht.

Rodin hatte Aufträge. Der Balzac versprach, ein gutes Geschäft zu werden. Sein Freund Émile Zola hatte hart gekämpft, um ihm den Auftrag zu verschaffen. Das Denkmal für den Maler Claude Gellée, als Claude Lorrain bekannt, was gerade in Nancy eingeweiht worden. Und zu alledem wurde Rodin auch noch zum Ritter der Ehrenlegion ernannt.

«Welchen Tag haben wir heute?»

«Den 9. Juni. Ist es nicht ein Jammer?»

Niemand wußte, warum, aber für die Concierge war es ein Jammer. Camille lächelte. Die Einweihung in Nancy hatte vorgestern stattgefunden, und Camille wartete immer noch auf eine Nachricht. Wahrscheinlich war er gekommen, um ihr alles zu erzählen.

«Ach, Mam'selle Claudel, Monsieur Rodin war ganz grün vor Wut. Er konnte mit dem Schimpfen gar nicht aufhören!»

«Hat er auf mich geschimpft?»

«Nein, auf die Zeitungen. Dort, in Nancy. Die Einweihung ...»

Jetzt ist Camille beunruhigt. Es muß sehr schlecht gegangen sein. Kein Wunder allerdings. Sie hat den Entwurf der Pferde gesehen. Eine Katastrophe! Nichts stimmte. Er hätte verzichten sollen. Es ist auch schwer vorstellbar, wie es dem

Schöpfer des *Höllentores* gelingen soll, ein Denkmal für jenen auszuführen, den man «den Maler des Lichts» nennt. Aber er hatte diesen Auftrag gewollt. Sie sieht ihn noch im Atelier in der Rue des Plantes, wie er im schwarzen Anzug, mit Lackstiefeln und Zylinderhut erschien. Und sie hatte gelacht, ihn in diesem Aufzug zu sehen, so gravitätisch und wichtigtuerisch. Ein wahrer Prahlhans. Da fällt ihr Prahlhänschen ein. Sie hat schon seit drei Wochen nichts mehr von Jeanne gehört, und sie sollte sich unbedingt erkundigen, wie es ihr geht... Aber sie wird sie ja im Sommer in Azay-le-Rideau wiedersehen. Jedenfalls hatte sie sich den Bauch gehalten vor Lachen, und er war sehr wütend darüber gewesen. «Ich komme aus dem Ministerium. Man hat mir den Auftrag für das Denkmal in Nancy gegeben.»

Nein, nie würde sie sich derartig auftakeln, um einen Auftrag zu bekommen. Wie hat er das tun können? Dieser bescheidene Mann mit seinem Kittel, seiner Einfachheit, seinen Handwerkerhänden und seinem Arbeiterstolz in diesem gekkenhaften Plunder! Sollte sie sich vielleicht auch noch einen Hut mit Schleier aufsetzen und beim Minister um Aufträge betteln gehen? Es wurde geradezu lächerlich. Und er lief Gefahr, sich lächerlich zu machen.

«Ah, da ist er ja, Ihr Mann.»

Die Concierge ließ sich keine Gelegenheit entgehen. Sie wollte wissen. Hatten die beiden was miteinander? Sie lauschte an der Tür, lugte durchs Schlüsselloch – vergebens. Nein, das ist doch nicht möglich! Er ist schon wieder im Sonntagsstaat, wie das letzte Mal. Camille sieht ihn im Hof. Rodin zieht die Hose hoch, stelzt über den Müll. Sie selbst wirkt nicht weniger grotesk mit ihrem Strumpf in der Hand... Jetzt lacht sie. Bums! Der Hut ist in die Pfütze mit den Papierschiffchen gefallen. Die Kinder brüllen vor Freude – ihre kleinen Freunde, die drei Plagegeister, wie sie sie zärtlich zu nennen pflegt, stoßen Kriegsschreie aus. Er hätte sich umziehen sollen.

Madame Naseweis eilt herbei. Ein schöner, gut angezogener Herr. An diesem Morgen ist Monsieur Rodin in ihrer

Achtung gestiegen. Sie haßt die schäbigen Künstler, die keine Trinkgelder geben. Camille sieht sie den Hut aufheben, die Kinder vertreiben ... und jetzt verhandelt sie mit ihm. Er sieht erschöpft und völlig überanstrengt aus, wie ein armes Waisenkind. Camille hätte Lust, ihm entgegenzulaufen. Er scheint so verwirrt, so verloren inmitten dieses Hofs.

So öffnet sie schnell die Tür, ruft ihn, stürzt hinaus. Er sieht sie mit ihrem Strumpf in der Hand im Sonnenlicht, ihren leicht hinkenden Gang, ihren geheimnisvollen Charme, und er streckt die Arme aus, drückt sie an sich, flüstert ihr zu: «Ich bin müde, so furchtbar müde!»

«Kommen Sie, erfrischen Sie sich drinnen.»

Er läßt sich in den alten Korbsessel sinken, ihren Schaukelstuhl, das einzige Möbelstück, das sie ins Clos Payen mitgebracht hatte – später war noch ein anderer Sessel für ihn dazugekommen, «für die Abende im Lustschlößchen».

Das Glas mit der eisgekühlten Zitronenlimonade. Wo hat sie die her? Sie lebt mit so wenig, und plötzlich ist alles da: die Ruhe, das Schweigen, der sich stillende Durst, der Frieden.

Die kühle Hand auf seiner Stirn. Er fühlt diese lange Hand, die er so gut kennt.

Und jetzt spricht er, erzählt ihr alles: die endlose Reise nach Nancy, die Gärten der Pépinière, der Präsident der Republik Sadi Carnot, der gekommen ist, um die Statue einzuweihen, die Menschenmenge, Léon Bourgeois, der Kulturminister ...

Und dann das Tsching-Bum-derassasa, die Militärmusik, die Ansprachen, die Enthüllung, und plötzlich lautes Geschrei, Empörungsrufe, die Menge brüllt, protestiert, johlt, man zeigt mit dem Finger auf ihn. Er flüchtet sich in das Gebäude, aber er hört noch von drinnen die gehässigen Bemerkungen.

«Man stelle sich zwei kleine Pferde vor, dick wie Schoßhunde, die sich in einem Wust von Kitt verlieren ... schlecht gehauen, geschludert von einem Bildhauer, der es zu eilig hatte ...»

«Hören Sie, Monsieur Rodin, das alles ist unwichtig. Sie sind schon immer kritisiert worden. Denken Sie nur an das

Höllentor, an den *Victor Hugo* und sogar das *Eherne Zeitalter*, Ihre erste Freiskulptur. Es hat nie aufgehört. Lassen Sie sie nur brüllen.» Sie findet die Worte, die ihm wieder Kraft geben. Wie einst im Atelier haucht sie ihm mit Geduld neues Leben ein, neuen Glauben, Hoffnung.

«Erinnere dich an das, was du mir immer sagtest. Geduld, Geduld! Laß die Zeit wirken. Weißt du, was der große Katsushika Hokusai gesagt hat, dieser von Zeichnung besessene alte Mann? Ich wiederhole es mir oft – für mich selbst. ‹Alles, was ich vor meinem sechzigsten Lebensjahr getan habe, ist bedeutungslos. Mit dreiundsiebzig begann ich allmählich, die Struktur der wahren Natur zu begreifen. Bäume, Gräser, Tiere, Fische, Insekten, und wenn ich achtzig bin, werde ich noch mehr Fortschritte gemacht haben ...›»

Er blickt sie an. Sie hat die Augen geschlossen, hockt mit angezogenen Beinen auf dem Boden, verklärt, wie ein alter japanischer Mönch im Gebet. Er hört ihr ehrfürchtig und mit Bewunderung zu.

«‹Mit neunzig werde ich in das Geheimnis der Dinge eindringen, mit hundert gelange ich an die Grenzen des Wunders, und wenn ich hundertzehn bin, wird bei mir jeder Punkt, jeder Strich lebendig sein.›»

Flüsternd fügt sie hinzu: «Katsushika Hokusai, geboren von unbekannten Eltern am dreiundzwanzigsten Tage des neunten Monats im Jahre siebzehnhundertsechzig in Edo.»

Stille eines Sommernachmittags. Sie schweigt, kniet andächtig, der sonnenbeschienene Hof hinter ihnen. Sie sind im Schatten, ruhig und friedlich. Der Mann und die Frau, nebeneinander, und in ihren Schatten an der Wand zeichnet sich die ganze Harmonie der Welt ab.

«Au!» Camille schreit und fällt lachend auf den Rücken. «Ein Krampf! Ich will den alten Orientalen spielen, und schon kribbelt es mir in den Beinen!»

Sie strampelt, er massiert ihre Waden, hilft ihr auf. Sie stützt sich auf das Paket, das er mitgebracht hat. «Was ist denn das? Es sieht wie eine eingeschnürte Wurst aus.»

Er entschuldigt sich schüchtern. «Das ist von mir. Ich

verstehe mich nicht gut aufs Geschenkemachen. Ich wollte es dir geben. Ich habe es in Nancy gekauft.»

Sie ist ganz aufgeregt. Nie hat sie Geschenke bekommen, weder von ihrem Vater noch von ihrer Mutter... «Du hast bestimmt alles aufgebraucht, was es in Nancy an Bindfaden gab!» ruft sie aus und zerrt an den Knoten. Dann hält sie inne. Sie hält einen Sonnenschirm in den Händen, einen herrlichen, roten, mit Spitzen besetzten, leuchtenden Sonnenschirm!

Er schaut sie an. Ihre Wangen sind flammend rot geworden. Sie steht da in ihrem alten Kittel, ein Fuß im Holzpantoffel, der andere nackt, und sie betrachtet den Sonnenschirm. «Der ist zu schön für mich.» Noch nie hat sie einen so schönen Sonnenschirm besessen.

Und plötzlich ist sie, die Bildhauerin, die tagelang über Materialien diskutiert, die sich ihre eigenen Werkzeuge herstellt, vor Freude überwältigt. Sie ist eine Frau, der man etwas Nutzloses, etwas Überflüssiges schenken kann. Gerade das hatte sie gebraucht – den kleinen unzweckmäßigen Gegenstand, das Geschenk an sich, die bloße Aufmerksamkeit. Langsam, behutsam öffnet sie den Sonnenschirm, achtet auf das geringste verdächtige Geräusch, das auf einen Fehler hinweisen könnte, als ob es sich um ihr eigenes Leben handelte. Und jetzt prangt er in seiner ganzen Pracht über ihrem Kopf wie eine große, grellfarbene Blume. Sie geht auf und ab, ist eine Frau, die einen Sonnenschirm trägt. Ihr, dem jungenhaften Mädchen, hat er dieses Liebesgeschenk gemacht. Ihr, die vom langen Herumlaufen im Freien so bräunlich gegerbt ist, daß man sie spöttisch die Maurin nennt.

«Camille! Camille! Komm!»

Er erklärt sich. Sie soll ruhig weiterhin allein arbeiten und ihr Atelier behalten, und er wird ihr helfen, aber er will mit ihr leben. Seit Monaten lebt er in der Hölle, tut überhaupt nichts mehr. Sie braucht ihn nicht mehr, das weiß er. Bald wird sie Aufträge haben. In den Pariser Zeitungen ist von einem staatlichen Auftrag die Rede. Sie hat die «Silbermedaille in Schwarz und Weiß» erhalten. Im übrigen hat er den

Courrier de l'Aisne zurechtgewiesen, in dem sie nicht erwähnt worden ist. Er hat an den Chefredakteur geschrieben, und dann sagte ihm Lhermitte vor kurzem, daß er sie bitten möchte, eine Büste von ihm zu machen. Dieser große Maler hat sie dazu auserwählt und nicht einmal an Rodin gedacht. Nein, sie braucht ihn wirklich nicht, um zu bildhauern, während er ohne sie nicht leben kann, weil sie seine Gefährtin, sein Leben, seine Frau ist.

Besonders das letzte Wort hat Camille bewegt: er will sie heiraten! So können sie gemeinsam leben, sich vor aller Welt lieben, vor ihren Eltern, ihrem Bruder – und er erkennt sie auch als Bildhauerin an, als Gleichgestellte.

«Willst du, sage mir, willst du?» Er wird eine Wohnung Avenue de la Bourdonnais Nummer 11 mieten. Er hat etwas sehr Schönes gefunden. Er braucht nur noch etwas Zeit, um alles zu erledigen . . .

Ja, das möchte sie schon. Sie wird ihr unabhängiges Atelier behalten, aber das Leben wird ein wahres Fest sein. Endlich nicht mehr die langen eintönigen Abende, das verzweifelte Geschwätz mit der Concierge, nur um sich zu beweisen, daß sie nicht allein ist, endlich nicht mehr die nächtlichen Alpträume wie gestern noch, nein, lieber nicht daran denken – die schreckliche alte Frau – aus damit!

Er steht da wie ein Freier. Sie lacht, hält sich die Hand vor die Lippen: «Deshalb hast du dich also so schön angezogen! Um mich um meine Hand zu bitten . . .»

Es klopft an der Tür. Ach! Was will dieses Weib schon wieder? «Ich habe Ihren Hut saubergemacht! Und dann ist das hier noch gekommen . . .» Camille ist entsetzt. Der Zettel, den die andere ihr reicht, ist die Mietforderung, sie hat es sofort erkannt. Dieses Miststück! Sie rächt sich. Sie muß am Fenster gelauscht haben. Monsieur Rodin schenkt ihr einen Sonnenschirm, bietet ihr eine Wohnung an. Dann soll er ruhig zuerst einmal die Miete bezahlen, und wenn er ihr dazu noch ein gutes Trinkgeld gibt, wäre das gar nicht so schlecht.

Rodin hat nichts von diesem Geschwätz verstanden. Camille muß sehen, woher sie das Geld bekommt. Rose geht es bestimmt besser als ihr . . . Oh! Wenn sie nur all dem entkommen könnte! Den Nächten, der Schlaflosigkeit. Nicht mehr laut sprechen müssen, um sicher zu sein, daß sie nicht den Verstand verliert.

In der letzten Nacht ist ihr die gräßlich abgezehrte Alte wieder erschienen. Es war ihr Kind – ihr verlorenes Kind, ein kleines Mädchen –, doch mit der Maske einer Greisin.

«Bis morgen, Monsieur Rodin.» Sie reicht ihm die Hand. Offen, direkt und ehrlich hat sie ihm mit dieser Geste alles gesagt. Ihr «Nein» kann eine schreckliche, heftige, vernichtende Weigerung sein, aber wenn sie «ja» sagt, wenn sie zustimmt, ist man wie geblendet von ihrem strahlenden Vertrauen. Dann gibt sie alles, ist zu jedem Opfer fähig, und man fühlt sich wie ein König.

Monsieur Rodin entfernt sich. Er geht nicht, er fliegt. Die Pfütze im Hof beachtet er nicht, stapft königlich hindurch.

«Ach, Mam'selle Claudel, haben Sie das gesehen? Ist es nicht ein Jammer? Diese Gören! Geld haben sie sich von ihm geben lassen. Diese Jugend!»

«Lassen Sie sie nur, das wird ihnen schon vergehen, und es ist ja auch nicht schlimm. Das haben wir alle einmal getan.»

Die Concierge findet, daß sie sich heute genug hat anhören müssen.

Seit der Einweihung hatte Monsieur Rodin immer noch keine Zeit gehabt, sich umzuziehen.

Brief aus der Anstalt

«. . . mir Aufnahme in Villeneuve zu verweigern. Ich würde keinen Skandal machen, wie Du zu glauben scheinst. Ich wäre zu glücklich, endlich wieder ein einfaches und normales Leben zu führen, um auf solche Gedanken zu kommen. Du meinst, ich bräuchte jemanden, der mich bedient? Wieso? Ich habe nie in meinem Leben eine Magd gehabt . . .»

Clotho und der Walzer

Ach, wohin soll ich fliehen? Wird sie nicht gleich hier sein? Habe ich nicht ihren Schritt auf der Treppe gehört?
Unsinniger! Ich sage Ihnen, daß sie jetzt vor der Tür steht.
EDGAR ALLAN POE,
Der Untergang des Hauses Usher

Da ist sie!» Sie schüttelt Hände, dankt. Ihre von Trauer umflorten Augen blicken auf die sich drängende Menge. Die junge, fast neunundzwanzigjährige Frau hat etwas Hochmütiges oder Distanziertes an sich. Genau gesagt ist sie achtundzwanzigeinhalb. Ist es der ein wenig müde Mund, die sich manchmal wie unter der Einwirkung einer leichten Migräne runzelnde Stirn? Die Augen sind immer noch riesig groß, aber wer Camille gut kennt, sieht zuweilen die schrecklich aufflammenden Blitze ihrer Augen oder auch eine seltsame Starre ihres Körpers. Aber wer kann die Camille von heute mit der von gestern vergleichen?

Ein Mann steht regungslos und schweigend da. Jung, in einen weiten Mantel gehüllt, einen breitkrempigen Hut in der Hand, betrachtet er abwechselnd die dankende Künstlerin und die beiden Skulpturen, die ein solches Aufsehen erregen.

Der Walzer und *Clotho.*

Vor dieser *Clotho* weichen einige entsetzt zurück, aber der kleinen Greisin scheint es nichts auszumachen. Höhnisch blickt sie drein. Ihr Bauch ist mit Narben bedeckt, eine ihrer Brüste hängt wie von Eiter zerfressen herab, während die muskulösen Beine zu einer mörderischen Bewegung ansetzen – sie tötet –, und sie lacht mit einem entsetzlichen, grinsenden Gesicht. Schrecklich und drohend schreitet sie voran, und sie hat über ihr Haupt halb zerfetzte, wehende Tücher gehängt.

Claude Debussy ist wie versteinert. Seine braunen Augen starren unablässig auf dieses weißliche Gespenst. Warum hat sie etwas so Grauenerregendes dargestellt? *Clotho* heißt sie – sie ist eine der drei Parzen, die der Geburt.

Man verzieht die Münder, begreift es nicht. Man findet es häßlich, obszön, an der Grenze des Vulgären. Die Frauen wenden sich ab und halten sich das Taschentuch vor die Nase.

Er sieht sie aufs neue an. Camille steht leicht gebeugt da, dem Anschein nach liebenswürdig und gelassen, aber sie hat etwas Gespenstisches. Ganz in Schwarz, fast männlich, fahler Teint, bläulich-violett umränderte Augen, blaß, zu blaß in diesem dunklen Kleid. Claude Debussy sucht in seiner Erinnerung. Lady Madeline in der Erzählung von Edgar Poe! Er hat schon immer gefunden, daß Camille der Rasse der verwünschten Poeten angehört. *Les poètes maudits.*

Sie kommt auf ihn zu, sie hat ihn erblickt. Jetzt steht sie vor ihm, ebenso groß wie er. Sie scheint glücklich, ihn wiederzusehen, aber immer noch flackert in ihren Augen die Angst des gehetzten Tiers. Er berührt leicht ihren Arm, wie um sich zu vergewissern, daß sie kein Traumgebilde ist. Er lächelt: «Ein Traum. Ich glaubte geträumt zu haben . . . Wo waren Sie die ganze Zeit? Sie haben gut gearbeitet!»

Sie lächelt: «Kein Kommentar, Monsieur Debussy.»

Während er ihr Lächeln erwidert, erinnert er sich. Musik mochte sie nicht besonders, oder besser gesagt, sie haßte die Konzerte, die Publikumsgeräusche, das Scharren der Füße, das Knarren der Stühle, das störende Räuspern und Hüsteln im Saal. Mit ihm hatte sie gelernt, allein und in aller Ruhe zu genießen. Oft hörte sie ihm lange, lange zu, ohne ein Wort zu sagen. Sie kannte sich nicht genügend aus. Und anstatt sich in irgendwelchen Banalitäten zu verbreiten, erhob sie sich, wenn er den Flügel verließ, und sagte nur: «Kein Kommentar, Monsieur Debussy.» Dann wußte er, daß sie, die Künstlerin des Schweigens, ihm eine Ehrung bezeugt hatte.

Er wendet sich ihr zu, zeigt mit dem Blick auf die beiden Skulpturen. «Kein Kommentar, Mademoiselle Claudel.»

Jetzt wird sie von einer Gruppe junger Leute umringt, die sie fortführen wollen. Sie weist sie sanft zurück, kommt noch einmal auf ihn zu und zeigt auf das umschlungene, sich drehende Paar. «*Der Walzer*. Sobald ich die Mittel habe, gieße ich es in ein festeres Material. Es ist für Sie, ich schenke es Ihnen.»

Schon ist sie fort. Er verläßt den Salon, will das Geschwätz nicht mehr hören, nimmt das Versprechen mit, das sie ihm gegeben hat. *Der Walzer*, der Walzer, der sie für einen kurzen Augenblick von jener schwarzen Melancholie befreit hat, die sie ständig bedrückt. Er hat Vertrauen, er weiß, daß sie ihr Versprechen halten wird. Eines Tages wird er den *Walzer* besitzen – das Paar, das sich im Winde dreht, selbst wenn dieser Wind der Hauch des Todes ist.

Camille hat ihn fortgehen gesehen. Mit ihm wäre vielleicht alles anders gewesen. Vielleicht. Eine laute Stimme geht ihr auf die Nerven. «Was? Diese beiden scheußlichen Machwerke! Und dazu bekennt sie sich auch noch, diese Mademoiselle Claudel!» Sie hat sich heftig umgedreht und ihn sofort erkannt. Es ist der fette, rotgesichtige Weiberhasser Bouchot!

Die beiden Werke sind Anlaß zu allen möglichen Ausrufen, Fragen und Witzeleien. Wie aus weiter Ferne kommt ihr Debussys Stimme in Erinnerung, als er ihr die Geschichte des traurigen und verachteten Clowns erzählte, der vom Fliegen träumte. Ein Gedicht von Banville, das dieser ihm eines Tages gewidmet hatte. Es ging so:

Da sprang der Clown, war hochgeschnellt,
Und sprang so hoch durchs Zirkuszelt,
Daß er das Leinendach durchstieß
Und sich, das Herz vor Liebe bang,
Bei Trommel- und Trompetenklang
Zwischen die Sterne rollen ließ.

Ihre Schritte im Schnee. Ein letztes Mal. Einige kleine Mißtöne.

«Aber warum diese gräßliche *Clotho*?»

«Kommen Sie, trinken wir ein Gläschen.»

Mirbeau nimmt sie beim Arm, sie kann sich kaum noch aufrecht halten. Vor Octave Mirbeau hat sie alle Achtung. Von allen Kritikern war er einer der mutigsten. Ohne Umschweife sagte er frei seine Meinung heraus. Als Paul ihm *Goldhaupt* geschickt hatte, war er es, der ihn als erster ein Genie genannt hat, ohne zu bedenken, daß er sich mit einem solchen Urteil lächerlich machen könnte. Er war auch einer der ersten Verteidiger Rodins gewesen. Fünfundvierzig, gescheiteltes Haar, kleiner Schnurrbart, elegant und stets liebenswürdig. Auch er hatte Henri Bouchots gehässige Bemerkung gehört. Er tröstet sie. «Kommen Sie. Ich habe Ihnen meinen Artikel mitgebracht.»

Sie sitzen in einem kleinen Salon, und sie beginnt zu lesen. Mirbeau beobachtet sie. Ihr Gesicht ist gespannt, fast argwöhnisch. Doch allmählich entspannt sie sich, faßt wieder Vertrauen.

SALON DE MAI 1893 VON OCTAVE MIRBEAU

Mlle. Claudel ist die Schülerin Rodins und die Schwester Paul Claudels. Jeder kennt Rodin, aber auch jeder glaubt, von Paul Claudel nicht Kenntnis nehmen zu müssen. Paul Claudel hat zwei Bücher geschrieben, zwei Dramen, Goldhaupt *und* Die Stadt, *die – ich bitte die Kritiker, nicht zu lächeln – die Werke eines Genies sind; eines zuweilen noch etwas wirren und konfusen Genies, das jedoch von niederschmetternd flammendem Leuchten durchstrahlt ist. Wirr und konfus sage ich eigentlich nur, um meine Eitelkeit nicht zu verletzen, denn wenn ich Paul Claudel nicht immer verstehe, wenn mir manchmal ein Schleier in diesem blendenden Licht die Augen verhüllt, so folgt daraus noch lange nicht, daß ich dem Autor einen Fehler vorwerfen kann, der vielleicht nur in der Schwäche meines Blicks liegt. Doch selbst wenn er tausendmal konfuser wäre und allen tausendmal wirrer erschiene in einigen Teilen seines so ungewöhnlichen Werks, so müßte man auch das diesem sehr jungen Mann verzeihen, der keine Zeit hat, sich an Wegweisern aufzuhalten, und in dem die Ideen brodeln und sich wie schäumende Sturzbäche ergießen, und dessen Hirn sich in einem permanenten schöpferischen Zustand befindet, aber ich habe Genie geschrieben, weil es die einzige Eigenschaft ist, die man mit seinem Namen verbinden kann.*

So ist es nicht erstaunlich, daß Mlle. Camille Claudel, die bei einem solchen Meister gelernt hat, die in der geistigen Intimität eines solchen Bruders lebt und wahrlich zur Familie gehört, uns Werke beschert, die an Phantasie und Gestaltungskraft alles übertreffen, was man von einer Frau erwarten könnte. Im vorigen Jahr stellte sie die Büste Rodins aus; ein Wunder an machtvoller Interpretation, freiheitlichem Schwung und großartigem Ausdruck. In diesem Jahr zeigt sie uns zwei seltsam faszinierende, in der Konzeption so neuartige, in der dekorativen Anordnung so ergreifende, von so tiefer Poesie durchdrungene und gedanklich so männliche Kompositionen, daß man gebannt und verwundert ist vor all dieser Schönheit, die eine Frau erschaffen hat. Es ist mir immer wieder eine Freude, diese Verwunderung zu verspüren.

Der Walzer *und* Clotho, *so heißen diese Werke ... Mlle. Claudel hat das kühne Wagnis unternommen, das darzustellen, was in der Bildhauerei vielleicht am schwersten darzustellen ist: eine tänzerische Bewegung. Daß sie nicht grob und linkisch wirkt oder im Stein zu erstarren scheint, läßt sich nur mit unendlicher Kunstfertigkeit erreichen. Mlle. Claudel besitzt diese Kunst ...*

Sie liest mit gespannter Aufmerksamkeit seine Beschreibung der beiden Skulpturen. Er hat es verstanden, er hat richtig gesehen.

... halten einander umschlungen. Aber wohin drehen sie sich so verloren im Rausch ihrer Seele und ihres so eng aneinandergefügten Fleisches? Ist es die Liebe, ist es der Tod? Die Körper sind jung, voll pulsierenden Lebens, doch das sie umgebende und ihnen folgende Faltengewand, das sich mit ihnen dreht, flattert wie ein Leichentuch. Ich weiß nicht, wohin sie tanzen, ob in die Liebe oder in den Tod, ich weiß nur eins: Über diesem Paar liegt eine Traurigkeit, die so ergreifend ist, daß sie nur vom Tod kommen kann, oder vielleicht von einer Liebe, die noch trauriger als der Tod ist.

Wer weiß? Ein wenig von ihrer Seele, ein wenig von ihrem Herzen, das mag diese wunderbare Eingebung gewesen sein ...

Er beobachtet sie. Ein wenig Freude hat dieses tragische Gesicht verklärt.

... Mlle. Camille Claudel ist eine der interessantesten Künstlerinnen unserer Zeit. Auguste Rodin kann stolz auf seine Schülerin sein, der Verfasser von Goldhaupt *auf seine Schwester.*

Mlle. Claudel gehört sowohl der Rasse des einen als der Familie des anderen an.

Sie dankt ihm, aber er hat das Gefühl, daß sie sich irgendwie dazu zwingen muß. Sie hat Tränen in den Augen. Könnte er sie verletzt haben?

«Ich habe das nicht aus Freundschaft geschrieben. Geffroy ist ganz meiner Meinung, Lucien Bourdeau ebenfalls. Gestern noch sprachen wir darüber.»

Wie soll sie ihm erklären, daß sie es satt hat, immer nur die Schülerin des einen und die Schwester des anderen zu sein? Wie eingeklemmt ... Übrigens ist keiner von den beiden da. Sie ist Bildhauerin, und das ist alles. Camille Claudel, Bildhauerin. Bildhauerin. Und eine Frau. Punkt.

«Aber wo ist er? Ich habe ihn nicht gesehen.»

«Auf dem Lande.» Sie hat ihm schroff geantwortet, unverschämt? Wenn sie auch jetzt noch den einzigen Freund verliert, der sie verteidigt, fängt es gut an! Aber sie gehen ihr alle auf die Nerven mit ihren dummen Fragen. Sollen sie sich doch bei Rose erkundigen, wo er ist und was er tut. Es nimmt kein Ende. «Und Monsieur Rodin, womit wird er uns überraschen?» «Sie kennt doch bestimmt seine Pläne.» «Nein, nein. Sie leben fast getrennt.»

Octave Mirbeau bemerkt ihre Gereiztheit. Sie sind in die Menge zurückgekehrt, werden mit Fragen bestürmt. Er versteht, daß sie in diesem Augenblick gegen etwas ankämpft. Auguste Rodin ist nicht da. Sicher wieder ein Drama. Niemand ist gekommen. Plötzlich wird er sich gewahr, daß sie allein ist. Schrecklich allein. Ihr Bruder ist nicht da. Ihre Mutter hat er nie gesehen. Der Bruder ist auf Reisen, angeblich in den Vereinigten Staaten, und Auguste hat sich heute im Salon nicht sehen lassen. Sie hält sich aufrecht in ihrer Einsamkeit – welch Format! –, aber der Schweiß rinnt ihr von der Elfenbeinstirn, die Augen werden immer größer, sie ist einer Ohnmacht nahe. Warum sind alle hinter ihr her?

Mirbeau fällt eine Bemerkung ein, die Jules Renard ihm zu Anfang des Jahres gemacht hatte; sie sprachen über Paul

Claudel, und Jules Renard hatte plötzlich gesagt: «Paul Claudel? Ja! Aber seine Schwester Camille? Unausstehlich!» Darauf allgemeines Gelächter im Café. «Ach ja, Rodins Muse! Der Arme, auch er hat völlig den Kopf verloren. Er arbeitet übrigens nicht mehr.»

Octave Mirbeau hört noch all diese Roheiten. Und er? Er hatte nicht einmal protestiert, nur nebenbei gesagt: «Doch, er arbeitet nach wie vor, aber die Bildhauerei braucht Zeit. Wahrscheinlich bereitet er irgend etwas vor. Den Balzac vielleicht.» Heute, vor Camille, schämt er sich seiner Feigheit.

«Kommen Sie.» Er führt sie in den Park, sie setzen sich auf eine Bank.

Da sitzt sie nun, müde, zusammengesunken und stumm. Eine verlassene alte Frau auf einer Bank. Sie hat einen hohen Preis gezahlt, einen zu hohen Preis. Mirbeau hatte Rodin in genau der gleichen Lage gesehen. Als er aus Nancy zurückgekehrt war. Reglos, mutlos, stumm. Wie zwei große Tiere, die man zu Tode verletzt hat.

Sie flüstert: «Danke. Es geht mir schon besser. Sie können mich hier lassen. Danke.»

Er will sie nicht belästigen, kehrt in den Ausstellungssaal zurück. Jemand kommt ihm entgegen. «Es ging ihr nicht gut? Wahrscheinlich die Hitze. Man will bildhauern, aber man ist halt eine Frau! Vergessen wir das nicht. Übrigens sehr schön, und wenn ich den Mut hätte...»

Camille hat den Kopf erhoben. Ihr Koffer ist gepackt. Sie geht nach Islette, trifft die letzten Vorbereitungen. In diesem Jahr fährt sie allein. Zum letzten Mal macht sie diese Reise. Noch eine Tür, die sie hinter sich schließen wird, noch ein Ort, der ihr verlorengeht, ein letzter Anlegehafen, den man ihr nimmt. Keine Prinzessin mehr, kein kleines Mädchen mehr, all die bunten Luftballons zerplatzen, einer nach dem anderen.

Azay-le-Rideau. Islette... die gemeinsam gepackten Koffer, der alte Pferdekarren, die Eisenbahn. Später einmal wollten sie sich besser einrichten...

Die kleine Jeanne war gewachsen, modellierte immer besser, half ihnen bereits. Auguste Rodin suchte seinen Balzac. Sie fuhren kreuz und quer durch die Touraine, kämmten das ganze Land durch. Auguste Rodin schaute sich nach einem «Volkstyp» um. Camille las ihm ganze Romane vor, er griff nach allem, was er nur finden konnte, verschlang, wollte immer mehr. Ein Medaillon von David d'Angers, ein Porträt von Louis Boulanger, Zeichnungen, Karikaturen, ein ehemaliger Schneider Balzacs, der noch lebte, und den sie eiligst in einem Dorf im Norden von Paris aufsuchten. Der Mann war völlig perplex, als sie bei ihm Hosen, Westen und Jacken «mit den Maßen Balzacs» bestellten. Da er wußte, daß Balzac nicht mehr lebte, begriff er überhaupt nichts mehr. Camille hatte es ihm dann erklärt, vermochte ihn jedoch nicht zu überzeugen. Sichtlich hielt er die beiden für Geisteskranke.

Sie hatte ihrer Mutter noch nichts von ihren Plänen erzählt, und ihrem Vater auch nicht. Das konnte bis nach dem Sommer warten. Sie, seine Frau!

Und dann, während der nächsten zwei oder drei Wochen war Rodin mehrere Male nach Paris gefahren. «Ich kann Rose nicht allein lassen, das verstehst du doch? Sie ist krank.» Er kam immer schnell zurück.

Danach hatte sie nach Paris zurückkehren müssen, um sich um ihr Atelier zu bekümmern. Die Arbeit kam nicht voran. Und dazu keine Nachricht von Rodin. Rodin war inzwischen auch wieder in Paris. Seit einer Woche schon. Bei Rose. Kein Wort für sie, nur ein Brief von der kleinen Jeanne, mit einer Zeichnung und einigen Zeilen.

«Monsieur Rodin ist heute früh abgefahren. Ich langweile mich. Wann kommst du wieder? Prahlhänschen geht es gut, und er schickt dir einen Kuß.»

Camille saß stumpfsinnig und allein in ihrer Wohnung, schaute auf das Datum. Warum hatte er ihr das angetan? Sie fühlte sich sterbenselend, es wurde ihr übel, ein heftiger Brechreiz schüttelte sie. Seit einer Woche war er nicht mehr in Azay, hatte nicht auf ihre Rückkehr gewartet.

Die ganze Nacht war sie planlos herumgewandert, hatte

nach einer Erklärung gesucht. Seit einer Woche war er in Paris. Bei Rose. Nur ein paar Schritte von ihr entfernt.

8. Juni 1893

Heute fährt sie zum letzten Mal nach Islette – und allein. Soll er bei seiner Rose bleiben, dann braucht er sie nicht mehr anzulügen.

Ein Kind wird sie nicht mehr haben. Es ist ihr aufgefallen, wie besorgt er in letzter Zeit immer gewesen war – um sich, nicht um sie. Sie sieht ihn noch in Azay. Sie hatte sich darüber keine Gedanken gemacht, sich ganz ihrem Glück hingegeben und nichts gesagt, aber er... Er bestürmte sie mit Fragen, konnte gar nicht vorsichtig genug sein. Und jetzt sitzt sie in Paris, kommt sich lächerlich und überflüssig vor, wie ein wurmstichiger Apfel. «Die, die den Männern dienen, und die, die zu überhaupt nichts nutze sind.» Die Gesundheit war nicht wiederhergestellt. Die Flußbäder hatten ihr nur zu einer weiteren Illusion verholfen, ihr einen kleinen Aufschub gewährt, um sie danach noch härter zu strafen.

Einen guten Teil der Nacht war sie wachgeblieben, hatte gehofft, daß es ihr bessergehen würde, hatte sich ganz allein gepflegt. Am übernächsten Tag war Nachricht von ihm gekommen; ein Kind hatte den Zettel gebracht. «Komm heute nachmittag ins Atelier. Ich bin zurück. Dein Auguste.» Das war vor einem Jahr gewesen. So lang ist es her...

Sie hatte sich nicht bis zum Atelier schleppen können, und so war er zu ihr gekommen, hatte sich besorgt gezeigt. Und sie hatte ihm die drei Zeichnungen ins Gesicht geschleudert, über denen sie während des Nachmittags gesessen war. Gräßliche Zeichnungen, eine scheußlicher als die andere. Zuerst hatte er sie gefragt, warum sie am Boden hockte und sich an das Bett lehnte, und als sie ihm sagte, was es war, hatte sie auf seinem Gesicht – und das wird sie nie vergessen – einen Ausdruck von Erleichterung gesehen. Und da war sie auf ihn losgegangen, hatte ihm ihre Eifersucht, ihre Wut und ihre Zeichnungen entgegengeschleudert. «Raus! Verschwinde auf der Stelle! Laß mich in Ruhe!» Er war geflohen, und hinter ihm flatterten die Zeichnungen wie drei Ausrufungszeichen.

Er hatte ihr Kind getötet, er hatte die Kindheit in ihr getötet.

Sie ist nicht traurig. Der Salon war ein großer Erfolg für sie. Er hat sie beglückwünscht. Bald wird sie dreißig sein und eine berühmte Bildhauerin werden. Alles übrige ist ihr gleich. Eine gesicherte Existenz, ein glückliches Leben, das ist ihr verweigert, und so wird sie eine *artiste maudite*, eine fluchbeladene Künstlerin sein. Ein brennendes Fieber zehrt an ihr, doch sie merkt es nicht einmal. Sie hat *Clotho* in Schmerzen geboren, sich mit ihr von den Ängsten befreit, und jetzt ist der Weg offen.

Clotho. Eines Nachts hat sie sie zu Papier gebracht, sie sich abgerungen. Dann ist sie in Monsieur Rodins Atelier geeilt. Er hatte ihr Material angeboten, einen großen Block, der ihm vor kurzem geliefert worden war, und der sie interessieren könnte. Ihre Beziehungen hatten sie wiederaufgenommen, zumindest soweit es die Arbeit betraf. Er half ihr, sie half ihm. Aber er schlief nicht mehr bei ihr, wohnte jetzt bei Rose. Camille war ständig krank, fand immer wieder Entschuldigungen, lebte zurückgezogen, hielt sich auf Distanz. Nur die Arbeit zählte noch für sie. Es gab keine Intimitäten mehr zwischen ihnen – sie war ihm zwar nicht böse, hatte aber einfach keine Lust dazu. Nur die Arbeit war ihr wichtig.

Monsieur Rodins Atelier! Den Steinblock sehen! Sie hatte den Schlüssel zur Rue de l'Université und seine Erlaubnis vorbeizukommen, wann es ihr paßte. Niemand war mehr da. Er hatte ihr gesagt, wo der Block sich befand. Sie geht hin. Plötzlich sieht sie sich – einmal, zweimal. Die beiden Skulpturen sind fast vollendet. Sie weiß, daß sie es ist.

Vor allem die eine, von der sie den Blick nicht wenden kann. Und da beginnt sie zu weinen. Die Gewänderfalten des Gipses schließen sie ein, die Hände scheinen einen letzten Kuß zu winken. Ungeheuer zerbrechlich wirkt sie, als wenn sie in den Tod glitte und gleichzeitig jemandem zuriefe: « Verlaß mich nicht.» Cébès fällt ihr ein, Cébès, der mit dem Tode ringt, während die Lerche trällert. Sie liegt hingestreckt, wie von Liebe überwältigt. Die andere Skulptur daneben ist schön, aber die erste umschlingt sie, vereinigt sich mit ihr zu einem einzigen Körper. Nie wird sie fähig sein, ihm eine so wunderbare Ehrung darzubringen. Sie scheint zu verzeihen, ist die Anmut selbst, die Ewigkeit in einem Kuß festgehalten.

Er hat etwas mit Bleistift geschrieben. Auf der ersten Skulptur steht: *Die Genesende.* Camille nähert sich der zweiten, liest: *Der Abschied* – die Hand hat beim Schreiben dieses Wortes gezittert.

Stumm fließen die Tränen. Zum ersten Mal seit Monaten weint sie vor dem Werk des Bildhauers. Jetzt weiß sie, daß er an jenem Tage alles verstanden hat, alles begriffen in einem einzigen Blick. Was nützt es, gegen die Bildhauerei anzukämpfen? Warum Anspruch auf ein gemeinsames Leben? Sie sagen sich ja alles im gemeißelten Stein, er ist ihr wahres Königreich, ihr Brautbett, das lange, sich immer wieder erneuernde Verlangen, und auch die Entbehrung, die ebenso stark wie das Besitzen ist. Einen Ehemann, ein Heim, eigene Kinder – das wird sie nie haben. Nur den Stein, den Stein des immerwährenden Unvermögens, miteinander glücklich zu sein.

Sie hatte die Tür des großen Ateliers hinter sich geschlossen. An jenem Abend war sie zum Boulevard d'Italie 113 zurückgekehrt und hatte im Licht der Kerzen *Clotho* geboren. Und dabei hatte sie einen solchen Lärm gemacht, daß die Concierge nunmehr völlig überzeugt war, eine Wahnsinnige im Hause zu haben. Die ist ja wahnsinnig, diese Camille Claudel! Mit all den lichterloh brennenden Kerzen knetet sie die ganze Nacht und gibt keine Ruhe! Eine Hexe ist sie! Bis in die Frühe hantierte sie ganz aufgeregt herum. Ich habe es durchs Fenster gesehen . . .

In dieser Nacht hatte Camille ihre Hölle bis zum Ende durchwandert, und inmitten der Irrwege des Wahns war *Clotho* entstanden.

Mußt dich nicht schämen, mein Junge...
sag ihr, daß du mich liebst!
Um das Gesicht zu sehen, das sie machen wird.
So ist nun einmal die grausame Liebe!
Sie gibt sich so reizend, so artig.
Und doch ist sie unmenschlich und schamlos,
es bleibt einem keine andere Wahl...

PAUL CLAUDEL, *Der Tausch*

ZEICHNUNG NR. 1

Ein noch müder schlafender Mann. Greises Kind, gebettet auf die schlaffen Brüste einer Megäre. Man erkennt den hochgesteckten Dutt von Rose Beuret, den schütteren Bart des Mannes.

Monsieur Rodin hält die Frau mit beiden Armen fest umschlungen, offenbar entsetzt bei dem Gedanken, sie verlieren zu können.

Bildunterschrift: *Das Erwachen. Sanfte Ermahnung der Beuret.*

ZEICHNUNG NR. 2

Ein Mann und eine Frau, an den Hinterbacken zusammengeklebt. Nackt. Sie fast auf allen vieren. Roses Dutt ist über das Gesicht gerutscht. Die Finger gekrümmt auf den Boden gestützt. Der Rücken behaart.

Monsieur Rodin klammert sich mit beiden Händen an einen Baumstamm.

Bildunterschrift: *Die Collage.*
Ah, nicht wahr, das klebt fest?

ZEICHNUNG NR. 3

Rose. Eine Alte – nackt – fuchtelt mit dem Besen. Die Nase und der Dutt verleihen dem Gesicht ein gräßlich verzerrtes Aussehen. Links auf dem Blatt halten sich ein Mann und eine junge Frau innig umschlungen. An einen Stein gefesselt, Eisenringe an Händen und Füßen, miteinander an die Wand gekettet. Die junge Frau klammert sich an ihn, um ihn zurückzuhalten. Dunkle, vom Metall geschwärzte Flecken an den Gelenken. Die Liebenden sind ebenfalls nackt.

Bildunterschrift: *Das Zellsystem.*

Camille hat die Bildlegenden selbst geschrieben.

Ich habe die Zeichnungen gesehen. Zerfressen von Eifersucht schreien sie ihre Verzweiflung in die Welt hinaus.

Der entflogene Gott

> ... Wie konnte das Feuer nur ausbrechen? Die Dienstboten sind alle ausgegangen, nur ich war geblieben. Als ich im Garten war, sah ich plötzlich einen roten Schimmer im Salon ...
> Und auch ich brenne! Du auch, du wirst brennen zuunterst in der Hölle, wo die Reichen hinkommen, die wie Kerzen sind ohne Docht ...
>
> PAUL CLAUDEL, *Der Tausch*

Sie wird doch erst am Donnerstag abreisen. Er war vorbeigekommen und hatte eine kurze Nachricht hinterlassen. Wahrscheinlich, um sich von ihr zu verabschieden. Sie muß ihm antworten, kann ihn nicht einfach so zurücklassen. Er hatte sich beunruhigt, weil sie schon wieder krank war. Seit der Ausstellung hatte sie ihn nicht wiedergesehen. Er mußte gehört haben, daß es ihr nicht gutging, wollte wissen, Nachricht haben, beruhigt sein.

Noch so viel zu packen, so viel zu tun bis zum Donnerstag. Sie muß ihm schreiben. Jetzt läuft sie im Zimmer umher, weiß nicht mehr, wo Papier und Tinte sind. Seit einiger Zeit verliert sie die Dinge aus den Händen, aus dem Blick. Alles scheint ihr wie verschwommen, wie in weiter Ferne – außer, wenn sie arbeitet. Sie weiß nicht mehr, wo sie hin soll, wo sie bleiben kann. Soll sie diese Wohnung aufgeben oder behalten? Rodin hilft ihr noch, aber was nützen ihr die beiden Ateliers, in denen sie sich nur verzettelt und unnötig ermüdet? Da ist sie schon lieber in ihrem Hinterhof. Dort fühlt sie sich zu Hause.

8. Juni 1893

Ich war abwesend, als Sie kamen, denn mein Vater ist gestern eingetroffen. Ich habe bei uns zu Abend gegessen und geschlafen. Mit meiner Gesundheit geht es nicht voran, weil ich mich nicht hinlegen kann, fast ständig auf den Beinen bin und viel zu tun habe. Ich werde wahrscheinlich erst am Donnerstag abreisen ...

Wie stolz ihr Vater war, als er den Artikel von Octave Mirbeau las! Einen Augenblick hatte er an ihr gezweifelt, aber jetzt faßte er wieder Vertrauen. Paul müßte inzwischen auch Mirbeaus Artikel gelesen haben. Camille erwartete mit Ungeduld einen Brief von ihm. Wen sollte sie bitten, ihr die Post nachzusenden? Und was wird *er* tun? In Paris bleiben? Mit Rose in die Ferien fahren? Noch so viel Dinge zu erledigen, und wieder einmal allein. Ganz allein Entscheidungen treffen, ganz allein...

Das Sonnenlicht fällt auf den weißen Bogen. Die Augen schmerzen. Sie lehnt sich eine Weile in den Stuhl zurück, blickt in den Schatten des Zimmers. Was ist das da in der Ecke? Der Sonnenschirm, der schöne rote Sonnenschirm! Einige Tage nach dem Geschenk hatte er sie zu einem Abendempfang eingeladen; er wollte sie jemandem vorstellen... wem?

Camille fährt sich mit der Hand über die Stirn; sie hat solche Mühe, sich an all die Namen zu erinnern. Sie war vor Freude herumgehüpft. Und dann hatte er gesagt, er würde sie morgen um die gleiche Zeit abholen. Wieso? Wollte er nicht bleiben? Er war sehr verlegen geworden. Rose ginge es nicht gut, aber morgen würde er bestimmt bleiben, sie ausführen, sie allen möglichen interessanten Leuten vorstellen. Seitdem stand der rote Sonnenschirm dort in der Ecke. Eine Frau und vier Tage Glück. In dieser Wohnung, vor genau einem Jahr!

Sie hat Kopfschmerzen, fühlt sich wie in eine weißglühende Eisenkrone gezwängt. Die Feder fällt ihr aus der Hand, sie nimmt sie wieder auf...

Auf den Knien liegt sie vor ihm – flehend und nackt. Er sagt kein Wort, schüttelt nur ablehnend den Kopf. Hinter der Tür die Gäste, Freunde, Damen der Gesellschaft. Man macht sich über sie lustig. Sie ist nackt, hat nichts zum Anziehen gefunden. Wenn er zur Tür hinausgeht, wird sie sterben. Sie fleht ihn an, streckt die Hände zu ihm empor. Er weicht zur Tür zurück. Sie folgt ihm auf den Knien, schleppt sich auf den Knien durch einen Leidensweg, streckt ihm die Arme entgegen, die Handflächen nach oben, und er hilft ihr nicht, ist ganz nahe an der Tür, und sie ruft ihn, fleht ihn an. Er vermag alles. Er ist der Gott, und alle reißen sich um ihn. Die Knie tun ihr weh, sie rutscht weiter, doch er scheint immer ferner zu sein. Nie wird sie ihn erreichen. Und doch war er noch vor einer Sekunde da, an sie gelehnt, hielt sie umschlungen, während sie ihren Kopf an seine Beine drückte, und plötzlich nichts mehr, die Leere, ihre leeren Hände ... Die aufgerissene Tür.

Sie sind alle da, sie sind in das Zimmer eingedrungen, die Männer im Frack, die Frauen im Abendkleid, und sie nackt in der Mitte; man dreht und wendet sie, sie liegt auf den Knien, gedemütigt, wie am Pranger. Ihn sieht sie nicht mehr. Man macht Bemerkungen über ihr Hinterteil, ihre Brüste. «Nein, der Arm ist zu dick, und schauen Sie den Schenkel an, das Bein ist falsch angepaßt und der Fuß ganz zurückgebogen. Hat man so etwas je gesehen?»

Er ist bei Rose. Rose zerrt ihn, zieht ihn an sich, umhalst ihn mit beiden Armen, schließt ihn ein, und jetzt scheint sie ihm auf den Rücken zu klettern, breitet ihre Fledermausschwingen aus, hält ihn in ihren Krallen, fliegt mit ihm davon ...

Camille ist gestürzt. Sehr heftig. Sie muß vom Stuhl geglitten sein. Der Kopf liegt auf dem Briefbogen, den die Sonne blendend roh bestrahlt. Alles brennt. Aus der Ferne hört sie Victoires Stimme: «Keine Bange, Mademoiselle Camille, Sie brauchen nur ein bißchen Ruhe und Dunkelheit. Das ist immer so nach der Niederkunft.» Die wimmernden Schreie des Kindes ... Fliehen ... fortfliegen. Der Sonnenschirm. Sie öffnet ihn, klammert sich an ihn, fliegt durch die Lüfte ...

Das Zimmer ist blauviolett geworden, wie eine delirische Mondnacht. Eine Frau mit kahlrasiertem Schädel tritt auf sie zu. Camille sieht, wie sie sich über sie beugt und ihr sanft das lange Haar streichelt. Sie verschwindet. Was will sie? Camille hat sich ein wenig mit den Ellbogen aufgestützt, hört das Geräusch von wetzenden Klingen und Messern, die Alte hat eine große Schere ergriffen, nähert sich wieder Camille, starrt auf ihr Haar. «Nein, ich will nicht, nein!»

Die Alte ist da. Nein, sie ist ja gar nicht alt. Eine Zwölfjährige. Jeanne blickt sie strahlend an, die Fäuste in die Hüften gestemmt. «Los! Steh auf! Was machst du denn da? Du bist doch jetzt groß genug!» Sie reicht ihr das Händchen, Camille klammert sich, richtet sich auf, die Hand ist so leicht, so leicht. Camille fühlt sich getragen, Jeanne hilft ihr auf, und jetzt steht sie.

Aber was ist ihr da geschehen? Sie blickt in den Spiegel, findet sich ein wenig blaß – die Sonne geht unter. Alles ist friedlich im Zimmer. Still, bis auf ein Miauen vor der Tür. Sie geht öffnen. Ein winziges Kätzchen sitzt da. Camille nimmt es auf, streichelt es. «Du weißt nichts, du hast nichts gesehen, nicht wahr? Seit wann sitzt du da hinter der Tür und lauerst?»

Der Sonnenschirm. Warum liegt er unter dem Tisch? Camille sagt sich, sie habe wahrscheinlich in letzter Zeit zuviel gearbeitet. Der Brief. Die Koffer. Eins nach dem andern. Die Katze miaut.

«Stärken wir uns.» Camille gibt ihrem neuen Freund ein bißchen Milch, gießt sich selbst einen vollen Becher ein, setzt sich, nimmt die Feder zur Hand. Zuerst einmal diesen Brief an ihn beenden. Wo war sie stehengeblieben?

«... erst am Donnerstag abreisen. Übrigens hat Mademoiselle Vaissier mich neulich besucht und mir alle möglichen Fabelgeschichten erzählt, die über mich verbreitet werden, wenn ich in Islette bin. So scheint es, daß ich des Nachts aus dem Fenster meines Turms schwebe und mit einem roten Sonnenschirm den Wald in Brand setze!»

Es klopft an der Tür. Monsieur Rodin ist erschienen. Er wollte sie unbedingt noch einmal vor den Sommerferien wiedersehen ... er hätte sie so gerne begleitet ... vielleicht könnte er sie dort irgendwann besuchen? ... Er sitzt schüchtern in seinem alten Sessel, erzählt ihr, daß er gerade eben zum Präsidenten der *Beaux Arts* ernannt worden ist. Er tritt die Nachfolge Dalous an. Er wird ihr helfen können ...

Sie hört ihm nicht zu. Er schaut auf seine Füße, wirkt schläfrig.

Kein Wort hat sie gesagt. Sie sitzt auf dem Tischrand, läßt

die Beine hängen, beobachtet ihn. Das Kätzchen klettert verspielt über seine großen Stiefel.

Sie muß die Arbeit tun, die sie erwartet.

8. Juni 1893.

Brief aus der Anstalt

«. . . Ich habe Dir lange nicht geschrieben, weil es so kalt war, daß ich mich nicht mehr auf den Beinen halten konnte. Im Saal, wo alle herumsitzen und wo ein schwächliches Feuer glimmt, kann ich nicht schreiben, weil dort immer ein Höllenlärm herrscht. Ich bin gezwungen, mich in meinem Zimmer im zweiten Stock aufzuhalten, und dort ist es so eiskalt, daß ich steife Hände kriege, und die Finger zittern mir so, daß ich nicht die Feder halten kann. Ich habe den ganzen Winter keine Wärme gehabt, friere bis in die Knochen und bin von der Kälte wie entzweigeschnitten. Ich war sehr stark erkältet. Eine meiner Freundinnen, eine arme Lehrerin vom Lycée Fénélon, die hier gestrandet ist, wurde tot in ihrem Bett aufgefunden. Es ist entsetzlich. Nichts läßt sich mit der Kälte von Montdevergues vergleichen. Und das dauert volle sieben Monate an . . .»

LETTRE A PAUL

Mon cher Paul

Ta dernière lettre m'a fait bien rire, je te remercie de tes floraisons américaines mais j'en ai reçu moi-même toute une bibliothèque, effet de neige, oiseaux qui volent! etc. La bêtise anglaise est sans bornes, il n'y a pas de sauvages qui fabriquent de pareilles amulettes. Je te remercie de l'offre que tu me fais de me prêter de l'argent: cette fois-ci, ce n'est pas de refus car j'ai épuisé les 600 f de maman. et voici l'époque de mon terme, je te prie donc si cela ne te cause aucun dérangement. de

m'envoyer 150 à 200f.
J'ai eu dernièrement des
malheurs : un mouleur
pour se venger a détruit
à mon atelier plusieurs
choses finies, mais je
ne veux pas t'attrister.
- - - - - - - - - -
Les Daudet doivent venir
me voir la semaine
prochaine avec madame
Alphonse Daudet. Ils
sont toujours très aimables
je ne vois plus souvent
Schwob et Pottecher
Mathieu a disparu;
Je suis toujours attelée
à mon groupe de trois
je vais mettre un arbre
penché qui exprimera
la destinée; j'ai beaucoup
d'idées nouvelles qui
te plairaient énormément,
vrai tout à fait enthousiasmé!
elles rentrent dans

ton esprit voici un croquis de la dernière esquisse (la Confidence)

trois personnages en écoutent un autre derrière un paravent

~~le Bénédicité~~

Des personnages tout petits autour d'une grande table écoutent la prière avant le repas

Le Dimanche

trois bonshommes en blouse noire et pareils perchés sur une très haute charrette partent pour la messe

La Faute

une jeune fille accroupie sur son bidet — solennement ; ses parents la regardent tout étonnés

tu vois que ce n'est
plus du tout du Rodin
et c'est habillé
je vais faire des petites
terres cuites
Dépêche toi de revenir
pour voir tout ça
le violoneux

trois petits enfants
assis sur [illegible] écoutent
un vieux joueur de
violon
Qu'en dis-tu ?....
c'est à toi seulement
que je confie ces trouvailles
ne les montre pas !

J'ai un grand grand
plaisir à travailler
Je vais envoyer au
Salon de Bruxelles
le petit groupe des
amoureux, le
buste à capuchon,
la Valse en bronze
la petite de l'Islette!
Au salon prochain
le buste de Lhermitte
avec une draperie
qui vole
et le groupe de
trois si j'ai fini

voilà comment il sera

tout en largeur

Et puis j'ai un autre groupe ~~dans~~ la tête que tu trouveras épatant

Tu ne me parles jamais de ce que tu écris : as-tu de nouveaux livres en train ?...

Plusieurs de
mes amis m'ont
dit qu'ils
allaient acheter
tête d'or
Tu ne seras pas
là pour le
vernissage,
je le regrette beaucoup
Il a fait dernièrement
un froid terrible
j'ai été obligée de
faire du feu la
nuit
Je te serre les mains
Camille

Die Stadt

> Bald wirst du diesen Namen hören: Geiziger.
> Wenn einst die Städte voller Menschen in Flammen stehen!
> Begreifst du dann nicht
> Diese für einen jeden vollkommene Gerechtigkeit,
> Sich alles anzueignen,
> Was übrigbleibt? ...
>
> PAUL CLAUDEL, *Die Stadt*

Paul soll bald zurückkehren. Camille erwartet ihn mit Ungeduld. Sie will Einzelheiten erfahren, und sie vermißt ihn sehr. Jetzt ist er schon seit einem Jahr dort. In der Neuen Welt. In Amerika.

Dreißig Jahre ist sie jetzt. Das ist erreicht, und sie hat hart darum gekämpft. Aber nun ist alles an seinem Platz. Der Körper ist kräftiger geworden, die Muskeln sind wieder da, die Behendigkeit, die man zum Bildhauern braucht. Die breiten Schultern, die langen und starken Beine, alles funktioniert wunderbar und auf Befehl.

Sie öffnet das Fenster und blickt auf Paris. Soeben hat sie im Kreise der Familie zu Abend gegessen.

Ihr Vater betrachtet die hohe Gestalt am Fenster. Er bewundert sie. Ein Erfolg nach dem anderen. Der letzte Salon hat ihr viel Beifall eingebracht. *Der entflogene Gott*, *Die Kleine von Islette.* Sie erhält Aufträge, sie ist nicht mehr krank. Heute nachmittag hat er sie beobachtet, als sie neben ihm durch die Straßen von Paris schlenderte. Sie macht große Schritte, wiegt sich in den Schultern wie ein Mann. Eine imposante Erscheinung, nach der sich die Männer umdrehen.

Camille stützt sich mit beiden Händen auf das eiskalte Balkongeländer. Sie atmet die Stadt, fühlt sie bis zu sich herüberfluten, fühlt sie in ihren Eingeweiden, ist eines mit ihr. Camille ist die Stadt selbst. Sie ist das Gewirr der Straßen, der Gassen, und das Blut pulsiert in ihren Adern, heiß, mörderisch, es ist das «Tohuwabohu», wie es ihr Bruder geschrieben hat, das Tohuwabohu, das sie durchdringt, sie durchläuft.

Ihr Bruder. Welche Kraft in seinen Worten und Bildern!

Bald wird er dasein. Wahrscheinlich im kommenden Monat. Der Dichter der *Stadt*. Die Stadt hat Hitze wie sie. Die Augen der Schlaflosen blicken auf die Stadt. Sie ist die Stadt und die abertausend Blicke, die sie durcheilen; und das Haar, das sich aus ihrem Knoten löst, umspielt sie mit einem Dunst, der den an den kahlen Ästen der Bäume hängenden Nebelfetzen ähnelt. Dreißig ist sie heute abend. Ihr Herz schlägt im Rhythmus der Stadt, tanzt zum Tamtam der Riesin Paris.

Sie hat Paris im Blut, will sich nie wieder von ihm losreißen. Doch trägt sie nicht nur die schlafende Stadt in sich, sie hört auch den See, das plätschernde Wasser, den Fluß, die notwendige Feuchtigkeit. Sie ist *erfüllt*, beneidet niemanden, bedauert nichts, weder die Verlassenheit, noch nie Demütigungen, noch das Schweigen. Auf ihre Schwester ist sie nicht eifersüchtig. Sie hat keinen Mann, keine Kinder, keine Liebhaber. Sie ist eine geworden, die sich das ihre nimmt, die ihre eigenen Entscheidungen trifft, selbständig arbeitet. Wann sie will, wird sie sich dem hingeben, den sie zu lieben beschlossen hat, ganz einfach, ohne Hintergedanken, freudig, prächtig und frei. Eine Frau.

«Camille, mach das Fenster zu, es ist kalt.» Die Mutter. Natürlich hatte sie die vergessen. Mit ihr ist es eher schlimmer geworden. Madame Claudel trauert Monsieur Rodin nach. «Er war ein großer Künstler. Er kam manchmal, und seine Frau ...» Die Mutter keift hinter ihr. Camille schließt das Fenster. Sie ist nicht mehr zwölf Jahre alt. Soll die Mutter nur nörgeln! Sie fühlt sich nicht mehr betroffen.

Die Stadt. Bald wird ihr Bruder hier sein. Er, der es gewagt hatte, auf dem großen Schiff zu reisen. Eines Tages wird sie ihn begleiten. Das ist das einzige, das ihr fehlt. Reisen! Man steigt auf das Schiff, die Planke wird weggezogen, die Taue gelöst, das Geräusch der Motoren, der Pier, und dann die weite See, die weite Ferne. Der sein, der davonfährt.

Man hatte ihr von Augustes Auszug erzählt. Ach, es war kein ruhmvoller Abgang gewesen. Von Roger Marx war ihr die traurige Szene geschildert worden. Vor einem Jahr.

Monsieur Rodin hatte ihm weinend und von Kummer überwältigt gestanden, daß er überhaupt keine Autorität mehr über sie habe. Der arme Roger Marx! Er flehte sie an, zurückzukehren. Roger Marx war extra zu ihr gekommen, um ihr das auszurichten. Der arme Roger hatte nichts begriffen, weil er zu jung war. Er bewunderte sie beide. Warum trennten sie sich?

Eines Tages war Roger in ihrem Atelier erschienen. Er schien sich nicht wohl in seiner Haut zu fühlen. Camille hatte ihn ausgefragt, und da war es kunterbunt aus ihm herausgesprudelt... Der Karren früh am Morgen vor dem Haus 23 Rue des Augustins. Die Nachbarn an den Fenstern und auf der Straße. Man lädt die Möbel und die Skulpturen auf. Monsieur Rodin überwacht den Umzug persönlich. «Camille, wenn Sie wüßten, wie er gealtert ist! Er schläft überhaupt nicht mehr. Er hat braune Flecken auf dem Gesicht, und man sieht ihn nie mehr lächeln. Nie. Als er mit Rose in den Wagen stieg, habe ich sogar jemanden hinter seinem Rücken sagen gehört: ‹Monsieur Rodin ist am Ende. Der macht es nicht mehr lange.› Er ist aufs Land gezogen, Camille.»

Sie hatte ihn unterbrochen. «So hoffnungslos kann es keinesfalls sein. Wenn man Sie hört, stellt man sich Ludwig den Sechzehnten und Marie Antoinette auf dem Wege zur Guillotine vor.» Er machte ein verzweifeltes Gesicht: «Hören Sie, Marx, wenn es wirklich so schlimm ist, werde ich ihm schreiben. Das verspreche ich Ihnen.»

Er hatte ein wenig beruhigt gelächelt. «Er liebt Sie. Er hat nur Sie...» Sie hörte ihm nicht mehr zu, machte sich an die Arbeit. Jetzt arbeitete sie für sich selbst.

Aus Azay hatte sie all ihre Sachen mitgebracht, zumindest das, wofür sie bezahlen konnte. Der Transport war sehr teuer gewesen.

Eines Tages hatte sie selbständig an den reichen Mäzen Maurice Fenaille geschrieben, und sie erinnert sich noch, wie entrüstet Monsieur Rodin darüber gewesen war: Hatte er ihr je eine Empfehlung vorenthalten oder ihr eine Statue gestohlen? Wieder das Mißverständnis. Sie hatte ihm den Briefbogen aus der Hand gerissen, wollte nicht mehr von ihm empfohlen werden, wollte überhaupt nichts mehr mit ihm zu tun haben und auf eigene Faust handeln. Jetzt wußte es jeder.

Monsieur,

verzeihen Sie mir bitte, daß ich mir die Freiheit nehme, Ihnen zu schreiben. Ich hatte die Ehre, Ihre Bekanntschaft bei Monsieur Rodin zu machen, dessen Schülerin ich bin. Ich arbeite jetzt selbständig und wollte Sie bitten, mir die Ehre eines Besuchs in meinem Atelier zu erweisen. Ich empfange gewöhnlich am Sonntag von morgens bis abends.

Mit vorzüglicher Hochachtung

Mademoiselle Camille Claudel,
Boulevard d'Italie 113

Rodin war ohne ein Wort hinausgegangen.

Zum Glück hatte es dann Aufträge gegeben. Monsieur Rodin übermittelte sie ihr. Viele wandten sich einfach an ihn, weil man sie immer noch zusammen glaubte. Sie wurde eingeladen, in Brüssel auszustellen, Villeneuve bestellte bei ihr den *Psalm*. Es war zwar nicht das Denkmal auf dem kleinen Platz, aber sie konnte es sich nicht leisten, wählerisch zu sein. Sie brauchte Geld. Eine Weile lebte sie von dem Erbschaftsvorschuß, den ihr Vater ihr gegeben hatte, als sie sich in ihrem neuen Atelier einrichtete. Wie Brautgeld . . . Später hatte er noch etwas mehr dazugetan. Sie und heiraten! Aber ihr Vater wußte Bescheid.

Sie betrachtete ihn. Auch er war gealtert, jedoch immer noch der bald jähzornige, bald zärtliche Mann aus den Bergen geblieben, den sie als kleines Mädchen gekannt hatte. Die Vogesenrasse! Die schwarze Bresse mit ihren dunklen Tannenwäldern! Sie liebte ihren launischen Vater, seine Ironie, die der ihren glich, sein aufbrausendes Temperament. Sie hatten ihre Kampfgebiete, warfen sich manchmal die übelsten Beschimpfungen an den Kopf, gingen aufeinander los wie die Kampfhähne, um im nächsten Augenblick wieder zu scherzen, sich in Phantasien und Träumereien zu ergehen, sich gegenseitig anzustacheln.

Sie beobachtet ihn. Er nimmt sich eine Zigarre, sie gibt ihm Feuer, dann bittet er sie um die Zeitungsausschnitte, will lesen, was man in diesem Jahr über sie geschrieben hat. Nur für ihn bewahrt Camille immer die Kritiken auf. Ihre Mutter hat keine Zeit, sich damit abzugeben. «Glaubst du vielleicht, ich hätte nichts anderes zu tun? Was du da bildhauerst, ist sowieso ekelhaft!»

Madame Claudel will es nicht sehen. Sie weiß nur, daß Camille Aktskulpturen macht, und das genügt ihr.

Camille geht zur Kommodenschublade und bringt ihrem Vater den Stapel mit den Artikeln. Für sie sind sie nicht mehr interessant, denn sie denkt nur an ihren Fortschritt. All die Arbeit, die auf sie wartet. Sie hat noch so viel zu tun, ist noch lange nicht am Ziel. Nur ihr Bruder ist auf dem laufenden. Ihm zeigt sie alles. Und er? Was hat er geschrieben? Ihr Blick streift die Glaskugel auf der Kommode, diesen «amerikanischen Blütenstaub», wie man es wohl nennt. Das hat Paul ihr geschenkt. Sie dreht die Kugel, sieht die Flocken stieben. «Mein lieber Paul, diese Ideen vertraue ich nur dir an. Zeige sie nicht!» Was treibt er nur in Boston?

Eines Tages wird sie ihm das Geld zurückzahlen, das er ihr geschickt hat. Sie hatte ihm geschrieben, ihm den eisigen Winter geschildert, und wie sie des Nachts Feuer im Kamin machen mußte. Das ist nun schon ein Jahr her. Die Kritiken, der Erfolg ihrer beiden letzten Werke, *Der entflogene Gott* und *Die Kleine von Islette.*

Der entflogene Gott. Paul weiß von der Trennung. Jetzt kann nur noch er sie verstehen. Er ist ihr Bruder. Und doch sind sie so weit voneinander entfernt. Er dort, sie hier. Bevor er Paris verließ, hatte er versucht, ihr zu erklären, daß er gläubig geworden ist, zur Beichte gegangen war und darüber geschrieben hat. *Die Stadt* war für ihn ein Zeugnis des Kampfes, den er seit vier Jahren führte. Der Weihnachtsabend 1886. Die Sprüche Salomos! Die Weisheit streckt Rimbaud die Hand entgegen. Sie weigerte sich zu glauben, wollte nicht glauben, daß es so einfach sei. Und so hatte sie ihm nach und nach ihr Leben erzählt. Sie war entschlossen, Gott bis zum Ende zu trotzen. Der Kampf mit dem Engel – «Du kennst doch das Gleichnis?» – denn auch sie hatte die Bibel gelesen. Fast die ganze Nacht hindurch hatten sie heftig diskutiert. Das war bei ihm gewesen, Quai Bourbon 43, und danach hatte sie völlig erschöpft in seiner Wohnung geschlafen. Von der Liebe wollte er nichts wissen. Zumindest zögerte er, geriet ins Stammeln, wenn er darüber sprach, und sie hatte sofort begriffen. Dieser heftige Junge war noch Jungfrau. Verschlossen und unberührt. Jetzt zögerte sie, sich ihm weiterhin zu eröffnen. Und dabei redete er von seinem Gott wie von einem Liebesabenteuer mit seinen Leiden, Ängsten, Fluchten, Begehren ... Ach ja, sie war ja nur die Hinkende, die Verfluchte. Die schwarze Camille, die Hündin! Er versuchte sie zu beruhigen, zu verstehen, was sich zu Beginn des Jahres 1891 ereignet hatte, warum sie schon wieder auf der Flucht war, immer auf der Flucht. Vor wem? Wovor?

Fast drei Jahre ist es her. Bald wird er hier sein. In seinen Briefen erwähnt er seinen Glauben nicht. Sie hat keinen Glauben, nein, das könnte sie nie. Sie glaubt nur an die Augen der kleinen Jeanne. Gegen diesen Blick kann man nicht ankämpfen. Da hilft keine Vernunft. Ein Kind hat die Welt gerettet. Eine Frau hat es verstanden. Sie geht nie wieder nach Azay. Aber auch das macht ihr nichts mehr aus. Ein Blitz hat ihr die Seele zerrissen. Bis in den Tod! Sie ist von der unheilbaren Krankheit befallen, die Augen vor nichts verschließen zu können.

Welch ein Kampf zwischen Bruder und Schwester! Aber Paul war nicht Gott und Camille nicht Jakob. Sie neckte ihn: «Meine Hüfte war bereits verrenkt, bevor ich an die Furt des Jabbok gelangte!» Sie brauchte nicht mit dem Engel zu kämpfen! Das andere Ufer erreichte sie schwimmend – und das war bereits getan.

Er verlor die Nerven, nannte sie dumm und borniert. Aber sie wurde immer heftiger. «Ich bin nicht seine Kreatur. Ich bin niemandes Kreatur, verstanden? Niemandes Kreatur!

Und jede Kreatur soll unersetzbar sein? Das werde ich ihm mal zeigen. Er wird seine Freude haben! Wir werden deinem großen Künstler und Schöpfer ein unersetzbares Werk wegnehmen. Ich zerstöre es. Dann wird er für alle Ewigkeit auf mich verzichten müssen. Wie gefällt dir das?»

Der arme Paul! Wie mag ihm jetzt sein? Seit er sich mit all dieser schwerlastigen Religion herumschleppte, schien er sich nicht sehr glücklich zu fühlen. Jedenfalls war es für ihn bestimmt nicht einfach gewesen. Und jetzt fängt *sie* auf einmal an, in keuscher Askese zu leben! Es fehlt nicht mehr viel, und sie endet im Kloster!

Die Stadt. Sie liebt dieses harte Drama mit seiner barocken Bildersprache. (Er hatte es ihr vor der Abreise geschenkt.)

> *Unendliches Flammen der Nacht,*
> *Geiziger . . .*

Ihren Vater hat sie inzwischen fast vergessen . . . Sie wollte ihn einladen, morgen ins Atelier zu kommen. Dort wird sie ihm die Stücke ihrer nächsten Ausstellung zeigen. Das heißt, einige. *Die Schwätzerinnen* wird sie erst im Mai enthüllen. O ja, diese kleinen Gefährtinnen hält sie gut versteckt. Sie müssen noch für einige Zeit versiegelt bleiben. Aber Jeanne, die wird sie ihm zeigen, Jeanne, deren Büste sie direkt in den Marmor gemeißelt hat. Da ist sie zugleich Schöpferin und Gehilfe gewesen. Alles hat sie selbst gemacht, vom Anfang bis zum Ende. Zuerst wollte sie niemanden auch nur in die Nähe lassen, und dann hatten die Arbeiter ihr zwei Skulpturen zertrümmert, um sich zu rächen, weil sie mit der Lohnzahlung zwei Tage im Rückstand war. Alles hatten sie zusammengeschlagen. Die Concierge war dabei bestimmt nicht unbeteiligt gewesen . . . Zum Glück hatte sie wenigstens noch den Marmorblock, den Rodin ihr hinterließ.

«Ob es ein Punkt oder eine Linie ist, alles wird lebendig sein.» Angeblich hat er vor dem *Entflogenen Gott* geheult. Nur die Erde und der Ton sind ihnen übriggeblieben, um sich zu finden. Die Zeit eines Lebens. Auf wie viele Entwürfe haben sie noch ein Recht?

Brief aus der Anstalt

«. . . In einem Irrenhaus darf man nicht auf Veränderungen hoffen. Dort sind die Regeln notwendig für all diese ‹nervösen, gewalttätigen, keifenden und bedrohlichen Geschöpfe›, die so unangenehm und schädlich sind, daß ihre Familien sie nicht ertragen können. Und wie kommt es, daß ich gezwungen bin, sie zu ertragen? Ganz abgesehen von den sonstigen Schwierigkeiten, die sich aus einem solchen Zusammenleben ergeben . . . Wie soll man es aushalten, inmitten all dessen zu sein, und ich würde mit Freuden hunderttausend Francs hergeben, wenn ich sie hätte, um sofort hier herauszukommen . . .»

Die Schwätzerinnen

. . . Auf der Suche nach jener vergessenen Schwester, unserer Seele, die wir im Stich gelassen haben, wann eigentlich? Was ist seitdem aus ihr geworden . . .?

PAUL CLAUDEL, *Herr, lehre uns zu beten*

So, jetzt hat sie ihn bis zum Bahnhof begleitet. Eben ist er abgefahren. Fort, für vielleicht drei Jahre. Vielleicht auch fünf? Lange hat sie gezögert, sich Fragen gestellt. Auch sie wäre gerne gereist, und vielleicht wäre er einverstanden gewesen. Sie hatten so oft gemeinsam davon geträumt. Von China! Er fährt nach China! Paul fährt nach China! Er ist abgefahren.

Bis zum Bahnhof hatte sie ihn begleitet – er wird dann das Schiff nehmen. Sie ist allein, allein auf dem Bahnhof. Kein Freund, kein Verwandter. Nur sie. Er hatte ihr nur kurz zugewinkt, denn er liebt keine Abschiedstränen, keine Gefühlsbezeugungen. Ihre Mutter küßte sie nie.

Paul ist fort, er reist in das Land, von dem sie als kleines Mädchen geträumt hat. Fast wäre sie bereit gewesen, alles zu verlassen. Jetzt kehrt sie nach Hause zurück, langsamen Schrittes, mit hängenden Schultern, wie eine Gefangene, die man zurückführt. Und wenn es nun ihre letzte Chance gewesen war? Sie schüttelt sich. Was hat sie nur heute? Ihr Bruder ist abgereist, schön, das ist alles. Seltsamerweise hat sie das Gefühl, eine Gelegenheit verpaßt zu haben. Sie ist berühmt, der *Salon de Mai* war ein großer Erfolg für sie, sie wird am Ende des Jahres einunddreißig Jahre alt sein. Alles spricht von den *Schwätzerinnen*, dem *Maler*, der *Kleinen von Islette*, die die Künstlerin direkt in den Marmor gemeißelt hat. «Seit Michelangelo hat man das nicht mehr getan!» Sie zuckt die Schultern. Man hat ihr viel Komplimente gemacht, aber all die Oberflächlichkeiten, selbst die lobenden, die sie ebenfalls gehört hat, stimmen sie nachdenklich. Erfolg? Sie weiß nicht, was dieses Wort bedeutet.

Warum ist sie geblieben? Weil sie eine Bildhauerin ist? Weil sie noch nicht gefunden hat, was sie sucht? Weil der Riese ihrer Kindheit, der den Jahrhunderten trotzende Geyn sie noch immer spöttisch und herausfordernd anblickt? Schon als kleines Mädchen litt sie unter dieser sonderbaren Angst: nicht sterben, genug Zeit haben, um das Rätsel zu lösen!

Seitdem hat es nicht aufgehört. Ob es ein Autor ist, den sie von Grund auf kennen will, oder eine Materie für ihre Arbeit, die sie untersucht. So hat sie zum Beispiel die Poliermethode wiederentdeckt, die zur Zeit Berninis gebräuchlich war, und zu der man einen Hammelknochen benutzte. Starrköpfig und versessen ist sie. Stur wie ein Tier! Als ob sie eine schwere Sünde abzubüßen hätte! Sie, die weder an den Teufel noch an die Götter, weder an die Hölle noch an den siebenten Himmel glaubt, sie, die so Irdische!

Der *Salon de Mai* war ein Erfolg gewesen, aber es hatte sie viel Geld gekostet. Plötzlich wird Camille unruhig. Wie soll sie den Sommer überstehen? In den kommenden Monaten ist nur wenig Kundschaft zu erwarten. Die guten Kritiken genügen nicht, die bringen ihr kein Geld ein. Sie muß ans Essen denken . . .

Seit der Trennung von Rodin hat sie den Kontakt mit den einflußreichen Kreisen verloren, mit den Spitzen der Gesellschaft, den Finanzleuten, den Käufern – dem ganzen Netz der Beziehungen. In ihr abgelegenes Atelier kommt man nicht. Sie geht auch kaum aus, denn wer keine schicken Kleider, keine feschen Hüte und keinen reichen sogenannten «Gönner» hat, dem schneien die Einladungen nicht ins Haus.

Sie hat so hart geschuftet, um im Salon ihre vier Skulpturen ausstellen zu können – eine davon in Marmor und eine in Bronze –, daß ihre ganze Zeit draufgegangen ist. Und auch das Geld. Für Werkzeuge, Gips, Arbeiter, die Gießerei und dergleichen. Zum Glück hat Léon Lhermitte wenigstens für die Bronze seiner Büste und die Arbeiter bezahlt. Schöne Zukunftsaussichten! Aber um die nächste Ausstellung in Angriff zu nehmen, muß sie neue Werke vorweisen, also wieder Geld finden, und für die Aufträge muß sie genug haben, um den einen mit dem anderen zu finanzieren, damit sie sich Gehilfen nehmen kann, die sie von dem bezahlt, was der vorige Auftrag ihr eingebracht hat, ganz abgesehen von den Transportkosten. Paul hat ihr ein wenig Geld geliehen, aber das bringt sie nicht weit. Die Kritiken bieten ihr auch keine praktische Lösung, denn schon am Tag darauf steht sie vor neuen bildhauerischen Problemen. Es geht hier nicht um neue Kunstformen, Gestaltungsfragen, großartige Gedanken über die Zukunft der Plastik – nein, es ist viel banaler, alltäglicher, trauriger. Wie beschafft man sich soundsoviel Kilo Erde, wo erhält man einen Marmorblock, was kostet der und der Gießer? Man modelliert keine Ideen. Es genügt nicht, einen Entwurf aus Lehm zu formen; man braucht einen Ofen, um den Ton zu brennen, man muß Abgüsse haben und Reproduktionen. Oft haben Rodin und sie über dieses grausame Paradox geklagt: Da diskutiert man über neue Formen und sklavische Nachahmungen, über Antike und Moderne, und einen Augenblick später ist die ganze Bildhauerei nur noch eine Geldfrage. Mirbeau allein hat sie verstanden. Vielleicht, weil er selber schreibt.

«Dieses junge Mädchen hat mit einer Hartnäckigkeit, mit einem Willen und einer leidenschaftlichen Hingabe gearbeitet, die du dir nicht vorstellen kannst . . . Und schließlich erreichte sie, was du vor dir siehst. O ja, aber man muß leben! Und sie kann von ihrer Kunst nicht leben, glaube mir! So fühlt sie sich entmutigt und niedergeschlagen. In diesen glühenden Naturen, in diesen brodelnden Seelen ist der Sturz in die Verzweiflung ebenso tief, wie jene Gipfel hoch sind, in die die Aufwallungen der Hoffnung sie emporheben. Sie gedenkt, diese Kunst aufzugeben.»

«Was sagst du da?» brüllte Kariste mit entsetztem Gesicht. «Das ist doch nicht möglich!»

«Hast du das Brot, das sie zum Leben braucht, kannst du ihr die Modelle, die Gießer, den Marmor bezahlen?»

«Schau, der Minister der Schönen Künste ist ausnahmsweise auch ein Künstler . . . Es ist unmöglich, daß diese Kunst, die uns bis in die Eingeweide aufwühlt, ihn unberührt läßt. Wir könnten mit ihm

reden ... Ich weiß, daß er zugänglich und voll guten Willens ist ... Er mag nicht alles getan haben, um einer so großen Künstlerin die geistige Ruhe zuzusichern, die sie für ihre Arbeit braucht, weil das vielleicht eine Verantwortung gewesen wäre, die er nicht auf sich nehmen wollte ... Aber denke daran, mein Freund ... Was meinst du?»

«Du magst recht haben, aber der Minister ist nicht immer allmächtig ... Wer weiß, was in den Amtszimmern vor sich geht?»

«Dann ein Kunstliebhaber ... Es muß doch einen reichen Kunstliebhaber geben ...»

«Ach ja, die Kunstliebhaber, aber die wollen nur anerkannte Werke von Künstlern, die bereits zu Ruhm und Ehren gelangt sind.»

Kariste schlug mit seinem Spazierstock auf den Boden und schrie auf all meine Einwände hin: «Aber sie ist ein Genie!»

Wird sie bald aufhören, vor sich hinzuschwatzen und sich die Lippen zu lecken? Sie kommt sich wie der alte Crapitoche vor, der Kater ihrer Kindheit, der sie von seiner Ecke aus wie ein greiser Philosoph zu betrachten pflegte. Paul und sie. Paul und sie rittlings auf der Gartenmauer. Die Zukunft! Die Reisen!

Paul! Aber was hätte sie dort in China gemacht? Ein anderes Leben, ein für allemal das unerbittliche Tick-tack einer selbstzufriedenen Gesellschaft von sich abschütteln! Er hatte ihr gesagt, er ersticke hier – «... ein Haufen schlaffer Leiber ...», «... von bösen Blähungen aufgedunsene Leute ...» «Und die Barmherzigkeit, Paul?»

Sie hat sich auf den Stuhl in der Nähe des Tisches gesetzt oder sich eher auf ihn fallen lassen. An die Arbeit. Sofort. Ein leichter Schweiß, der einem die Haut klebrig macht, ein vor Langeweile und trübseliger Faulheit strotzender Juni. Wie soll man in diesem Dampfbad auf irgend etwas Lust haben?

Der Stapel Zeitungen neben dem roten Sonnenschirm, der Streifen Leimpapier mit den toten Fliegen, das Atelier, die halb abgebrannten Kerzen auf ihren Eisenspitzen, zwei schmutzige Gläser – Paul vor der Abreise – die Flasche – sie – der Tisch, der nackte Fußboden. Mumifizierte Entwürfe unter ihren dicken Hüllen, rötliche Tücher – ach, schon wieder ein Stück Lehm am Boden, ein Entwurf beginnt zu bröckeln –, eine ganze Welt in Schutt und Asche. Sie. Der Tisch. Sie und die Fliegen. Sie bückt sich, greift zerstreut nach einer Zeitung. Der Stapel stürzt zusammen. Rascheln. Das Papier in ihrer Hand. Die Zeitungen. Lesen. Ein bißchen Mut schöpfen. Sich ein kleines Vergnügen machen – warum nicht?

«Ich bin fünfundsiebzig Jahre alt.» Sie schneidet den vier Alten eine Grimasse. Vier Grimassen. Die an den Wänden klebenden Spiegel. Sie.

«Weißt du, daß wir da etwas Einzigartiges vor uns haben, eine Auflehnung der Natur: die geniale Frau?»

«Genial wohl, mein lieber Kariste. Aber sage es nicht so laut . . . Es gibt Leute, denen das peinlich ist und die es Mlle. C. nicht verzeihen würden, daß man ihr diese Eigenschaft zugesteht.»

«Was ist denn das?»

«Der Katalog schweigt darüber, und die Gruppe trägt noch keinen Namen», antwortete ich. «Siehst du, es ist eine Frau, die anderen Frauen, die ihr zuhören, eine Geschichte erzählt. Dieses Werk hat ein junges Mädchen geschaffen. Mlle. Claudel.»

«Donnerwetter! Jawohl, wußte ich's doch!» rief Kariste aus. «Jetzt erkenne ich die, die den Walzer *gemacht hat,* Die Parze, *das* Kinderporträt *und die Büste von Rodin. Sie ist ganz einfach eine wunderbare und großartige Künstlerin, und diese kleine Gruppe ist das bedeutsamste unter den hier ausgestellten Werken.»*

«Nicht wahr, meine Damen, so ist es doch?» Die vier Alten nicken, richten sich auf, stützen ihre müden Rücken an die Stuhllehne. Die vier Spiegel.

Der liebe Mirbeau! Er war begeistert, ganz außer sich gewesen. Sie sieht ihn noch, mit hochgestülptem Kragen, gestikulierend, seine Freunde zu ihrer kleinen Gruppe der *Schwätzerinnen* führend. Sie denkt an ihn. Natürlich glauben auch andere an sie, aber wie soll sie denen erklären, daß ihre wahren Schwierigkeiten nichts mit Seelenzuständen zu tun haben?

Nur Octave Mirbeau hat sie verstanden. Es ist die Sackgasse. Mirbeau als Kariste verkleidet – auf welche Ideen er kommt!

Nachdem wir durch die Säle geirrt waren, gingen wir in den Garten hinunter, um Zigaretten zu rauchen. Kariste stampfte und hüpfte in freudiger Begeisterung vor dieser wunderbaren Gruppe, die von einer so absoluten Schönheit war, daß man nichts Reineres und Stärkeres in Pompeji oder Tanagra gefunden hätte, zur Zeit, da göttliche Künstler im Überfluß das Wunder der Natur und den Kult des Lebens gestalteten... In ihrer bezaubernd phantasievollen Komposition, ihrer wahrhaft himmlischen Interpretation der Natur, ihrer weisen und geschmeidigen Kunstfertigkeit begeisterte ihn diese Gruppe wie eine Entdeckung, eine Offenbarung. Er wurde es nicht müde, sie anzuschauen und all ihre Schönheiten hervorzuheben.

Und Geffroy! Er war überwältigt, konnte nicht mehr von ihr lassen: «Diese vier in einer Ecke versammelten Frauen! Die eine erzählt irgendeine Geschichte, die anderen hören ihr zu. Sie, die Sie so jung sind! Diese vier Alten! Das ist die Poesie des Alters und der Schatten. Hier wird die intimste Wahrheit sichtbar... die Gemeinsamkeit dieser armen müden Körper, die zusammengesteckten Köpfe, das miteinander ausgebrütete Geheimnis! Ein Wunder an Verständnis, an menschlichem Gefühl!» Ausgerechnet sie, die man von Kindheit an wie ein herzloses und selbstsüchtiges Geschöpf behandelt hatte, er hatte sie gut erkannt. Ihn würde sie gern einmal zu ihrer Mutter schicken. «Aber sagen Sie mir, ganz unter uns, was hat Sie auf diese Idee gebracht? Was ist dieses Geheimnis, das die vier Alten da ausbrüten?» Sie lächelte verschmitzt. Das wird niemand erfahren. Das ist ihr Geheimnis. Die vier kleinen Alten! Die gehören ihr – die bleiben ihr Rätsel.

Und Roger Marx: «... die Zurückgezogenheit des ganzen Wesens, wie verloren in der Aufmerksamkeit des Lauschens...»

Seltsamerweise gingen einige auf Distanz. Was wollte sie damit sagen? Was hat dieses plötzliche Alter zu bedeuten? Sie fühlten sich fast selbst betroffen, wie hineingezogen.

Diese vier kleinen Alten, die *Schwätzerinnen*, redeten unbekümmert weiter, spannen den Faden ihrer gemeinsamen Geschichte. Man hatte sogar von Genie gesprochen. Von Rodin war überhaupt nicht mehr die Rede. Man sah sie auch nie mehr zusammen, und sie hatte keine Beziehung mehr zu ihm. Endlich erschien sie in ihrer Zeit als einzigartig. Sie galt als die Schöpferin einer neuen Kunst. Mathias Morhardt hatte gerade gesagt: «Marx, schauen Sie sich den *Maler* an, unseren Freund Lhermitte, diese kleine Figurine, die sie von ihm gemacht hat. Sie beginnt eine neue Kunst. Und die *Schwätzerinnen*! Ein herrliches Meisterwerk! Keine andere moderne Plastik hat die Wirkungskraft der *Schwätzerinnen*. Ja, diese *Schwätzerinnen* sind der Ausdruck des unerklärlichen und überraschenden Willens eines Genies! Sie sind einfach da. Punkt, Schluß.»

Camille hatte sie gehört. Sie stand in ihrer Mitte. Niemand sprach mehr vom «Meister», sein Name wurde nicht einmal erwähnt. Und doch fühlte sie seine Gegenwart überall. In aller Augen, in allen Bemerkungen, in der diskreten Zurückhaltung. Er war nicht gekommen, hatte sich überhaupt nicht gezeigt. Die Ausstellung war beendet, und Rodin hatte sich nicht sehen lassen. Mehrere Male war sie daran gewesen, ihm zu schreiben. Und dann hatte sie Feder und Papier in die Schublade gelegt.

Der *Balzac* kam nicht voran, das Denkmal für Victor Hugo ebenfalls nicht. Es hieß, er sei leidend. Und doch arbeiteten seine Ateliers, die Aufträge kamen immer noch, die Gehilfen machten Reproduktionen seiner alten Entwürfe, meißelten, schoben den Ton in die Öfen. Wo war er? Was machte er? Angeblich war er jetzt ständig in der Touraine, suchte immer noch seinen *Balzac* – allein.

Camille äußerte sich nicht. Nur einmal war sie wütend geworden, als jemand ihr eine Nachricht brachte. Der Mann sagte, man wolle Monsieur Rodin den Auftrag für den *Balzac* entziehen, und Marquet Le Vasselot habe sich erboten, die Arbeit rasch auszuführen. Er könne die Ware innerhalb von achtundvierzig Stunden liefern. Sollte sie da vielleicht nicht ... Sie hatte den Mann brutal unterbrochen. Sie finde das ekelhaft. Immer bereit, heute das Weihrauchfaß zu schwingen und morgen die Henkeraxt. Ob sie nichts Besseres zu tun hätten! Eine Statue kostet nun einmal die Zeit, die dazu notwendig ist. Die Minuten, wie viele es auch sein mögen, werden später jahrhundertelang zurückerstattet.

Ihr alter Freund Mathias. Eines Tages hatte sich jemand über sie lustig gemacht: sie würde es nie schaffen, mit der Überform ginge alles viel schneller, und dann diese Idee, direkt in den Stein zu meißeln! Mathias Morhardt hatte ihn äußerst schroff zurechtgewiesen, und der Kerl glaubte, es mit zwei Verrückten zu tun zu haben. Sie hatten noch lange über seine verdutzte Miene gelacht!

Mathias, ihr alter Freund! Er war es, der sie zu Beginn des Jahres gefragt hatte, ob sie bereit wäre, einen Auftrag für ihre *Clotho* in Marmor anzunehmen. Sie war außer sich vor Freude. Warum sollte sie zögern? Sie verstand die Frage nicht. Er stand vor ihr, fingerte verlegen an seinem Hut. Ob er es ihr nicht erklären könne? Wer war der Besteller? Welches Museum? Wer sonst?

Schließlich wurde es ihr klar, daß da etwas nicht stimmte, daß sich irgend etwas dahinter verbarg. Sie forderte ihn auf, sich zu setzen. «Also, Monsieur Morhardt, nun raus mit der Sprache!»

Ganz betreten hatte er alles gestanden. Es war so. Puvis de Chavannes sollte seinen siebzigsten Geburtstag feiern, und er, Mathias Morhardt, hatte ein Bankett organisiert. Zu seinen Ehren. Aber im Grunde war es für Rodin.

«Was? Rodin? Erklären Sie mir das!»

Ja, Monsieur Rodin! Er sollte dem Bankett vorstehen. Zum Geburtstag von Puvis de Chavannes.

«Nun gut, aber was hat Rodin damit zu tun?»

Es hatte ein Komplott gegeben.

«Ein Komplott? Aber seid ihr denn allesamt verrückt geworden?» Was erzählte er ihr da?

Ein Komplott, um Rodin den Auftrag für das Balzac-Denkmal zu entziehen.

«Ja, und?»

Nun, bei dieser Gelegenheit, bei dieser Geburtstagsfeier für Puvis...

«Jetzt beginne ich zu verstehen.»

Gut, also für dieses Bankett würde man eine Bronzeplakette herstellen, mit dem von Rodin eingravierten Profil des Geburtstagsjubilars, und jeder Tafelgenosse würde ein Exemplar erhalten. Auf diese Weise...

«Man kauft sich also als Gast ein, nicht wahr?» Endlich hatte sie begriffen. Die Künstler bezeugten Rodin ihre Sympathie, und jeder durfte dafür, nachdem er sich vollgefressen hatte, seine Medaille nach Hause tragen. Und sie? Sie hatte nicht einmal genug Geld, um von ihrer *Clotho* einen Abguß zu machen. Wie sollte sie es sich leisten, die Bronzeplakette zu kaufen? Das kam nicht in Frage!

Ob das ein Witz sein sollte? Nein, da irre sie sich. Mathias Morhardt hatte nur vorgeschlagen, bei dieser Gelegenheit bei Camille Claudel die *Clotho* in Marmor in Auftrag zu geben.

«Rodins Schülerin!» Man brauchte sie also, um die Verdienste des Meisters anzupreisen! Sie nahm dennoch an. «Ich will *Clotho* in Marmor sehen. Es ist meine einzige Chance, sie mir in Marmor zu leisten. Also nehme ich an. Aber ich werde sie selbst in den Stein hauen. Die langen Fäden des überhängenden Netzes werde ich meißeln, und niemand sonst. Da lasse ich keinen heran. Es wird seine Zeit dauern. Aber ich werde ein Juwel daraus machen. Ich allein.»

Er war ohne ein Wort aufgestanden. Er hatte ihr Blankovollmacht gegeben. Als er bereits in der offenen Tür stand, drehte er sich noch einmal um und fragte: «Ja?»

«Ich habe nichts gesagt.»

Er wollte von Auguste sprechen. Sie wollte sich über ihn erkundigen. «Wie geht es ihm? Was ist mit ihm los?» Nichts. Schweigen. Er mit der Hand auf der Klinke, sie mit den Händen auf den Tisch gestützt, und sie blickten sich nur an...

Das Festmahl war lächerlich gewesen. Rodin las eine Rede vor, und niemand hörte ihm zu.

Sie arbeitete an ihrer *Clotho.* Der Marmor war angekommen, und sie hatte für Monate zu tun. Arbeit war also genügend da. Was sitzt sie herum und träumt vor sich hin? Dieser Auftrag wird ihr allerdings nicht viel einbringen. Den Marmor hatte man ihr geschenkt, aber da sie die ganze Arbeit allein machen wollte, war für die Unkosten nicht viel hinzugekommen.

Sie springt auf. Los, an die Arbeit!

Es stand ihr gut an, sich über das Bankett für Puvis de Chavannes lustig zu machen. Zur gleichen Zeit, fast am gleichen Tag, hatte auch sie ihr Bankett gehabt. Eine wahre Katastrophe! Eine Beerdigung erster Klasse! Paul war aus Boston zurückgekehrt und wollte mit Freunden bei Camille essen. Mit seinen Freunden!

Am frühen Nachmittag hatte es an der Tür geklingelt, und Camille war öffnen gegangen. Nein, das wird sie nie vergessen. Ihre Mutter stand vor ihr. Sie kam, um das Essen zuzubereiten. Denn Camille konnte das doch nicht, oder? Sie stieß Camille beiseite, und dann . . .! Bis zu ihrer Todesstunde wird sie sich an das Gesicht ihrer Mutter erinnern.

Ein nackter Japaner. Er blickte ihre Mutter an, wie im Gebet. Regungslos. Kein einziger Muskel hatte gezuckt. Madame Claudel war entsetzt zurückgewichen, Camille hinter ihr her. Camille erwartete den Sturz, die Ohnmacht. Die Mutter hatte sich nach ihr umgedreht, um sie aus der Tür zu stoßen. Sie war grün und rot zugleich! Doch plötzlich war sie wieder herumgeschnellt, hatte sich auf den meditierenden Götzen gestürzt und ihm die Hand gegeben. Der Japaner verneigte sich feierlich, als ob er einen Frack trüge. Zwei Minuten später waren sie die dicksten Freunde geworden. Die diskrete und aufmerksame Höflichkeit des Japaners, der inzwischen wieder angezogen war, hatte das Herz ihrer bäurischen Mutter im Fluge erobert.

Dagegen hatten die an den Deckenbalken hängenden Lampions, die in die Eisenspitzen gesteckten Kerzen und die improvisierten Leuchter Louises Wut entfesselt. Und als Camille sich etwas Puder auflegte, mußte sie alle villeneuvischen Bemerkungen über sich ergehen lassen, die ihre Mutter nur finden konnte. Sie sehe wie ein Clown aus, oder eher noch wie eine – nein, das Wort würde sie nicht aussprechen. Camille sagte kein Wort, puderte sich.

Seit einiger Zeit verbarg sie ihre Züge unter einer weißen Maske. Zumindest wenn sie ausgehen mußte. An ihrem Gesicht gefielen ihr nur die Augen und der Mund. Alles übrige wurde weiß, starr und tot. Sie war dreißig Jahre. Gewesen!

Das Abendessen. Ihr Bruder kam in Begleitung eines unglaublich aussehenden jungen Mannes, einer Art Clochard, dessen Hose mit Schnur zugebunden war und der Geige spielte. Ein begeisterter Liebhaber Debussys. Bei der Erwähnung dieses Namens war sie zusammengezuckt. Sie hatte Mühe, Ruhe zu bewahren.

Ihre Mutter gab zu allem, was bei Tisch gesprochen wurde, ihren Senf hinzu. Auf jedes Wort hatte sie eine Antwort, erging sich sogar in Selbstgesprächen und seufzte dabei. «Der Japaner geht noch an, wenn er angezogen ist. Aber dieser da! Nein, wirklich! Mit seinen durchlöcherten Taschen. Wie heißt er noch? Christian de Larapidie? Ein komischer Name... und Camille? Die tut überhaupt nichts, murkst an ihren Skulpturen herum...!»

Der letzte Gast war der schlimmste. Camille haßte ihn. Er versuchte ständig, sich über sie lustig zu machen. «Ist es wahr, Mademoiselle, daß die Felsen auf Guernesey, auf die Victor Hugo sich gesetzt hat, mit einem grünen Kreuz markiert sind?» Sie antwortete diesem Flegel Jules Renard nicht.

Paul kochte innerlich vor Wut. Er saß tief über seinen Teller gebeugt, ließ seine Finger knacken oder ballte die Fäuste. Er fand, daß seine Schwester sich lächerlich machte mit ihrem weißgepuderten Gesicht. Wie ein alter Zuckerkuchen!

Nur Christian de Larapidie schien sich zu amüsieren. Er trank eine Menge und gab sich sehr angeregt. Charmeur, trotz seiner durchlöcherten Taschen und seiner geflickten Hose, erzählte er, was ihm gerade in den Kopf kam – Lügen und wahre Geschichten; wie sollte man das wissen? Er war Pauls

Zimmergenosse! Im selben *Boarding House*! Wie konnten die beiden einander ertragen? Noch ein Widerspruch, den sie an Paul entdeckte. Doch Camille hatte den Eindruck, diesen bohèmehaften, zwielichtigen jungen Mann von irgendwoher zu kennen ... Louis Laine! Mein Gott, warum fiel ihr plötzlich Louis Laine ein? Paul hatte ihr seine letzten beiden Dramen geschickt, *Der Tausch* und *Die junge Violaine*. Louis Laine! Natürlich! Sie mochte *Die junge Violaine* nicht. Diese Lepra, die Violaine allmählich zerfrißt, fand sie grausig. Die geächtete, von allen verlassene Violaine und der Mord unter den beiden Schwestern.

So vieles erinnerte an das Dorf, an die Landschaft. Die geopferte Violaine. Die Bürde einer Schuld, eines Verbrechens, das sie nicht begangen hat. Nein! Ein viel zu hartes, erbarmungsloses Drama; wie der Wind in Villeneuve. Und doch hatte sie am Anfang des Stückes sehr herzlich über den alten Marquis gelacht, jenen «alten Mann mit Ohren so voller Haare wie Artischockenherzen». Ja, den kannte sie, das war ihr Nachbar gewesen. Sie hatte sich einmal um seine drei Kinder kümmern wollen, aber es war ganz unmöglich. Was ist wohl aus ihm geworden? «Und der Marquis?»

«Der ist eingesperrt. Endlich. Es war auch höchste Zeit», hatte ihre Mutter geantwortet. «Wir haben alle unterschrieben, und jetzt sind wir ihn endlich los.»

Der arme Marquis. Eingesperrt. Im Irrenhaus. Und dabei konnte er manchmal so lustig sein. Eines Tages hatte Camille mit ihm Himmel und Hölle gespielt. Er war ein Kind! ... Und Paul wird sich wohl auch bald in seine kleine Zelle zurückziehen. Auch er eingesperrt, in einem Kloster. Nein, das würde sie nicht ertragen. Bevor er nach China fuhr, hatte er es ihr gesagt. Er könne nicht mehr lange warten. Der Ruf, die mysteriöse Stimme, das Exil, «die Qual, die Erstarrung der Liebe». Er habe beschlossen, in ein Kloster einzutreten! Als Mönch! Es sei unabwendbar!

«Es ist, als sei jemand in mir, der mehr ich ist als ich selbst», hatte er ihr zum Schluß gesagt, in sich versunken und mit gerunzelter Stirn.

Was sah er? Was hörte er? Wohin ging er? Zu wem? Und dieses Leuchten in seinen Augen...

Mein kleiner Paul!

Brief aus der Anstalt

«... Was mich betrifft, so bin ich über den Fortgang meines Lebens hier so verzweifelt, daß ich nicht mehr ein menschliches Wesen... Ich kann die Schreie all dieser Geschöpfe nicht mehr ertragen, es bricht mir das Herz. Mein Gott! Wie ich mich nach Villeneuve sehne! Ich habe nicht all das getan, was ich getan habe, um namenlos in einem Irrenhaus zu enden, ich habe Besseres verdient...»

Ein Genie wie ein Mann, der reich damit gesegnet ist

Wie man sich plagt, um eine Frau zu meißeln,
Zum harten Stein der Alpen greift
Und lebende Gestalt aus ihm erschafft,
Die glauben läßt, der Stein sei einfach schlank
geworden.
MICHELANGELO

M*ein Brief ist zu mutlos, und ich möchte nicht, daß Mademoiselle Claudel ihn zu sehen bekommt – die Adresse ist, glaube ich, immer noch Boulevard d'Italie 113.*

Camille dreht und wendet den Bogen in ihren Händen. Die Halsschlagadern pochen wild. Deshalb also ist sie hiergeblieben, anstatt mit ihrem Bruder nach China zu reisen!

Da ist der Brief. Er hat ihn geschrieben, sie hat seine Handschrift erkannt. Es war kein Witz gewesen! Eine Tragödie! Dieser Mann läßt die Arme hängen, dieser Künstler schwankt, stockt in seiner Bahn? Nein, nur das nicht.

Mit fünfundfünfzig Jahren! Fünfundfünfzig Jahre ist er alt. Nein, Monsieur Rodin, Sie werden den Schwachköpfen nicht recht geben. Nicht der Bildhauer des *Höllentores*! Nein! Und der *Balzac*, der noch auf seine Ausführung wartet! Kopf hoch! Los!

Mirbeau hat ihr eben den Brief gebracht. Morgen wird er wiederkommen. Falls sie ihn nicht sehen will, wird er nicht darauf bestehen, und er wird Rodin nie erzählen, daß er ihr diesen Brief gezeigt hat.

Ich weiß nicht, ob Mademoiselle Claudel sich bereitfinden wird, Sie am gleichen Tage wie ich zu besuchen. Wir haben uns seit zwei Jahren nicht mehr gesehen, ich habe ihr nie geschrieben, bin also nicht in der Lage ...

Sie liest und liest wieder. Das Gefühl seiner Nähe dringt gewaltsam auf sie ein. Die Liebe ergreift sie, sinnlich, direkt, seine Hände ... Sie sehnt sich nach seinem Mund, seinem Blick, seinem Geschlecht – wie Feuer brennt es in ihr.

Mademoiselle Claudel wird bestimmen, ob ich kommen soll ...

Ihre Verwegenheiten, ihre bildhauerischen Pläne, ihre Diskussionen ... Wie lange sucht sie schon, ohne gefunden zu haben? Wer kennt die Bildhauerei? «Das erste, an das Gott gedacht hat, als er die Welt erschuf, war das Gestalten.» Sie und er, niemand anders vermag das zu begreifen.

Die Bilder überschlagen sich in ihrem Kopf. Sie steht auf, will fliehen, «nein, nie mehr» sagen. Aber die Bilder hüllen sie ein, bedrängen sie. «Hört auf, ihr Hündinnen! Kusch, ihr Hündinnen!» Sie beschimpft sie, versucht sie zu bändigen, es sind die Eumeniden, die Furien. Sie kriechen auf sie zu, das Haar von Schlangen umwunden, eine Fackel in der einen, einen Dolch in der anderen Hand.

Nein! Nein sagen, wenn Mirbeau morgen kommt! Ihm schreiben und den Brief hinterlassen. Fliehen, bevor er kommt. Sie wird den Brief einfach dalassen und Mirbeau nicht sehen, sonst wird sie wieder nachgeben.

«Wie grausam unser Leben ist!»

Sie und er seit – nein, das ist doch nicht möglich – seit mehr als zehn Jahren. Die Begegnung. *Das Höllentor.* Und dann ihr Leiden, sein Schweigen, der entflogene Gott. Rasch mit jemandem sprechen. Ihn sich nicht nähern fühlen. Fliehen. Den Brief wegwerfen, er ist nicht für sie, ihn wegwerfen ...

... ich bin mir ihres Enderfolges sicher, aber die arme Künstlerin wird traurig sein, noch trauriger, je besser sie das Leben kennt, reumütig und weinend, ehe sie ihr Ziel erreicht, und das vielleicht zu spät, und das Opfer ihres Einsatzes als Künstlerin, die ehrlich arbeitet, die all ihre Kräfte in diesem Kampf um einen zu späten Ruhm verbraucht und sich dafür nur Krankheit einhandelt ...

Rodin, Chemin Scribe 8, Bellevues

Krank. Er ist krank. Sie sieht ihn liegen, ihn, der so fest, so hart, so mächtig ist, ein Kind des Volkes, nein, er darf nicht krank sein. Die Feder zittert. Fliehen! Rose wird ihn pflegen!

Stets werd' ich mich nach der Kirschenzeit sehnen,
Die Zeit wird mir ewig ins Herz gebrannt sein,
Wie eine Wunde ...

Sie ist gerettet. Der alte Straßenmusikant singt im Hof. Jemand, mit dem sie sprechen kann. Um nicht mehr an den Brief zu denken ...

Es steht fest, daß sie Genie hat wie ein Mann, der reich damit gesegnet ist ... Und in diesem großen Garten, wo die Menschen mit leeren Augen kommen und gehen, ohne auch nur einen Blick auf das Werk Mlle. Claudels zu werfen, klingt das Wort Genie wie ein Schmerzensschrei.

Sie und er. Ein einziges zweigeschlechtliches Wesen. Eng ineinander verschlungen, zusammengeschmolzen – zwei große Höllentiere! «Die Umarmung»! Nein, wie hatte er diese Skulptur genannt? *Die Besitznahme!* «Die Frau beherrscht und umschlingt den Mann wie eine Beute!» Er hatte ihr den Doppelschweif erklärt. Sie sieht die Skulptur, 1885, der Skandal um Rodin. Los, richte dich auf! Sie war das Männliche in ihm. Und jetzt wirft sie sich auf ihn. Sie, mit ihrer weiblichen Macht, wappnet ihn aufs neue. Camille schreibt an Monsieur Rodin.

Morgen wird sie Mirbeau den Brief geben.

Und ich sage in der Tat, daß die Jugend die Zeit der Illusionen ist, aber nur deshalb, weil sie sich die Dinge unendlich weniger schön und vielfältig und wünschenswert vorstellte, als sie es wirklich sind ...

PAUL CLAUDEL, *Der seidene Schuh*

Die Einschiffung nach Kythera. Monsieur Rodin kommentiert das Gemälde.

Sie ist neunzehn.

Die noch schlafende Erde im Morgenlicht.

24. Juni 1895.

So lange hat er auf ihre Rückkehr gewartet.
Sie halten sich an den Händen. Nur das.
In jener Nacht hatten sie sich nicht geliebt.

Die warme, in der Sonne brütende Erde, die sich vor dem Abend zusammenzieht.

Sie war noch schöner geworden.

«Die von ihrem Gemahl wiedererkannte Sakuntala wurde aufs neue geliebt und bei ihm empfangen ...»

Abenddämmerung auf Kythera.

Camille Claudel, die Schülerin Rodins, ist ihrem Meister fast ebenbürtig geworden ...

Chronique de l'Indre

Es sollte mich sehr überraschen, wenn Mlle. Claudel nicht eines Tages plötzlich unter den großen Meistern der Bildhauerei unseres Jahrhunderts ihren Platz einnimmt.

ARMAND DAYOZ

JOURNAL DU DÉPARTEMENT DE L'INDRE
10. Oktober 1885

«*Eine Schenkung an das Museum.* Mademoiselle Camille Claudel, die Schülerin Rodins, hat dem Museum eine schöne Gruppe aus Gips in Naturgröße gestiftet. Die indische Sakuntala-Legende hat dieses Werk inspiriert.»

17. November

«Gestern hat sich Mademoiselle Claudel auf ihrem Weg in die Touraine für einen kurzen Besuch in Châteauroux aufgehalten. Sie wurde von einigen Mitgliedern des Stadtrats empfangen ... Monsieur Buteau dankte Mademoiselle Claudel für ihre, dem Museum von Châteauroux gestiftete Gabe ...»

21. November

«Ich hatte beschlossen, dieses so großzügig geschenkte Stück Lebkuchen nicht zu erwähnen... Nicht zufrieden damit, dieses Gipsungeheuer in die Mitte des Ehrensaals zu stellen, erwartet man von uns, über akademische Feierlichkeiten zu berichten, die im Museum zu Ehren dieser Orgie in Gips stattgefunden hätten...»

Dezember

«Die Stadt Châteauroux ist zur Zeit über die Kunst Mademoiselles Camille Claudels in Unruhe geraten... Proteste im Namen des mißachteten Anstandes und der entrüsteten Moral wurden laut...»

«Letztendlich um so besser. Es ist ein Beweis des Lebens!»

«Wer noch nicht diesen Monolithen, diesen Gipsobelisken betrachtet hat, sollte sich beeilen... ein Fuß ist bereits zerbrochen...»

«Ein Mitglied des Stadtrats hat vorgeschlagen, über den Kauf eines Vorhangs abzustimmen, der diese Gruppe vor den Blicken des Publikums verbergen soll...»

«Das Ganze ist mit einer ins kastanienbraun gehenden Farbschicht überdeckt. Das nennt man Patina, und das kostet 100 Francs.

Mit Kandiszucker für 2 Sou und einem Eimer Wasser wäre das gleiche Resultat erreicht...»

«Zum Schluß sei eines Wortes gedacht, das einer jener zahlreichen Dummköpfe, die die Binsenwahrheiten beherrschen wie andere die Kochkunst, über das besagte Werk ausgesprochen hat. ‹Immerhin›, sagte er, ‹fehlt es dem Werk nicht an Größe.›

Das glaube ich ihm. Es ist 3 m 50 hoch!»

Das Possenspiel um *Sakuntala.*

Sie hatte dem Museum von Châteauroux ein Geschenk machen wollen.

Der Risotto

Welch ekelhaften Ernst
bringen wir dem Essen entgegen!...
Essen, was für eine Sache! Wir sind nicht
weniger verfressen als der Herr Wurm...
PAUL CLAUDEL, *Die Stadt*

Am Sonntag wird es Risotto geben. Sie muß antworten, und wenn es auch nur ein paar Zeilen sind. Aber die Schultern tun ihr weh, und die Beine schmerzen auch. Es ist gar nicht so heiß, und doch fühlt sie sich wie aufgedunsen, hat Atembeschwerden wie eine zu dicke Frau. Schwerfällig ist sie geworden, besonders der Kopf drückt sie nieder, so vollgestopft mit Erinnerungen, Versäumnissen, Beunruhigungen. Draußen regnet es. Die Augen brennen ihr. Nein, da läßt sich unmöglich Ordnung schaffen. Es sind die Launen des März – des Kriegsgottes Mars!

Jetzt ist es ihr heiß. Weg mit dem Schal! Sie zieht sich aus, gerät von der Hitze in die Kälte... Dann setzt sie sich, vor ihr der Marmor, glatt, glänzend, voll, massig. Der ist ihr willkommen, aber wird sie für den Salon rechtzeitig fertig sein? Nur noch ein Monat, und so viel zu tun.

Sonntag! Das wäre eine Erholung. Madame Morhardt und der Risotto. Risotto ißt sie mit Vergnügen. All die kleinen Reiskörner, die vom Löffel kullern. Ein leckeres Gericht. Grübchen im Gesicht, zwinkert sie einem zu, wie ein lachendes Kind. Sie ist zweiunddreißig. Fast. Am Ende des Jahres. Nur nicht wieder krank werden! Sie muß alles fertig haben. Ein Monat bleibt ihr noch, nur ein Monat.

Der Risotto, ja, das wird ihr guttun. Das ist köstlich.

Liebe Madame Morhardt...

Bei ihnen fühlt sie sich geborgen. Man beschützt sie, man nimmt sie herzlich auf. Manchmal kommt auch er. Sie muß Morhardt fragen, wer ihr den Marmor hauen könnte. Mit den *Schwätzerinnen* wird sie allein fertig, aber für den durchbrochenen Überhang der *Clotho* könnte sie einen guten Gehilfen gebrauchen. Das würde sie vorwärtsbringen. Nur wie soll sie ihn bezahlen? *Ihn* um einen Gehilfen bitten? Aber sie sind alle beschäftigt. Bei ihm in den drei Ateliers ist gerade wahnsinnig viel zu tun. Die Aufträge häufen sich, Skulpturen von vor zwei oder drei Jahren werden neu gegossen, der *Victor Hugo* und der *Balzac* sind in Arbeit, und Entwürfe zu Dutzenden.

Rodin hatte sie gefragt, ob sie nicht kommen und sich der Steinhauer annehmen könnte. Sie hatte abgelehnt. Keine Zeit. Sonst würde sie mit den *Schwätzerinnen* nie fertig. Und wenn es nur das wäre, aber sie mußte ja auch ein bißchen Geld verdienen! Rodin, den man am Ende seiner Kräfte geglaubt hatte, war noch nie so beschäftigt gewesen. Jetzt ist sie diejenige, die sich beklagt, die schlaff wie ein alter Lappen ist, schnauft und stöhnt und sich dahinschleppt. Los, du alte Schindmähre! Hü-hott! Sie hatte ihm ein paar zuverlässige Arbeiter empfohlen. Er zahlte gut, hatte immer genug Arbeit. Jules, Roger, nette Burschen. Alles ging gut. Zumindest dort, in den drei Ateliers ...

Aber sie? Sollte sie Morhardt bitten? Und wenn sie dann einen ungeschickten Gehilfen bekäme? Mit dem durchbrochenen Überhang war es noch verhältnismäßig einfach, aber die *Schwätzerinnen*! Da konnte der Kerl leicht zu tief bohren, einer von ihnen den Kopf abhauen. Seit vielen Monaten arbeitete sie mit dem Marmor. Ein Traum, der sie teuer zu stehen kam. Ein Wahnsinn. Sie hatte gespart, alles angenommen, was sich ihr bot. Es war übrigens wenig. Monsieur Fenaille, der große Mäzen, hatte ihr aus Freundschaft für Rodin ein bißchen geholfen, aber wird sie es schaffen?

Los, beeile dich! Schnell Madame Morhardt schreiben, ihrem gemeinsamen Freund Monsieur Ganderax für die Artikel ihres Bruders danken. Dank ihm wurden Pauls Texte veröffentlicht. Ihre Eltern waren zufrieden. Madame Louise hatte sogar vor Genugtuung leicht gelächelt. Mein Paul in Shanghai! Der kleine Junge, der von China träumte. Mit seinen weit offenen blauen Augen über den Atlas gebeugt, der kleine Zeigefinger ausgestreckt – dort und nicht anderswo.

Shanghai! Jetzt ist er da. Auf einmal hat Camille Sehnsucht nach ihm. Das geschieht ihr immer ganz unvermittelt. Seit seiner Abreise ist kein Theaterstück mehr gekommen. Nur Gedichte, Texte ...

Plötzlich friert sie. Die Sonne hat wieder einmal ihr schmutziggelbes Gesicht versteckt. Camille fragt sich, wie spät es ist. Den ganzen Tag hat sie geschuftet und nicht auf die Zeit geachtet. Nur einmal hat sie kurz Pause gemacht und etwas Warmes getrunken. Der Brief muß unbedingt noch heute abend fort. Camille schreibt schnell:

Ich werde mit Vergnügen am Sonntag zum Essen kommen, nicht nur, um mir den Risotto schmecken zu lassen ...

Nichts vergessen: die Artikel, den Dank, die sich anhäufenden Verzögerungen, die ersten Arbeiter – das war ein Fehler gewesen, denn es kostete sie jedesmal Wochen, um die verpatzte Arbeit wiedergutzumachen, sie mußte sie ständig überwachen, damit sie nicht alles zerschlugen, und zum Schluß waren sie dann überhaupt nicht mehr gekommen. Anderswo wurden sie besser bezahlt.

Nichts vergessen. Die Marmorgirlande durchbrechen ... Sie werden bestimmt draußen im Garten essen. Der Garten! Die *Hamadryade*, die Baumnymphe, muß sie erwähnen ... Monsieur Bing hatte auf die rasch vor seinen Augen gezeichnete Skizze hin die Büste bei ihr bestellt. Sie ist entschlossen, all ihr technisches Können zu zeigen. Patinierter, vergoldeter Marmor. «Die Süße dessen, was ist, mit dem Bedauern dessen, was nicht ist», wie Paul zu sagen pflegte.

... Ich werde Bings Büste ausstellen.

Wieder er. Sie muß ihm danken. Für das junge Mädchen mit den Seerosen, das junge Mädchen, das sie nie mehr sein wird.

... Bings Büste bestimmt. Und dann noch – da unser Meister es gut findet ...

Das Diner im Freien mit Rodin. Das ist, das ist ... mindestens ein Vierteljahr her. All der Wirbel der letzten Monate, und jetzt ist sie wieder zu spät! Ihre Leben sind zu verschieden. Er hat nicht die gleichen Sorgen wie sie.

Jedesmal, wenn sie eine Einladung annahm oder ausging, zählten die Stunden danach doppelt. Kein Arbeiter brachte sie ein. Sie gingen einer nach dem anderen fort und machten sich noch über sie lustig. Eines Tages hatte sie einen Gehilfen allein arbeiten lassen. Sie mußte Monsieur Pontrémoli aufsuchen. Als sie zurückkam, war der Marmor zerbrochen. Die Concierge hatte den jungen Mann allerdings charmant gefunden. Er erzählte so schön. «Und wissen Sie, Mam'selle Camille, die Geschichte vom Elefanten und dem Marienkäfer, die ist so komisch, wissen Sie, die hat er mir erzählt, kennen Sie die?» Dann hatte sie ihm noch ein Gläschen Guignolet-Kirsch spendiert, denn der arme Junge war so blaß gewesen. «Denken Sie nur, Mam'selle Camille, den ganzen Tag hat er gearbeitet, um sich sein bißchen Brot zu verdienen.» Und dann sah Camille die Bescherung. Eine Stunde Arbeit, zwei Skulpturen kaputt. Monatelange Mühe in weißem Staub aufgegangen, in Schutt und Asche – Wunden im schönen geheiligten, geäderten Fleisch des Steins, offene Wunden, aus denen ihr eigenes Blut zu verrinnen schien. Das war ein zu hoher Preis gewesen. Viel zu hoch.

Wenn sie abends ausging, zur Stunde da die Bildhauer Augen und Hände ausruhen und das Werkzeug beiseite legen, da die Umrisse sich in den Schatten verlieren, der sie nach und nach in sich aufsaugt, dann stand sie am Morgen noch schwankender auf, die Augen vom Dämmerlicht getrübt, die Hände zitternd den Meißel haltend, und dann ertrug sie nicht das helle Tageslicht. So hatte sie diese Gewohnheit schnell abgelegt. Sie arbeitete, arbeitete ohne Unterlaß.

Und trotzdem war sie immer noch nicht soweit. Der Salon! In einem Monat. Während des ganzen Winters hatte sie keine einzige Stunde versäumt. Die Tage wurden kürzer, die Sekunden lasteten schwer auf ihren Händen. Aber sie ließ sich keine entgehen, geizte mit ihnen, verleibte sie dem Marmor ein, den sie polierte und immer wieder polierte.

Madame Morhardt antworten! Das Diner mit ihm. Ja, das war lange her. Juli 1895.

Die großen Bäume, das schöne Restaurant, Schwäne im Herbst, die Sonne auf dem See, die köstlichen Speisen, der samtige Wein – wie ein goldroter Kuß –, die Bäume über ihnen, das Zwitschern der Schwalben. Immer tiefer. Tief über ihren Köpfen, schriller. Der Schrei. Rodin hatte gesagt: «Man ist dabei, sie umzubringen.»

Camille verstand nicht. Die Schwalben?

«Die Dryaden! Hörst du sie nicht? Sie schreien. Sie werden mit den Bäumen geboren, beschützen sie, teilen ihr Schicksal. Die Nymphen der Bäume ... die Hamadryaden.»

Sie hatte seine Hände genommen. «Erzähle ... die Hamadryaden?»

«Sie sind fröhlich, wenn der Regen des Himmels die Eichen begießt, und sie weinen, wenn das Laub von den Ästen fällt. Und man sagt, sie sterben im gleichen Augenblick wie der Baum, den sie lieben.»

Er sprach. Sie hatte sich über den Tisch gelehnt, saß auf der Stuhlkante, die Hände in die seinen verschränkt. Dieser Glanz in ihren Augen! Nie wird er sich daran wirklich gewöhnen. Als wenn sie ihn auf der Stelle in Stein meißelte. Er hätte ihr nicht gern Modell gesessen. Man fühlte sich schrecklich nackt vor ihrem Donnerblick, wie durchgeschüttelt, aufgerissen und dem Boden gleichgemacht. Was sah sie? Was las sie? Er blinzelte. «... eine Botin zwischen den Sterblichen und den Unsterblichen. Mittlerinnen waren sie, und als solche verehrt.» Er nimmt ihre Hand, beugt sich über sie, aber er küßt sie nicht, hält in der Bewegung inne. «Wie du! Eine Hamadryade! Eine Fürsprecherin – für mich!»

Sie lacht heftig auf. «Zwischen Himmel und Hölle, das Fegefeuer!» Sie lehnt sich zurück, läßt seine Hände los. «Ein Fegefeuer, aber für mich ganz allein.»

Er zuckt die Schultern, und sie sagt: «Ich mag keine Komplimente, keine Schmeicheleien. Ich liebe das Leben, und das ist alles. Weder die Hölle, noch die Unsterblichen. Nur das Leben, hier und jetzt.»

Versonnen blickte er sie an, so wechselhaft im jetzt flakkernden Kerzenlicht. Die Schwalbe schrie greller, schoß eiliger in die fernen Höhen. Sie war nicht mehr das ungeduldige, starrköpfige kleine junge Mädchen. Heute abend entdeckte er die zarte goldene Patina, den weichen Glanz des sich aus ihrem Knoten lösenden Haars. Bei keiner Frau hatte er diese Auflehnung der Natur gesehen. Dieses rebellische Haar. Oft gab sie sich Mühe, vor dem Ausgehen die Strähnen zu glätten, das hatte er bemerkt, aber sie brauchte sich nur einmal umzudrehen, und schon hatte sich alles wieder gelöst. Kleine Lokken und Strähnen hingen ihr wirr um das Gesicht, bald wie Irrlichter, bald wie eine Dornenkrone, je nachdem – schelmisch oder tragisch.

Ihr schwarzes Kleid umhüllte sie wie die Schatten der allmählich sinkenden Nacht – der Rauch der Flamme auf dem Tisch – und sie runzelte gedankenverloren die Stirn.

«Warum lächeln Sie, Monsieur Rodin?»

«Ich dachte an die in einen Lorbeerbusch verwandelte Daphne. Und an Progne, die zur Schwalbe wurde. In beiden sieht man die Frau, die sie aufhört zu sein, und den Strauch oder den Vogel, der sie sein wird.»

Sie schweigt. «Die Frau, die sie aufhört zu sein ...» Was will er ihr damit sagen? Ein Vogel soll sie werden. Nein, nur das nicht, nicht diesen Tod des Fleisches – ihres Fleisches. Laßt mir noch ein wenig Zeit! Laßt mich noch eine Weile begehrlich sein. Nein, das könnte sie nicht ertragen. Nie wird sie aufhören, eine Frau zu sein. Warte nur, du Herr Professor, dir werde ich's zeigen. «Und Dante?»

Jetzt ist er überrascht.

«Eine Schlange, die den Körper eines Verdammten umschlingt, verwandelt sich in einen Menschen, während der Mensch sich in eine Schlange verwandelt. Warten wir, bis das Spiel zu Ende ist, Monsieur Rodin.»

Er lacht nicht. Er lächelt nicht. Sie streckt ihm die Hand entgegen. «Schließen wir Frieden.»

Sie hat die Büste gemacht. Monsieur Bing wird sie sie ausstellen lassen. Falls sie inzwischen die anderen Skulpturen beendet hat. *Die Hamadryade!* «Die Zeit vergeht! Die Zeit vergeht...» Kaum noch ein Monat bleibt ihr. Jetzt ist es ganz kalt im Atelier. Heute abend würde sie gern ausgehen. Ein gutes warmes Essen. Aber sie hat es zu oft ausgeschlagen, und die Männer laden sie nicht mehr ein, weder die Freunde noch der Bruder. Die Frauen haben zuviel zu tun, und sie schätzen es nicht sehr, wenn sie uneingeladen zum Abendessen erscheint. Und dann sind ihr einige Bemerkungen zu Ohren gekommen. «Sie ist schön, trotz dieser leicht verrenkten Hüfte, finden Sie nicht?» «Dieses Hinken verleiht ihr noch einen besonderen Charme.»

Aber das war nichts, dem hielt der Panzer mühelos stand. Die wahre Gefahr lag anderswo: Unterstellungen, Flüstereien, die ihr die Freude an den ohnehin wenigen Aufträgen vergifteten. Sie hatte sich eines Vormittags mit Monsieur Fenaille in der Rue de l'Université getroffen. Er interessierte sich für ihre Methode des Marmorpolierens, fragte sie, ob sie nicht eine Porträtbüste von ihm machen könne, was ihn sehr freuen würde. Sofort liefen Gerüchte um. Sie hätte sich von ihm zu einem intimen Diner einladen lassen und sich ganz ungeniert gegeben. «Übrigens hat sie den Auftrag nur deshalb bekommen, denn der Marmor, wissen Sie...» So ging es auch mit Fritz Thavlow, dem norwegischen Maler, mit Bing... Die Freunde Rodins bewahrten ihr zwar Hochachtung, aber die bösen Zungen verbreiteten ihr schmutziges Geschwätz.

Und dann war ihr eines Tages der Dolch bis ins Herz gedrungen, wie bei Sadi Carnot. (Sie interessierte sich nicht für Politik, aber sie hatte die Überschriften in den Zeitungen gelesen: «Präsident Carnot ermordet». «Sechzehn Zentimeter vom Heft ins Herz!» «Attentat auf den Präsidenten den Republik». *Le Matin*, *L'Intransigeant*. Vor einem Jahr, am 26. Juni 1894. Sie erinnert sich, am Vorabend war sie mit Rodin zusammen gewesen.) Jemand hatte gesagt: «Die Bildhauerei ist für sie nur ein Zeitvertreib. Ein gutes Mittel, Bekanntschaften zu machen. Die Kurtisane mit den schmutzigen Händen!» Sie hatte den Flegel eine Sekunde lang angeschaut, wie vernichtet von diesem Schlag – eine Sekunde nur.

«Die Bildhauerei ist für sie nur ein Zeitvertreib.» Niemand nahm sie wirklich ernst.

Das Gerede der Leute ging sie nichts an. Vor zehn Jahren hatte sie sich nicht darum gekümmert. Damals ging sie selten aus, aber sie war jung, die Leute bemühten sich um sie, stellten ihr Fragen, und sie glaubte, sie interessierten sich für die Bildhauerei, und sie ging etwas mehr aus sich heraus, weil sie annahm, daß man sie als Künstlerin schätzte. Jetzt war sie über dreißig, und es hatte sich nichts geändert. In den Salons wandten sich die Männer ziemlich rasch von ihr ab; sogar die Künstler, die Schriftsteller, die Journalisten. Und was die Frauen betraf, so hatte keine von ihnen Lust zu wissen, wie man den Meißel handhabt oder wie sich diese oder jene Erde besser kneten läßt.

Janes Worte kamen ihr in Erinnerung. «Was die Leute interessiert, ist nicht deine Arbeit, sondern du selbst, deine großen Augen, dein keckes Auftreten. Von der Bildhauerei reden sie dann später...» Die Keckheit war nun Launenhaftigkeit geworden, der Mutwille altjüngferlicher Starrsinn, die Offenheit schlechter Charakter. Und während Bourdelle – auch ein ehemaliger Schüler Rodins – für jeden «der Bildhauer Bourdelle» war, blieb sie nach wie vor «Camille Claudel, eine geniale Frau und Schülerin Rodins».

«Die Bildhauerei ist für sie nur ein Zeitvertreib.»

Und ein anderer hatte gesagt: «Ach ja, sie hat keinen Mann gefunden, der sie heiratet.» So zog sie sich noch mehr in ihre Einsamkeit zurück, wurde immer menschenscheuer. Für sie gab es nur noch die Bildhauerei. Sie *war* die Bildhauerei, kannte keinen Vater, keinen Liebhaber mehr. Und wenn sie einmal gestorben ist, werden die Leute sagen: «Sie war eine Frau!» Mit jener Bewunderung, die man einem großen Toten entgegenbringt.

Um sich die Achtung der Menschen zurückzugewinnen, beschloß sie, nicht mehr auszugehen. Nur noch ihre Werke sollten für sie sprechen. Andere schneiden sich ein Ohr ab, sie zerstörte sich selbst auf langsame Art, in Verzicht und Aufopferung, unnachgiebiger als eine Karmeliterin. Nicht einmal

Rodin, dem sie noch von Zeit zu Zeit begegnete, vermochte zu erkennen, welche Lebendigkeit und welch überraschender Einfallsreichtum sich hinter dieser Fassade verbarg. Sie bereitete sich vor, beobachtete die Welt. Die Welt der Männer, die Welt der Macht. Der Riese erwartete sie geduldig.

Doch inzwischen hatte sie Hunger. Der Risotto war für Sonntag. Und jetzt waren alle Läden zu! Sollte sie allein um diese Stunde ausgehen? Irgendwo essen? Eine arme Frau, einsam in einem Restaurant . . .

Die Concierge!

«Die Concierge ist heute abwesend. Auskunft bei . . .»

Morgen die Eröffnung

> Ich versteh nicht, mich anzuziehen. Ich besitze keine von den Künsten des Weibes. Ich habe immer gelebt wie ein Bub ... Allerdings bin ich auch wieder nicht gar so übel. Ich hätte gewollt, du sähest mich einmal in einem schönen Ballkleid. Einem ganz roten Ballkleid ...
>
> PAUL CLAUDEL, *Das harte Brot*

Monsieur Rodin,
ich danke Ihnen für Ihre freundliche Einladung zum Empfang beim Präsidenten der Republik. Leider habe ich mein Atelier seit zwei Monaten nicht mehr verlassen und besitze nichts, was ich mir für einen solchen Anlaß anziehen könnte. Das Kleid für die Eröffnung der Ausstellung bekomme ich erst morgen. Außerdem muß ich noch unbedingt meine kleinen Marmorfrauen fertigmachen, denn einiges ist zerbrochen, und ich brauche den ganzen Tag, um es auszubessern, aber ich hoffe, sie bis morgen zur Eröffnung bereit zu haben (falls es nicht zu spät ist, sie aufzustellen). Entschuldigen Sie mich also bitte, und halten Sie es nicht für Böswilligkeit. Mit herzlichem Dank, Camille Claudel.

Am 12. Mai 1896 war Camille Claudel nicht im Salon erschienen. Niemand, weder sie noch ein Fuhrmann, hatte die *Schwätzerinnen* in Marmor gebracht. Man hatte bis zur letzten Minute gewartet.

Wo war sie? Als Freunde sie am Abend abholen wollten, stand das Atelier völlig leer. Im Licht der untergehenden Sonne strahlte das vollendete Werk, *Die Schwätzerinnen*, in seiner ganzen Pracht. Ein karminrotes Seidenkleid hing an einem der Deckenbalken. Mit einer angehefteten Nummer. Es war ein ausgeliehenes Kleid.

Briefe aus der Anstalt

«... in der ersten Klasse werde ich überhaupt nichts mehr essen können. All diesen Fettfraß will ich nicht einmal anrühren, weil mich das furchtbar krank macht, und so lasse ich mir mittags und abends nur noch Pellkartoffeln geben, und davon muß ich leben. Ist es der Mühe wert, dafür zwanzig Francs pro Tag zu bezahlen? Da kann man wirklich sagen, daß Ihr die Verrückten seid...»

«... Ich habe Euch bereits geschrieben, daß die erste Klasse die traurigste ist. Zuerst einmal zieht es schrecklich im Speisesaal, die Frauen sitzen zusammengedrängt an einem ganz kleinen Tisch, und sie leiden das ganze Jahr hindurch an der Ruhr, was gewiß kein Zeichen von guter Ernährung ist. Das Essen besteht aus folgendem: Suppe (das heißt Wasser mit schlecht gekochtem Gemüse und ganz ohne Fleisch), ein altes Rindsgulasch in einer schwarzen, fetten, bitteren Soße, täglich und das ganze Jahr lang, dazu Makkaroni in schmierigem Öl oder Reis, auf die gleiche Weise zubereitet, kurz, immer nur fetter Fraß, als Vorspeise eine winzige Scheibe roher Schinken, als Nachtisch ein paar vertrocknete Datteln oder drei alte verhutzelte Feigen oder drei alte Kekse oder ein altes Stück Ziegenkäse. Das kriegen wir für Eure täglichen zwanzig Francs. Der Wein ist Essig, der Kaffee Muckefuck...»

Einer der ersten Plätze, wenn nicht der erste . . .

. . . Man kann sagen, daß sie heute eine der ersten Plätze, wenn nicht den ersten einnimmt . . .
MATHIAS MORHARDT

Da ist sie. Fast am Gipfel. Der Riese ist nicht weit. Die Kritiker haben von Genie gesprochen, sie gehört dem Verein an, ist sogar Mitglied der Jury geworden. Der gerupfte Vogel nimmt seinen Ehrenplatz ein. Camille vergleicht sich mit dem alten zerrauften und struppigen Raben, der Rad schlägt und sich auf seiner Stange plustert. Auf einem Bein! Und der gar nicht merkt, daß er keine Federn mehr hat.

Der Winter ist da. Nach den blendenden Kritiken des letzten Salons bleiben ihr noch einige Verse und Komplimente von Meister Reineke, doch sie hat nicht einmal mehr ein Stück Käse, das er ihr abluchsen könnte. Es geht ihr wahrlich gut. Und dazu ist sie nun fast dreiunddreißig!

Aber sie darf sich nicht beklagen. Es sind ihr ja noch ein paar grüne Federn von der schönen Ente geblieben! Das Gerippe und ein paar schöne grüne Federn. Ihre *Schwätzerinnen* in Jade haben im *Salon du Champ-de-Mars* einen Triumph gefeiert. Sie hatte schon geglaubt, es nie und nimmer bis zum Mai 1897 zu schaffen. Und jetzt schreibt man:

«Welch herrliches Ergebnis! Daß dieses bezaubernde Werk Wochen und Wochen emsigen Fleißes gekostet hat, daß die junge Künstlerin alle Geduld und Leidenschaft aufwenden mußte, um diesen Grad der Wahrheit zu erreichen, steht außer Zweifel. Aber das ist unwichtig . . .»

Ach, die hatten gut reden. Was wußten sie von den zwei schrecklichen Jahren, die dazu nötig waren.

Und dann friert sie ständig. Der Winter zieht sich hin, nimmt kein Ende, steigt ihr in die Beine, in den Bauch, in die Arme. Diese unaufhörliche Kälte! Also macht sie Feuer, aber mit kleinen Scheiten, kleinen Flammen. Camille lacht in sich hinein, macht sich über sich selbst lustig. Das Holz ist teuer, es wäre besser, es zu schnitzen.

Camille Claudel! Salon 1897!

Sie wärmt sich die Hände am Feuer. Dank Mathias, Fenaille und einigen Freunden, die sie unterstützten, hatte sie die wunderbaren *Schwätzerinnen* in Jade ausstellen können. Ihr Erfolg machte das Mißverständnis noch krasser. Sie war ständig im Gespräch, folglich konnte sie keine materiellen Probleme haben! Wenn die wüßten, wenn die sie gesehen hätten, wie sie da vor dem Kamin hockte, fror und hungerte. Ihren Vater, der so gut wie kein Vermögen hatte, konnte sie nicht um Geld bitten. Er mußte ja auch Louise helfen, der armen Louise, die vor kurzem ihren Mann verloren hatte. So jung und so einsam, auch sie...

Monsieur Rodin! Er hatte sich nicht geändert, er wollte sie dem Präsidenten der Republik vorstellen. Das war eine Aufregung gewesen! Kein Kleid. Die Concierge hatte keins für sie, Madame Morhardt hatte nicht ihre Größe, ihre Schwester kam nicht in Frage. Und die anderen Frauen? Das hätte ein Gelächter gegeben!

Ihren Sonnenschirm hatte sie noch, aber keinen Hut, keine Schuhe. Einmal war sie auf die Idee gekommen, sich des Nachts ein Kleid zu schneidern – aus einem alten rosa Vorhang. Und was hatte Monsieur Rodin für ein Gesicht gemacht, als er sie darin sah! Er, der die Schönheit liebte. Sie hatte ihm vorgeschlagen, einfach so zu gehen, wie sie war. In ihrem alten schwarzen Kleid. Aber er war nicht darauf eingegangen. Man würde nur glauben, daß sie die Leute absichtlich provozieren wollte.

Einmal hatte sie es gewagt, und das war eine Lektion für sie, die sie nie vergessen wird. Sie wirkte peinlich, machte den Leuten keine Ehre. Es war ein großer Empfang bei Maurice Fenaille gewesen. Beleuchteter Springbrunnen, festliches Diner, Kaffee, Liköre. Eine Qual! Rodin hatte sie vom Anfang des Abends an gemieden und widmete sich fast ausschließlich der schönen und feinen Madame Fenaille. Im Frack, charmant und weltgewandt. Da hatte Camille begriffen, daß ihr klägliches Auftreten ihrem Ruf als Bildhauerin nur schaden konnte. Man würde sie schließlich «bemitleiden». Ihre elegante Kunst, der polierte Marmor, die raffiniert ausgeführten Ziselierungen, all die üppige Schönheit, die sie darstellte, die goldene, an die Renaissance gemahnende Patina, das alles vertrug sich zu schlecht mit ihrem Aussehen. Es paßte nicht zu ihr.

An diesem Abend hatte Rodin sie wortlos nach Hause begleitet.

Übrigens hat er vor kurzem die *Villa des Brillants* in Meudon gekauft. Wie konnte er das? Natürlich lieferten seine Ateliers noch immer viel. Aber der *Balzac* kam nicht voran, und die in diesem Jahr eingeweihten *Bürger von Calais* waren bereits – wie lange schon? – 1885 beendet gewesen. Vor mehr als zehn Jahren! Und was das *Höllentor* betrifft, so war es besser, nicht daran zu denken.

«Jetzt, da die Künstler aller Stilarten, aller Schulen, sich nach genügender Besinnung auf die nächsten Kämpfe vorbereiten, geziemt es sich, in der Ruhepause, die uns die jährlichen Ferien bieten, zu untersuchen, ob das vergangene Jahr uns eine neue, kostbare Persönlichkeit beschert hat. Um ganz ehrlich zu sein, gibt es nur eine einzige, die über die Menge hinausragt...»

Danke, Monsieur de Braine! Camille hockt am Feuer und hebt den Kopf. Es wird hart sein.

«Aber sogleich wird sie zum Gegenstand von Diskussionen...»

Das weiß sie. Der Kritiker sagt ihr nichts Neues. Aber das Endspiel wird sie gewinnen. Mathias hat ihr soeben seinen Artikel gezeigt. «Mein Freund Mathias.»

«Die *Schwätzerinnen* haben die ersten Strahlen des Ruhms auf ihren Namen geworfen. Heute weiß sie noch nichts von ihrer Berühmtheit.»

Nein, wirklich nicht.

Sie hat zuviel zu tun gehabt, und dann muß sie die *Clotho* in Marmor beenden. Fast hat sie es geschafft. Aber sie erwartet das Jahr 1898 gefaßt mit beiden Füßen auf dem Boden. Nein, mit einem, denn der andere ist ihr Teil des Traums, des Absprungs, des beginnenden Höhenflugs.

«Mademoiselle Claudel mit ihren *Schwätzerinnen* in Jade ...»

Der Jade! Niemand hätte es gewagt, direkt in die Jade zu meißeln. Camille lächelt.

Ein kolossaler Hampelmann

... Falls die Wahrheit sterben sollte, wird mein *Balzac* von den kommenden Generationen in Stücke geschlagen werden. Doch falls die Wahrheit unvergänglich ist, sage ich euch voraus, daß meine Statue ihren Weg machen wird ...

AUGUSTE RODIN

Nacht. Eine dunkle Ecke. Verprügelt und zusammengeschlagen. Ja, sie erinnert sich an alles: die Männer, die beiden Gehilfen, die sie angestellt hatte, um schneller vorwärtszukommen. Da es ihr an Geld mangelte, war sie in dieses Elendsviertel gegangen. Zu den Steinhauern. Welch eine Idee! Aber es eilte ihr so sehr. Sie hatte keine Erkundigungen eingezogen. Im Atelier in der Rue de l'Université war einmal eine Bemerkung gefallen: In dringlichen Fällen, wenn es zuviel Arbeit gibt, kann man sich dort jemanden holen. Wenn sie gut überwacht sind, sind sie eine ganz nützliche Hilfe. Und jetzt hatte sie die Hilfe gesehen! Sie lag am Boden. Was war geschehen? Sie hatte etwas Abschätziges gesagt, einer der Männer war zur Tür gegangen, sie hatte sogar geglaubt, er wolle fort, und da hatte der andere sie von hinten gepackt und ihr den Arm verdreht. Gewiß, sie waren nicht teuer! Sie hatte sie nicht bezahlt, oder vielmehr doch, denn ihre Tasche war leer. Ach ja, wenn man ihr etwas zerbrach, hatte sie oft gesagt: «Mir wäre es lieber gewesen, es hätte mich getroffen.» Dieses Mal war sie bedient. Wie eine verrenkte Puppe lag sie da. Sie hatte um Hilfe gerufen, doch niemand war gekommen. Ihre eigene Schuld! Warum lebte sie immer allein? Was konnte sie da anderes erwarten. Zweimal hat sie das Bewußtsein verloren, das Kleid ist zerrissen, Blut überall. Die ganze Nacht war sie so liegengeblieben. Sie hatte Angst. Zum ersten Mal in ihrem Leben!

Mathias Morhardt hatte sie gefunden. Er sollte sie am Morgen besuchen. Sie waren zum Mittagessen verabredet. Sie klapperte so mit den Zähnen, daß sie kein Wort hervorbrachte. Die Kehle wie zugeschnürt. Sie zeigte auf ihren Hals. Es war nichts, aber die Angst mußte ihr die Stimme abgeschnitten haben. Er war bestürzt gewesen, hatte Monsieur Rodin rufen wollen, oder ihre Mutter oder einen Arzt, aber sie hatte sich an ihn geklammert, wie um ihn zu bitten, es nicht zu tun. Schließlich war es ihm gelungen, sie zu beruhigen, und dann hatte er die Tür offengelassen, den Hof überquert und der Concierge gesagt, sie solle den Arzt holen. Als sie dann etwas ruhiger geworden war, hatte Morhardt sie zu sich nach Hause genommen, wo seine Frau sie pflegen konnte.

... *Sie hat eine schlimme Woche hinter sich. Zwei Gehilfen, die sie hinauswerfen wollte, haben sie mit außergewöhnlicher Boshaftigkeit angegriffen. Es ist uns gelungen, sie von der Polizei verhaften zu lassen* ... Warum hat Morhardt das an Paul geschrieben? Paul war natürlich jetzt sehr beunruhigt. Sie mußte unbedingt seinen Brief beantworten. Auf der Polizei war sie bereits gewesen, um ihre Aussage zu machen.

Einige Tage später war sie in ihr Atelier zurückgekehrt, entschlossener denn je.

Rodin war für den Sommer in die Touraine zurückgekehrt. Skizzen folgten auf Skizzen, der *Balzac* schien ihn zu verhöhnen, keine Form annehmen zu wollen. Aktstudien, Entwürfe des Körpers. Balzac im Gehrock, Balzac, die Hände auf dem Rücken verschränkt, die Hände über dem Bauch gefaltet, der schlecht gekleidete Balzac, Balzac mit hervorstehendem Bauch, Balzac im Schlafrock, Balzac mit Hausjacke ... und Rodin wurde täglich gereizter.

Camille arbeitete. Rodin hatte ihr einen neuen Entwurf gezeigt, und sie hatte gelacht. Nur bei dem Gedanken an die Gesichter der Kommission. Vor allem Alfred Duquet, der Moralapostel. Das war vor den Ferien gewesen. Wie die Zeit vergeht! Der arme Alfred Duquet! Monsieur Balzac, nackt, im halboffenen Mantel. Nackt, wie sie sich einen Mann bisher noch nie vorzustellen vermochte, so nackt, auf so obszöne Weise nackt.

Rodin steht vor ihr. Nein, er findet das überhaupt nicht komisch. Er ist wütend. Er hatte geglaubt, daß wenigstens sie seine Skizzen ernst nehmen würde. Monsieur Duquet hatte diesen Entwurf als einen «Riesenfötus» bezeichnet. Das Wort hatte ihn wie ein Peitschenhieb getroffen. Ihm war nichts Anzügliches daran aufgefallen. Und jetzt beklagt er sich. Er muß seine Statue binnen vierundzwanzig Stunden abliefern. «Camille, stell dir das vor! Binnen vierundzwanzig Stunden!»

Er sieht nicht gut aus. Sie blickt ihn besorgt an, und er fährt fort: «Jean Aicard ist entmutigt. Du weißt doch, der Präsident des Schriftstellervereins.» Ja, sie weiß. Seit fast zehn Jahren dauert die Geschichte an.

«Émile Zola hatte ihn verständigt. Und jetzt ist Zola voll und ganz mit dieser Affäre Dreyfus beschäftigt. Alle haben mich verlassen.» Dutzende von Leuten sind um ihn bemüht, ganz Paris bemüht sich um ihn, und er fühlt sich verlassen! Er muß Briefe schreiben, sich zur Wehr setzen.

«Nein wirklich, alles kommt auf einmal! Ich habe die Grippe. Ständige Kopfschmerzen. Du kannst dir nicht vorstellen, wie müde ich bin. Und du läßt dich überhaupt nicht mehr sehen. Ich muß fort.»

Ihr fällt eine Bemerkung ein, die dieser miese Duquet neulich gemacht hat, und die ihr zu Ohren gekommen ist: «Dem Mann geht es gar nicht gut. Wenn er jetzt stirbt, haben wir auch noch unsere zehntausend Francs verloren.» Abscheulich sind diese Menschen, einfach ekelhaft. Es sind die gleichen, die Balzac die Gerichtsvollzieher auf den Hals gehetzt haben. Und jetzt bekritteln sie kleinlich einen Bildhauer, der sich bemüht, mit der Größe seines Modells Schritt zu halten. Sie hebt den Kopf für ihn. «Erinnerst du dich noch? Monsieur Rodin – eine Statue kostet die Zeit, die sie in Anspruch nimmt ...»

Er lächelt, schreibt den Brief. Morgen wird er sich den Text von seinem Sekretär korrigieren lassen, es sei denn, sie wäre bereit, ihm zu helfen ... Schüchtern bittet er sie um Entschuldigung, aber er mache nun einmal Fehler und kenne sich nicht gut aus in der Satzbildung. «Schreibfehler sind schließlich das gleiche wie die fehlerhaften Zeichnungen bei den anderen.»

Sie ist wieder zu Hause, friert, fühlt sich allein. Allein mit all der Arbeit. Es muß ihr gelingen! Ihr gibt niemand einen Vorschuß von zehntausend Francs, und falls sie sterben sollte, hat niemand viel verloren. Nein, es hat keinen Zweck, ihn zu beneiden. Nur weitermachen, an nichts anderes denken.

Sie hat einen Auftrag von Mathias Morhardt angenommen. Es brachte sie in Rückstand mit ihrer Arbeit, aber sie konnte nicht darauf verzichten. Rodin hat keine Zeit für sie, und sie will ihn nicht belästigen. Wenn man eine Bildhauerin sein will, muß man auch auf eigenen Füßen stehen können.

Mathias Morhardts Auftrag... Camille traute sich nicht einmal mehr, ihn zu besuchen. Wie sollte sie ihm erklären, daß sie es nicht schaffen würde? Mit all den kleineren Skulpturen, die sie noch zusätzlich machte und zu verkaufen hoffte. Seit Monaten hatte sie nichts verkauft. Oh, dieser Auftrag! Sie muß Morhardts Auftrag durchführen. Wenn sie endlich einmal einen hatte. Zehn Bronzebüsten zu einem Verkaufspreis von dreihundert Francs pro Stück. Zehn Büsten von Monsieur Rodin. Mit dem Geld mußte sie allerdings noch den Gießer bezahlen; die Ziselierarbeit und die Gravur des Merkurstabs würde sie selbst machen. Manchmal möchte sie sich am liebsten eine Kugel in den Kopf schießen. Wird man sie auch bezahlen? Einen Vorschuß hat sie nicht bekommen. Sie hätte es nie gewagt, darum zu bitten. Und Morhardt hatte ihr geraten, nichts vor Ablieferung der Arbeit zu verlangen. «*Le Mercure de France.* Verstehst du, die vertrauen einer Frau nicht.» So mußte sie sich Geld leihen, um überhaupt anfangen zu können. Bald werden ihre Schulden auf tausend Francs angewachsen sein.

Sie erinnert sich noch zu gut an Léon Maillard. Zwei Gravuren hat sie für ihn gemacht, und er war ihr die Bezahlung schuldig geblieben, fand scheinbar, daß sie, eine Freundin des Meisters, nicht drauf angewiesen war. Das Schlimme war, daß sie ihm die Arbeiten bereits geliefert hatte. Auch ihr Brief an Rodin mit der Bitte zu intervenieren, war ohne Erfolg geblieben. Die Gravuren lagen bei Léon Maillard oder anderswo, aber kein Sou für sie. Fast zwei Jahre ist es her...

Rodin ist krank. Geschieht ihm recht! «Ich bin sicher, daß Sie wieder einmal zuviel gegessen haben auf Ihren verdammten Diners mit all den Leuten, die ich hasse, die Ihnen nur Ihre Zeit stehlen, Ihre Gesundheit ruinieren, für nichts.» Warum müht sie sich? Er schlittert in die Katastrophe. «Ich sitze hier und bin unfähig, Sie vor dem Übel zu bewahren, das ich auf Sie zukommen sehe. Wie schaffen Sie es da noch, am Entwurf Ihrer Statue zu arbeiten?»

Mein Gott! Es bleibt ihm so wenig Zeit. Sowie der Entwurf fertig ist, werden sich die Ateliers in Bewegung setzen. In einigen Wochen könnte es ihm noch gelingen. Der *Salon de Mai* rückt immer näher. Für sie sieht es allerdings anders aus.

Sie werfen mir vor, Ihnen keine langen Briefe zu schreiben. Aber Sie schicken mir nur ein paar Zeilen, die mir durchaus keine Freude machen. Sie können sich denken, daß mir nicht gerade fröhlich zumute ist. Ich habe den Eindruck, weit weg von Ihnen zu sein! Als ob ich Ihnen ganz fremd wäre!

Und dann noch die Reise. Wie ermüdend...

Ich küsse Sie, Camille.

Mathias Morhardt ist gekommen, um sie aus ihrer Einsamkeit zu locken. Nein, sie wird nicht zu diesem Diner gehen. Vielen Dank! Wenn Rodin nicht da ist, wird nur über die Affäre Dreyfus gesprochen, und wenn er da ist, nur über den *Balzac*. Von beiden hat sie genug.

Die Affäre Dreyfus kennt sie auswendig. «Du mußt mich verstehen, Camille», hatte Morhardt erklärt. «Ich bin Präsident der Liga für Menschenrechte. Und diese Angelegenheit ist äußerst wichtig. Nur weil du eine Frau bist, hast du noch lange nicht das Recht, das politische Geschehen zu ignorieren. Ach, ihr Frauen! Da sieht man es einmal wieder. Wenn man euch nur ein bißchen vernachlässigt...» Und Rodin? Schert der sich vielleicht um den Hauptmann Dreyfus? Für ihn gibt es nur ein Thema: seinen Balzac, und noch mal seinen Balzac!

Zehn Büsten von Monsieur Rodin! Zehn Büsten! Nein, das ist doch nicht möglich! Mathias Morhardt! Zehn Büsten! Das kann doch nur ein Witz sein, haben Sie Erbarmen! In ihrer Müdigkeit fragt sie sich sogar, ob ihr eigenes Gesicht, das sie berührt, nicht eine – übrigens schlechte – Reproduktion ist, ob die Züge nicht überholt werden müßten. Es ist schon schlimm.

«Camille, was ist los? Du schienst so fern!» Auguste ist da, sitzt neben ihr. Sie kann nicht mehr zwischen Wirklichkeit und Skulptur unterscheiden. Alles zittert und verschwimmt vor ihren müden Augen.

«Ah, das schöne warme Feuer! Man fühlt sich so wohl bei dir! Wie schade! Ich hätte gerne eine so friedlich stille Ecke bei mir zu Haus . . . In Meudon ist es unmöglich. Auch in den Ateliers kommt man nicht zur Ruhe. Ein wahrer Tumult! Die Besuche, die Interviews, die Presseartikel, die Kommissionen, die Freunde . . . und eins macht mir Sorgen, Cam . . . ich habe immer Angst, einen Kunstfehler zu machen . . . Da fällt mir gerade ein, was mein alter Lehrmeister Barye einmal zu einem Kollegen sagte – du weißt doch, Barye? Er ging oft in den Zoologischen Garten, er war Tierbildhauer. Ich sehe ihn noch, als ob es heute wäre. Ich war vierzehn oder fünfzehn Jahre alt. Er sah aus wie ein armer Hilfspauker fürs Gymnasium . . . Nie habe ich einen so traurigen und zugleich so vitalen und willensstarken Mann gekannt. Er arbeitete immer ohne Hilfe und verkaufte seine Werke zu Spottpreisen, und auch das nur mit Schwierigkeiten. Ein Genie!» Camille hört Rodin zu. «Ja, ich hörte ihn damals zu einem Kollegen sagen, der sich beklagte: ‹Ich danke jedenfalls dem Schicksal, denn ich bildhauere seit vierzig Jahren und bin noch nicht tot.›»

Camille betrachtet den müden Mann, der sich an ihrer Seite ausruht. Sie liebt ihn noch. Warum? Vielleicht wegen dieser Art von Geschichten, die er ihr erzählt . . .

In ihre Wolldecke gehüllt steht sie auf, kniet sich vor den Kamin, schürt das Feuer an. Dann faltet sie die Hände auf dem Sims, wie im Gebet.

Rodin blickt auf ihre fast beendete Skulptur, eine Bronze,

Frau vor dem Kamin. Wie schafft sie das alles? Sie muß Hilfe haben. Morhardt erzählte ihm neulich doch von ihren Sorgen: sie arbeitet zuviel, ißt fast überhaupt nichts mehr. Während er die in den lichten Stoff gehüllte kniende Gestalt betrachtet, fühlt er das Verlangen, sie zu berühren, sie zu streicheln. Wie eine Nonne sieht sie aus.

«Du hast...» Plötzlich fällt ihm das Dokument von Louis Boulanger ein – ein 1837 geschriebener Text –, die Beschreibung Lamartines. Die Bilder überstürzen, überlagern sich: sie, Lamartine, nein, er, «Balzac im Morgenrock» – man pflegte ihn immer in einem weiten, wie eine Mönchskutte geschnittenen Mantel aus weißem Kaschmir zu sehen, «zugeschnürt mit einer Seidenkordel». Das ist es! Endlich hat er gefunden.

«Was wolltest du sagen?» Camille ist aufgestanden, tritt auf ihn zu.

«Du siehst wie eine Nonne aus... Wußtest du, daß Balzac eine Art von Mönchskutte trug? Sein Morgenrock wirkte so.»

Sie lacht. «Die großen Männer! Die können sich alles erlauben. Aber jener war auch wirklich ein Riese, im bildlichen wie im geistigen Sinn. Kommst du mit deinem *Balzac* voran?»

«Ich glaube. Aber die Leute drängen mich.»

«Und was sagt dieser Dingsda, das Scheusal Duquet?»

«Ich müsse unbedingt im nächsten Salon ausstellen. Sonst sei es aus mit dem Geld. Sie gehen mir auf die Nerven mit ihrem Geld, wollen überhaupt nichts verstehen.»

Das Geld geht ihm auf die Nerven? Er hat gut reden. Fast brutal wechselt sie das Thema.

«Du weißt, was ich suche. Die reinste Form! Die Andeutung. Den Strich. Ohne Beiwerk, ohne Einzelheiten, ohne anekdotische Verbrämung. Die Einfachheit. Wie bei Hokusai! Jawohl, du kennst meine Leidenschaft für Hokusai. Du sprachst von Religion, und es hat etwas damit zu tun. Aber Vorsicht! Nicht wie Paul, das niemals. Du erinnerst dich an den Satz...»

Sie neigt sich etwas mehr vor, hüllt sich enger in die Decke, und nun hockt sie da in Meditationspose, wie eine orientalische Statuette, wie ein antiker Buddha, erzählt ihm die Geschichte ihres Riesen, des Geyn, beschreibt den sagenhaften Fels ihrer Kindheit. Ein Riese wie Balzac! «Sei es ein Punkt oder eine Linie; alles wird lebendig sein. Wenn ich hundertzehn Jahre alt bin, bei mir zu Haus ...»

Er hat sich plötzlich erhoben, küßt sie, umarmt sie, wirft sie um. Sie wehrt sich, schüttelt sich vor spöttischem Lachen. «Da rede ich ernsthaft mit dir, und ...»

Er beißt sie, packt sie, hat all seine Kraft wiedergefunden, wie wenn er zu bildhauern beginnt. Die Decke ist zu Boden geglitten, ihr warmer, wollüstiger, irdischer Körper, der nie versagt, das Fleisch, das er so gut kennt ... Er weiß.

Einige Minuten lang vergißt Camille, daß sie zu arbeiten hat.

Der Tag des Salons nähert sich. Camille muß Rodin antworten. Le Bossé – übrigens ein wirklich guter Gehilfe – hat ihr die letzte Skizze für den *Balzac* gebracht. Rodin erwartet eine sofortige Antwort, die Le Bossé gleich mitnehmen soll. Camille beeilt sich.

... ich finde sie großartig und sehr schön, und es ist die beste Ihrer Skizzen für dieses Werk. Besonders die so stark akzentuierte Wirkung des Kopfes im Gegensatz zu der Einfachheit der Drapierung ... Ich glaube, Sie können sich auf einen großen Erfolg gefaßt machen, besonders bei Ihren Kennern.

Noch ein Monat. Sie weiß nicht mehr, wo sie ist, was sie tut. Sie arbeitet. Weiße Augen, weiße Hände, weißes Gesicht. Das Herz pocht. Zu wild. Sie ist zu müde. Sie schwitzt.

Mathias, seine Frau und der Arzt stehen über sie gebeugt. Was ist ihr geschehen? Nichts! Nur die Müdigkeit und die ungenügende Ernährung.

Und dann noch all die Neider. Rodin hat Morhardt geraten, seinen Artikel über sie nicht zu veröffentlichen. Gott sei Dank! Sie wäre selbst nicht darauf gekommen, aber es hätte ihr nur noch mehr «wütende Angriffe und Racheakte» eingebracht.

Ein Monat. Nur noch ein Monat bleibt ihr. Sie muß Morhardt fragen, wo Rodin den rosa Marmorblock gekauft hat, und vor allem, vor allem – sie fleht darum – soll man vorsichtig mit ihrer Jungmädchenbüste umgehen. Sie ist so zerbrechlich, hat sie so viele brennende Stunden ihres Lebens gekostet. Sie schwebt in tausend Ängsten. Nur nicht anrühren! Aufpassen! Sie geschützt aufstellen!

Die Ausstellung wird im *Palais des Machines* stattfinden. Die Verwaltung hat ihr ihre Karten fast ins Gesicht geschleudert. Die Büste steht, wo es am sonnigsten und am staubigsten ist. Sie ist so zerbrechlich! Gleich an Rodin schreiben, ihn bitten ...

Eine Nacht. Nur noch eine Nacht! Er hat bestimmt etwas getan. Aber wo ist er? Eine Nacht bleibt ihr noch, um zu arbeiten.

Eröffnungstag des Salons im riesigen Gebäude des Champde-Mars ...

«Weitergehen, junge Frau!» Camille steht seit einer Weile unschlüssig herum. Wie soll sie erklären, daß sie hier ausstellt, daß man sie einlassen muß? Sie hat nicht einmal eine Eintrittskarte. Schon vor drei Tagen hat man sie beinahe rausgeschmissen. Mit ihrem Spitzenkragen und dem einfachen schwarzen Kleid könnte man sie für ein Schulmädchen halten. So ein Pech, und niemand hatte Zeit, sie zu begleiten. Wie soll sie erklären, daß sie Bildhauerin ist!

Der Salon ist eröffnet. Die Menge drängt sich. Das ganze Gebäude zittert von oben bis unten. Die Maschinengalerie erstreckt sich unendlich weit. Die Ausstellung im Flaggenschmuck. Ihren wirklichen Triumph wird Camille 1900 auf der großen Weltausstellung erringen. Das fühlt sie. Dann werden sie sehen!

«Was wollen Sie sich anschauen?»

«Den *Balzac* natürlich. Wie alle hier. Seit zehn Jahren redet man davon.»

Eine Gruppe lachender junger Leute in bunter Kleidung und mit grellfarbigen Hüten durchbricht die Menge, in der sie seit einer Weile eingeschlossen war. Endlich ist sie drinnen!

Und jetzt schwankt sie. Sie hat ihn erblickt, braucht nicht mehr weiterzugehen. Im hohen Saal ragt er in seiner Größe von fünf Metern vor ihr auf, mustert sie. Fünf Meter! Sie schreit. Er wird auf sie niederstürzen. Der Riese! Der Riese! Das große Gespenst schaut sie an, der Mund ironisch und mitleidig verzogen! Man drängt sie, schubst sie bis zu ihm.

«In sein Gipsgewand gegossen», makellos, erhobenen Hauptes, schmerzwund, «die Augen die Sonne suchend und bereits vom Schatten umhüllt», hat jemand gesagt, jemand neben ihr. Sie weiß nichts mehr, sie glaubt zu sterben. Dreißig Jahre ist es her ... gestern. Sie versteckt sich, als wenn sie nackt wäre, entweichen wollte. Neben der Statue steht Rodin friedlich und ernst, unter seinem großen Hut. Camille hält sich die Hand vor den Mund, unterdrückt einen neuen Schrei. Jetzt ist sie wie zu Tode getroffen, denn zwischen dem Riesen und Monsieur Rodin hat sie den *Kuß* erblickt, das ihr vor fünfzehn Jahren gewidmete Werk. *Der Kuß!* «Wo wollen Sie hin, Mam'selle Camille?» – «Zu Monsieur Rodin.» – «In diesem Augenblick?»

Sie wird zurückgedrängt, streckt beide Hände aus, tastet sich blind voran, aber vergebens. Gebt ihn mir zurück! Jetzt ist sie schon am Ausgang, wird kurzerhand vor die Tür gesetzt. Raus mit der Künstlerin!

Der *Balzac*! Rodin hat die Lösung gefunden. Alles ist geschafft. Jemand ruft: «Unerhört! Eine Schande, dieses Machwerk!» Sie bleibt stehen.

«Wenn Balzac lebte, würde er sich ein solches Denkmal verbitten.» Sie ist regungslos.

«Nein, ich habe keine Meinung, ich verstehe nichts davon.» Sie ist wie versteinert.

«Welch ein Kunstwerk! Er weist uns allen den Weg, dieser Rodin!» Sie atmet nicht mehr.

«Haben Sie gesehen, man fühlt darunter die unerbittlich modellierte Nacktheit. Er scheint unter dem Pochen eines mit letzter Kraft schlagenden Herzen zu erzittern und zu erbeben.» Camille ist nackt.

«Sie träumen wohl, mein Lieber. Ihr *Balzac* ist nichts als ein kolossaler Hampelmann! Das finden Sie darunter. Einen armen Hampelmann!»

«Ach, Sie arme Frau, ist Ihnen schlecht?» Ein Mann hat sich ihr genähert. «Bleiben Sie sitzen, ich werde jemanden holen. Sie hätten nicht ausgehen sollen. In Ihrem Alter! Mehr als zehntausend Leute stehen hier herum. Aber Sie wollten wohl den *Balzac* sehen. Der Eintritt war bestimmt nicht billig. Arme Frau!» Sie blickt auf. Der Mann spricht wirklich zu ihr. Sein Gesicht ist verschwommen. «Bleiben Sie mal schön sitzen, bis ich jemanden geholt habe. Man wird Sie begleiten.» Er entfernt sich.

Sie springt auf, flieht. Während sie die Halle verläßt, sieht sie ihre Büste, die zerbrechliche Büste in der Sonne und im Staub. Man hat sie vor den Ausgang gestellt, in eine Ecke, wo niemand hinschaut. Sie gehört nicht einmal zur Ausstellung. Die Menge zerquetscht sie, wie er. Nur los! Sie rennt. Die warme Straße, das Pflaster. Sie stürzt, richtet sich wieder auf. Schnell! Schnell! Die Passanten drehen sich nach ihr um. Einige lachen. «Eine Verrückte! Eine Pennerin!»

Schnell! Schnell! Boulevard d'Italie. Da ist die Concierge, der Hof, das Atelier, die Tür, die man schließen kann, der Schatten... Sie sinkt erschöpft auf die Knie, kriecht am Boden, sucht nach Streichhölzern, um all ihre Zeichnungen, all ihre Skizzen zu verbrennen. Der kolossale Hampelmann. Peng! Peng!

Warum hat sie es ihm erzählt?
Der sagenhafte Schmerz ihrer Kindheit!
Sie hat ihren Riesen preisgegeben...
Sie hat kein Geheimnis mehr.

Brief aus der Anstalt

«. . . Die Phantasie, das Gefühl, das Neue, das Unvorhergesehene, alles das, was ein entwickelter Geist hervorbringt, ist ihren bornierten Köpfen, ihren verstopften Gehirnen verborgen, diesen Leuten, die auf ewig vom Licht ausgeschlossen sind und jemanden brauchen, der es ihnen spendet. Sie sagten es: ‹Wir bedienen uns einer Halluzinierten, um unsere Themen zu finden.› Wenn sie wenigstens die Dankbarkeit des vollen Magens hätten und die arme Frau, die sie ihres Genies beraubt haben, ein wenig zu entschädigen wüßten. Aber nein! Das Irrenhaus! Nicht einmal das Recht auf ein eigenes Heim! Weil ich ihnen zur freien Verfügung stehen muß! Das ist die Ausbeutung der Frau, die Vernichtung der Künstlerin, die man bis aufs Blut schwitzen lassen will . . .»

Das zwanzigste Jahrhundert beginnt

> Eine sitzende Frau, die ins Meer starrt, das ist eine der letzten Skulpturen meiner armen Schwester... So würde ich sie sehen, wenn es mir einfiele, mich an meine Seele zu erinnern... Sitzend und ins Feuer starrend. Niemand ist da. Alle sind tot oder so gut wie gestorben...
>
> PAUL CLAUDEL, *Rose und Rosenkranz*

Sie sitzt vor dem Kamin. Alles hat sie verbrannt. Es regnet. Sie sitzt vor dem verloschenen Feuer in der Nr. 19 des Quai de Bourbon. Camille Claudel, Quai de Bourbon 19. Sie hat keine Karten mehr. Schon seit langem. Keine Concierge. Sie starrt in das leere, schwärzliche Loch. Die Asche ist feucht geworden.

Sie hat den Brief geschrieben.

Es gießt in Strömen, regnet ohne Unterlaß. Ein wenig gebückt, den fröstelnden Rücken in den Kaschmirschal gehüllt, die Tränen sind trocken – die Frau hat geweint. Aber das ist vorbei.

Sie hat den Brief geschrieben.

Jetzt ist die Tür zu. Paul war vor kurzem hier. Wie glücklich sie war, ihn wiederzusehen, ihren alten Chinesen. Fünf Jahre hatten sie sich nicht gesehen. Er war besorgt. Aber nein, alles ging gut. Sie hatte sich erholt, es ging wieder, wie man sagt, bergauf mit ihr. Hinkend zwar, aber immerhin. Im letzten Jahr hatte sie *Das reife Alter* ausgestellt. Ein guter Erfolg, die üblichen Kritiken...

Ihr guter alter Paul! Dreiunddreißig ist er jetzt. China! Shanghai! Hankau! Futschu! «Versprich mir, daß du mir alles erzählen wirst.» Aber dann war ihre Schwester Louise gekommen, um Paul abzuholen. «Mama wartet.» Nur rasch ein paar von Camilles Keksen gegessen, und schon mußten sie fort.

«Wir haben es eilig, verstehst du?»

Camille war auch nach Azay zurückgekehrt, um sich ihre

Sachen zu holen. Die alte Courcelles hatte ihr noch Geld abverlangen wollen! «Ich habe schließlich Ihre Sachen aufbewahrt, die Büsten und die Entwürfe dort, wie Sie sie nennen.» Die Büsten waren halb zerbrochen, und sie nahm nur die Erde mit, denn die konnte sie noch brauchen. «Und dann hat Monsieur Rodin gesagt, Sie kämen nicht mehr.»

Der Brief ist jetzt abgeschickt.

Jeanne ahmte immer noch Monsieur Rodins Mimik nach. Ihre kleine Jeanne! Fast fünfzehn muß sie jetzt sein. Mollig, gekräuseltes Haar, rote Wangen, helle Augen; sie hatte Mademoiselle Claudel kaum Guten Tag gesagt. Zappelnd vor Ungeduld in ihrem geblümten Rüschenkleid. Sie wollte ausgehen. Ein Bursche erwartete sie. «Weißt du, er nimmt mich mit. Wir wollen angeln gehen.» Ja, Jeanne lebte.

Während Camille ihre Sachen zusammensuchte, fand sie eine schmutzige, halbzerrissene Zeichnung vom Prahlhänschen. Sie fragte Madame Courcelles. «Ach der? Der ist tot. Das heißt, wir haben ihn gegessen. Ein bißchen zäh...» Camille fragte weiter: «Aber die Zeichnung, zeichnet die Kleine noch?» «Ach, das hat sie schon lange aufgegeben. Es machte ihr Spaß, solange sie klein war. Jetzt hat sie nur noch die Jungen im Kopf.»

Dann war Mélanie gekommen. Camille hatte nie recht verstanden, wovon sie lebte. Aber das spielte keine Rolle. Mélanie besuchte sie manchmal. Sie roch ein bißchen nach Wein und nach Schweiß, aber ihr Lachen war wohltuend. Wenn sie mit ihren fleischigen Schultern zuckte, schien sie alle lästigen Plagen von sich abzuschütteln, und um die Sorgen zu verjagen, sagte sie immer: «Hü-hott! Poupoule!»

Ständig brachte sie Zeitungen mit, die sie weiß Gott wo aufgegabelt hatte, und Camille wollte es auch nicht wissen. «Da, M'selle Flaubel, das wird Ihnen die Langeweile vertreiben.» Zehnmal hatte Camille ihr gesagt: «*Clau, Claudel* – oder einfach Camille.» Mélanie zuckte nur die Schultern. «M'selle Flaubel!»

Eben war sie etwas aufgelöst und mit leicht rotem Gesicht

erschienen. «Sagen Sie mal, M'sieur Auguste, war das nicht Ihr Kerl?» Camille hatte nicht verstanden. «M'sieur Rodin! ... Da, schauen Sie! Drei Finanzleute leihen ihm Geld! Und einen ganz schönen Haufen! Warten Sie, ich suche mal, wo ich's gelesen habe.» Camille war plötzlich aufgesprungen.

«Da ist es. Für die Weltausstellung. Einen Pavillon läßt er sich bauen! Und im Stil noch dazu! Moment mal, ich lese nicht so gut. Louis irgendwas! Der hält sich wohl für den Sonnenkönig? ... Sieht wie die Orangerie von einem Schloß aus. Olàlà! Sein ganzes Werk wird er dort ausstellen. Sogar die Amerikaner kommen. Ach, das regt mich richtig auf! Er weiß scheint's nicht mehr, wo er mit dem Kopf hin soll. Das habe ich von Freunden gehört. Feine Herren übrigens. Und ich erzählte ihnen, daß Sie ihn seinerzeit gut gekannt haben, M'selle Flaubel. Aber das hat denen nichts gesagt. Wirklich, kannten nicht mal Ihren Namen! Man kommt scheint's aus der ganzen Welt, um ihn nach seiner Meinung zu fragen. Und dann wollen sie alle ihr Porträt von ihm! Man nennt ihn den Sultan von Meudon!»

Einen Augenblick ließ sie die Zeitung in der Luft hängen, ihre nußbraunen Augen starrten verträumt ins Leere, und sie seufzte. «Einen solchen Kerl möchte ich haben! Den hätte ich nicht fallengelassen. Einer hat mir sogar erzählt – ein Freund von mir, der ihn oft sieht, den Namen weiß ich nicht, frage nicht danach – also der hat mir erzählt, daß er vielen Frauen hilft. Den hätte ich nicht fallengelassen!»

Die Zeitung hing ihr locker in der Hand wie ein letztes Blatt im Spätherbst. Camille weinte stumm in sich hinein.

Erinnerst du dich an die schönen Stunden
An meinem Geburtstag in Robinson,
Da hatten sich uns're Herzen gefunden,
Und wir sangen noch beide das gleiche Chanson.
Lalalala ...

«Bis morgen, M'selle Flaubel! Wenn ich kann ...» Sie sang im Konzertcafé, kam auf ein Gläschen vorbei, um sich zu wärmen, wenn Camille Feuer machte, und sang ihr die neuesten Lieder vor. Doch vor allem erzählte sie ihr vom Leben da draußen...

Die Nacht bricht an. Tränen, Tränen, Tränen. Stunden vergehen, und schließlich sind die Bäche versiegt. Und dann hat sie die Feder genommen, die Tinte und das Blatt Papier, und geschrieben – fehlerlos, ohne Zögern, ohne Zorn, ohne Kummer, ohne ein Zittern der Hand, ohne Haß, ohne Neid, ohne Vorwurf, ohne Bedauern, ohne Liebe hat sie die Worte geschrieben, die für ihn bestimmt waren.

Dann hat sie den Bogen gefaltet, den Umschlag versiegelt, den Brief auf die Post bringen lassen. Jetzt ist die Tür zu, und sie fühlt nichts mehr, blickt in die vor ihr herabsinkende Nacht.

«Das zwanzigste Jahrhundert beginnt, und...»

> Ich habe die verlorene Perle wiedergefunden!
> Ein einziges Korn... Ich habe meine verlorenen
> Groschen wiedergefunden...
> Die Träne, verwandelt in ein Juwel...
>
> PAUL CLAUDEL, *Der seidene Schuh*

Aus Montdevergues schickt die arme Camille Mama einen Rosenkranz aus herzförmigen Körnern, die man «Hiobstränen» nennt.

Paul Claudel in seinem *Tagebuch*

Ein einziges Korn behielt Camille in der Hand. Sie wußte nicht mehr, wie man einen Rosenkranz macht, wie viele Körner man dazu braucht... Und dann fügt man ja auch noch einige kleine Kugeln hinzu...

Eine winzige Skulptur, die sie in der Hand erwärmt: ihr der Welt abhanden gekommenes Herz.

Sie steht am Ofen. Der eisige Winter in Montdevergues. Die aneinandergekauerten alten Frauen – arme, vor Kälte zitternde blinde Mäuse.

Camille, mitten im Flug gelähmt, der wunde Flügel an die linke Brust gepreßt. Ein neuer Sakuntala. Tragischer Verzicht.

Alle sind tot oder so gut wie gestorben. Und deshalb halte ich dieses Körnchen so endlos lange zwischen Daumen und Zeigefinger und kann nicht mehr weiter.

Paul Claudel in *Rose und Rosenkranz*

Der Querstrich des «t»

Sehr geehrter Herr,
ich bitte Sie, Ihr möglichstes zu tun, daß Monsieur Rodin mich am Dienstag nicht besucht. Falls Sie Monsieur Rodin gleichzeitig mit allem Takt und ein für allemal beibringen könnten, daß ich ihn nicht mehr sehen will, würden Sie mir damit das allergrößte Vergnügen bereiten. Monsieur Rodin weiß sehr gut, daß viele böswillige Leute es sich einfallen lassen, zu behaupten, er habe meine Skulpturen gemacht. Warum also soll dann noch alles getan werden, um diese Verleumdung glaubwürdig erscheinen zu lassen? Wenn Monsieur Rodin mir wirklich helfen will, so könnte er das sehr gut, ohne andererseits zur Verbreitung des Gerüchtes beizutragen, daß ich den Erfolg der Werke, an denen ich mühsam arbeite, nur seinem Rat und seiner Inspiration verdanke.

Rodin verbittet sich alle Besuche. Rose war darüber beunruhigt, doch eine Geste der Hand hatte genügt, und sie hatte nichts mehr gesagt. Mathias Morhardt wurde schließlich empfangen, und als er das Atelier in Meudon verließ, hatte er nur erklärt: «Ich komme morgen wieder. Monsieur Rodin will allein sein ...»

Monsieur Rodin hat kein Licht gemacht. Er sitzt da, läßt die Arme hängen, und die Tränen rinnen einzeln über seine Wangen. Er wischt sie nicht fort.

In der rechten Hand hält er einen Brief. Ohne Unterschrift. Sie unterschreibt übrigens selten ihre Briefe, signiert auch ihre Werke nicht. «Die Zeit verwischt alle Unterschriften, Monsieur Rodin», pflegte sie mit ihrem schönen blauen Lachen zu sagen. Er hat die «t» wiedererkannt und die langen Querstriche, die das Papier zerkratzen. Es war ihm sofort klar. Sein Freund Morhardt hatte ihm den Brief gebracht, und da wußte er es. Jetzt sitzt er da.

Zum ersten Mal in seinem Leben packt ihn die Angst, ihn, den Sultan von Meudon, den man aus der ganzen Welt in der

Villa des Brillants besuchen kommt, dem alle Frauen schöne Augen machen, der mit Aufträgen bestürmt wird, Geld und Erfolg hat. Der *Balzac* ist vollendet. Sein letzter Kuß! Fünfzehn Jahre Arbeit.

Es ist die plötzliche Angst vor der Zeit, die ihm noch zum Leben bleibt. Ohne sie. Er fühlt sich gewaltsam ausgeleert, nutzlos geworden. *Vanitas vanitatum.* Die erschreckende Figur, die er vor zwei Jahren modelliert hat, steht unverrückbar vor seinem Blick.

Die maßlos langen «t»-Striche. Er beginnt sein sechzigstes Lebensjahr ohne Pläne, ohne Skulpturen, ohne sie!

Und sie ist erst fünfunddreißig Jahre alt. In diesem Alter hatte er mit seinem ersten Werk, dem *Ehernen Zeitalter*, den ersten Skandal verursacht.

Brief aus der Anstalt

«... das ist wirklich zu stark! ... Zu lebenslänglichem Zuchthaus verurteilt, damit ich schweige!

Alles das entspringt im Grunde Rodins teuflischem Gehirn. Er hatte nur einen Gedanken: Ich könnte nach seinem Tod als Künstlerin zu Ansehen gelangen und berühmter werden als er; deshalb mußte er mich in seinen Klauen behalten, nach seinem Tode wie während seines Lebens. Ich sollte unglücklich sein, ob er lebte oder tot wäre. Und das ist ihm voll und ganz gelungen, denn unglücklich bin ich wahrlich! Ich quäle mich sehr in diesem ... Sklavendasein ...»

*

Lieber Freund und Meister, ich habe soeben M. Philippe Berthelot bei mir empfangen und ihm Ihren Wunsch bezüglich der armen und wunderbaren Künstlerin mitgeteilt ... Ich bestand darauf, daß wir unsere Bemühungen vereinen ... da jede Hoffnung auf Genesung illusorisch zu sein scheint ... Ich möchte Sie um Ihr Einverständnis bitten, daß ein Saal im Hôtel Biron dem Werk Camille Claudels zur Verfügung gestellt wird ...

MATHIAS MORHARDT an AUGUSTE RODIN
5. Juni 1914

Ohne ihr Zeit zu einem Entschluß zu lassen, nimmt er ungestüm ihren Kopf in seine Hände, wie in verzweifeltem Bitten und Verlangen, und küßt sie hart und heftig auf die Lippen. «Nein, nein, verlaß mich nicht!» Seine Hände umschlingen sie gewaltsam.

Und da stürzt sie sich in das Vergnügen, will, daß er sie vermissen soll, will mit ihm das gleiche tun wie er mit seinen Modellen. Sie beschließt, zu nehmen und dann zu gehen, frech und rücksichtslos zu sein. Vieles hat sie von ihm gelernt, die Zärtlichkeit, aber auch die Verheerung, Hingabe und Demütigung, das Warten. Alles das wird sie ihn in dieser Nacht an seinem Körper spüren lassen, denn auch sie ist eine große Bildhauerin der Männer. Der warme Leib wird zur Erde, sie kennt kein Mitleid mehr, kein anderes Verlangen als das des Künstlers, der das Wesen des Menschen aufwühlt und ihm selbst den Krampf der Wollust entreißt.

Sie entkleidet ihn, er löst das Kleid von ihrer Haut. Sie hält ihn, fühlt das erregte Herz in ihren Händen schlagen, von seinem Körper Besitz nehmen. Sie hat ihn zuerst gepackt, wie um ihm Gewalt anzutun. Zwei antiken Ringern gleichen sie – sie aufgerichtet, die Brust wie ein weißgoldener Panzer, er, das bronzene Schwert in der Hand, die suchende Klinge. Das helle Bett wie ein in gleißender Sonne ausgestorbener Sandstrand. Er blickt ihr in die Augen – sieht den mörderischen Glanz. Plötzlich dreht sie sich heftig und roh fort, bricht in vulgäres Gelächter aus. Während sie ihm einen Seitenblick zuwirft, löst sie das Haar, das ihr bis über die Hüften reicht, sein Geschlecht einhüllt, dann reibt sie ihren Hals an ihm entlang, schnellt wieder herum, preßt die Lippen auf seinen Mund, läßt ihn los. «Monsieur Rodin» – die Anrede trifft ihn wie ein Peitschenhieb, sie ist herrlich in ihrer Grausamkeit, er möchte sie töten, hat die verletzende Absicht, den Schimpf verstanden.

Auch hier ist sie ihm ebenbürtig geworden. Er wagt nicht, sich einzugestehen, daß sie ihn auch in dieser Beziehung übertroffen hat, begreift, daß er sie nie voll und ganz besitzen wird, daß er verloren hat. Sie wird immer unzähmbar bleiben, er hat sich in ihr getäuscht an jenem Tage – an zu vielen Tagen.

So will er plötzlich noch ein Kind von ihr. Wie eine Frau, die von einem überdrüssigen Liebhaber fallengelassen wird, bittet und fleht er sie darum an; wie ein Mann, der seine letzte Karte ausspielt. Das hat sie getroffen. Camille hält inne, erstarrt, die Augen tot und ausdruckslos. Sie blickt ihn an, sinkt langsam in die Knie, zu Tode verletzt – das Kind, eine Erinnerung, die sich zu tief in ihr Gedächtnis eingemeißelt hat.

Vielleicht hat sie geträumt.

Das reife Alter

Es gibt da ein Symbol, welches die mit den großen Problemen wie Feminismus, demokratische Kunst usw. beschäftigten Geister nicht verkennen sollten: das des armen Teufels dahinter, ganz dumm mit seinen dicken jammervollen Wangen, der sich aus dem Schlamm zu befreien versucht, sich abmüht, wendet und dreht und nach Flügeln verlangt!

PAUL CLAUDEL, *Rodin oder der geniale Mensch*
September/Oktober 1905

Frou-frou ... frou-frou ...
Wenn Frauenröcke schwirren
Frou-frou ... frou-frou ...
Der Männer Herz verwirren ...

Sehen Sie, M'selle Camille, Sie machen Fortschritte. Bald können Sie mit mir singen. Dann verdienen wir uns ein bißchen Geld. Und Extrazulagen gibt es auch noch.»

Mélanie ist zufrieden. Wenn M'selle Flaubel früher auf sie gehört hätte, wäre es ihr nicht so schlimm ergangen. Ist es nicht ein Jammer mit diesem Mädel? Und schön ist sie noch dazu. Alles hat sie verkauft, nichts ist in ihrer Wohnung geblieben, nicht einmal die persönlichen Dinge.

«Wissen Sie was? Heute abend bringe ich Ihnen Pfirsiche. Ich gehe aufs Land. Er nimmt mich mit. Und auch Gemüse. Das stelle ich Ihnen alles vor die Tür. Man muß auch mal was für seine Gesundheit tun.»

Camille gibt ihr einen Kuß. Sie hat Mélanie wirklich gern.

Seit dem Salon, seit dem *Balzac* ist Camille schon zweimal umgezogen. Zuerst Rue de Turenne 63 und dann Quai de Bourbon 19. Dort fühlt sie sich wohl. Hohe Wände, Mélanie, das leere Atelier. Es ist wahr, sie hat alles verkauft. *Frou-frou!* Sie muß ein bißchen Ordnung machen. Heute nachmittag. Im

Augenblick ist die Skulptur ihr wichtiger. Ihre große Skulptur. Seit sechs Jahren denkt sie daran: Alles ist aus, Schluß – *der kolossale Hampelmann*!

Sie trägt ein Kopftuch, um ihr Haar zu schützen, singt *frou-frou*, lacht wieder häufiger, hat eine große Skulptur begonnen.

Camille arbeitet. Die fernen Straßengeräusche werden vom Hammer übertönt, den sie kräftig schwingt. Noch nicht ganz vierzig Jahre ist sie alt, von stattlichem Wuchs, immer noch eine Schönheit. Ihre große Skulptur! Sie hat entdeckt, daß sie das ganze Leben – wenigstens fast das ganze Leben – vor sich hat. Hokusai war sechzig gewesen, als seine wirkliche Schaffenszeit begann. Seine vorherigen Werke hatte er als tastende Versuche angesehen. Camille hämmert. Ihr alter, ziemlich fadenscheiniger Kittel und ihre ausgetretenen Pantinen stören sie nicht. Sie sucht. Jetzt hat sie Zeit dazu.

Paul ist nach China zurückgekehrt. Dieser Chinese! Stummer und verschlossener als je. Ein Jahr, ein Jahr ist er in Frankreich geblieben. Eines Tages hatte er verkündet, daß er für einige Zeit verreisen würde. Camille wußte wohin. Nach Ligugé. Er wollte Mönch werden.

Camille konnte die Zeitungen nicht mehr anschauen. Überall sein Photo, der Name Rodin. Und sie schuftete immer noch daran, die Büsten von ihm zu schaffen. Ein wahres Brechmittel! Bis zum bitteren Ende mußte sie bezahlen! Mathias Morhardt erwartete die Büsten. Sie fand Rodin häßlich, verhutzelt und eingebildet.

In ihrem müden Kopf warf sie die Freunde, die sie unterstützten, mit denen, die die Petitionen für Dreyfus unterschrieben, in einen Topf. Sie haßte sie alle. Die Verfolgte war sie, aber zu ihrer Verteidigung kam niemand. Und Rodin wurde immer noch beklagt. Ausgerechnet ihm mußte man helfen! Die ganze Welt eilte ihm zu Hilfe! Jedenfalls die Großen der Welt.

Aber nun verlangte Monsieur Rodin, daß man der Liste der Subskribenten für das Balzac-Denkmal die Namen der bekannten Dreyfus-Gegner Forain und Rochefort hinzufügte! Weil er Angst hatte, sich politisch zu exponieren und in die

Debatten hineingezogen zu werden. «Er will mit der Affäre nichts zu tun haben.» Man kann ja nie wissen.

Und sie, die von Morhardt so oft gehört hatte: «Zeigen Sie ein Interesse am Zeitgeschehen, nehmen Sie sich ein Beispiel an Monsieur Rodin! All seine Freunde sind Dreyfus-Anhänger!» – sie lachte jetzt, stellte sich die Gesichter all dieser Leute vor. Der kolossale Hampelmann! Aber sie war wenigstens nicht feige.

Nur Clemenceau hatte heftig reagiert: Da Monsieur Rodin fürchtet, daß eine so große Anzahl der Freunde von Zola für ihn subskribieren könnten, wird er, Georges Clemenceau, seinen Namen von der Liste für den Bildhauer streichen. So stand es schwarz auf weiß in der *Aurore* zu lesen.

Man kann nicht alles haben, Monsieur Rodin. Ein bißchen hätten Sie sich schon kompromittieren sollen, nicht wahr? Aber diesen Preis wollte er nicht bezahlen. Das war ihm zu riskant. Sie hatte keine Ehrenlegion, keine Orden, keinen Zylinderhut! Ach, die Zeiten, da sie beide darüber lachen konnten, sind lange vorbei.

«Die Ehrenlegion kann man kaufen. Und auch andere Orden, wissen Sie das? Man braucht sich nur an Monsieur Daniel Wilson zu wenden, den Schwiegersohn des Präsidenten der Republik. Aber ja doch ...» Nichts hat sich geändert. Und jetzt sogar er! Sogar er! Wahrscheinlich hat er es nicht gewollt und quält sich jetzt mit seinem Gewissen herum. Übrigens bildhauert er nicht mehr. Die Empfänge, die Interviews, die Frauen, die Reisen, die Orden, die offiziellen Porträts, wie soll man das ausschlagen? Sie hätte ihn gern bei der Hand genommen, noch dieses eine Mal. Sie hätten einander retten können ...

Meine lieben Freunde,

ich habe den festen Wunsch, der einzige Besitzer meines Werkes zu bleiben. Meine unterbrochene Arbeit, meine Überlegungen, mein Künstlergewissen, alles verlangt jetzt danach. Um vor allem meine Würde als Künstler zu wahren, bitte ich Sie, in meinem Namen zu erklären, daß ich mein Balzac-Denkmal aus dem Salon du Champ-de-Mars zurückziehe und es nirgendwo aufstellen zu lassen gedenke.

Bravo, Monsieur Rodin!

«Der Künstler hat, wie die Frau, auf seine Ehre zu achten», sagte er einst.

Schöne Worte! Aber wie zieht man ein Werk zurück, für das man bezahlt worden ist?

Sie, deren Geld nicht einmal zum Essen ausreichte, verkaufte sogar die Werke anderer. Henri Lerolle, der liebe Henri Lerolle, hatte ihr zum Andenken an ihre Freundschaft zu Debussy eines seiner Gemälde geschenkt. Sie liebte dieses Bild, betrachtete es oft im Licht der unterschiedlichen Tageszeiten. Und dann war es eines Morgens auch verschwunden. Sie hatte es ihm erklärt: «Sie verzeihen mir doch, nicht wahr? Sie kennen die Nöte der in die Enge getriebenen Künstler . . .» Netterweise hatte er das Bild noch signiert, damit sie es für einen höheren Preis verkaufen konnte. Noch nie war sie so beschämt gewesen. Sie hatte keinen Kniefall gemacht – nein, sie war wie entzweigeschnitten! Zu Tode betrübt hatte sie ihrem alten Freund Lerolle in die Augen geblickt, während sie ihm ihre Notlage erklärte.

Das war im Frühling gewesen. Gegen Abend hatte sie sich nach Meudon begeben, wollte noch einmal den *Balzac* in der Wärme seiner häuslichen Umgebung sehen, verstehen, nachdem sie sich von einem weiteren Stück ihres Herzens getrennt hatte, von einem letzten Teilchen – von diesem Bild.

Sie schleppte sich den steilen Hang nach Meudon, zur *Villa des Brillants*, hinan. Schatten der Nacht! Letztes Vogelgezwitscher, schriller, wie Todesschreie! Dort, der Hügel, das Val Fleury, wie es in den Zeitungen stand. Dutzende Male hatte sie die Beschreibung gelesen. Ein Irrtum war ausgeschlossen. Das Haus auf der Anhöhe mußte die *Villa des Brillants* sein.

Camille atmet immer stockender. Die Vögel schreien jetzt lauter, zanken sich. Es gibt für sie keine Stunde, keine Straße mehr, alles verschwimmt vor ihren Augen. Die Füße im Schlamm des Weges. Eben hat sie die Villa erblickt, macht eine Abkürzung durch die Wiesen.

Wie eine streunende Zigeunerin sieht sie aus. Sie ist die Jugend! Sie ist die Fremde, die für einen Augenblick unser

Leben durchkreuzt – das Schicksal in Bewegung, die Chance, das fliehende Glück. Sie trägt kein Kind in ihren Armen. Lange Schritte, die Kopfhaltung einer irrenden Prinzessin – wo ist ihr Königreich? Woher kommt sie? Die Hunde, die sie wittern, schweigen verängstigt. Wie eine große Wölfin dringt sie in die anbrechende Nacht. Die Augen funkeln, der Rock flattert um die Schenkel. Im weißen Licht des aufsteigenden Mondes scheint sie Sprünge zu machen, taucht auf, verschwindet. Immer weiter kommt sie voran, macht große Schritte im hohen Gras. Die üppige Mähne lockert sich, fällt über den Nacken herab. Sie bleibt stehen, voll innerer Spannung, herrliches Tier auf der Lauer, und ihre Wildkatzenaugen durchdringen das trübe Zwielicht.

Da ist er, zwei Schritte vor ihr, ein wenig gebeugt – ein schwarzer Fleck. Er schwankt. Nein, doch nicht er! Das ist nicht möglich! Ist er krank? Es sieht aus, als ob er stürzen wird! Sie ruft ihn leise, wie ein Lockvogel. «Monsieur Rodin!» Er hat sich nicht gerührt.

«Monsieur Rodin!» Mein Gott, er wird zusammenbrechen! Sie springt aus ihrem Versteck hinter den Büschen hervor, will ihm helfen, ihn zurückhalten. «Auguste!»

Er hat sich plötzlich umgewandt, und jetzt stehen sie sich gegenüber. Er lächelt selig. Die gleichen Brauen, das gleiche Haar, die Stirn, der struppige Bart, und doch ist er es nicht. Alles ist da, und nichts ist vorhanden. Eine Parodie, eine Karikatur! Sie weicht zurück, starrt ihn fassungslos an. Sein Sohn! Sein Sohn, Auguste Beuret. Nein, nur nicht dieser Säufer, der ihr gierig die Arme entgegenstreckt, nicht dieser lüsterne Blick! Sie läuft davon.

In der *Villa des Brillants* wird Licht gemacht. Es ist doch noch hell genug. Welche Verschwendung! Küchengeräusche, klappernde Teller. Ihre Mutter in Villeneuve? Die Kastanienallee, die königliche Allee, die zum Haus im Louis-treize-Stil führt, die Ziegel mit der weißen Steineinfassung. Der weiße Stein . . . Camille hat sich ein wenig gesammelt.

Er tritt aus dem Haus. Sie erkennt die Silhouette, den Schatten des Mannes, den sie noch lieben möchte. Er nähert sich. Wie jeden Abend schaut er sich seinen *Balzac* an. Die große Diagonale! Eine hinkende Person!

«Auguste, mein Kätzchen, du wirst dich noch erkälten.» Roses Stimme. Er dreht sich um. Camille hat Zeit gehabt, sie zu erkennen, den Blick, den Kopf, die Stirn, den schönen Mund, das tragische Gesicht. Und plötzlich will ihr das betörte Herz zerspringen. Hat er sie erblickt? Obgleich sie sich so rasch versteckte? Ist er ihretwegen wie vom Blitz getroffen stehengeblieben? Camille hat sich tiefer in das Gebüsch verzogen. Da ist wieder Rose, den Mantel in der Hand, ungekämmt, hager... «Laß mich in Ruhe. Ich bin müde... Ich muß nachdenken! Ich will in Ruhe nachdenken!»

Er ist so bleich, daß Camille ihn kaum wiedererkennt. Verbittert, böse. Rose steht zwanzig Meter von ihm entfernt. Er hat sich von ihr abgewandt. «Hast du die Hündin zum Pinkeln ausgeführt, mein Kätzchen?» Rose geht auf ihn zu, hängt ihm den Mantel über die Schultern, führt ihn ins Haus zurück. Eine Sekunde – eine Ewigkeit des Schreckens. Alles ist wieder still.

Letzter Akt.

Camille tritt schleppenden Schrittes den Heimweg an, verwirrt und geschlagen. Siebenunddreißig, fast achtunddreißig Jahre ist sie nun...

Vor drei Jahren. Da hatte sie ihn gesehen. Es war genau die gleiche Szene gewesen. *Das reife Alter* oder *Die Wege des Lebens.* Da hatte sie das, was sich eben vor ihren Augen abspielte, bildhauerisch dargestellt. Ohne es zu wissen. Und jetzt war es geschehen! «Der vom Alter mitgenommene Mann», das abscheuliche Gesicht des Kompromisses, die Bequemlichkeit mit ihrer «leergesaugten Hängebrust». So hatte Paul ihre Skulptur beschrieben, und sie hatte darüber gelacht. Der Mann, das jämmerliche alte Paar.

«Ein jegliches hat seine Zeit, sprach der Prediger, suchen und verlieren, behalten und wegwerfen.» Paul hatte sich zärtlich zu ihr gewandt. «Du hast gesucht und gefunden, kleine Schwester.»

Nie waren sie sich so nahe gewesen. Einen Monat später ging er nach Ligugé. Er war entschlossen, alle Brücken hinter sich abzubrechen, wollte sogar auf das Schreiben verzichten, um voll und ganz seinem Glauben zu leben. Ihr Paul war bereit. Bereit für das Kloster von Ligugé.

Immer noch in China! Seit Monaten keine Nachricht von ihm. Sonst hatte er immer ein paar Zeilen geschrieben. Aber dieses Mal – nichts! Die Leute, die von dort kamen, und die sie ausfragte, antworteten ausweichend. «Ja, es geht ihm gut.» «Krank? O nein!» Sie hatte das Gefühl, daß sie alle etwas vor ihr verbargen, und sie erwartete seine Rückkehr mit Besorgnis. Er wird bald siebenunddreißig sein, und sie ist fast vierzig. *Frou-frou!*

Schon drei Uhr nachmittags! Mein Gott, ich muß saubermachen! Sie legt ihr Werkzeug nieder, bedeckt den Gips, bindet sich ein Kopftuch ums Haar und greift zum Putzlappen. Hopp, an die Arbeit!

Sie war eine einfache Frau. Das ist sie immer gewesen! Zwischen klösterlicher Einsamkeit und Erfolg führte sie ein bescheidenes Alltagsleben. Ihre Arbeit war die Bildhauerei, und sie hatte ganz einfach ihren Beruf wiederaufgenommen. Sonst nichts. Es gab keine andere Erklärung, kein Geheimnis, keine Träume oder Alpträume! Nichts, was sich durch irgend etwas erklären ließe. Für sie gab es keine Vorbilder, keine Genies. *Das reife Alter* hatte sie zwei Jahre vor Monsieur Rodins Verfall in die Senilität vollendet, und die kleine kniende Figur war ihr ein Mittel gewesen, sich von der ihr zugefügten Demütigung zu befreien. Nein, das alles erklärte nichts!

Sie hatte geglaubt, daß sie nach dem Bruch nicht mehr bildhauern würde. Denn alles war doch aus, nicht wahr? Aber nein. Bis zu ihrem Tode wird sie bildhauern! Wenigstens eins hatte sie sich erworben: die große Geduld.

Und auch das große menschliche Elend. Aber daneben gab es die Probleme mit dem Abguß für den Hauptmann Tissier, der ihr *Das reife Alter* abzukaufen versprach, die Rückzahlung des Vorschusses an Monsieur Fenaille und den Gießer Rudier – Rodins Gießer –, der sechshunderttausend Francs verlangte. Viel zuviel! Das waren ihre Probleme.

Fast jedes Jahr stellte sie aus. Wenig neue Skulpturen, aber sie meißelte sie selbst direkt in den Marmor, goß sie in Bronze und verkaufte sie zu lächerlichen Preisen. Abwechselnd wurde sie beweihräuchert oder beschimpft. *Vollkommene Gestalt des weiblichen Genies ... Die Karikatur des Genies Rodin* – der liebe Romain Rolland, von dem kann man wirklich sagen, daß er sie schätzte! Camille Mauclair: *Seit zehn Jahren stellt sie Werke aus, die sie als eine der drei oder vier Bildhauer ausweisen, die unser Zeitalter für sich in Anspruch nehmen kann ...* Inzwischen müssen die Eier bezahlt werden, und der Gerichtsvollzieher Adonis kommt immer häufiger. Wenn schon!

Sie bemühte sich, rechtzeitig an alles zu denken: an den Briefträger am Neujahrstag, an die immer teurer und seltener werdenden Arbeiter, an die wenigen Freunde, die mit ihr durch dick und dünn gegangen waren. Gewiß, auch Mathias Morhardt gehörte dazu, aber dieser Freund Rodins wurde ihr immer schwerer erträglich. Eugène Blot, ein junger Verleger und Kunsthändler, fand ihr manchmal Käufer für Skulpturen oder persönliche Gegenstände. Monsieur Fenaille versuchte von Zeit zu Zeit, eine kleine Statuette bei ihr zu bestellen, und dann war da noch Henry Asselin, den Eugène Blot ihr vorgestellt hatte ...

Ohne es sich offen einzugestehen, waren sie alle sehr beunruhigt über sie. Ihre Fieberhaftigkeit, ihre Nervosität, das absolute Fehlen weiblicher Koketterie, die fahrigen Gesten, und vor allem das Lachen ... dieses zersprungene, rissige, keuchende Lachen, das wie ein Trommelfeuer von Schluchzern klang ...

Olàlà! Vergessen Sie nicht, daß der Briefträger, der Grubenleerer und der Straßenkehrer vom Quai Bourbon mich am Neujahrstag mit einem Kuß beehren werden! Ihre immer die Ihre.

... die Milchfrau zetert über ein paar Eier, die sie mir vor die Tür gestellt hat, und die noch nicht bezahlt worden sind ... Adonis Pruneaux fängt schon wieder an, mich zu pfänden (man wird dieses Mal nicht behaupten können, daß er mit Venus Pfänderspiele treibt).

... wenn Sie mich hätten beschützen wollen, wäre ich nicht in diesen Zustand geraten, o nein, bestimmt nicht! ...

... Eines Morgens wird mich wieder einmal der liebe Adonis Pruneaux wecken... mit seinem Besuch, der für mich gar nichts Verführerisches an sich hat, trotz der weißen Handschuhe und des Zylinderhuts, mit denen sich dieser liebenswürdige Beamte bei solchen Gelegenheiten schmückt. Verzeihen Sie mir diese Leichenwagenscherze!

Der Gerichtsvollzieher ist der einzige Mann, der mich noch verfolgt.

Sie mimt den Besuch des armen Adonis Pruneaux. Es blieb ihm nichts zu pfänden, nur noch die Künstlerin selbst. «Nehmen Sie mich! Die Künstlerin ist zu verkaufen!»

Und dann die Visiten im Saint-Louis-Krankenhaus.

... Ein kleiner Vetter von mir, ein elfjähriger Junge, wurde auf meine Empfehlung dort eingeliefert (er wollte sich umbringen und hat sich mit zwei Messerstichen den Bauch aufgeschlitzt), und man weiß noch nicht, ob er genesen wird. M. Pinard hat ihn von einem seiner Schüler operieren lassen, und es ist so schrecklich, daß ich mich von dem Schock nicht erholen kann...

Auf die Fragen ihrer Freunde hatte sie nicht geantwortet. Aber der Glanz in ihren Augen wurde von Tag zu Tag beunruhigender. Eugène Blot sammelte ihre Briefe, die in einem unglaublichen Rhythmus bei ihm einschwirrten. Aber die Freunde, die ihr wirklich halfen, waren so wenig...

Sie arbeitete immer weiter. Die Freunde ließen die Köpfe hängen, machten traurige Gesichter. Ihr Blick wurde ihnen jetzt direkt peinlich – sie schien alles zu wissen. «Denn», so sagte Asselin, «es war der diskrete Ausdruck einer absoluten, vollkommenen Offenheit, die sich nie von Formen oder Nuancen beeinflussen ließ.»

Da gab es eine große Skulptur. Jeden Tag arbeitete sie daran. Man versuchte sie auszufragen. War es der *Perseus*, den sie schon einmal im Salon ausgestellt hatte? Aber sie legte den Finger auf die Lippen und deckte von da an die Statue mit einem Tuch zu, bevor sie jemanden einließ.

Paul sollte zum zweiten Mal aus China zurückkehren.

Brief aus der Anstalt

«. . . den Hut habe ich erhalten, er paßt gut, den Mantel auch, der seinen Zweck erfüllt, und die wunderbaren Strümpfe und alles übrige, das Du mir geschickt hast. Es küßt Dich . . . Camille.

Gib mir Nachricht und lasse mich wissen, ob Du auch nicht die Grippe gehabt hast.

Ich erhalte eben Deinen Brief, der mich beruhigt, denn als ich sah, daß man mich in eine andere Klasse versetzte, glaubte ich, du seist gestorben, und ich habe die ganze Nacht nicht geschlafen, war wie zu Eis erstarrt . . .»

*

. . . Eine solche Kraft, eine solche fast erschrekkende Ehrlichkeit in der Liebe, der Verzweiflung und dem Haß zugleich, daß sie die Grenzen der Kunst, in der sie dargestellt ist, überschreitet . . . *Das reife Alter* . . . Dem erhaben aufflammenden Geist, der das geschaffen hat, blieb nur noch das Erlöschen . . .

PAUL CLAUDEL, *L'œil écoute*, *«Camille Claudel»*

Eines Morgens hatten sie den Stab über sie gebrochen: zum Altern blieb ihr keine Zeit. Sie hatten sie der Zeit entzogen, dem Leben, der Erinnerung – und sie lebendig in die Hölle gestürzt.

Hier blieb sie unveränderlich – wie die Anstalt. Sozusagen konserviert. Mein Paul!

Die Einschließung. Das Kloster! Das Kloster!

War das alles der Mühe wert?

Rose Beuret hockt auf einer Treppenstufe in Meudon und kämpft um Monsieur Rodin, den sie nicht verlieren will. Doch sie werden immer zahlreicher, die Bewunderinnen, die

Tänzerinnen, die feinen Damen . . . und jetzt ist es an Rose . . . «Ich lasse mich nicht vertreiben! Seit zweiundfünfzig Jahren pflege ich ihn wie ein Kind! Laßt sie nur reden, laßt sie nur sagen, ich sei verrückt, man müsse mich einsperren . . . Den Marmor haben sie gestohlen», schrie sie Judith Cladel zu.

Arme Rose, wie sie in der Champagne geboren, wie ihre alte Mutter.

Claude Debussy quält sich in Kummer und Schmerzen.

Und Paul? Wo ist mein Bruder? Erinnerst du dich an das junge Mädchen in Weiß, damals in Château-Thierry? Ins Kloster! Ins Kloster!

Dieses nackte junge Mädchen ist meine Schwester! Meine Schwester Camille. Flehend, gedemütigt, kniend, so hat sich diese herrliche stolze Seele dargestellt. Flehend, gedemütigt, kniend und nackt! Alles ist aus! Das hat sie unserer ewigen Betrachtung hinterlassen.

Paul Claudel in *L'œil écoute*, *«Camille Claudel»*

Das durchbrochene rote Kleid

. . . Bevor sich die Hölle endgültig auftut: *Perseus.* Wem gehört dieses Haupt mit dem blutigen Haar, das er hinter sich emporstreckt, wenn nicht dem Wahnsinn? Aber warum sollte ich darin nicht eher ein Bild der Reue sehen? Dieses Gesicht am Ende des erhobenen Arms, ja, ich glaube wohl die verschwimmenden Züge zu erkennen.

PAUL CLAUDEL, *L'œil écoute, «Camille Claudel»*
Brangues, 1951

Es war kalt an diesem Tag im November 1905.
« Verzeihen Sie mir diese Leichenwagenscherze. »

Einmal mehr hatte sie am Morgen an Eugène Blot geschrieben. Sie sollte am übernächsten Tag gepfändet werden. Einmal mehr war Adonis Pruneaux bei Sonnenaufgang erschienen, um die legale Stunde. Aber er lächelte nicht mehr. Er hatte seine Befehle. Nichts vermochte dem blassen Antlitz des Gerichtsvollziehers auch nur ein leichtes Zucken zu entlokken, weder das für eine Sekunde erschrockene Gesicht der noch jungen Frau, die er aus ihrem Bett geklingelt hatte – ein armseliges Lager, dieses Bett! –, noch der Tanzschritt, den sie bei der Verkündung der Nachricht andeutete, noch das Nachgeben ihres Beins, als sie zu Boden fiel, noch ihr wieherndes Gelächter. Er wartete nur, daß sie unterschrieb.

«Kein Kommentar, Monsieur Pruneaux.» Warum sollte sie sich beunruhigen? All diese «amtlichen Dinge». Davon verstand sie nichts. Sie hatte es versucht, aber es war nur noch schlimmer geworden. Besonders in letzter Zeit. Papiere, einstweilige Verfügungen! Auch dafür brauchte man Zeit und Geld. Es gab Wichtigeres. Die große Skulptur wartete ungeduldig unter der Hülle. Alles mußte von Anfang an wiederaufgenommen werden. Was sie 1902 ausgestellt hatte, war nur ein blasser Entwurf gewesen. Jetzt aber hatte sie endlich die richtige Form gefunden.

Regnerischer, trüber November. «Verdrießliche Novembertage . . .» Ach, wie recht ihr Bruder hat. Überall Trübseligkeit. Endloser schwarzer Regen. Paul!

Eines Abends war er gekommen. Endlich zurückgekehrt. Das Außenministerium hatte sie benachrichtigt, und sie erwartete ihn.

Er war bei ihr. Sie hatten sich umarmt und geküßt, und dann war ihr das schmerzverzerrte Gesicht aufgefallen, der starre Blick, das Zittern des Körpers. Er fieberte. Sie hatte verstanden, sie wußte es sofort! Raserei, Küsse, Bruch, Verlassenheit. Verraten, er war verraten.

Er hatte ihr die *Scharlachrote Frau* erzählt. Eine Frau. Camille wollte nichts davon wissen. Wozu auch? Genügte es nicht, daß sein ganzes inneres Wesen aufschrie? Da braucht man keine Einzelheiten. Jede Liebesgeschichte ist für die anderen banal, nichtssagend und gewöhnlich. Eine Anekdote und nichts weiter. So fragte sie nicht, sagte nichts. Es war keine Gleichgültigkeit, nein, ganz im Gegenteil! Sie kannte das alles nur zu gut, hatte gelernt, das Geheimnis eines Menschen zu respektieren.

Sie hatten miteinander zu Abend gegessen. Endlich war sie einmal ausgegangen und hatte etwas zu essen gekauft. Er hatte ihr Geld gegeben. Außer ihr wollte er niemanden sehen, und vor allem nicht die Familie. Keiner von ihnen hatte viel gegessen. Paul war innerlich erschöpft. Unansprechbar. Sie hatte Lust gehabt, ihn zu Bett zu bringen, die ganze Nacht bei ihm zu sein, neben ihm zu liegen, wortlos an seinem Schmerz teilzunehmen.

Paul! Das Novemberkind. Sie sieht ihn noch, wie er in einen Apfel beißt. Der traurige kleine Junge am Waschbrunnen in Villeneuve.

Jetzt hat er sich nach Villeneuve zurückgezogen. Und sie ist in Paris.

Die Novembertage 1905. Es ist ihr, als höre sie das Sterbegeläut und die Totenmesse dort – die rostige Wetterfahne, das eiskalte Pfarrhaus. Sie halten sich bei der Hand, frieren, sind müde, während der Großonkel im Dunkel psalmodiert.

Ein Nebel, so dunkel und so ätzend wie das Wasser des Meeres, hüllt den Hafen und die Straßen in sein Leichentuch ein.

Unter der Lampe bin nur noch ich, und unter mir drängen sich die Wasser jener nicht erhörten Massen, denen ich das Miserere lese!

Sie schüttelt sich. Übermorgen wird sie gepfändet. Gestern hat Asselin ihr Holz gebracht, und sie haben ein Feuer gemacht. Sie hatte ihn gewarnt: «Wenn Sie zu Mittag kommen, bringen Sie etwas mit, sonst müssen wir auf das Essen verzichten.» Und da hatte er auch noch Brennholz angeschleppt. Der liebe Asselin! Es blieben noch einige Scheite. Nur zwei ihrer Modelle hielten ihr die Treue: der liebe Asselin und Paul.

Da sie so oder so gepfändet wird, braucht sie nicht mit Holz zu sparen. Und dann muß sie die große Skulptur vollenden, die gute Fortschritte macht. Perseus wächst.

Camille legt die Scheite ein, wartet auf die lodernden Flammen, geht im Zimmer auf und ab. Sie blickt auf ihre Hände, die blauen Fingernägel.

«Das Quartier der Bartscherer mit den blauen Zähnen.»

Die Stadt! Paul hat alles vorausgesehen! So ist es! Sie hat diese Stadt des Grauens gekannt. Erinnerst du dich noch, Paul? Rue Mouffetard, die Gerber in der Bièvre, die abscheulichen Rinderviertel an den Fleischerhaken – und das «Lager der Armen», den «Boulevard der leeren Bäuche». Stundenlang irrtest du umher. Die bestialische Stadt.

Allmählich wärmt das Feuer ihre Hände. Die Finger gehorchen wieder dem Ruf der Bildhauerin. Sie kann arbeiten. Schnell die Tücher abgenommen, den Kopf freigewickelt. Nach und nach wird das Gesicht wahrnehmbar, noch formlos – verfrüht. Weißlicher Kokon. Zum zweiten Mal bereitet sie sich auf die Begegnung mit dem Ungeheuer vor – ihrem Riesen. «Über solche Dinge darf man nicht lachen.»

Villeneuve! Die alte Magd. Victoire! Victoire Brunet! Ein Novemberabend. Camille ist sechs, vielleicht sieben Jahre alt. Das Feuer im Kamin. Abendruhe. Die Alte ist da, knackt Nüsse, erzählt mit leiser Stimme. Victoire, die Tochter des Jagdhüters, die jetzt bei den Claudels angestellt ist. Und sie erzählt Geschichten, von denen einem die ganze Nacht die Zähne klappern. Das Kind lauscht mit seinen zu großen, zu blauen, zu tiefen Augen.

«Es war einmal ein Großvater, und der hatte großen Kummer. Er wollte Söhne haben. So betete er zu den Göttern. Er hatte nur eine Tochter, Danaë. Und er flehte und jammerte, der arme Akrisios! Er hatte keine Söhne.»

Camille lacht insgeheim in sich hinein. Er hat seine Tochter, das sollte ihm genügen.

«Da sagte der Gott zu ihm: ‹Du wirst erhört werden. Deine Tochter Danaë wird einen Sohn gebären, und der wird Perseus heißen. Aber eines Tages wird Perseus dich töten!›»

Das kleine Mädchen ist erfreut. Geschieht ihm recht!

«Da bekommt der alte König es mit der Angst zu tun. Er erschrickt und will verhindern, daß der Orakelspruch sich erfüllt ...»

Victoire erzählt und erzählt, und die kleine Camille reißt ihre nachtumränderten Augen noch größer auf.

«... Der König sperrt seine Tochter in einen Bronzeturm unter der Erde ein, weit weg ... Aber Zeus, der Gott der Götter, dringt durch eine Spalte ein und überschüttet das junge Mädchen mit einem Goldregen ...»

Camille blinzelt in die aufstiebenden goldigen Feuerfunken.

«... Eines Tages kam der alte König in die Nähe des Turms, und da hört er plötzlich aus dem dunklen Verlies den Schrei eines Kindes. Er stürzt herbei, tötet zuerst die Amme, die ihn verraten hat, und beschließt, seine Tochter und seinen Enkelsohn im Meer zu ertränken.»

Camille atmet fast nicht mehr.

«Er sperrt sie in eine Holzkiste ein und schleudert sie in die Fluten – weit, weit fort.»

Camille erinnert sich, wie es weiterging. Mutter und Kind wurden von einem Fischer gerettet und am Hofe des Polydektes aufgenommen. All die seltsamen Namen, die Victoire ihr beibrachte. Am folgenden Tag hatte sie sie sich so oft wiederholt, bis sie sie auswendig kannte.

«Eines Tages wollte Perseus, der inzwischen ein schöner junger Mann geworden war, Polydektes seine Dankbarkeit mit einem prächtigen Geschenk erweisen und erbot sich, die Gorgonen zu töten. Das waren drei Schwestern, drei Ungeheuer. Aber nur eine von ihnen, nur die Medusa, ist sterblich. Stachlige Drachenschuppen schützten ihre Nacken, ihre Hände waren aus Bronze, und sie hatten goldene Flügel. Aber vor allem war ihr Blick von so schrecklicher Gewalt, daß alles, was er traf, zu Stein wurde.»

Camille findet sie immer schöner. Ihre Kinderaugen leuchten auf, als sie sich die drei Frauen vorstellt.

«Perseus wußte, daß er triumphieren würde, wenn er nur die Medusa tötete. Er wappnet sich mit einem glänzend polierten Schild, das die Sonne widerspiegelt. Und dann nähert er sich ihnen, ohne die Medusa anzublicken. Aber er sieht sie. Hoch über seinen Kopf hält er seinen Schild, in dem sich die Medusa spiegelt. So erkennt er sie. Entsetzt weicht er zurück, denn um ihr Haupt ringeln sich schreckliche Schlangen. Da erinnert er sich. Sie war einst ein schönes junges Mädchen gewesen, aber die Göttin Athena, die sie um ihr Haar beneidete, das alle Blicke auf sich zog, hatte sie in diese abscheuliche Medusa verwandelt. Die Nattern schlängeln sich, rollen sich über ihr Gesicht, der Held läßt den Schild nicht aus den Augen, nähert sich immer mehr.»

Victoire senkt die Stimme: «Um sicher zu sein, hat er die Stunde gewählt, da die Gorgone sich ausruht. Sie schläft, und ihre Lider sind geschlossen.»

Camille ist wütend. Was ist das für ein Held, der schlafende Mädchen erschlägt! Wach auf! Wach auf!

«Immer näher, immer näher ...» Victoire brüllt es jetzt. «Wach auf! Wach auf!» schreit die kleine Camille.

Camille zuckt plötzlich zusammen. Was soll denn das? Sie ist über ihrer Skulptur eingeschlafen. Kaum kann sie sich auf den Beinen halten. Diese Kälte heute nacht! Sie fröstelt. Und doch brennt das Feuer noch. Jetzt fängt sie zu zittern an, faßt sich an die Stirn – brennend heiß. Sie wird doch nicht etwa krank werden. Das darf einfach nicht sein! Nicht, bevor sie mit der Arbeit fertig ist – die Bewegung der Schlangen muß noch ausgeführt werden, die Augen der Medusa, und vor allem das geflügelte Pferd über dem durchschnittenen Hals, das goldene Pferd...

Sie torkelt, muß sich setzen. Ein paar Minuten am Feuer, das wird sie wärmen, dann ist alles wieder gut. Sie läßt sich auf den Stuhl vor dem Kamin sinken. Das Höllenfeuer galoppiert mit ihr davon. Ihre feuchten Hände vermögen es nicht mehr zu bändigen. Die Hölle ruft. Sie hört das Knallen der Peitschen, das Klappern der Hufe. Die metallenen Türen schließen sich, die goldenen Schlangen ringeln sich um ihr mit roter Erde beschmutztes Gesicht. Mit aller Kraft hämmert sie an die großen Tore, bis ihr die Fäuste bluten. Und es hallt und hallt. Eins, zwei, drei, vier! Im Sauseschritt rast sie dahin. Immer weiter, immer weiter. Da, schau! Asselin versucht ihr in die Zügel zu greifen. Jetzt lacht sie, bäumt sich auf, schwebt empor, die Flügel breiten sich aus. Aber was wollen sie nur alle von ihr? Der Vater streckt ihr die Hände entgegen. Aber sie hat kein Kleid, um tanzen zu gehen. Sie lächelt ihm zu. Ihr alter Vater mit seinem grauen Haar. Sie flüstert ihm ins Ohr: *Ich bin wie Eselshaut und Aschenputtel dazu verurteilt, am Herd in der Asche zu liegen, ohne Hoffnung auf die Fee oder den Märchenprinzen, die mein Tierfell in schöne bunte Kleider verwandeln.*

Jetzt faßt Paul sie bei der Taille. Sie spiegelt sich überall. Ein großer Ballsaal. Alle blicken sie an. Sie ist so schön, so schön. Wer ist diese geheimnisvolle Frau in Rot? Camille sieht sich, wie sie mit den Händen ihr Kleid ergreift, ihr leuchtendes flatterndes Amazonenkleid, ganz aus roter Seide, das sie raschelnd umweht, sich ausbreitet und wogt. Alle weichen zurück. Und sie tanzt, sie ist die *Gipsy*! Aber warum bedecken sich alle plötzlich die Augen? Ach ja, es ist wieder einmal Monsieur Rodin. Er ist wütend, weil er eine schlechte Kritik in der Zeitung gelesen hat. Aber was fällt ihm denn ein? Er hält eine große Axt in der Hand und geht auf sie zu. Sie hat Angst, ergreift eine Spitzhacke. Aber er schlägt seinem *Johannes* den Kopf ab. Grinsend. Camille hört zu tanzen auf, stellt sich, ist bereit, sich zur Wehr zu setzen. Seltsam, wie schwach sie sich fühlt – so schwach, schwach ... Ihr Kopf rollt, ihr Kopf verläßt sie ...

«Vollendet die Natur ihr Werk? Sind die Bäume ausgearbeitet? ... Ich werde nie mehr etwas Ganzes machen ...»

Das war am 14. November 1905. Am folgenden Morgen fand Asselin, der zum Modellsitzen kam, Camille völlig verstört und verängstigt vor. Sie war kaum fähig, ihm die Tür zu öffnen.

«Finster dreinblickend, verwirrt, aufgelöst, zitternd vor Angst, einen mit spitzen Nägeln beschlagenen Besenstiel in der Hand ...»

Sie erzählte ihm: «Heute nacht versuchten zwei Kerle, meine Fensterläden aufzubrechen. Ich habe sie erkannt. Es sind zwei Italiener, Modelle von Rodin. Er hat ihnen Befehl gegeben, mich umzubringen. Ich bin ihm im Wege, er will mich verschwinden lassen.» Und dann wurde sie ohnmächtig.

Sie hatte gerade noch Zeit gehabt, Monsieur Asselins ungläubiges Gesicht zu sehen.

Er also auch. Er glaubte ihr nicht. Ihr alter Freund.

... Der Schrecken hat sie für immer in eine defensive Haltung gebannt! Ah! Da würden wir uns umsonst bemühen, sie bei der Hand zu nehmen und in unsere Arme zu schließen. Man hat ihr zuviel angetan! Sie läßt sich nichts weismachen! Ihr Leute, die ihr an Kräften nicht zuviel habt, um sie zur Verteidigung eines schlechten Gewissens zu sammeln, erkennt ihr euch nicht in dieser Ähnlichkeit? Und ich selbst, bin ich sicher, dieses panische Gesicht nicht schon manches Mal vor dem Spiegel heraufbeschworen zu haben?

PAUL CLAUDEL, *Herr, lehre uns zu beten*

Sie schlägt mit beiden Fäusten.

Die Hölle bleibt – das doppelte Feuertor.

Ich wünschte, Sie würden Sorge tragen, daß Mademoiselle Claudel Erleichterungen erhält, bis sie aus diesem Inferno heraus ist(!) ... Ich denke an Sie, der Sie, wie ich, ihr Bewunderer sind ..., schreibt Rodin am 28. Mai 1914 an Morhardt.

An der Schwelle dieses erschreckenden Tors richtet Camille sich gewaltig auf. Die Maske hat sich mit ihrem Gesicht verschmolzen. Sie bewundert die weißen Schlangen auf ihrem Haupt.

«Apollon! Apollon! Gott, der Pforte! Mein Apollon des Todes! Apolesas! Du hast mich ins Verderben gestürzt. Was nützen mir der höhnende Schmuck, das Zepter und die prophetischen Bänder an meinem Hals? Fort von mir! Seid verflucht! Das ist mein Dank!»

«Gabe des Todes, schaff dir statt meiner einen anderen Platz, einen reicheren!»

Wie oft habe ich an diese schrecklichen Verse gedacht, wenn ich das Bild meiner armen Schwester Camille betrachtete ...

Es bleibt ihr das Töten. Die schöne, große junge Frau mit den herrlichen dunkelblauen Augen greift zum Meißel. Sie rast und tobt. Die Statue des Perseus bricht in Stücke unter den wütenden Schlägen.

... In den letzten Zeilen der Tragödie blickt uns ein Gesicht entgegen, das vom gleichen Schrecken versteinert ist wie das der Gorgone, die meine Schwester am Ende ihres bewußten Lebens im Schild des Perseus, wie einst er, widergespiegelt sah, schreibt Paul Claudel in *Conversation sur Jean Racine*.

Alles ist bereit. Die Götter können eingreifen. Eine Frau nähert sich, die keine Erinnerung hat, keine Zukunft. Die Tore öffnen sich. Eine verklärte Frau in ihrem letzten Aufleuchten. Es wird keine Skulpturen mehr geben.

Wer würde es wagen, ihr *Das Höllentor* in Auftrag zu geben? Das ist es, worauf sie gewartet hat, seit sie zwölf Jahre alt geworden ist.

Der Bilderladen

Was nützt aller Wille, Puppen zu machen,
Wenn es mir schließlich wie jenem ergeht,
Der nach Meeresfahrten im Spucknapf ertrinkt?
Die geschätzte Kunst, der ich einige Zeit
So viel Ruhm verdankte, bracht' mir nur ein,
Als Greis in Armut and'ren zu dienen;
Denn ich bin am Ende, stürb' ich nicht bald.
MICHELANGELO 1546

Ich war sicher, daß die Werke meiner Schwester Ihnen gefallen würden. Das arme Mädchen ist krank, und ich bezweifle, daß sie noch lange leben wird . . .

Bei all ihrem Genie war das Leben für sie so voller Ärgernisse und Widerwärtigkeiten, daß die Verlängerung nicht zu wünschen ist . . .

Paul Claudel am 15. November

Camille hat den Kopf erhoben. «Vom 4. bis zum 16. Dezember?» Jetzt richtet sie sich mühsam auf. «Da will ich hingehen.»

Eugène Blot hat ihr eben eine große retrospektive Ausstellung mit all ihren Werken versprochen. Dreizehn Skulpturen sollen gezeigt werden. Camille schaut sich den Prospektentwurf an, den er ihr reicht. Ihre Hand zittert immer noch, sie sieht so blaß, so abgezehrt in dem großen Bett aus.

CAMILLE CLAUDEL
GROSSE RETROSPEKTIVE AUF DAS WERK
IN DER GALERIE EUGÈNE BLOT
BOULEVARD DE LA MADELEINE 3,
VOM 4. BIS ZUM 16. DEZEMBER 1905.

Sie sinkt auf das Kopfkissen zurück, lächelt wie ein kleines Mädchen, dem man das schöne, so lang erträumte Geschenk versprochen hat. Aber in ihr ist etwas zerbrochen, reagiert nicht mehr.

Man hat sie angekleidet, man unterstützt sie jetzt. Sie sind alle da, die wenigen Freunde und ihr Bruder. Sie schaut auf die Kleidungsstücke, in die Mélanie ihr hilft. Eugène Blot hat das alles für diese große Ausstellung besorgt. Madame Morhardt ist zu Rat gezogen worden. Aber Camille denkt an das schöne neue rote Kleid, von dem sie immer geträumt hat. Niemals, nie wird sie es haben. Nur einen Sonnenschirm! Der ihr von keinem Nutzen war.

Mit sanfter Stimme bittet sie, *ihm* den Eintritt zu verbieten, ihn nicht in die Ausstellung zu lassen. O nein, das wäre dann doch zu einfach. Hätte er früher kommen sollen. Jetzt nicht, jetzt nicht mehr. Niemals mehr.

Ein schöner roter Sonnenschirm – und heute?

Sie verweigert die hilfsbereiten Hände, blickt sich im Spiegel an. Ein dunkelblaues Kleid. Dann sagt sie zu Asselin: «Erinnern Sie sich an meinen letzten Brief? *Ich bin wie Eselshaut und Aschenputtel dazu verurteilt, am Herd in der Asche zu liegen, ohne Hoffnung auf die Fee oder den Märchenprinzen, die mein Tierfell in schöne bunte Kleider verwandeln* . . . Danke. Sehen Sie, die Prinzen sind gekommen. Bald werde ich bei ihnen sein.»

Jetzt wendet sie sich Paul zu und flüstert ihm ins Ohr: «Ich hätte mir gewünscht, daß du mich einmal in einem wirklich schönen Kleid siehst. Ganz in Rot!»

Sie holt den Puder, trägt ihn dick auf. Gesicht und Hals – der noch so jung wirkende Hals – wie in Mehl getunkt. Das Kleid muß gebürstet werden. Sie lacht verlegen. «Nicht sehr gelungen. Ich habe mich nie anzuziehen gewußt.» Immer hat sie wie ein Junge gelebt, nur von Männern umgeben.

«Wie sagst du das, Paul? Ach ja! ‹Sie besitzt keine von den Künsten des Weibes.› Aber doch, Paul, die Bildhauerei!» Ihre Stimme rasselt, als ob Felsblöcke in ihrer Kehle durcheinanderrollten. Paul zuckt die Schultern. Sie redet ununterbrochen, will gar nicht aufhören. Man setzt sie auf einen Stuhl. Asselin bückt sich, um ihr die Halbstiefel anzuziehen. «Eine Kranke ist eine Kranke.» Sie will nicht. Sie wird sie necken. Unter der Nase ihres armen Freundes Asselin schwingt sie die Beine hin und her.

«Das linke oder das rechte? Das nette oder das verrückte? Das brave oder das unartige?» Asselin läßt den rechten Stiefel fallen, nimmt den linken, dann wieder den rechten. Er traut sich nicht, die vor seiner Nase schaukelnden Fußgelenke zu packen. «Monsieur Asselin schafft es nicht, schafft es nicht, schafft es nicht...»

Ihr Vater! Wie es scheint, wird er kommen. Er macht die Reise, um dieser Retrospektive beizuwohnen. Sie ist glücklich, ihn wiederzusehen. Eine so lange Reise, in seinem Alter. Neunundsiebzig ist er nun. Aber sie beunruhigt sich auch. «Bist du sicher, daß Papa die lange Fahrt überstehen wird? Ich freue mich so, ihn zu sehen.» Paul beruhigt sie.

«So sitzen Sie doch still, Mademoiselle Flaubel, wie soll ich Sie frisieren, wenn Sie so zappeln?» Die arme Mélanie! Genauso widerstrebend, Claudel zu sagen, wie das Haar, sich der Bürste zu fügen. Die Strähnen gleiten, rutschen, wickeln sich um die Finger. Mélanie ist entmutigt. «So was hab ich noch nie erlebt! Und Ihr Gesicht! Legen Sie sich ein bißchen Farbe auf!»

Camille nimmt den Topf mit der roten Schminke, den Mélanie ihr reicht, taucht den Finger ein, lutscht daran, verdreht die Augen, steckt den Finger wieder hinein und beschmiert Asselin die Nase, der immer noch mit den Stiefeln beschäftigt ist. Er blickt nur auf, ärgert sich nicht einmal. Niemand reagiert. Eugène Blot fragt sich, ob sie nicht zu spät zur Eröffnung kommen werden. Aber wenn schon! Sie haben diese große Ausstellung extra für sie organisiert, und ihr bleibt so wenig Zeit zu leben. Die arme junge Frau! Paul ist bedrückt, fühlt sich unbehaglich. Er leidet unter der Kälte, und er denkt an die andere, die er in China allein gelassen hat. Auch sie war heftig in ihren Gesten, hatte Fieberanfälle und lachte zu laut. Unausstehlich! In ihrer Gegenwart und in ihrer Abwesenheit! – «Camiiiille!» – Und nicht ohne in seinem Herzen alles durcheinandergebracht zu haben, als hätte sie sich in sein sauberes Taschentuch geschneuzt.

Aber was haben sie denn nur? Camille steht auf. Das ist es also! Einige Sekunden der Ausgelassenheit, die Neckereien, die Stiefel, die Frisur, die rote Schminke auf Asselins Nase – alles läßt man ihr durchgehen. Alles hat man geduldet. Und der da, dieser Blot, der nicht einmal wie gewöhnlich versucht, sie zur Eile anzutreiben. Sie werden sich verspäten, und er steht da und sagt kein Wort. Das ist es also? Paul? Und wenn ich hier alles kurz und klein schlagen würde, wärt ihr dann auch so still? Ohne Wut zu zeigen oder über meine Späße zu lachen? Sie hat verstanden.

Sie wird sterben. Das denken sie alle. Daher die Ausstellung. Vom 4. bis zum 16. Dezember 1905. Schnell noch, bevor sie ...

Sie hat nichts gesagt. Sie nimmt ihr Taschentuch. Ein besticktes Taschentuch haben sie ihr gekauft. Auch das noch. Sie drückt es einen Augenblick an ihr Herz. Louises Stickereien auf dem Bett in Wassy? «Von jetzt an werde ich ganz artig und ruhig sein. Sie können die Stiefel zuschnüren, Monsieur Asselin. Ich werde ganz still sitzen.» Sie lehnt sich an den Tisch zurück, sagt kein Wort mehr. Der kleine freche Spatz – mit dem ist es aus. Die Handschuhe, das Cape, die Kapuze. Man hüllt sie ein. Schon! Die Pferde wiehern. Sie schweigt. Jetzt ist sie weit weg.

An alles erinn're ich mich: der Winter, die Feiern,
Die frohen Familienfeste, und der Tod ...

Die Pferde im Schritt. Die Prinzessin stirbt. Im Schritt, im Schritt. Paul sitzt ihr gegenüber. Für einige Sekunden verschließt sie sich dem Leben. Die letzte Klage der Königstochter.

... die Zeiten, die Länder,
Und meine Gewänder in der Truhe aus Zypressenholz.

Ein Leitmotiv, das immer wieder in ihrem Kopf anklingt. Im Schritt, die Pferde. Sie läßt sich mitgehen. Der Kutscher hält seine Tiere zurück. Es soll eine langsame Fahrt werden. Wie ein Trauerzug. Ein Leichenwagen fährt vorüber, und niemand schenkt ihm Aufmerksamkeit. «Sie war Künstlerin, ziemlich begabt ...»

«Paul ... du wirst mir doch vorlesen, was du in Villeneuve geschrieben hast. Ich möchte ... sage mir wenigstens ...»

Sie spricht mit Mühe. Das Schluchzen, die Müdigkeit, die Hufe der Pferde.

«Der Titel? Du weißt, ich liebe die Namen, die du gibst ... Goldhaupt, der Geizige, Lechy Elbernon, Lechy, Lucky, Lucky ...»

«*Mittagswende* ... Ich habe das Ende des Fragments wiederaufgenommen ... du weißt es vielleicht noch. *Ein vorzeitiger Tod* ...» Er hält inne, es ist ihm peinlich. Sie weiß. Er war zwanzig Jahre alt, wollte nicht, daß sie hineinschaute, hatte die Seiten zerrissen ...

Auf welchen langen, beschwerlichen unterirdischen Straßen,
Auf welchen langen, beschwerlichen Straßen
Sollen wir, fern noch, doch unaufhörlich schon
Der eine auf dem anderen lastend
Unsere arbeitenden Seelen führen?

Plötzlicher Halt. Straßenlaterne.

«Große Ausstellung Camille Claudel». Camille blickt auf das Plakat am Eingang. «Retrospektive» haben sie ausgelassen. Sie liebte dieses Wort, das so etwas wie einen Rückwärtslauf andeutet. Sie hatten sich nicht getraut. Rücklauf der Zeit. Vorwärts, rückwärts. Wie hieß noch diese Erfindung? Sie hatte es in der Zeitung gelesen. «Der Bilderladen»? Nein, das war es nicht. Das Kino ... ach ja, jetzt fällt es ihr endlich ein, der Kinematograph. Alles in Bewegung. Sie hatte sich an dem Artikel begeistert.

«Verzeihung, ich vergaß ... Mangel an Gewohnheit.» Camille lächelt. Das Cape. Die Kapuze ist ein wenig verschneit. Ach, es schneit? Die Handschuhe. Jemand nimmt ihr den Mantel ab. Sie friert.

Der Kinematograph. Man hatte also ein Mittel gefunden, die Bewegung festzuhalten. Die endlosen Diskussionen mit Rodin am Abend im Clos Payen!

«Der *Marschall Ney* von Rude. Da liegt das ganze Geheimnis der Gestik, die die Kunst interpretiert. Schau ihn dir gut an.

Die verschiedenen Teile der Statue sind in aufeinanderfolgenden Augenblicken dargestellt. So hast du die Illusion, eine sich vollziehende Bewegung zu sehen.»

«Und die Photographie?»

«Die Photographien von Menschen in Bewegung? Da hat man nie den Eindruck einer Kontinuität. Die Leute sehen aus, als ob sie starr auf einem Bein stehen oder hüpfen wollen ...»

«Und die drei Akte der *Einschiffung nach Kythera*? Erinnerst du dich?»

Nein. Sie kann sich an nichts erinnern.

«Cam-i-i-ille. All deine Freunde sind da.» «Der Bilderladen». Herrlich. Eugène Blot zieht sie mit sich. Der Narrentanz beginnt. «Monsieur Roger Marx. Welch ein Vergnügen ...» «Ja, ein Freund von Ihnen. Monsieur, ich begrüße Sie.» «Was? Nein, Sie? Sie hätten sich nicht die Umstände machen sollen.» «Wie bitte? Oh, ja doch, ich habe viel von Ihnen gehört, Monsieur ... Ja, ich sehe. Ihre Freundin. Sie liebt die Bildhauerei. Ja?» «O nein! Wie bitte? Ach so, eine Künstlerin! Schwierig? Nein. Wenn man etwas liebt, wissen Sie ...» «Ah, Monsieur Mirbeau! Ich möchte mit Ihnen in Ruhe reden, und ... ja? Ach, Monsieur ...» «Wer kann das sein?» «Nein, von so weit her? Sie hätten die lange Fahrt nicht machen sollen.»

Ihr Vater! Wo ist ihr Vater? Sie sucht ihn, schaut nach ihm aus. Wo ist Paul? Er sollte es wissen.

«Ich fühle mich geehrt, Madame la Comtesse.» «Sie ist eine Dichterin.» Eugène Blot freut sich. Noch nie hat er so viele Leute gehabt. Er wird bestimmt verkaufen. Das war wirklich eine gute Idee gewesen!

«Eine Künstlerin. Nein, ich bin nicht die einzige. Sie schreiben? Ist das auch so schwer?» «Was? Ach ja, Mathias Morhardt. Einverstanden. Er kommt allein?» «Oh, Monsieur Fenaille, wie soll ich Ihnen danken für alles, was Sie ...»

Madame Fenaille trägt ein Seidenkleid – wunderbar, enganliegend ...

«Camille, schau die Leute nicht so an. Das gehört sich nicht.»

«Mama, das Kleid dort!»

«Und man zeigt auch nicht mit dem Finger.»

«Scheußlich, finden Sie nicht? Wie kann sie darin die Beine bewegen? Wie eine Japanerin sieht sie aus, nicht wahr?» Madame de Frumerie verzieht den Mund. Kein Wunder. Sie sieht nämlich wie eine alte Dattel aus, die jemand im letzten Sommer auf der Truhe liegengelassen hat. «Es soll dieser Couturier sein – Poiret. Allein schon dieser Name!»

Camille hört nicht. Camille antwortet nicht. Madame Fenaille trägt ein rotes Kleid, ein so schönes rotes Kleid. Unglaublich schön. Madame Fenaille trägt ein Kleid. Ein rotes Kleid ...

«Sie werden sich ermüden. Trinken Sie doch etwas.»

Der Zirkus! Pflegt mir den Artisten! Jetzt fehlt nur noch der große Salto.

«O nein, das war doch nicht nötig. Wirklich nicht. Sie kennen doch schon alles. Wissen Sie, ich habe inzwischen nichts Neues gemacht ...»

Ihre Skulpturen hat sie noch nicht gesehen. Nur gerade wahrgenommen. Zwischen zwei Fräcken, drei Kleidern und einem Hut.

Dreizehn Skulpturen. Ach ja, da ist ein kleiner Zipfel der *Flehenden*. Nein. Sie sieht nichts mehr. Und die anderen? Wenn es so weitergeht, wird sie es ihnen nachmachen und nur den Katalog kaufen – «13 Skulpturen».

«Der liebe Camille Mauclair! Ich danke Ihnen für Ihren Artikel ...» «Ach, Gabrielle. Gabrielle Reval, Camille Mauclair. Verzeihung, Sie kennen sich natürlich. Ich bin so zerstreut. Ich sagte gerade zu ...»

Sie geht vom einen zum anderen. Ah, *Das reife Alter*? Sie auf den Knien – schon wieder.

«Ach, Monsieur Morice!» Seine hohe und schlanke Figur erinnert sie immer an ihren Vater.

Ihr Vater! Jetzt kommt er nicht mehr. Was kann ihm nur passiert sein? Der liebe Charles Morice mit seinen Wutanfällen, seinen Begeisterungen, seiner Toleranz, seinen Weigerungen. Alle, alle sind gekommen.

Sie schaut nach Octave Mirbeau aus, sucht ihn in der Menge. Sie hätte sich gern ein bißchen hingesetzt und geplaudert. Mit ihm. Sie liebt seine Art, die Dinge zu sehen. Allerdings kann er sehr hart sein – macht keine Geschenke. Da ist er, mit der Comtesse de Noailles; ein Lächeln kräuselt seinen Schnurrbart. Eine Sekunde lang treffen sich ihre Blicke, und sie liest eine Warnung: «Vergleiche dich nicht. Nimm dich in acht. Die Gräfin hat Geld. Du nicht.»

Zwei Künstlerinnen! Also auch da gibt es oben und unten, und sie – jemand ist ihr auf den Fuß getreten – ist dazu noch ein Humpelstilzchen, ein armer Krüppel. Ja, das Bein tut ihr wirklich weh. Mit *ihm* hat sie es nie gespürt. Nein, nicht an ihn denken! Wo ist Morhardt? Sie hat ihn noch nicht gesehen. Francis Jammes fuchtelt mit den Armen über einem Hut – und was für ein Hut! «Stacheln, Gefieder, Klöppelspitzen!» Monsieur Jammes bemüht sich verzweifelt, im Takt um dieses Stilleben herumzutanzen. Camille versteht nicht. Da wendet er das letzte Mittel an, versucht die dicke Dame umzudrehen und sich an ihrer Vorderfront vorbeizuschieben. Die Technik der Drehtüren, kennen Sie die? Camille stürzt sich in die Menge, drängt sich vor. Die Elefantenkuh läßt nicht locker.

«Ach, Monsieur Jammes, welche Freude! Ist das nicht...» Camille lächelt ihr zu. Er verneigt sich höflich vor dem Stillleben – «Federn und Früchte»... Sie liebt die Aufmerksamkeit, die er den Menschen schenkt, seine Empfänglichkeit, sein ständiges Interesse. Er ist einer von denen, die zuhören können... in allen Situationen.

«Ich freue mich, diese bezaubernden Motive des verinnerlichten Traums zu sehen, die Ihre geniale Schwester so lebendig werden läßt.»

Der liebe Francis! Der liebe Paul! Sie hatten versucht, sie gegen *ihn* zu verteidigen. Rodin hatte wieder einmal angegriffen. Nur nicht an ihn denken! Paul war in seinem Artikel sehr hart gewesen: «... Karneval der Steiße... nach unten gekehrte Gesichter, die Rüben mit den Zähnen auszureißen scheinen.» Paul hatte hart zugeschlagen. Er schreibt gut. Seine Wortbilder. Viele hatten sich den Artikel lachend herumgereicht. *«Monsieur Rodin, oder der nach den ewigen Sternen greifende Sterz!»*

Man lachte. Ihr brach es das Herz. Sie wollte sich ja nicht gegen ihn behaupten, sondern gegen den «Meister». Aber warum bekämpfte er die große Statue des *Perseus*? Warum behielt er ihre *Clotho* in Marmor bei sich zu Haus, obgleich nicht nur sie, sondern auch Morhardt sich wunderte, daß das *Musée du Luxembourg* sie noch nicht erhalten hatte? Warum? Sollte es eine Art von Lockruf sein? Für sie? Es blieb ihnen nur noch der Haß. Unerbittlicher Haß. Er ist berühmt, umschmeichelt, von Frauen umgeben. Und sie stirbt. Wer hätte sagen können, wem von ihnen das bessere Los beschieden war? Sie wußte es nicht. Der liebe Francis! Er hatte die Sinnlosigkeit ihres verzweifelten Kampfes verstanden. «Die Schläge eines Besiegten tun nicht weh.» Monsieur Rodin überlebt. Und sie wird sterben.

«Lieber Francis! Sie wirkten ja ganz gefiedert hinter dieser Dame. Wie einer der drei Musketiere.»

«Camille, Ihr Vater ist hier. Wenn diese Dame nicht gewesen wäre ...»

Sie läßt ihn stehen, drängt sich durch die Menge, beeilt sich. Der alte Mann ist gekommen. Trotz seiner neunundsiebzig Jahre. Ihr Vater.

Er sitzt in der Nähe der Tür. Sternenklare Augen, das Blau umgeben von tiefen Runzeln. Louis-Prosper raucht seine Zigarre, wartet, träumt. Wie in Villeneuve im Morgengrauen – das vor Ungeduld zappelnde kleine Mädchen. Die wilde Mähne. Er drückt sie an sich. Francis läßt sie allein. Ein Greis, zurückgezogen, ein wenig abseits, die Stirn wirkt größer, die Hände, zehn durchsichtige Blumen, die einen Duft von Stolz ausstrahlen.

Die hohe Silhouette verschwimmt allmählich im weißen Dunst. All die Worte, die sie sich nicht gesagt haben. Er nimmt den Hut, den Stock, den Mantel, seine Haltung ist jetzt gebeugter. Sie will ihn hinausbegleiten, aber er lehnt es ab. Aus Schamhaftigkeit? Papa! Schau dich noch einmal um! Sie haben sich nicht geküßt. Draußen häuft sich der Schnee.

Man hält ihm die Tür auf. Papa! Die Szenen! Die Konflikte! Zwei Schiffe im gleichen Sturm auf hoher See. Nein, noch nicht! Eine schwarze Kutsche hält. Leichenwagenpferde mit dampfenden Nüstern. Er zündet sich eine neue Zigarre an. Alter Patriarch. Zwei Köpfe nicken einander zu. Knarrendes Holz. Papa! Er steigt ein. Macht dem anderen Platz. Zurückweichen der Pferde. Die Peitsche knallt. Der Schnee fällt dichter. Sie hat ihm nicht gesagt, daß sie ihn liebt. Da ist seine Hand. Winkt er ihr zu? Nein, er schüttelt nur die Asche von seiner Zigarre. Die Hand. Grau, silbergrau, scheckig, weiß. Lichtflecken des Schnees. Schwarze Nacht.

«Sie werden sich erkälten.» Francis ist da. Was macht sie hier draußen? Auf dem Gehsteig.

«Kommen Sie.»

Francis nimmt sie beim Arm. Der Arm. Claude Debussy. Der Walzer im Schnee. Schon immer hat sie sie durcheinandergebracht. Im letzten Sommer hatte ihr Paul den jungen Dichter vorgestellt, mit dem er in die Pyrenäen gereist war. Und dann hatte Francis sich bekehrt. Paul und Francis. Zwei Männer von siebenunddreißig Jahren. Im besten Alter, aber entwurzelt. Zur gleichen Zeit. Für und durch eine Frau. Gott, Orthez in jenem Sommer!

«Geht es Ihnen nicht gut?»

Francis hält ihre Hand. Sie hatte es vergessen.

«Der große Bilderladen». Sie erträgt diese Leute nicht mehr, hatte sie nicht sehen wollen. Eben noch wartete sie auf ihren Vater. Ist es die Kälte der Nacht, der Champagner? Hat sie zuviel getrunken? Zehn Gläser? Zwei Gläser? Sie weiß es nicht mehr. Wenn ihr jemand ein Glas reichte, nahm sie es. Ihre Wangen sind blaurot. Mélanie wäre zufrieden. Sie hat gesagt, sie würde sich Mademoiselle Flaubels Steine anschauen. Francis hält ihr die Hand. Ihr Leben im Rücklauf. Auf geht's, Camille. Los! Hopp, hopp, Hampelmann! Der überhitzte große Saal, die hundertfach schlenkernden Arme. Javanische Puppen. Zappelndes Schattentheater. Der Tanz hat begonnen.

Schande! Ohrfeigen! Kompromisse.

Sie hat sie lange genug ausgehalten. Agnès de Frumerie, «Bildhauerin, Skulpteuse», mit ihren fünf Statuetten, mit ihren Klatschweibern! Dort hinten stolziert sie herum.

Henry Cochin! Der Bischof Conchon? Fauler Witz, sie weiß. Ein Glas Champagner. «Ich begrüße das Talent Mademoiselle Claudels.» «Auf Ihr Wohl, Cochin.» «Monsieur Rodin ist nicht hier, und ich finde ihn nur noch in seinen zahlreichen Nachahmern wieder.»

Worüber beklagt sie sich? Sie war doch die erste im Harem des Meisters! Die Favoritin! Und Henry Marcel: «Perseus, Ihr rachitischer Held. Vulgarität eines Megärentyps.»

Schau dich nur an, schwatze nur, du Kakadu! Camille geht auf ihn los. «Du alter, glatzköpfiger Irokese, wenn du dich sehen könntest – ein wahrer Wolfskopf... mit dem kannst du Müll fressen. Mach nur so weiter...»

«Ich hatte es dir gesagt.» Die große Furie dreht sich um. «Henry Marcel, jetzt sind Sie gekrönt.» *Vanitas vanitatum.*

«Und Sie, lieber Romain Rolland? Was ist Häßlichkeit? Eine Frau, die auf den Knien fleht, daß man sie nicht verläßt? Mein auf ewig versteinertes und gedemütigtes Herz? Nackt! Ich war nackt, Monsieur Rolland. Auf den Knien und nackt.»

«*Das reife Alter* hat Ihnen nicht gefallen, und das ist Ihr volles Recht. Aber verschonen Sie uns mit Ihren billigen Verrißmethoden. Ein bißchen Würde sollten Sie bewahren, wenn Sie Kritiken schreiben. ‹Ein wahrhaft zu entschiedener Hang, das Genie Rodins zu karikieren.› Sie schießen gut, Monsieur Rolland. Schonungslos.»

Jetzt geht sie auf ihn zu, blickt ihm mit hellen Augen ins Gesicht und sagt es ihm. Schonungslos.

Eugène Blot ist herbeigeeilt, zieht sie fort. «Keinen Skandal.» Er hat recht. Es ist ja seine Ausstellung. Sein Abend. Er wird verkaufen, nicht wahr, Monsieur Blot? Ich bin hier gratis. Mir haben Sie ja schon alles bezahlt, und doppelt, ist es nicht so?

Monsieur Blot hat Angst. Die feuerroten Wangen, der metallische Glanz ihrer Augen, der fahle Teint. Zum Glück kümmert sich Jammes um sie. Paul muß bald zurück sein.

Vorhin war es ihr noch nicht aufgefallen: die Hölle der Pelze, die grinsenden Tiere, die sich um die Schultern winden, um die Hälse schlängeln, an den Füßen reiben. Pelzhölle der schönen Welt! Verschlungen! Von Motten zerfressen! Bis auf die Haut abgenagt!

Monsieur Blot hält sie zurück. Es ist spät. Camille schreit: «Ich lade euch alle zu mir ein. Ins Atelier! Um den Abend zu beenden. Ich habe Champagner.» Sie wendet sich an Blot: «Ich habe Mélanie beauftragt, daß sie etwas zu trinken kauft, bevor sie geht. Sie haben mir doch Geld vorgeschossen, erinnern Sie sich? Für meine Ausstellung. Das muß gefeiert werden. Ich erwarte Sie.»

Die Handschuhe, das Cape, die Kapuze! Francis stützt sie. Sie will nicht. Es geht ihr gut. Eugène Blot begleitet sie zum Wagen. Das Unwetter ist noch heftiger geworden. «Bitten Sie Paul, sich uns anzuschließen. Er bringt unseren Vater zur Bahn.»

Papa!

Sie atmet auf.

Die beiden Männer frieren. Die Pferde warten im Sturm. An dem vermummten Kutscher ist nichts Menschliches mehr zu erkennen. Laut liest sie noch einmal, was auf dem Plakat steht. «Große Ausstellung Camille Claudel. Vom 4. bis zum 16. Dezember 1905.»

Eugène Blot ist zufrieden. Es war eine gute Idee. «Sind Sie glücklich?» Camille blickt auf die weiße Eiskruste an ihren Füßen.

«Zu spät, Monsieur Blot.»

Brief aus der Anstalt

«... Das alles hier ist nichts für mich, ich gehöre nicht in dieses Milieu, und man soll mich endlich herausholen; nach heute genau vierzehn Jahren eines solchen Lebens fordere ich mit lautem Geschrei die Freiheit...» [1927]

«Hättest du wenigstens noch deine Beine beisammen.»
«Ihr könnt mich billig haben.»
«Ist er im Ernst zu verkaufen?»
«Er ist zu verkaufen, warum nicht?»
PAUL CLAUDEL, *Der seidene Schuh*

«Ich hätte mir lieber schöne Hüte und schöne Kleider kaufen sollen, um meine natürlichen Vorzüge herauszustellen. Diese vermaledeite Kunst ist eher für alte Rauschebärte und häßliche Glatzschädel geeignet als für eine von der Natur verhältnismäßig gut ausgestattete Frau . . .»
Camille Claudel

Hier sind keine Orden mehr – keine Büsten mehr zu machen – keine großen Männer – keine Diners.

Ich gehe in mein irdisches Vaterland, da es kein anderes gibt. Dahin, wo ich keine Fremde mehr sein muß. Unter jene dort, die gleichen Stammes sind mit mir, meine Brüder, in eine tiefe Nacht . . . – Die nach dir verlangen, sind toll . . .
Paul Claudel, *Das harte Brot*

Der große Zirkus ist aus. Nicht einmal eine Ehrenlegion hätte man ihr noch verkauft! Selbst wenn sie reich gewesen wäre!

Camille in der Anstalt in Montdevergues.

Hier gibt es keine Orden. Nur noch Nummern.

Etwas ewig Kindliches . . .

Camille schmückte sich mit den extravagantesten Kleidern und vor allem mit einem seltsamen Haarputz aus Schleifen, Bändern und Federn in tausenderlei Farben. Denn dieser genialen Künstlerin wohnte eine Maßlosigkeit inne, etwas ewig Kindliches . . .

HENRY ASSELIN

Die beiden Zimmer am Quai de Bourbon sind voller Rauch von all den Gästen. Monsieur Asselin späht durch die dichte Wolke nach ihr aus. Er hockt auf einer Ecke des Diwans, einem schäbigen Brettergerüst, das jeden Moment einzustürzen droht. Die Matratze ist aufgeschlitzt. Monsieur Asselin zittert, das Herz will ihm zerbrechen. Aber er wird bis zum Ende bleiben. Für sie kann er nichts mehr tun. Nur zuschauen. Das ist alles.

In dieser Nacht sprudelt der Frühling im entfesselten Rhythmus des Champagners. Asselin, auf das zerschlissene Bett gekauert, betrachtet den alten Marmorblock, der neben ihm steht. Noch vor ein paar Tagen hatte sie die Hand darüber gleiten lassen und dabei zärtlich gemurmelt: «Armer, alter Marmor! Er ist wie ich, Monsieur Asselin, pluff!»

Sie hatte es ihm erklärt. Es gibt den «stolzen» Marmor und den «pluffigen» Marmor. Wenn man mit dem Meißel daran klopft, erklingt bei jenem ein voller schöner Ton, dieser sagt nur «pluff», denn er ist brüchig und wird sich bald spalten. Mit einem Zucken ihrer noch schönen Schultern hatte sie hinzugefügt: «Innerlich verfault. So etwa ist es.»

Am Fuße des Betts liegen haufenweise alte Steine herum. Hier und dort aufgelesen. Monsieur Asselin erinnert sich.

In einer Nacht wie dieser war er mit den Zechkumpanen bis in die frühen Morgenstunden dageblieben. Sie, völlig verheert, in ihrem alten Bildhauerkittel, hatte zu ihm gesagt: «Monsieur

Asselin ... Sie werden bis zum Ende gehen, nicht wahr? Also folgen Sie mir.»

Zu den Befestigungen hatte sie ihn geführt. Dort hockte sie sich auf den Boden inmitten der Trümmersteine, ließ den Kopf hängen – und weinte. Eine alte Frau auf dem Friedhof? Die ein totes Kind beweint? Daran hatte er gedacht. Eine Schutthalde in der Frühlingsbrise, eine schmutzige Morgendämmerung – sie, ihre tränenwunden Augen, und er schweigend neben ihr, entsetzt über dieses Greisinnengesicht.

Dann lief sie davon, hüpfte von einem Bein aufs andere, rasch, immer schneller. Er hatte Mühe, ihr zu folgen. Kein Wort, nur diese lange Pause in den Befestigungen von Paris. Dann die Rückkehr. Ohne Erklärung. Einige Gäste schnarchten auf dem Fußboden, lagen wie Lumpensäcke herum. Sie hatte sie nicht einmal eines Blickes gewürdigt. «Bis morgen dann, Monsieur Asselin. Wir müssen noch Ihre Büste beenden.»

Wann hatte es begonnen? Am Abend der Ausstellung bei Blot. Die Leute – Freunde, Dichter, Journalisten, Damen der Gesellschaft – waren zu ihr gekommen. Asselin saß am selben Platz wie heute. Ein Abend, der nicht enden wollte. Der Champagner floß in Strömen – «ein dem sechzehnten Arrondissement würdiges Buffet». Er hatte sich gefragt, wie sie sich das leisten konnte. Blot hatte ihr Geld gegeben. Mélanie servierte. Und dann sah man von Mélanie nichts mehr; nur noch zwei dicke, schwarzbestrumpfte Beine, die in der Luft zappelten. Einige Damen hatten protestiert. Es sei nun wirklich Zeit zum Aufbruch. Man kenne ja kaum noch jemanden hier. Man fühlte sich unbehaglich, man nahm sich in acht, man hielt die Handtaschen fest.

«Da, schaut sie euch an! Die perlenbehangenen Tanten, die Pfoten voll Diamanten ...» Aus dem Nebel des Zigarrenrauchs war sie plötzlich erschienen. Nie wird Asselin vergessen, was er an diesem Abend gesehen hat.

In der einen Hand hielt sie wie auf einem schwankenden Tablett das blaue Kleid, das Cape, die Handschuhe und sogar auch die Halbstiefel, die er ihr vor ein paar Stunden zugeschnürt hatte. Mit der anderen stützte sie sich auf einen Mann – nein, ein menschliches Wrack, einen stoppelbärtigen, torkelnden, schmutzigen, stinkenden Clochard. Und sie, die von Vergil so trefflich beschriebene Königin der Volsker. Nur trägt sie nicht den goldenen Bogen, das über den Rücken geworfene Tigerfell, die der Diana geweihte Lanze. Es ist ein barbarisches wildes Tier, das ihnen gegenübersteht und sie höhnisch grinsend anblickt. Ihre Worte sind unverständlich.

Schweigen. Alle treten zurück. Majestätisch schreitet sie auf Eugène Blot zu, kniet sich nieder, überreicht ihm feierlich die zusammengefalteten Kleider, selbst das Taschentuch, das sie noch vorher zu waschen versucht hat. Asselin möchte schreien – wie alle anderen auch. Und Paul! Pauls Gesicht! Auch das wird Asselin nie vergessen. Er steht wie in die Wand gemauert, zu einer Salzsäule erstarrt. Nur Francis Jammes nähert sich ihr, hilft ihr auf, streichelt ihr die Wange, lauscht dieser Seele, die ohne Grimasse zerreißt.

In dieser Nacht hatten sie das Halali geblasen.

Es war am 4. Dezember 1905.

Als sie mit dieser Zeremonie die Kleider zurückgab, hatten Asselin und Mirbeau verstanden. Das Kloster oder die Hölle. Von jetzt an war Eile geboten. Denn sie schürte das Feuer, riß sich das Herz in Fetzen aus dem Leib.

Sie hatten sich alle wieder eingefunden, die Gefräßigen, die Spaßmacher.

«Monsieur Mirbeau, Sie essen nichts? Asselin auch nicht. Die beiden Getreuen – meine Kumpane!» Ein Lachen, das wie Schluchzen klingt. Sie legt den Kopf auf die Schulter des Schriftstellers. Die Arme zittern um den zerbrechlichen Hals. Wer denkt wirklich an sie? Vielleicht die Clochards, die sie einige Stunden vor dem Fest hie und da aufliest, wenn sie sinnesverwirrt durch die Straßen der Stadt wandert.

«Erinnern Sie sich noch an das Diner, Monsieur Mirbeau? . . . Ich habe es Ihnen nie gesagt. Unser Diner. Da hätte ich Ihnen beinahe nachgegeben. Armer Mirbeau. Sehen Sie, Sie sind gerade noch rechtzeitig davongekommen. Aber Sie waren mein Kunstkritiker. Und mit solchen Leuten schlafe ich nicht.» Die lachenden blauen Augen in den seinen.

«Schade. Ich hätte es gekonnt ...» Fort ist sie.

«Vielleicht ...»

Sie ist wieder da, beugt sich über seine Lippen. «Ich schätze Sie. Das ist noch schwieriger ...»

Ein Hauch – hat sie ihn geküßt? Was wollte sie sagen?

Er war der erste, der über sie von Genie geschrieben hat. Das geht auf den Salon vom 12. Mai 1895 zurück. Da hatte er plötzlich etwas Einzigartiges entdeckt, eine Revolte der Natur, die geniale Frau – *Die Schwätzerinnen*. Er wollte sie kennenlernen. Ein- oder zweimal war er ihr in Gesellschaft des Meisters begegnet. Und dann hatte er sie allein eingeladen. Man sagte ja, sie lebten getrennt. Das Diner!

«Eine Revolte der Natur.» Das hatte er geschrieben. Und was ist aus ihr geworden! Eine sagenhafte Clocharde! Verheerte Augen, die ihr Elend in die Welt schreien! Und sie verpraßt «das wenige Geld, das man mit Mühe für sie aufbringt»! – «Jawohl, Monsieur Blot, sie weiß es sehr gut. Almosen will sie nicht. Das wäre zu einfach. Drei Ateliers! Der *Pavillon de l'Alma*! Wirkliche Aufträge! Verschaffen Sie ihr das. Und keine barmherzige Unterstützung. Lassen Sie ihr noch ihre Würde.»

Mirbeau steht mit dem Rücken an der Wand und rührt sich nicht. Niemand weiß es, aber er versteht jetzt, in diesem Augenblick, warum er vor zehn Jahren diesen Artikel geschrieben hat.

Aus der Gesellschaft verbannt. Ohne Glauben und Gesetz. Bald wird man sie verhaften, warum nicht? Seit Monaten ist er darauf gefaßt, ohne genau zu wissen, was er befürchtet. Camille Claudel, ein Genie. Er hat es gewagt. «Rodin ebenbürtig.» Mirbeau hält sich die Hand vor die seherischen Augen. «Monsieur Rodin ist skandalöser, aber Camille ist revolutionärer. Sie stellt die Gesellschaft in Frage und ...»

«Verzeihung, mein lieber Mirbeau, aber ich bin sehr beunruhigt ... Camille ist wieder einmal ausgerissen, läuft ganz allein in der Nacht herum, und das Gewitter droht.»

«Wir können nicht mehr viel tun, mein lieber Asselin. Wir müssen sie ihren Weg bis zum Ende gehen lassen. In Freiheit. Wenn wir sie lieben ... Ein Genie, Henry, wissen Sie, was das ist? Die Gottheit, die in der Antike über eines jeden Leben wachte. Wir sind es, die sie brauchen, Henry.»

Mirbeau blickt auf die Entwürfe, die in feuchte Tücher gehüllten unfertigen Arbeiten, die Büste von Asselin. Morgen wird alles verschwunden sein. In jedem Frühjahr leert sich das Atelier ganz plötzlich. Verkauft sie? Niemand weiß es.

Passion

Weder Malerei noch Bildhauerei sind imstande
Die Seele zu trösten, wenn sie die göttliche Liebe
sucht,
Die uns am Kreuz mit offenen Armen empfängt.
MICHELANGELO

Und da begann für sie die letzte Nacht.

Sie ist vierzig Jahre alt geworden. 1905, 1906 . . . Ich bin zweiundvierzig, dreiundvierzig, ich bin fünfundvierzig. Sie läuft davon. Vor lauter Tränen stürzt der Himmel ein. Galopp im Zickzack, kreuz und quer. Verrückt? Die Straßen. Wege und Umwege. Niederlage. 27. November. Camille ist um vier Uhr morgens aus ihrer Wohnung verschwunden. 1909, 1910, 1911. Niemand weiß, wo sie ist. Ich laufe. Ich fliehe. Die blinde Stadt ihrer Erinnerung. Versunkene Stadt, seit wie lange schon? Meine Schritte. Wohin? Halt. Der graue Meilenstein dort, mich setzen. Mein Bein. Jetzt blutet es. Es verschlägt mir den Atem. Weiter. Der Hals tut weh. Sie kann nicht mehr. Übelkeit. Mein Herz. Monsieur Rodin! Gehsteig. Pflastersteine. Sie setzt sich. Ungewitter! Flammennacht. Ausgestoßen!

Und ich, habe ich ihn etwa nicht geliebt?
Habe ich mich nicht ebenfalls zu beklagen?

Das Rinnsal wird dichter. Sie betrachtet die Sprudel um ihre einsinkenden Füße. *Die kleine Sirene.* 1890. «Erinnerst du dich, Monsieur Rodin?» Sie pustet auf das schmutzige Wasser.

Jetzt sieht sie die Hose, die Beine. Er zittert. Auch ihm ist es kalt. Warum frieren sie beide im gräßlichen Regen? Neulich am Abend, nein, vor einem Jahr . . . Das erleuchtete Fenster im Hôtel Biron. Sie springt auf, will ihn noch einmal sehen. Er wohnt jetzt in Paris, Rue de Varenne. Das hohe Eingangstor. Also ein Stückchen weiter. Über den Zaun klettern. Die Fackelleuchter. Dahinter die eisige Nacht. Sie hockt zusammengekauert. Der Phonograph, plärrende Musik. Er kehrt ihr den Rücken zu. Camille könnte ihn anfassen, wenn die Scheibe nicht wäre. Er zeichnet, aber die Hand zittert. 1910? Alt ist er nicht. Camille nähert sich, möchte seine Hand nehmen, sie wärmen, wie einst... Hinten im Zimmer schwenkt eine gepuderte, wasserstoffblonde Alte ihre mit klirrendem Schmuck behangenen Arme.

«Schaut euch das an! Madame ist eine wahre kleine Bacchantin!»

Es ist ein Alptraum. Camille ist vor Entsetzen wie versteinert. Und dann sieht sie Roger Marx, Charles Morice... Aber was machen sie denn da? Camille hält sich zurück; sie möchte schreien. Monsieur Rodin legt eine Platte auf. Camille wartet. Kratzgeräusche. Bumm! Bumm! Eine Kerze jetzt. Sie zieht sich aus. Sie tanzt. Der Meister brüllt: «Die prächtige kleine Freundin ist allesbesiegend wie die lodernde Flamme.» Und dann sie, mit wabbelndem Hinterteil: «Ich bin die Reinkarnation Ihrer Schwester Maria.»

«Alles, was in der Geste der Liebe heilig ist, hat Mademoiselle Claudel in diesem herrlichen Werk *Sakuntala* ausgedrückt. Charles, das hattest du geschrieben. Und nun schau und höre, was man mir antut.»

Camille ist gefallen. Unter der erdrückenden Last ihres zu schweren Herzens. Sie sieht noch, wie Charles Morice sich erhebt. Charles, der ihrem Vater ähnelt. Charles verläßt das Zimmer, und Rodin tobt vor Wut. «Raus mit euch allen! Die Duchesse und ich brauchen euch nicht.»

Camille sinkt zu Boden. Ihr Kopf schlägt mit einem leise klirrenden Geräusch an die Scheibe an. Monsieur Rodin stürzt ans Fenster, drückt sein welkes, verlebtes Gesicht an das Glas. Er leidet. Die Nacht ist auf ewig leer. Selbst die Hölle hat einen bitteren kalten Aschengeschmack. Seit sie nicht mehr da ist.

«Schaffen Sie sich diese Leute vom Hals, die nur auf Ihr Geld aus sind. Und nehmen Sie sich in acht. Eifersüchtige Weiber schleichen sich im Park herum und wollen Sie ermorden.» Rodin wird zurückgezerrt. Die Tür geht auf, die Gäste gehen. Einer nach dem anderen. Schweigend.

Noch einmal die keifende Stimme. «Er wünscht, nicht mehr belästigt zu werden. Ich genüge ihm. Ich kümmere mich um alles. Monsieur Rodin, das bin ich! Ich, die Duchesse de Choiseuil.»

«Los, Dora, faß!»

Der alte Mann hilft der Frau auf. Obwohl er blind ist, hat er den im Rinnstein liegenden Körper wahrgenommen, gespürt, daß jemand leidet, gehört, daß jemand stöhnt. Ganz nah. Camille streichelt den Hund, schmiegt sich an das Tier, wärmt sich einen Augenblick. «Vielen Dank, Monsieur. Es geht schon wieder. Ich muß ohnmächtig geworden sein.»

Alptraum? Schande! Alles das war wirklich wahr. Alle hatten es ihr erzählt. Monsieur Rodin und seine neue Muse, eine abscheuliche, obszöne alte Schachtel aus dem Hochadel, eine Duchesse, die mit ihm im Hôtel Biron wohnt – die Choiseuil, wie man sie nennt! Monsieur Rodin? Ausgeschlossen!

«Er arbeitet nicht mehr.» Camille lächelt. Sollen sie sich etwas anderes einfallen lassen! Die blutende Schulterwunde im Morgengrauen, das erdfahle Gesicht. Alles stimmte, entsprach der Wahrheit. Warum hat Dora, die Hündin der Duchesse, sie nicht getötet? Warum?

«Es ist der Beweis der größten Liebe, sein Leben denen zu opfern, die man liebt.»

Die Stadt ist stumm. Ein Labyrinth der Tränen.

«Die, die geblieben ist, wartet, daß jemand die Tür aufstößt. Doch niemand ist gekommen.»

Camille verliert sich. Sie möchte heimkehren. Die Pflastersteine, sie zählt sie, zählt sie immer wieder, einen nach dem anderen. Die harten Steine . . . ihren Strumpf hat sie irgendwo eingebüßt. Sie stürzt. Die Hände gleiten über den rauhen Boden. Bleich, auf der Straße liegend.

Jesus fällt zum ersten Mal.

«Und ich bin ganz allein gewandert, durch wilde Einöden, und ich trug einen schweren Krug mit mir, voller Wüstensalz. Und er ist zerbrochen, und das Wasser der Tränen sank in mich ein.»

Der dunkellila Himmel. Flap, flap, flap. Das Schloß Islette. Der zweirädrige Karren. Vorbei!

«O Mütter, die ihr das erste und einzige Kind sterben saht! Fahre hin! Fahre hin, o Fleisch meines Fleisches!»

Camille ist aufgestanden, geht nicht voran, geht nicht zurück. Ich sehe sie. Ich warte. Kein Regen mehr, kein Wind mehr – nur eine waidwunde Frau. Sie erinnert sich, daß sie sterben muß.

Die Zeit steht still. Blut, Tränen, Speichel. Sie kommt auf sie zu. Auf der Heimkehr von der Arbeit. Fest drückt sie die armen Blumen an sich. Heute abend hat man ihr wieder einmal fast nichts abgekauft. Die Rosen an ihrer Brust entblättern sich bei jedem Ton. Sie singt.

Weine nur, weine . . .

Ich höre, wie sie sich nähert.

Vom schrecklichen Unglück geschlagen,
Kann sie nur noch schluchzen und klagen –
Ertrunken auf hoher See.
Zwischen Blitz und schäumenden Wellen
Ruft sie ins Nichts, und es quellen
Die Tränen aus Augen so weh . . .
Weine nur, weine . . .

Sie stehen sich gegenüber. Die Sängerin schlägt ihren Mantel auf. Eine Blume ist ihr geblieben. Mit ihrem trockenen Hemd wischt sie Camille sanft den Schlamm vom Gesicht. Schmutziger, erdiger Stoff, dem eine einzige Blume entsprießt. Die alte Sängerin zieht ihres Weges. Camille, die Blume zwischen ihren Fingern. Einige Tropfen noch . . . sie springt davon.

Laßt uns sie noch einmal betrachten. Sechste Station.

«Lacht mich nur aus, weil ich betrunken bin und schwanke! Ich bin verloren und weiß nicht, wo ich bin.»

Sie fällt zum zweiten Mal. «Paul! Meine kleine Blindekuh! Victoire, das Händchenspiel. Mit den Händchen patsch, patsch, patsch . . .»

Auf allen vieren, den Rücken gekrümmt, wie eine Wölfin mit gesträubtem Fell. Camille faucht mit blutigen Lefzen, weicht zurück. Vor dem sie bedrohenden Licht. Sie wittert das noch ferne Morgengrauen. In panischer Angst will sie sich irgendwo verkriechen, wie ein Tier. Sie wird gefährlich. Man läßt ihr so wenig Raum. Dort, das Haustor, verstecke dich, los, Camille, komm.

«Wer zieht mir den Hut von hinten vom Kopf?
I like some drink. Two little girls in blue . . .»

Sie kehrt in die Wildheit zurück. Ohne Bändiger, Monsieur Rodin! Dräuender Himmel, blutunterlaufen.

«Jetzt hat er sich verraten. Jetzt weiß ich, was er im Schilde führt. Der Schuft verschafft sich auf Schleichwegen alle meine Skulpturen und verschenkt sie an seine schicken Künstlerfreunde, die ihn dafür mit Orden und Beifall überhäufen . . . Meine sogenannte Begabung hat ihm viel eingebracht!»

In der Stadt redet eine Frau. Sie ist allein, irrt herum, versucht, nach Hause zu gelangen. Jeden spricht sie an. Einige gehen gleichgültig an ihr vorüber. Sie ist schmutzig, das genügt.

«Sie haben mich extra dazu erzogen, ihnen Ideen zu liefern, weil sie wissen, daß sie selbst keine Phantasie haben. Ich bin in der gleichen Lage wie ein Kohlkopf, an dem die Raupen nagen; jedesmal wenn ich ein Blatt hervorbringe, fressen sie es auf . . .»

Die Reinheit des Gesichts. Unversehrt gleitet es durch die Dämmerung, fast durchsichtig im anbrechenden Tag.

*«Und sie hat nur eins im Kopf: Irgendwo zu schlafen . . .
Legt mir einen Pflasterstein auf den Rücken.»*

«Merke wohl, daß man diesen da ungestraft läßt. Das ermutigt die anderen.»

Neunte Station. Frühling 1913.

> Noch einmal diese Augen auf uns voll Blut und Tränen, ein letztes Mal.
> Länger kann man ihn nicht behalten . . .
> Man sieht die Menge brüllen, und der Richter wäscht sich rein . . .
>
> PAUL CLAUDEL, *Der Kreuzweg*

Sehr geehrter Herr Doktor,

Wir haben gestern mit dem Herrn Direktor der Anstalt von Ville-Evrard gesprochen. Das Attest ist völlig ausreichend . . . Falls es irgendwie möglich ist, wollen wir versuchen, die Internierung noch heute vornehmen zu lassen.

Mit vorzüglicher Hochachtung . . .

«Dieses Gedicht aus der *Vogue* – ich sehe die Einsame in ihrem weißen Kittel in ihrem Atelier am Quai de Bourbon unter den bewegten Schatten der hohen Pappeln, wie sie bei jedem Windstoß gebeutelt wird. Geduldig vom Morgen bis zum Abend . . . Sie wird zusammenbrechen.»

Ein Hahn kräht. Camille in Montdevergues schläft noch nicht. Villeneuve erwacht im kupfernen Getöse der Sonne.

Ich wäre nicht in der Lage, das genaue Datum anzugeben. Ist es denn so wichtig? Der Künstler ist gegenwärtig, sein ganzes Leben. Die Ereignisse, an die er sich nicht erinnert, fühlt er voraus . . .

Paul Claudel in *L'œil écoute*, *«Camille Claudel»*

Das war Ende des Jahres 1897.
Camille war dreiunddreißig Jahre alt.

Einer wird mich verraten

Was, das ist euer Jesus! Ist das nicht zum Lachen! Voller Unrat und Hiebe steht er nun frei. Warum ruft man nicht den Psychiater und die Polizei! PAUL CLAUDEL, *Der Kreuzweg*

Hinter der Tür liegt ein zusammengekauerter Körper unter dem alten Mantel.

«Ich bin wieder gefallen, und dieses Mal ist es das Ende ... Jesus fällt zum dritten Mal, aber das ist schon auf der Höhe von Golgatha.»

Das Atelier. Sie sind alle fort. Blinzelnd nimmt sie die Skulpturen in ihren schmutzigen Kokons wahr. Gräßlicher Fäulnisgestank der alten Ratte, die sie scharren hört. Embryonen – und der Tod verläßt uns.

Es mag sechs Uhr früh sein. Die Spatzen picken den Frühling, piepsen und zwitschern. Gleich wird sie töten. Jahreszeit der Liebe, das Leben knospt heimtückisch. Ferienzeit ... die Touraine ... Azay-le-Rideau ... Versprechungen ...

Die ersten Geräusche – der Portier vergiftet alles, was ihm in den Weg kommt. Schnell, die Fensterläden schließen! Camille beeilt sich, riegelt alles zu. Damit niemand herein kann. Nie wieder!

Eines Abends hat man einen Zettel unter ihre Tür geschoben. Sie sollte die Miete bezahlen. Und dann kam die Ankündigung der Ausweisung. Sie wehrte sich, lief herum, um Geld aufzutreiben – einen Sou, tausend Francs –, versprach Skulpturen dafür. Ihre Arbeit wurde zur Tauschware – nicht eingehaltene Versprechungen, Verspätungen ...

Sie hatte sich bisher in das Lachen, das Feiern geflüchtet. Irgendwo, ganz gleich, solange man sie nicht findet! Doch mit ihrem zerfetzten Kleid konnte sie sich nirgends mehr sehen lassen. Ihr Körper war verbraucht, und sie hörte auf, umherzulaufen. Erst jetzt versperrte sie alle Ausgänge.

Nun blieb ihr nur noch, ihre letzten Skulpturen zu zerstören, den gespaltenen Marmorblock und die Steine vor ihrem Bett mit der aufgeschlitzten Matratze.

«Ihre Büste hat die Zeit der Rosen gelebt.» So, jetzt ist er gewarnt.

Monsieur Asselin, ihr letzter Freund, bricht in Stücke unter ihren Schlägen. Sie hämmert auf den Gips ein, wütet, tobt mit aller Kraft. Es ist gegen sieben. Die Nachbarn hören sie, lassen sie ruhig noch einmal lärmen. Bald ist ja endgültig Schluß damit. Sie haben den Familie benachrichtigt, und auch die Polizei, denn man kann nie wissen.

Morgen kommt der Schuttwagen und holt die Trümmer ab. Sie werden irgendwo bei den Befestigungen vergraben. Wie in jedem Frühjahr. Es ist ein Befehl, und sie bezahlt dafür.

Nur noch sie selbst bleibt übrig.

VATER PLÖTZLICH GESTORBEN DREI UHR MORGENS

3. März 1913. Man hat ihr das Telegramm unter die Tür geschoben. Den Brief liest sie nicht. Sieben Tage, es bleiben ihr sieben Tage. Es ist genug.

«Wahrlich, ich sage euch: Einer unter euch wird mich verraten. – Wäre ich es, Herr?»

Noch ist es Nacht. Sie bewegt sich nicht. Keine Geste, kein Laut. Sie weiß. Am Morgen wird es geschehen. Sie wartet. Wer wird kommen? Wie viele werden es sein?

Seit einer Woche ist sie nicht ausgegangen, hat nichts gegessen, keine unnötige Bewegung gemacht. Nackt. Um besser bereit zu sein, hat sie sich ihrer Kleidung entledigt.

Alles hat man genommen, kein Fluchtweg bleibt ihm mehr. Er ist ganz ohne Beistand, nackt wie ein Wurm ist er, den Menschen ausgeliefert, ganz offen, ohne Wehr.

Das ganze Atelier dreht sich schwankend vor ihr. Sowie sie eingetreten sind, wird sie ins Leere stürzen, auf immer ohne festen Boden sein.

Die Nacht ist klar. Die Dämmerung bricht träge an. Ein lauwarmer Morgen, tröpfelnd, leise. Im Atelier ist nur noch eine Figur geblieben. Die eine.

Sie ist vor Schrecken gelähmt. Deshalb hat sie keine Bewegung gewagt. Nur die Lippen beben – schwach. Stehend empfängt sie den Tod. Sie wird sich nicht wehren. Sie wartet auf das Schwert – die kleine Vene an ihrem Hals pocht zu schnell. Die Klinge wird den Schmerz zerschneiden.

«Zu Tode betrübt ist meine Seele.»

Auch er hat sie verlassen. Selbst er! Die vierzehn Leidensstationen schmücken ihre Wand. Vor kurzem hatte sie sie aus einer Zeitung ausgeschnitten. Er hängt stumm an seinem Kreuz. Bilderkram!

Und Paul! Er hat *Das Mädchen Violaine* geschrieben – «Der Skandal muß vermieden werden» – «Verruchte, Ausgestoßene» – wie eine Aussätzige, Paul! Wie eine Aussätzige. Nichts regt sich auf ihrem Gesicht. Arme Violaine!

Ihre Augen – noch ein wenig größer jetzt. Vor ihr auf dem Boden, direkt zu ihren Füßen, dicke blasse Tränen, heimliche, verstohlene Tränen, und es läuft und kriecht. Hinter den Läden wird es hell. Sie weiß, sie wartet.

Kein Laut, als ob die ganze Welt verschwunden wäre. Sie wird ausgehen, und nichts wird mehr sein – kein Paris, keine Städte, keine Länder – nur der unendlich reglose Sumpf, eine versteinerte Kloake!

Sie ist oben auf dem Felsen, als erste beim Geyn. Als erste angekommen. Sie muß sich umdrehen. Sonst wird sie jemand über den Klippenrand stoßen.

Psst!

Oh, ihr Leute, habt Erbarmen. Sie ruft um Hilfe. Man wird sie doch nicht ganz verlassen. Sie stirbt. So lange hat man sie vergessen. So lange.

Sie sind eingedrungen, mit Stiefeln und Helmen. Die Tür haben sie eingetreten.

Die Meute hat sie an der Kehle gepackt wie einst den Hirsch.

Jetzt wird sie geschlagen, zu Boden geworfen. Sie sagt kein Wort. Eine nackte Frau – das geht über das Erträgliche hinaus.

Sie läßt sich fortführen. Ohne ein Wort. Mit gestutzten Flügeln. Die Zwangsjacke ist angelegt.

Draußen wartet der Krankenwagen. 10. März 1913. Die beiden Pferde wiehern unter der Peitsche. Gitter und Stöße.

Briefe aus der Anstalt

«... Heute vor vierzehn Jahren hatte ich die unangenehme Überraschung, zwei bis auf die Zähne bewaffnete, behelmte, gestiefelte und in jeder Beziehung bedrohliche Schergen in mein Atelier eindringen zu sehen. Traurige Überraschung für eine Künstlerin; statt einer Belohnung ist mir das passiert! Ausgerechnet mir muß so etwas passieren ...» [1927]

«... Ich will auf keinen Fall in der ersten Klasse bleiben und bitte Dich, mich gleich nach Empfang dieses Briefes wieder in die dritte versetzen zu lassen, wo ich vorher war ...»

*

Eines fehlt dir. Gehe hin, verkaufe alles, was du hast, und gib's den Armen, so wirst du einen Schatz im Himmel haben, und komm, folge mir nach. *Markus-Evangelium, 10,21*

Sie ist arm unter den Armen.
Camille will nicht einmal die erste Klasse.
Sie bleibt in der dritten Klasse.
Ganz unten. Mein Paul, werden die Letzten die Ersten sein?

Die Losung heißt leben. Meine heißt sterben. Niederträchtig, gemein, zwischen zwei Beamten, die mürrisch sind, wegen des frühen Aufstehens. Paul Claudel, 1913, in *Das harte Brot*

In Acht und Bann

Oft fangen die Mannschaftsleute zum Spaß
Einen Albatros, einen großen Vogel der Meere . . .

März 1913.
Camille um 10 Uhr morgens in Ville-Evrard eingeliefert. Ich habe mich die ganze Woche lang elend gefühlt.

Die armen Irren in Ville-Evrard. Die vertrottelte Alte. Die, die fortwährend leise auf englisch vor sich hinschwatzte, wie eine kranke Meise. Das sinnlose Geschrei der anderen.

Hockend im Flur, den Kopf auf die Hände gestützt. Schreckliche Traurigkeit dieser Seelen . . .

Paul Claudel, *Tagebuch*

17. März 1913
Du würdest mich nicht wiedererkennen, Du, der Du mich so jung und so strahlend gesehen hast, im Salon von . . . Ich warte mit Ungeduld auf Deinen Besuch. Ich bin beunruhigt. Ich weiß nicht, was mit mir geschehen wird. Ich glaube, mir steht ein böses Ende bevor! ! ! Jedenfalls scheint mir das alles sehr verdächtig! Wenn Du an meiner Stelle wärst, würdest Du es verstehen. Erinnerst Du Dich an den Marquis, Deinen ehemaligen Nachbarn? Er ist eben erst gestorben, nachdem er dreißig Jahre lang eingesperrt war. Es ist entsetzlich.

Das kann mir nicht passieren.

Irgendwo in Paris erleidet Auguste Rodin einen Schlaganfall.

Rose Beuret begleitete Judith Cladel zur Tür: «Manchmal erkennt er mich nicht und fragt: Wo ist meine Frau? Ich sage: Ich bin doch da, bin ich nicht deine Frau? Und dann sagt er: Ja, aber meine Frau, die in Paris ist, wo ist die? Hat sie Geld . . .?»

Er sitzt in seinem Zimmer vor dem offenen Fenster. Judith Cladel spricht leise zu ihm:

«Hier sind Sie gut aufgehoben, unter dem Schutz Ihres großen Christus.»

«Ach», antwortet er mit demütiger Miene, «das war ein Mann, der arbeitete!»

Am 17. März 1913 schrieb der Chefarzt des Irrenhauses von Ville-Evrard:

Sie können Mademoiselle Claudel besuchen, wenn Sie wieder in Paris sind, falls sich in ihrem Geisteszustand keine Komplikationen ergeben haben, was kaum wahrscheinlich ist. Gesundheitlich geht es ihr recht gut.

Die strikte Anweisung, Mademoiselle Claudel dürfe keine Besuche empfangen und das Personal sei angewiesen, keine Auskünfte über sie zu erteilen, wurde erst einige Tage später gegeben.

... Auf den Boden verbannt, inmitten des Geschreis,
Die Riesenflügel lahm, keiner Bewegung fähig.
CHARLES BAUDELAIRE

Ich sage euch, wann wir uns wiederfinden

> *Doña Proëza*: Und was ist dies Kostbare, das Ihr mir anbietet?
> *Don Camillo*: Mit mir an einem Ort zu sein, wo nichts mehr ist, rein gar nichts, Nada!
> PAUL CLAUDEL, *Der seidene Schuh*

Sehr geehrter Herr Gesandter,
das Grab ist mit einem Kreuz gekennzeichnet, das die Nummern 1943–Nr. 399 trägt. Mademoiselle Claudel besaß zur Zeit ihres Ablebens keine persönlichen Gegenstände, und kein Papier von irgendwelchem Wert, nicht einmal ein Andenken wurde in den amtlichen Akten gefunden.
Mit vorzüglicher Hochachtung . . .

Sehr geehrter Herr Bürgermeister,
die Familie Paul Claudels hat im Nachlaß des Dichters den Brief gefunden, dessen Abschrift meinem Schreiben beigefügt ist. Die Mitglieder der Familie Paul Claudels haben den Wunsch, Camille Claudel, der älteren Schwester Paul Claudels, eine letzte Ruhestätte zu geben, die dieser großen Künstlerin, die sie war, würdiger ist.

ANTWORT DER FRIEDHOFSVERWALTUNG:

Sehr geehrter Herr . . .,
in Beantwortung Ihres Schreibens, in welchem Sie Ihren Wunsch mitteilen, die sterblichen Überreste der am 21. Oktober 1943 auf dem Friedhof von Montfavet in dem für die Anstalt von Montdevergues reservierten Teil beigesetzten Madame Camille Claudel exhumieren und überführen zu lassen, teile ich Ihnen zu meinem Bedauern mit, daß das betroffene Terrain für Dienstzwecke requiriert worden ist.
Das Grab ist nicht mehr vorhanden.

Jean-Louis Barrault

Das Theater ist die tätige Reflexion
des Menschen über sich selbst.
NOVALIS

Auf der engen Straße, die nach Brangues führt, geht ein junger Mann, den Ranzen auf dem Rücken, die sechs Kilometer hinan bis zum Haus des alten Dichters, der ihn empfangen wird. Paul Claudel ist fast fünfundsiebzig Jahre. Sein dramatisches Werk, die «Summe seines Lebens», *Der seidene Schuh*, wartet seit zwanzig Jahren auf die Begegnung mit der Bühne.

Der junge Mann hat es gewagt. Eine fast fünf Stunden lange Aufführung in der *Comédie Française.*

1943. Einen Monat vor der Premiere stirbt eine neunundsiebzig Jahre alte Frau in der Anstalt von Montdevergues. Sie heißt Camille, wie ihr Bruder, «Camille, der Mohr», der jeden Abend mit dem ersten Akt von *Der seidene Schuh* das Feuer seiner eigenen Hölle auflodern sieht.

Erlösung den gefangenen Seelen.

Mit diesem Satz endet *Der seidene Schuh*, und Paul Claudel fügt hinzu: *Die Instrumente des Orchesters verklingen nacheinander.*

Die Eingesperrte ist frei! Sie hat ihre Zelle verlassen. Und die, die da strahlend in der aufgehenden Sonne erscheint, ist keine Wahnsinnige mehr, keine erschrockene Greisin . . . es ist jene erhabene Gestalt, die der Ewige vor den Blick seiner Augen gestellt hat, um Sich zur Erschaffung der Welt zu ermutigen.

Paul Claudel, *Herr, lehre uns zu beten*

Fängt hier meine Geschichte an . . .?

Ein kleines, kaum sechsjähriges Mädchen betritt eines sonnigen Nachmittags einen Garten in der Normandie. Der junge

Mann ist da. Neben ihm eine Frau, ein «lächelnder Engel», wie er Madeleine nennt. Sie läßt ihn nicht aus den Augen. Er hat eine Theatertruppe. Sie ist Schauspielerin.

Er inszeniert Paul Claudel. Die fünfziger Jahre.

Hat hier alles begonnen . . .?

Als Zwölfjährige wird sie zum ersten Mal in ihrem Leben ins Theater mitgenommen. Da findet sie den sonnigen Garten wieder, sieht die beiden, erkennt sie. Jean-Louis Barrault hat den Mut gehabt, zum ersten Mal *Goldhaupt* aufzuführen. Sechziger Jahre.

Der Dichter ist vor kurzem gestorben. Ihm wird sie nicht begegnen.

Hat sich da alles abgespielt . . .?

Ich hatte mein Herz endgültig unter den leuchtenden Bäumen verloren, in diesem Saal, wo Goldhaupt und die Prinzessin soeben ihr erstes Liebesgespräch führten. Nie mehr will ich sie verlassen.

Fünfzehnhundertsiebenundfünfzig. Ein alter Mann liegt im Sterben. Er ist zweiundachtzig Jahre alt. Die Seele des alten Meisters ist noch der Liebe fähig. Sie heißt die Anguissola, ist noch nicht dreißig; eine Künstlerin, eine «Kollegin», seine erste und letzte Schülerin. Michelangelo begehrt von ihr, «daß sie ihn in Öl male, nachdem ihre Hand ihn erlöst habe».

Sie nimmt sich Buonarottis an, den man besser unter dem Namen Michelangelo kennt. Einige Jahre später erblindet sie. Bis zu ihrem Tod verehrt – sie lebt weitere sechzig Jahre – wird sie noch von vielen Künstlern besucht, und Van Dyck malt ihr Porträt. Als sie stirbt, ist sie fast hundert Jahre alt.

Ist da diese Geschichte entstanden . . .?

Die Schauspieltruppe wurde gegründet. Meine Truppe.

Eines Nachmittags habe ich das Atelier eines Bildhauers besucht. Kupfer, Bronzen, in einer Ecke eine in Stein gemeißelte Büste. Es hat mir ans Herz gegriffen.

Riesige Tore warteten, auf einen anderen Kontinent eingeschifft zu werden. In einem Material gearbeitet, das ich noch nicht kannte, schienen sie sich unaufhörlich zu verwandeln, im wechselnden Licht der Sonne und der Wolken, die sich in ihnen spiegelte. Vom Sienagelb bis zum Gletscherblau, von Grautönen der verschiedensten Nuancen bis zu den leuchtendsten, wie weißglühende Stahlklingen blendenden Farben.

Die Skulptur wurde zu einem Theater, bereit, die Träume der Dichter in sich aufzunehmen.

Sie. Überall erschien sie mir. Es begann mit dem Text in *L'œil écoute*.

Nach und nach offenbarte sie sich in dieser oder jener Replik, ohne je das innere Geheimnis oder den Traum des Dichters zu verraten. Mein Paul!

Vor neun Monaten wurde das Stück *Eine Frau, Camille Claudel* uraufgeführt. Sie waren alle da, sie alle, die mit mir gearbeitet hatten. Jeanne Fayard – einen ganzen Sommer lang über Notizen, Texte und Briefe gebeugt, sie und ich, emsig bemüht, alle Hinweise und Quellen zusammenzustellen, allen Spuren nachzugehen. Camille, die ich seit Jahren verfolgte, die ich lieben gelernt hatte. Und die, die ich zu meinem Glück auf dem Wege kreuzte: Jacques Cassar, auch er widmete sich dieser großen, seit so vielen Tagen und Nächten in Vergessenheit gehüllten Frauengestalt! Es war mir vergönnt, ihm noch einige Male zu begegnen, bevor der Tod ihn so grausam von seiner geduldigen und nicht enden wollenden Arbeit riß. Andere tauchten plötzlich eines Abends auf, brachten mir Hinweise, eine Gegenwart, eine Verwandtschaftszugehörigkeit. Ich erinnere mich noch mit Rührung an den Besuch von Jacques de Massary am Abend einer Vorstellung. Allmählich knüpften sich Beziehungen – Einzelheiten kamen hinzu. Das *Musée Rodin* gestattete uns, die Skulpturen zu photographieren. Sie hatte «Monsieur Rodin» so geliebt! Ein Professor aus London erschien eines Abends und fügte der Kette noch ein Glied hinzu.

Seit langem standen uns die direkten Nachkommen des von uns allen verehrten Dichters trotz aller Schwierigkeiten hilfreich bei.

So hatte Renée Nantet, dem Wunsch ihres Vaters folgend, beschlossen, diese geniale Frau wiederauferstehen zu lassen. Henri hatte sie in der Anstalt gesehen, als er seinen Vater begleitete. Er erzählte mir von ihren Händen, die sie immer in Bewegung hielt. Im Nichts.

Haben wir sie an diesem Tage erlöst . . .? Camille.

12. November 1840. Geburt Auguste Rodins.

8. Dezember 1864. Geburt Camille Claudels.

Das kleine Mädchen ist zwölf Jahre alt und knetet die Erde von Villeneuve.

«Haben Sie bei Monsieur Rodin Unterricht genommen?»

Hat sich an diesem Tage alles entschieden . . .?

Gestern abend ist der junge Mann zurückgekehrt.

Jean-Louis Barrault gewährt uns seit einigen Wochen seine Gastfreundschaft. Am 28. April 1982 findet die letzte Vorstellung von *Eine Frau, Camille Claudel* im *Theatre du Rond Point* statt.

Ich beende gerade mein Buch.

Zum letzten Mal holen wir vom Bühnengerüst die Photos ihrer Skulpturen herunter, ihrer Werke, die immer noch vereinzelt und manchmal versteckt in den Museen der Welt verstreut sind.

Nathalie Alexandre, Micheline Attal, Sylvie de Meurville, Pascaline Pointillard grüßen vor dem Vorhang. Die Gäste drängen sich zum «Festmahl der Weisheit». Camille Claudel mit ihren dunkelblauen Augen bricht in ihr schallendes Gelächter aus . . . Wir wollen sie nie mehr verlassen. Gleich wird sie in den Kulissen verschwinden . . . Da tritt der junge Mann hervor, streckt ihr beide Arme entgegen, hält sie noch einmal zurück.

Die Laufzeit wird verlängert. Lassen wir die beiden noch etwas länger in ihrem Zwiegespräch. Sie hat so lange auf ihn gewartet. Erinnerst du dich? Oktober 1943. Hat der alte Dichter dir eines Abends von ihr erzählt?

Ich trenne mich von dir, Schwester,
Einst eines Namens
Und von mir Ruchlose genannt!
Geh!
Ich tat, was mir zu tun gefiel, und ich werde durch mich sterben.

Er ist zwanzig Jahre alt. Ist da alles zerrissen ...?

28. April 1982.

Eine Geschichte beginnt ...

Vielleicht zerrt jetzt schon ein Kind diese Frau am Rock. «Komm, Camille, los! Komm zum Licht ...»

Andere werden suchen, andere werden schreiben, andere ...

29. April 1982

Anhang

Auszug aus dem im März 1898 im
Mercure de France erschienenen Artikel
von Mathias Morhardt

... Wenn man von dem Gedanken Camille Claudels ausgeht, den ich weiterverfolgen und noch getreuer interpretieren möchte, ist die Bewegung das, was es in der Kunst vor allem genau festzuhalten gilt.* Aber es ist auch das, was sich am schwersten erklären läßt. Jedenfalls wissen wir, daß die Bewegung seit der Renaissance für alle Meister die geringste Sorge gewesen ist. Was sie sich festzuhalten bemühen, was sie zum Gegenstand ständiger Sorge machen, ist das Stück, die schöne, wohl durchdachte Hand in der richtigen Pose, auf der die Kontraste von Licht und Schatten sichtbar werden, der kraftvoll gemeißelte Kopf, der sich starr vor dem Helldunkel des Hintergrunds abhebt, der geduldig und manchmal akribisch genau beobachtete Akt in der Ruhe seiner obligaten Pose. Wer aber unter ihnen beschäftigt sich noch mit der Bewegung? Wer bemüht sich, den Veränderungen des einer energischen Handlung unterworfenen menschlichen Körpers zu folgen? Wer hat – wie es die Japaner, die Chinesen, die Griechen seit Urzeiten so scharfsinnig und genial zu tun vermochten – die Idee der Bewegung in der ihr entsprechenden Form dargestellt? Denn wenn ein ruhendes Bein und ein schreitendes Bein zweierlei Dinge sind, wie lebendiger und wirklicher will uns das letztgenannte erscheinen. Gewiß, die Bewegung verzerrt. Um einen Vergleich anzuwenden, den Mademoiselle Claudel selbst angestellt hat, gibt es zwischen einem Rad im Stillstand

* Es sei bemerkt, daß Rodins Meinung sich in diesem Punkt von der Mademoiselle Camille Claudels unterscheidet. Für ihn ist die modellierte Darstellung fast allein ausschlaggebend. Der Bewegung mißt er zweitrangige Wichtigkeit bei.

und einem sich rasch drehenden Rad einen wesentlichen Unterschied: das stillstehende Rad ist rund, und die Speichen sind durch regelmäßige Abstände getrennt; das sich rasch drehende Rad ist nicht mehr rund und hat keine Speichen mehr. Die Bewegung hat sozusagen die Anatomie, das Skelett des Rades, verschlungen. Und so ist es auch mit dem menschlichen Körper: je nachdem, ob die Bewegung ihn zusammen- oder in die Länge zieht, verändert er seine Proportionen, bringt sie aus dem Gleichgewicht. Daher wäre es ein schwerer Beobachtungsfehler, die Anatomie eines Körpers in Bewegung so zu sehen, als sei er regungslos. In der Bewegung liegt in der Tat der Begriff des Werdens. Der Künstler kann nicht zwischen dem, was gewesen ist, und dem, was sein wird, zögern. Er muß wählen. In dem, was gewesen ist, behält er nur, was dem, das sein wird, als Erklärung dienen kann. Die Griechen, die sich nicht scheuten, ihre Proportionen zu verändern, wußten sich dieser gebieterischen Notwendigkeit anzupassen. Die Chinesen und die Japaner haben die Kunst der Andeutung von Mobilität bei Menschen und Dingen bis zu einem unglaublich hohen Grade entwickelt. Übrigens findet man bei allen Völkern, die mit ihren Augen sehen und das Leben beobachten, den Willen, ausschließlich die lebendige Form zu interpretieren, in ihrer ureigenen Vergänglichkeit. Die Reliefs und Schnitzereien der primitivsten Völker beweisen das gleiche Wahrheitsbemühen und bestätigen, daß unsere moderne Zivilisation allein den höchstmöglichen, den allerreinsten Ausdruck der Kunst vernachlässigt hat, nämlich den des dramatischen Ablaufs. Während die Wilden in Amerika und die namenlosen Völkerstämme Zentralafrikas imstande sind, auf unvergeßliche Weise den Trab eines Zebras oder einer Antilope darzustellen, müssen wir gestehen, daß unsere gelehrten Künstler nicht einmal zu wissen scheinen, was ein Pferdeschritt ist. Hier, nur hier müssen wir – und Mademoiselle Claudel ist davon überzeugt – die Erklärung für unsere Dekadenz suchen, und vor allem den durchaus nicht einleuchtenden Grund der so scharfen und unserer Entwicklung so abträglichen Trennung zwischen der Kunst eines Rembrandt und eines Velasquez und der Kunst eines Phidias und eines Hokusai.

Selbst die ehrfurchtsvollste, selbst die gewissenhafteste Beobachtung der Natur genügt nicht, um Meisterwerke zu erschaffen. Es gehört eine besondere Leidenschaft dazu, die besondere Gabe, aus der Beobachtung die Lebendigkeit zu schöpfen, die das Grundelement eines Meisterwerks ist, und die allein für dessen Wahrhaftigkeit spricht: der Sinn des Schönen. Die Griechen, wie übrigens alle kunstliebenden Völker, haben diese Gabe besessen. Die Statuetten aus Tanagra, diese herrlichen »Momentaufnahmen«, die uns für ewig die gewöhnlichen Vorfälle eines längst vergangenen Daseins erhalten haben, beweisen, daß die Künstler zu beobachten wußten, und daß ihre Beobachtung weder banal noch einfältig war. Denn hier geht es nicht um das Kopieren. Der Kopist muß, und das ist wesentlich, mit den Augen des Dichters sehen können. Wesentlich ist vor allem, daß er den Sinn des Schauspiels vor seinen Augen zu begreifen versteht. Wenn M. Edouard Pailleron die Gesellschaft seiner Zeit betrachtet, schreibt er – in aller Ehrlichkeit, wie ich glaube – Theaterstücke wie *Die Welt, in der man sich langweilt* oder *Die Maus.* Shakespeare dagegen, der die gleichen Beispiele, die gleichen Menschen, die gleichen Leidenschaften sieht und nichts anderes als die gleichen Dramen hört, schreibt *Coriolan* oder den *Sturm*, *Hamlet* oder *Falstaff*, *Othello* oder *Macbeth.* Mademoiselle Claudel steht Shakespeare näher als M. Edouard Pailleron. Die Natur, wie sie sie sieht, wie sie sie in ihrem Werk erklärt, besitzt den unmittelbaren Zug von Größe, von souveräner Erhabenheit. Die kleinen Gruppen aus der Zeit, als sie von ihrem offenen Fenster aus die täglichen Szenen und Dramen der Hinterhöfe miterlebte – die im Halbkreis um den blinden Musikanten hockenden Kinder, die beiden kleinen Sänger, die, den Hut in der Hand, die andere Hand auf dem Rücken, zu den geschlossenen Fenstern hinaufblicken, und viele andere, die ich noch nicht kenne –, tragen das heilige Zeichen der ewigen Werke. *Der Maler*, den sie 1894 in Guernesey vollendete, nach Skizzen von dem Landschaften malenden M. Y . . ., ist auch von dieser Art.* Diese kleine Bronze zeigt den Künstler, den Pinsel in der rechten, die Palette am Daumen der linken Hand, die Füße fest auf den Boden gestemmt, wie er sorgfältig die Farben mischt, bevor er sie auf die Leinwand aufträgt. Hier gibt es kein Geheimnis: Mademoiselle Camille Claudel hat Notizen gemacht, Profile skizziert und bald darauf aus diesen Notizen und Skizzen den *Maler* geformt, ohne zu ahnen, daß sie damit eine neue Kunst schuf.

Die Geburt des *Malers* verdient es, als ein wichtiges Datum in ihrer Karriere zu gelten. Es ist das erste Werk, in dem sie klar gezeigt hat, wie unmittelbar lebendig eine plastische Darstellung sein kann. Und mit diesem ersten Werk ist ihr ein Meisterstück gelungen, denn der *Maler* mit seinem leicht zur Schulter geneigten Kopf ist wahrlich ein Werk voll erstaunlicher Kraft und Aufrichtigkeit. Den vorübergehenden Beschauer beeindruckt sofort der fast despotische Akzent absoluter Ehrlichkeit, der von ihm ausgeht. Ob die Kunst, die hier angewandt wurde, neu oder alt ist, ist unwichtig; auf jeden Fall ist sie herrlich und lebendig.

Doch kaum hatte Mademoiselle Camille Claudel diesen Weg eingeschlagen, da brachte sie uns noch untrüglichere Beweise ihres Genies. So wie der in Guernesey beobachtete Maler ihr die Idee der kleinen Figurina eingegeben hatte, die wir eben sahen, so mögen vier sich im Abteil eines Eisenbahnwagens gegenübersitzende Frauen, die einander ein ich weiß nicht wie kostbares Geheimnis anzuvertrauen scheinen, sie zu jenem herrlichen Meisterwerk inspiriert haben, das *Die Schwätzerinnen* heißt.

Eine intime, nicht bezeichnete, unbestimmte Ecke, willkürlich im rechten Winkel aufgestellte kleine Gipsplatten bilden den brüchigen Rahmen. Hinten, im Winkel, verkündet eine Frau mit bedrohlicher Geste und zugleich mit Vorsicht –

---

* *Der Maler*, kleine Statuette in Bronze, die M. P . . . gehört, wurde 1897 im *Salon du Champ de Mars* ausgestellt. Exemplare in Gips befinden sich bei verschiedenen Liebhabern und bei M. Bing.

die rechte Hand an die Lippen erhoben –, daß sie sprechen wird. Um sie herum und vor ihr lehnen sich die drei von Neugierde besessenen Weiber vor, blicken auf den bereits halb offenen Mund, gespannt, voller Ungeduld, erpicht zu hören, zu erfahren, zu wissen. Alle Köpfe strecken sich dem gleichen Ziel zu, dem Gesicht, den Lippen derjenigen, die sprechen wird. Alle Rücken, Schultern, Hälse gehorchen der gleichen Bewegung. Ein einziger Wille neigt sie, eine einzige Kraft unterwirft sie. Der gleiche Schauder, die gleiche Unruhe durchdringt sie, und wie sie da parallel auf den beiden Bänken sitzen, gleichen sie sich wie Schwestern.

Und doch unterscheiden sie sich deutlich voneinander. Die eine, die der, die sprechen wird, gegenübersitzt, hockt fast in sich zusammengekauert. Der Oberkörper auf beide Arme gestützt, die sie verschränkt auf die Knie preßt. Den Kopf hält sie, wie um besser das kostbare Geheimnis herauskommen zu sehen, aber auch um sich einer Art von Komplizenschaft in der Neugier und der Freude am Zuhören zu vergewissern, ganz nahe an den ihrer Nachbarin, deren Haar er berührt. Um ein wenig die Knie zu heben, auf die sie den Oberkörper stützt, und um die Augen in der gewollten Höhe zu haben, sind die Füße auf die Zehen abgestemmt. Die andere Frau lehnt sich noch weiter vor und stützt sich mit der rechten Hand, fast mit ihrem ganzen Gewicht, auf die Bank. Fast, denn sie hat den linken Fuß so weit wie möglich zur Seite verlagert, eine graziöse und natürliche Geste, die ausgleichendes Gegengewicht schafft. Die dritte Gevatterin, die neben der Bewahrerin des unschätzbaren Geheimnisses sitzt, oder fast diagonal zu ihr, stützt sich mit dem linken Arm auf die Bank und mit dem rechten auf das Knie. Glücklicher als ihre beiden hat sie ihr Gesicht dem der Sprechenden ganz dicht entgegengestreckt. Sie schaut ihr direkt in die Augen, strengt all ihre Willenskraft an, ist ängstlich bestrebt, sich nichts von dem wunderbaren Geheimnis entgehen zu lassen. Und in dieser Anstrengung schwillt ihr Nacken, die Lippen sind halb geöffnet, der Rücken krümmt sich, ihr ganzes Wesen drückt leidenschaftliche Neugier aus.

Ich glaube mich nicht zu täuschen, wenn ich sage, daß es so gut wie kein modernes Werk gibt, das an Ausdruckskraft den *Schwätzerinnen* vergleichbar wäre. Es will mir zumindest scheinen, daß ich keins kenne, in welchem der dramatische Vorgang mit so überraschender Schnelligkeit, mit so viel Einfachheit, mit einer solchen Klarheit vermittelt wird. Dieses Werk ist übrigens keinem anderen, das wir kennen, nachweisbar verwandt. Es besitzt die glückliche Reinheit jener Schöpfungen, die sich von keiner bekannten Gattung herleiten lassen, die uns in keinen gewohnten Ansichten bestätigen, für deren geheimnisvolle Herkunft es keine Erklärung gibt, und die doch plötzlich als eine Fügung des unerklärlichen und unvoraussehbaren Willens des Genies einfach *sind und bleiben*. Und diese *Schwätzerinnen* «sind und bleiben» ganz ohne Zweifel, und für immer. Sie sind und bleiben nicht nur, dank ihrer einzigartigen Dramatik. Sie sind und bleiben, weil eine Art von wunderbarer Vernunft jeden einzelnen Teil regiert und der Wirkung des Ganzen entgegenführt. Hier nimmt jede Einzelheit an der Schönheit des Werks teil und bereichert sie. Ob die Augen es Satz für Satz lesen und sich an der Herrlichkeit der Worte, an den prächtigen Launen der Propositionen, an den harmonischen Sinnverbindungen berauschen, oder ob sie, von dem sie bewegenden dramatischen Vorwand ausgehend, in umgekehrter Weise zuerst die an das Gefühl appellierenden Elemente auf sich einwirken lassen, überall und in all seinen Teilen behauptet sich das Werk, und keine kritische Analyse, sei sie noch so genau, vermag das Geheimnis seiner Vollkommenheit zu entkräften.

Das Gedicht ist großartig geschrieben. Denn es ist ein Gedicht, wie diese vier Frauen im Kreis um die sie beherrschende Idee sitzen, um diese sie gemeinsam belebende und durchdringende Leidenschaft. Es ist ein Gedicht, dessen prächtige Strophen diese gespannten Nacken, diese erhobenen Köpfe, diese geschmeidigen und strahlenden Körper sind. Es ist ein Gedicht, in dem das Blut pulsiert, in dem Herzen pochen, in dem sich Schultern vor innerer Erregung heben, in dem Lungen atmen, in dem sich der ganze wunderbare Reichtum des Lebens offenbart. Und doch ist es wieder auch nur ein Stück Natur. Irgendein kleines Ereignis, ein Zufall, eine im Vorübergehen beobachtete Bewegung, die Mademoiselle Camille Claudel als Anregung diente. Da gibt es keine Zauberei, kein Bemühen, kein Forschen und Suchen nach einer Erklärung. Nur eine souveräne Anmut, die das Werk aus seiner eigenen Kraft schöpft. Es ist lebendig. Es lebt unaufhaltsam. Die Modellierung und die gestaltende Phantasie sind von unbezähmbarer Energie. Die Darstellungstreue der Künstlerin und ihr Respekt vor der menschlichen Form zeigen sich hier in einer bisher unbekannten Freiheit und Größe. Wahrlich, je länger man es sich anschaut, desto mehr liebt man es, versteht es, fühlt, wie es dem verwunderten Auge den wahren Rausch der Schönheit schenkt.*

---

* *Die Schwätzerinnen* wurden 1895 zum ersten Mal im *Salon du Champ de Mars* ausgestellt. Ich brauche nicht daran zu erinnern, daß es ein Ereignis war. Obgleich noch kein Titel und keine Signatur die Neugier der Besucher befriedigte, verstand man sofort, daß der Künstler, der dieses Werk erschuf, und wer er auch sein mochte, von nun an berühmt war. Man hat übrigens nicht den begeisterten Artikel vergessen, den ihr unser hochgeschätzter Kollege Octave Mirbeau widmete, und der der erste Sonnenstrahl, der erste Ruhmesglanz war, der in die Zurückgezogenheit der großen Künstlerin drang. Von den *Schwätzerinnen* existieren mehrere Exemplare in Marmor, in Gips und in Onyx. Das erste Exemplar in Marmor wurde 1896 ausgeführt und von dem norwegischen Maler Fritz Thavlow erworben, nachdem ein paar ungeschickte Gehilfen zuvor mehrere Entwürfe so arg zugerichtet hatten, daß sie nicht mehr vollendet werden konnten. Es wurde dann 1897 im *Salon du Champ de Mars* ausgestellt. Ein weiteres Exemplar in Marmor, auf dem nur die vier Schwätzerinnen ohne die Schutzwand zu sehen sind, wurde für M. Pontremoli gemeißelt. Ein Exemplar in grünem Onyx, das 1897 im *Salon du Champ de Mars* ausgestellt war, ist im Besitz von M. P... Exemplare in Gips, vom ersten Marmor in Gelatine abgegossen, wurden vom Museum in Genf erworben, wo dieses Meisterwerk in der dunkelsten Ecke steht, und von den Herren Rodin, Octave Mirbeau, Gustave Geffroy, Robert Godet, Maurice Reymond, Adrien Demacle, Z... etc.

Camilles Brief an Paul
(Seite 266)

Mein lieber Paul,
über Deinen letzten Brief habe ich sehr gelacht, und ich danke Dir für Deinen amerikanischen Blütenstaub. Du hast mir damit eine ganze Bibliothek geschenkt, mit diesem Gestöber von Schneeflocken, auffliegenden Spatzen usw. Die englische Dummheit ist grenzenlos, und nicht einmal die Wilden fabrizieren derartige Amulette. Ich danke dir für Dein Angebot, mir Geld zu leihen; dieses Mal schlage ich es Dir nicht aus, denn die 600 F. von Mama sind aufgebraucht, und jetzt muß ich meine Miete bezahlen, und falls es Dir wirklich nichts ausmacht, schicke mir bitte 150 bis 200 F.

Neulich ist mir wieder ein Unglück passiert. Ein Gießer hat aus Rache einige beendete Werke aus meinem Atelier zurückgehalten, aber ich will Dich nicht damit belästigen.

Die Daudets sollten mich nächste Woche mit Madame Alphonse Daudet besuchen. Sie sind immer sehr nett. (Unleserlich) und Pottecher sehe ich nicht mehr oft. Mathieu ist verschwunden. Ich bin immer noch bei meiner Dreiergruppe und werde ihr eine schiefe Ebene hinzufügen, um das Schicksal zu verkörpern. Ich habe viele neue Ideen, die Dir riesig gefallen würden und die ganz Deinem Geist entsprechen. Hier ist eine Skizze des letzten Entwurfs (Das Vertrauen).

[Skizze]

Drei Personen hören einer vierten hinter einem Wandschirm zu.

[Skizze]

Ganz kleine Figuren sitzen um einen großen Tisch und lauschen dem Tischgebet.

Der Sonntag
[Skizze]

Drei Männer im Sonntagsstaat fahren in einem sehr hohen Karren zur Messe.

Die Schuld
[Skizze]

Ein junges Mädchen, allein hingekauert, ihre Eltern betrachten sie ganz erstaunt.

Du siehst, daß es gar nicht mehr Rodin ist, und daß die Figuren bekleidet sind. Ich werde kleine Terrakottastatuen machen.

Beeile Dich und komm zurück, um Dir das alles anzuschauen.

Der Fiedler

[Skizze]

Drei kleine Kinder sitzen am Boden und hören einem alten Fiedler zu.

Was sagst Du dazu? Diese Ideen vertraue ich nur Dir an, zeige sie nicht!

Die Arbeit hat mir große Freude gemacht. Ich werde die kleine Gruppe der Liebenden, die Büste mit der Kapuze, den Walzer in Bronze und die Kleine von Islette im Brüssler Salon ausstellen. Im nächsten Salon die Büste von Lhermitte mit fliegenden Drapierungen und die Dreiergruppe, falls ich sie bis dahin beendet habe.

So wird sie aussehen

[Skizze]

Ganz in der Breite, und dann habe ich noch eine Gruppe im Kopf, die Du ganz toll finden wirst.

Du erzählst mir nie von dem, was Du schreibst. Planst Du neue Bücher?

Einige meiner Freunde haben mir gesagt, daß sie Goldhaupt kaufen werden. Du wirst zur Eröffnung der Ausstellung leider nicht dasein, was ich sehr bedauere. Letzthin war es schrecklich kalt, und ich mußte des Nachts Feuer machen.

Ich drücke Dir die Hand

Camille

Zeittafel

JAHR	CAMILLE CLAUDEL	AUGUSTE RODIN
1862	3. Februar: Louis-Prosper Claudel heiratet Louise-Athenaïse Cerveaux in Villeneuve.	Tod seiner Schwester Marie.
1863	1. August: Henri, der erstgeborene Sohn der Claudels, stirbt.	
1864	8. Dezember: Camille Claudel wird geboren.	Begegnung mit Rose Beuret. *Der Mann mit der zerbrochenen Nase* im *Salon* abgelehnt.
1866	26. Februar: Louise Jeanne Claudel wird geboren.	Geburt des Auguste Eugène Beuret.
1868		
1869		
1870	Louis-Prosper Claudel in Bar-le-Duc erwähnt.	
1871		Wegen Kurzsichtigkeit vom Heeresdienst befreit. Arbeitet für Carrier-Belleuse in Belgien.
1873		
1874		

PAUL CLAUDEL	EPOCHE
Paul Louis Claudel wird am 6. August geboren.	
	J. B. Carpeaux: *Der Tanz.*
	19. Juli: Frankreich erklärt Preußen den Krieg.
	März bis Mai 1871: Die Kommune.
	Arthur Rimbaud: *Aufenthalt in der Hölle.*
	Das Wort «Impressionismus» wird zum ersten Mal auf die Kunst angewandt.

JAHR	CAMILLE CLAUDEL	AUGUSTE RODIN
1876	Louis-Prosper Claudel in Nogent-sur-Seine erwähnt Begegnung mit Alfred Boucher.	
1878		
1879	Louis Prosper Claudel in Wassy-sur-Blaise erwähnt.	*Das eherne Zeitalter.*
1880	Ankunft in Paris	Auftrag für *Das Höllentor.*
1881	Erstes Studium auf der Akademie Colarossi. Atelier Rue Notre-Dame-des-Champs 111.	
1882	Camille wird von Paul Dubois, Direktor der Ecole Nationale des Beaux-Arts, empfangen. Sie stellt *Kopf einer alten Frau* oder *Die alte Hélène* aus.	Reihe von Büstenporträts berühmter Schriftsteller und Künstler.
1883	Erste Begegnung mit Auguste Rodin. Porträt der Mme. B. *Büste des dreizehnjährigen Paul Claudel.*	26. Oktober: Sein Vater stirbt.
1884	*Paul Claudel als Sechzehnjähriger.* Büste von Louis-Prosper. Porträt in Öl der Mme. Louis-Prosper Claudel. Sie arbeitet mit Rodin.	Auftrag für die *Bürger von Calais.*
1885	Arbeit mit Rodin. *Die alte Hélène* in Terrakotta.	*Aurora.*
1886	Clos Payen – Folie Neubourg. *Der achtzehnjährige Paul Claudel.* Büste Rodins (Terrakotta).	Mietet den Clos Payen. *Der Gedanke. Der Kuß. Fugit Amor.*

PAUL CLAUDEL	EPOCHE
	Weltausstellung in Paris.
Schulbeginn auf dem Lycée Louis-le-Grand. Tod des Großvaters Athanase Cerveaux.	
Erste schriftstellerische Arbeiten: *Die Schlummernde*.	
	Richard Wagner stirbt.
Paul Claudel entdeckt Rimbaud. 25. Dezember: Paul Claudel bekehrt sich zum katholischen Glauben in Notre-Dame.	Tod Victor Hugos.

JAHR	CAMILLE CLAUDEL	AUGUSTE RODIN
1887	Gehilfin in Rodins Atelier, Rue de l'Université. *Büste der jungen Louise* (Bronze). *Porträt von Rodin* (Öl). *Frauentorso* (Gips). *Der junge Römer.*	Zum Ritter der Ehrenlegion ernannt.
1888	*Der zwanzigjährige Paul Claudel* (Pastell). Büsten: Ferdinand de Massary, *Louise de Massary* (Pastell), *Rodin* (Gips), *Sakuntala* Salon des Champs-Elysées.	
1889	*Das Gebet.* *Charles Lhermitte.* Denkmal in Villeneuve abgelehnt.	Große Ausstellung Rodin und Monet. Auftrag für den *Victor Hugo*, *Sankt Georg*, *Das ewige Idol.*
1890	Reise in die Touraine, das Anjou. Schloß Islette, Azay-le-Rideau.	Reise in die Touraine.
1891	13. Februar: Claude Debussy: Abschiedsbrief an die Unbekannte.	Auftrag für den *Balzac.*
1892	Neue Adresse: Boulevard d'Italie, 113. *Büste von Rodin* (Bronze).	Ernennung zum Offizier der Ehrenlegion. Einweihung des *Lorrain* in Nancy. *Die Genesung.* *Der Abschied.*
1893	*Der Walzer* (Gips). *Clotho* (Gips). Salon du Champ de Mars. Artikel Geffroys und Mirbeaus in der *Revue Encyclopédique.* Camille allein in Islette.	Rodin folgt Dalou als Präsident der *Société nationale des Beaux-Arts.*

PAUL CLAUDEL	EPOCHE
Ein vorzeitiger Tod.	
Goldhaupt.	Weltausstellung in Paris. Der Eiffelturm.
Die Stadt.	
	Les Nymphéas.
Das Mädchen Violaine.	
Reise und Aufenthalt in den Vereinigten Staaten. *Der Tausch.*	

JAHR	CAMILLE CLAUDEL	AUGUSTE RODIN
1894	Camille trennt sich von Rodin. *Der entflogene Gott* (Gips). Porträt der *Kleinen von Islette.* Salon du Champs de Mars. Sommerferien in Guernesey.	
1895	*Aktstudie eines japanischen Modells* (Gips). *Das Kind Jeanne* (Marmor). *Der Maler* (Bronze). *Die Schwätzerinnen* (Gips). Entwurf. Mirbeaus begeisterter Artikel. Mai: Wiederaufnahme der Beziehungen mit Rodin. Gruppe *Sakuntala.* *10. Oktober: Schenkung für das Museum in Chateauroux. Polemik um Sakuntala* (Marmor).	3. Juni: Einweihung der *Bürger von Calais* 19. Dezember. Rodin kauft die Villa des Brillants in Meudon.
1896	Sie schickt 19 Skulpturen zur Ausstellung in Genf.	
1897	Entwurf des Denkmals für Daudet (Freund Paul Claudels) abgelehnt. *Clotho* im Musée du Luxembourg. *Der Walzer.* *Porträt der Mme D.* *Die Schwätzerinnen* (in Jade) im Mai. Artikel von H. de Braisne.	

PAUL CLAUDEL	EPOCHE
Reise nach China.	
Die Stadt, zweite Fassung	

JAHR	CAMILLE CLAUDEL	AUGUSTE RODIN
1897	Wird Mitglied des Künstlervereins. November: Auftrag für zehn Rodinbüsten in Bronze. Camille wird krank.	
1898	Verläßt Boulevard d'Italie und richtet sich Rue de Turenne 63 ein. *Hamadryade* (Marmor und Bronze). *Profonde pensée Cheminée* (für die Familie Peytel) *Büste der Mme X.* Definitiver Bruch mit Rodin, Ende 1898.	*Der Kuß.* *Balzac.* Ausstellung in der *Galerie des Machines.*
1899	Neue Adresse: Quai de Bourbon 19 (Januar). *Porträt des Herrn Grafen.* *Clotho* (Marmor). *Das reife Alter* (Gips). *Perseus*, Entwurf. Ausstellung im *Salon des Beaux-Arts.* *Die Wege des Lebens.* Salon de la Nationale. Begegnung mit General Tissier.	
1900	Möchte Paul aufs Konsulat begleiten.	Pavillon Rodin im Musée de l'Alma.
1901	Artikel von C. Mauclair.	
1902	Tissier läßt die Gruppe der *Wege des Lebens* einschmelzen. *Perseus* (Marmor).	

PAUL CLAUDEL	EPOCHE
Reise nach China, Japan, Syrien, Palästina.	
	Die Affäre Dreyfus. Pierre und Marie Curie entdecken das Radium.
	Erste Verwendung des Eisenbetons für den Häuserbau.
Aufenthalt in Ligugé.	Weltausstellung
Reise nach China.	
	Claude Debussy: *Pelléas und Melisande*. Tod des Präsidenten der Kunstakademie Dalou.

JAHR	CAMILLE CLAUDEL	AUGUSTE RODIN
1903	Révals Artikel über Camille. *Das reife Alter*, zweiter Entwurf (Bronze). Briefe an E. Blot. *Die Aufgabe* (Marmor). *Kniende Figur.* *Faunin* (Gips). *Die kleine Meerjungfrau.* *Am Kamin.* *Die Fröstelnde.* *Perseus* (Bronze). Begegnung mit Henry Asselin.	Zum Kommandanten der Ehrenlegion ernannt. Isadora Duncan tanzt für ihn.
1904		Beginn seiner Liaison mit der Duchesse de Choiseul.
1905	Sommeraufenthalt mit Paul in den Pyrenäen. *Fortuna* (Bronze). *Porträt des Louis-Prosper Claudel* (Bleistiftzeichnung). *Paul Claudel als Siebenunddreißigjähriger* (Bronze). *Vertumme et Pomone* (Marmor). *Die Aufgabe.* *Sich wärmende Frau* (Marmor). *Die kleine Sirene.* November: Camille wird krank. 4.–16. Dezember: Letzte große Ausstellung Camille Claudels bei Eugène Blot. 13 Skulpturen.	

PAUL CLAUDEL	EPOCHE
Rückkehr aus China. *Mittagswende.* Paul Claudel heiratet Reine Sainte-Marie-Perrin.	
November: Dritte Reise nach China.	

JAHR	CAMILLE CLAUDEL	AUGUSTE RODIN
1906	Erste Zeichen geistiger Umnachtung. Sie zerstört ihre Skulpturen.	21. April: Einweihung des *Denkers* im Panthéon.
1908		Rodin im Hôtel Biron (Musée Rodin).
1912		Bruch mit der Duchesse de Choiseul.
1913	Tod ihres Vaters am 3. März. 10. März: Verhaftung und Internierung in Ville-Evrard. Juli: Internierung in Montdevergues.	Rodin erleidet einen Schlaganfall.
1914		
1917		14. Februar: Rose Beuret stirbt. 19. November: Auguste Rodin stirbt.
1918		
1919		
1924		
1929		
1933		
1939		
1943	19. Oktober: Camille Claudel stirbt in der Anstalt von Montdevergues.	
1955		

PAUL CLAUDEL	EPOCHE
Rückkehr nach Frankreich. Reise nach Prag. *Der Bürge.*	Eröffnung der Pariser Untergrundbahn *Le Metropolitain.*
Artikel über Camille.	
Hamburg. *Das harte Brot.*	
	3. August: Kriegserklärung.
	Claude Debussy stirbt am 6. März.
Der seidene Schuh. Reisen. Tod der Mutter Louise Athenaïse Cerveaux. 1927–1933 Bibelexegese.	
	Ausbruch des Zweiten Weltkriegs.
Erste Aufführung von *Der seidene Schuh* in der Comédie Française, in der Inszenierung von Jean-Louis Barrault.	
Paul Claudel stirbt am 23. Februar	

Inhalt